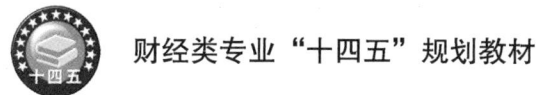
财经类专业"十四五"规划教材

大数据技术在财务中的应用

潘中建　周昕　季玉环 ◎ 主编
涂霜霜　张必妹　陆柯静 ◎ 副主编

立信会计出版社

图书在版编目(CIP)数据

大数据技术在财务中的应用 / 潘中建,周昕,季玉环主编. —上海:立信会计出版社,2023.5
ISBN 978-7-5429-7339-9

Ⅰ.①大… Ⅱ.①潘… ②周… ③季… Ⅲ.①财务管理—数据处理—教材 Ⅳ.①F275

中国国家版本馆 CIP 数据核字(2023)第 092922 号

策划编辑	王斯龙
责任编辑	王斯龙
助理编辑	郑文婧
美术编辑	吴博闻

大数据技术在财务中的应用
DASHUJU JISHU ZAI CAIWU ZHONG DE YINGYONG

出版发行	立信会计出版社			
地　　址	上海市中山西路2230号		邮政编码	200235
电　　话	(021)64411389		传　真	(021)64411325
网　　址	www.lixinaph.com		电子邮箱	lixinaph2019@126.com
网上书店	http://lixin.jd.com			http://lxkjcbs.tmall.com
经　　销	各地新华书店			
印　　刷	上海华业装璜印刷有限公司			
开　　本	787毫米×1092毫米	1/16		
印　　张	17.25			
字　　数	416千字			
版　　次	2023年5月第1版			
印　　次	2023年5月第1次			
书　　号	ISBN 978-7-5429-7339-9/F			
定　　价	48.00元			

如有印订差错,请与本社联系调换

前　言

为贯彻《国家职业教育改革实施方案》，加强职业教育国家教学标准体系建设，落实职业教育专业动态更新要求，推动专业升级和数字化改造，满足新专业目录背景下财会类专业的人才培养方案和课程体系的全面改革，本书从促进就业、对接当前财务与大数据分析人才需求的角度，选取应用范围较广的 Excel、Power BI、UiPath，深入挖掘其在财务数据获取、清洗、分析、建模、可视化、流程决策等方面的功能，旨在普及大数据技术在财务中的应用，培养学生的财务数字化能力。

本书第一部分围绕 Excel（Microsoft Office 2016 版本），设立 Excel 基本操作、Excel 公式与函数、Excel 大数据分析 3 个项目，8 个任务点，以问题为导向，结合企业真实数据，完成企业薪酬管理、数据看板等多项情景模拟任务，讲、练、学、思、评相结合，培养学生的学习迁移能力。

本书第二部分以 Power BI 为数据分析工具，将 Power BI 的知识点做了系统整理，并以案例的方式呈现出来。设立 Power BI 认知、Power Query 数据查询、Power Pivot 数据建模、Power View 数据可视化、Power BI 综合案例实训 5 个项目，13 个任务点，详细介绍大数据分析和可视化的全过程。

本书第三部分介绍了 RPA 财务机器人 UiPath，以实务中的业务场景为背景，通过流程设计的案例方式进行呈现，设立了财务机器人 UiPath 基础、财务机器人 Excel 应用和财务机器人 Web 应用 3 个项目，9 个任务点，旨在通过 RPA 财务机器人理论知识的学习、训练，帮助学生掌握 RPA 技术基础的开发与应用能力。

本书的主要特点有：

1. 对标财会类专业人才培养方案，整合大数据技术工具

本书紧扣大数据会计时代背景，引入了大数据技术工具（Excel、Power BI、UiPath），内容由浅入深，适应学生的学习基础，实务操作性强，能够满足大数据背景下财会类专业对大数据技术的需求，也兼顾培养学生的逻辑思维、数据思维及动手能力。

2. 以实际案例为导向，构建实际的财务应用场景

本书采用将大数据技术工具与财务数据应用紧密结合的方式，围绕大数据技术在财务分析中的应用场景设计教学项目，划分任务，设计案例，使教学内容更具针对性，更利于学生理解大数据技术工具在财务中的实际应用，构建系统的大数据分析流程决策思维。

本书由潘中建编写大纲、设计教材体例、提出编写方案并统稿、总纂。具体分工如下：Excel 篇由季玉环和涂霜霜编写，Power BI 篇由潘中建和张必妹编写，UiPath 篇由周昕和陆柯静编写。本书得到江苏高校"青蓝工程"资助（优秀教学团队名称：会计专业教学团队，2021年度）。本书在编写过程中，得到了厦门科云信息科技有限公司的技术支持，在此表示感谢。

由于编者的水平和经验有限，书中可能存在疏漏与不妥之处，敬请广大读者批评指正，以期本书日臻完善。

编　者

2023 年 5 月

数据资源包

目　　录

Excel 篇

项目一　Excel 基本操作 ……………………………………………………………… 3
　　任务一　认知 Excel 电子表格 ……………………………………………………… 3
　　任务二　Excel 数据录入、编辑与保护 …………………………………………… 8
　　任务三　Excel 工作表管理 ………………………………………………………… 20

项目二　Excel 公式与函数 …………………………………………………………… 24
　　任务一　Excel 公式 ………………………………………………………………… 24
　　任务二　Excel 常用函数 …………………………………………………………… 27

项目三　Excel 大数据分析 …………………………………………………………… 47
　　任务一　数据统计 …………………………………………………………………… 47
　　任务二　数据透视表与切片器 ……………………………………………………… 54
　　任务三　数据可视化图表建模 ……………………………………………………… 60

Power BI 篇

项目四　Power BI 认知 ……………………………………………………………… 87
　　任务一　Power BI 简介 …………………………………………………………… 87
　　任务二　初识 Power BI 数据可视化 ……………………………………………… 90

项目五　Power Query 数据查询 …………………………………………………… 100
　　任务一　行、列数据处理 …………………………………………………………… 100
　　任务二　缺失值处理 ………………………………………………………………… 105
　　任务三　数据内容的整理 …………………………………………………………… 111
　　任务四　数据追加与合并 …………………………………………………………… 115

项目六　Power Pivot 数据建模 …………………………………………………… 119
　　任务一　数据关系管理 ……………………………………………………………… 119

任务二　新建列与度量值 ·············· 122
　　任务三　DAX 函数 ·············· 125

项目七　Power View 数据可视化 ·············· 133
　　任务一　创建 Power BI 图表 ·············· 133
　　任务二　报表交互式分析 ·············· 145

项目八　Power BI 综合案例实训 ·············· 153
　　任务一　上市公司利润表分析 ·············· 153
　　任务二　零售业经营销售大数据分析 ·············· 164

财务机器人 UiPath 篇

项目九　财务机器人 UiPath 基础 ·············· 181
　　任务一　UiPath 介绍 ·············· 181
　　任务二　UiPath 变量 ·············· 194
　　任务三　UiPath 常用活动 ·············· 201
　　任务四　条件分支活动 ·············· 208
　　任务五　条件循环活动 ·············· 215

项目十　财务机器人 Excel 应用 ·············· 221
　　任务一　Excel 基本活动 ·············· 221
　　任务二　数据表活动 ·············· 239

项目十一　财务机器人 Web 应用 ·············· 255
　　任务一　Web 基本操作 ·············· 255
　　任务二　Web 数据抓取功能 ·············· 261

参考文献 ·············· 268

Excel 篇

项目一 Excel 基本操作

任务一 认知 Excel 电子表格

Excel 是功能强大、技术先进、使用方便灵活的电子表格软件,可以完成复杂的数据运算,进行数据的分析和预测,并且具有强大的图表制作功能及网络功能。Excel 有多种不同的版本,当前较为流行的是 Excel 2016。因此,本书主要以 Excel 2016 的操作环境来介绍该软件的应用。

一、Excel 功能简介

Excel 是微软公司办公自动化软件 Microsoft Office 的重要组件,其主要功能是能够方便地制作出各种电子表格。Excel 2016 的主要功能有 Excel 文件管理功能、Excel 电子表格功能、Excel 数据管理功能、Excel 数据图表功能等。此外,Excel 2016 还具备以下新增功能。

1. "告诉我你想做什么"功能

通过"告诉我你想做什么"功能,用户可以快速检索 Excel 功能,不用再到选项卡中寻找某个命令的具体位置,在输入框里输入任何关键字,"告诉我你想做什么"功能都能提供相应的操作选项。例如,通过输入表格,下拉菜单中会出现"插入表格""套用表格格式"等可操作命令,还可以获取有关"表格"的帮助和"表格"的智能查找功能,如图 1-1、图 1-2 所示。

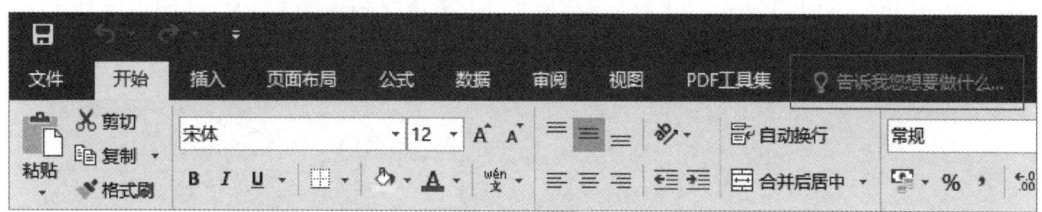

图 1-1 "告诉我你想做什么"功能

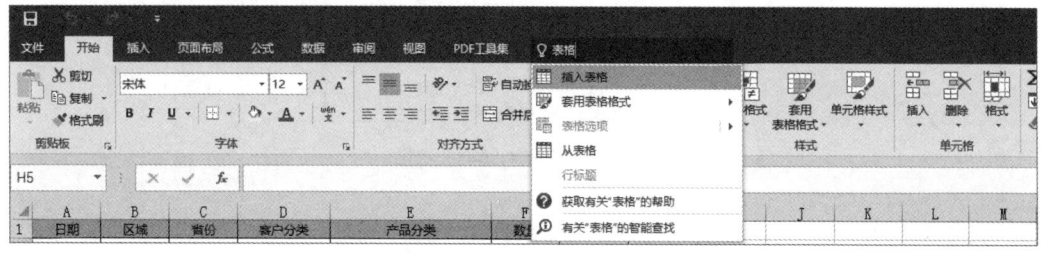

图 1-2 "告诉我你想做什么"功能示例

2. 新增图表类型

Excel 2016 新增了瀑布图、直方图、箱形图等图表类型，如图 1-3 所示。

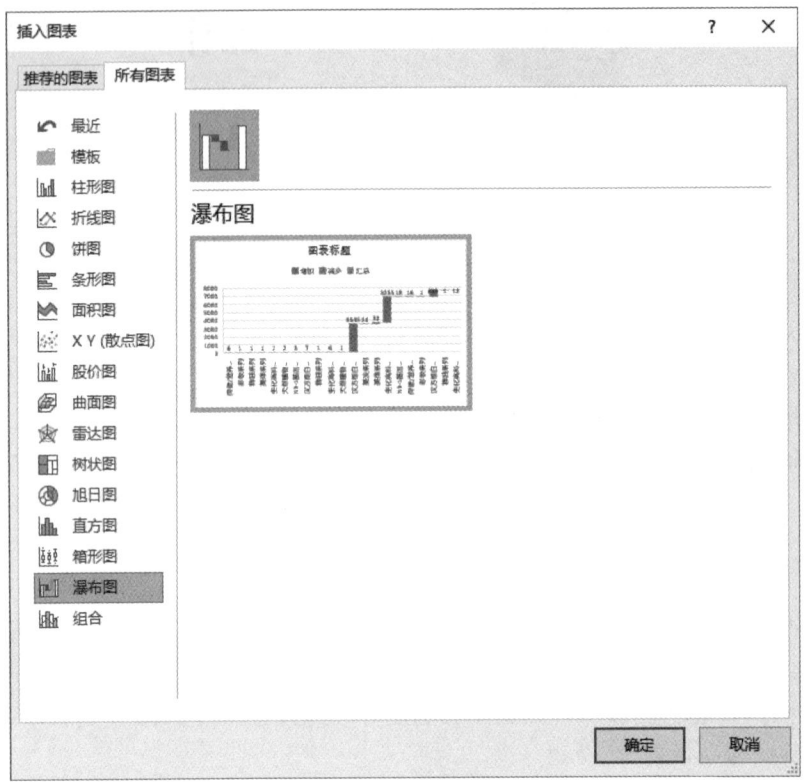

图 1-3　新增图表类型

3. 内置 Power Query

在 Excel 2010 和 Excel 2013 中，用户需要单独安装 Power Query 插件，Excel 2016 已经内置了这一功能。打开 Excel，在【数据】选项卡下的【获取和转换】功能区，即可操作 Power Query 的相关功能。Power Query 组有新建查询下拉菜单，如图 1-4 所示。

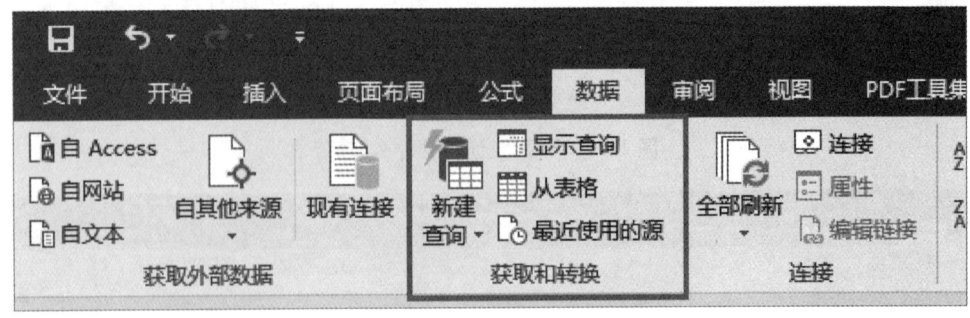

图 1-4　Power Query 功能

除此之外，Excel 2016 还增强和改进了"数据透视图"功能、"筛选"功能、Excel 函数的准确性、"照片编辑"功能与艺术效果等。

二、Excel 文件的建立、启动与退出

在 Windows 系统下,Excel 文件的建立、启动与退出操作大同小异。本书基于 Windows 11 系统展开 Excel 系列操作。

1. 建立 Excel 文件

具体操作步骤如下:

(1) 在需要建立 Excel 文件的位置,点击鼠标右键,选择【新建】按钮。

(2) 在弹出的选项中点击"XLS 工作表"选项。

(3) 可以根据需要修改 Excel 文件的名称,如图 1-5 所示。

图 1-5　新建 Excel 表格

2. 启动 Excel 应用程序

在 Windows 11 界面下,启动 Excel 电子表格处理系统一般有如下 3 种方法:

(1) 在"搜索"栏搜索"Excel",打开应用程序或目标工作簿,如图 1-6 所示。

(2) 双击桌面上的 Excel 快捷方式图标。

(3) 双击 Excel 文件,此时系统自动启动 Excel 应用程序打开 Excel 文件。

3. 退出 Excel 应用程序

退出 Excel 应用程序,即关闭 Excel 应用程序窗口,常用方法有如下 3 种:

(1) 选择【文件】选项卡,选择【关闭】选项,如图 1-7 所示。

图 1-6　启动 Excel 应用程序

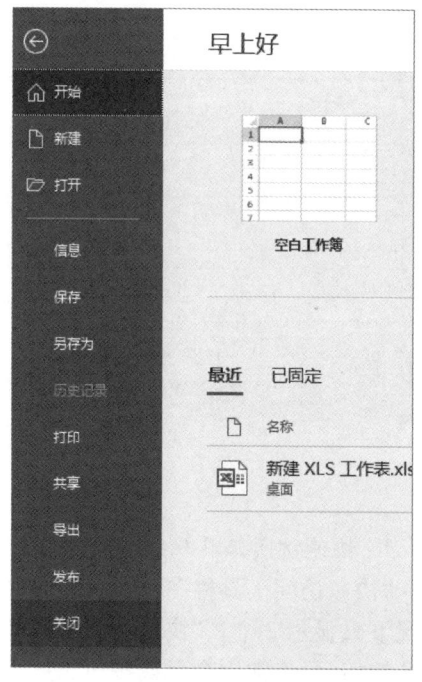

图 1-7　关闭 Excel 应用程序

(2) 单击 Excel 应用程序【关闭】按钮,在退出 Excel 系统时,如果用户没有保存修改的

Excel文件（以下简称工作簿），系统将弹出保存提示框，如图1-8所示，单击【保存】按钮保存文件后退出系统；单击【不保存】按钮则不保存文件并退出系统；单击【取消】按钮则取消退出操作。

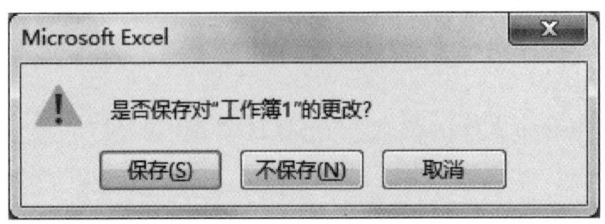

图1-8　保存提示框

（3）在Excel应用程序标题栏单击鼠标右键，在弹出的快捷菜单中选择【关闭】菜单命令。

三、Excel工作界面

Excel 2016工作界面包含如下主要组件：快速访问工具栏、标题栏、功能区显示选项、菜单选项等，如图1-9所示。

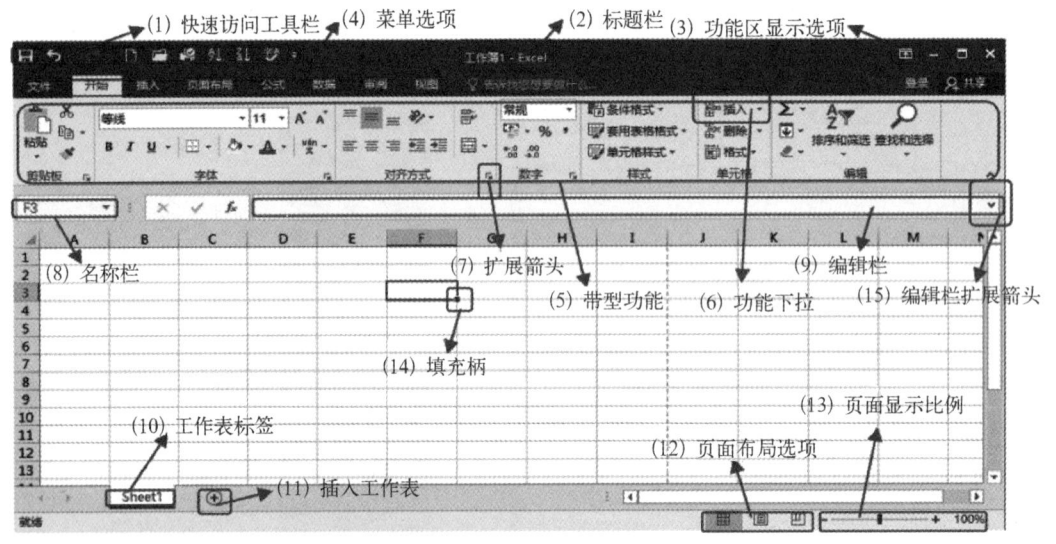

图1-9　Excel工作界面

1. 快速访问工具栏

"快速访问工具栏"一般在标题栏的左侧，该工具栏中已经集合了多个常用命令，但默认情况下只显示3个。"快速访问工具栏"上显示的工具是可选的，通过点击工具栏右侧的倒三角按钮，可将常用命令或按钮添加到"快速访问工具栏"中。

2. 标题栏

"标题栏"是指Excel应用程序窗口的第1行，包括控制按钮图标、应用程序标题名称、最小化按钮、最大化或还原按钮、关闭按钮等。双击"标题栏"可以将窗口在最大化和还原大小状态之间切换;当窗口处于还原状态时,可拖动"标题栏"移动窗口的位置。

3. 功能区显示选项

"功能区显示选项"位于界面右上角,在最小化、最大化按钮的左侧。此按钮可以选择隐藏功能区、只显示选项卡、显示选项卡和命令,可以一键选择释放、折叠、隐藏功能区。其中,折叠功能区也可以通过右击"菜单"选项实现。

4. 菜单选项

标题栏的下方是功能区,由若干选项卡组成,一般包括【文件】【开始】【插入】【页面布局】【公式】【数据】【审阅】和【视图】等选项卡。Excel 2016 中也新增了功能区自定义功能,用户可根据自己的使用习惯在"菜单"选项上单击鼠标右键自定义功能区选项卡。

5. 带型功能

"带型功能"的最大特点是将常用功能或命令以按钮、图标或下拉列表的形式分门别类地显示出来。用户可以借助鼠标对功能区的选项卡及按钮进行操作,也可以借助键盘访问功能区,使用快捷键进行操作。Excel 的功能区还附带新的快捷方式,称为按键提示,按下"Alt"键可显示各选项卡的按键提示。

6. 功能下拉

"功能下拉"可获取命令的详细分类,一般在常用的插入、排序筛选、删除、格式等总结性功能下都会有下拉按钮,用户可以迅速找到所需的具体命令。

7. 扩展箭头

"扩展箭头"可调用功能更为详尽的对应弹窗。功能区展示的仅为常规操作的快捷按钮。如"字体"设置中,功能区展示的一般为字体、字号、加粗、颜色等常规操作,而"扩展箭头"可以调用"设置单元格格式"弹窗,用户可以多样化自定义设置,功能更全面。

8. 名称栏

"名称栏"又称地址框,用于显示位置,显示当前单元格地址、选取的区域名称等,如"F3"表示定位的单元格在第 F 列,第 3 行。

9. 编辑栏

"编辑栏"又称编辑行,位于工作簿窗口上部,包括名称框、编辑框和公式框 3 个部分。其中,编辑框用于显示当前单元格的数据内容,用户可以在这里对输入或修改工作表单元格数据。若要往某个单元格输入数据,先单击单元格,然后输入数据,数据将在该单元格和编辑框中显示。

10. 工作表标签

"工作表标签"显示当前定位的工作表名称,默认为 Sheet1、Sheet2、……,用户可通过单击鼠标右键进行重命名、删除、隐藏等操作,也可以通过拖动"工作表标签"实现工作表的移动。

11. 插入工作表

"插入工作表"可一键生成新的空白工作表,用户也可以通过右击"工作表标签"完成工作表的新建和插入。

12. 页面布局选项

"页面布局"选项为状态栏的组成部分。可以迅速在分页预览或者普通预览等视图模式中进行切换,用户也可以通过菜单栏的【页面布局】选项卡使用更多页面布局功能。

13. 页面显示比例

"页面显示比例"位于界面右下角状态栏的最右边。用户可以通过拖动滚动条或者点击【一】【＋】按钮实现页面缩放,页面默认设置为100%。

14. 填充柄

"填充柄"是快速填充单元格工具。在选定的单元格右下角,会看到方形点,当鼠标指针移动到上面时,会变成细黑十字形,拖拽填充柄即可完成对单元格的数据、格式、公式的填充。

15. 编辑栏扩展箭头

当编辑栏内容过多或者分行展示时,"编辑栏扩展箭头"可用于扩展编辑栏。

除上述界面组成部分之外,在工作表的主体编辑区,整个工作表由行和列组成,行的编号顺序为1、2、3、……共1 048 576行,列的编号顺序为A、B、……共有16 384列,行和列共同构成了单元格的具体位置,单元格的具体位置由"列＋行"表示,如A1、B2等。

任务二　Excel 数据录入、编辑与保护

一、Excel 数据录入

在单元格中输入数据时,需要先选中单元格,再向其中输入数据,所输入的数据会出现在公式栏和单元格中。可以在 Excel 单元格中输入的数据包括文本、数字、日期和公式等,用户可以用以下3种方法进行单元格输入:①直接单击单元格,完成选择,然后输入数据,按下"Enter"键确认。②用鼠标选定单元格,单击编辑栏中的内容框,并在其中输入数据,单击【输入】按钮或【取消】按钮确认或取消输入。③双击单元格,单元格内出现插入书写光标,在特定的位置进行输入,此方法主要用于修改工作。

在数据录入过程中,根据数据类型的不同,我们也需要掌握不同的录入方法。最常见的数据类型有数值、文本、日期、时间、公式与函数等。用户可以直接点击功能区【数字】模块的扩展按钮,或者选中单元格后单击鼠标右键调用"设置单元格格式"对话框,选择录入内容的具体格式,如图1-10所示。

1. 输入数值

数值格式用于一般数字的表示,货币和会计格式则提供货币值计算的专用格式。数值中可以出现0、1、2、3、4、5、6、7、8、9、＋、－、( )、%、E、e、$。例如,$1,234、50%、856、＋856、－856、(856)、1.23E＋11等。

输入数字时应注意以下几点:

(1) 数值型数据自动靠右对齐。

(2) 输入负数有两个形式,一种是"－856",另一种是"(856)"。

(3) 输入数值时,若数值长度超过11位,自动转换为科学计数法。

(4) 输入分数时,为避免系统将输入的分数视为日期,前面加0。例如,"0 1/2"即显示"1/2",否则显示为"1月2日"。

(5) 单元格宽度太小时,显示一串"♯",拉大列宽即可显示全部数值。

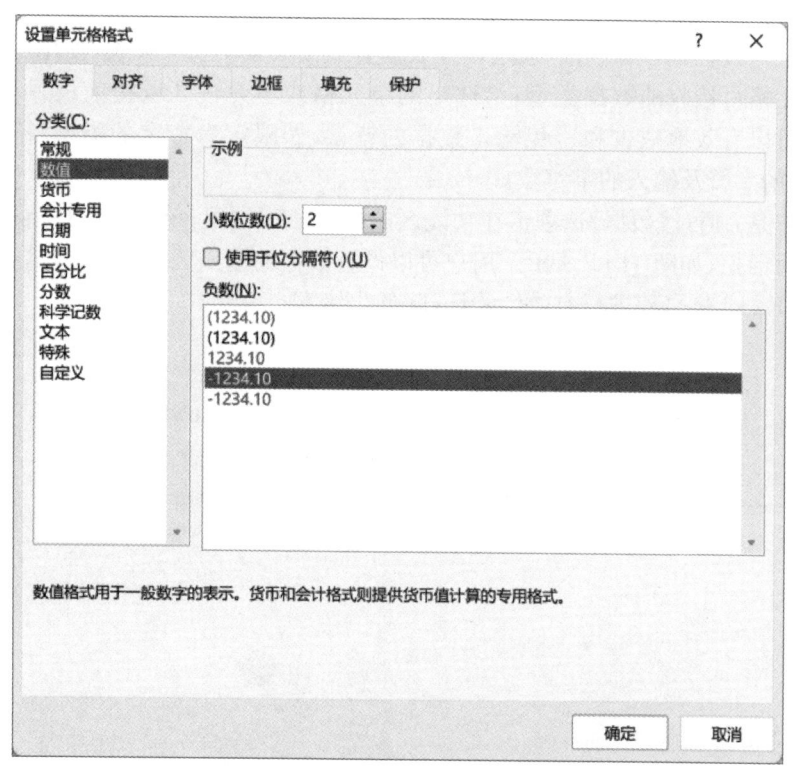

图 1-10 "设置单元格格式"对话框

2. 输入文本

文本包括文字、字母、特殊符号、数字、空格以及其他通过键盘输入的符号。

在单元格内输入文本时,如果相邻的单元格中没有数据,Excel 2016 允许长文本覆盖其右边相邻的单元格;如果相邻单元格中有数据,则当前单元格中只显示该文本的开头部分,这时可增大列宽或以自动换行的方式格式化该单元格,使单元格显示输入的全部内容。输入文本时,输入的文本同时出现在单元格和编辑栏中,编辑栏上会显示【取消】【输入】按钮。如果发现输入有误,可以使用"Backspace"键删除光标左边的字符。

如果把数字作为文本输入,如输入身份证号码、电话号码等文本,应先在英文状态下输入单引号"'",再输入数字文本。

3. 输入日期和时间

可采用以下形式输入日期:年-月-日、年/月/日、月-日、月/日。例如,2008 年 10 月 1 日、2008/10/1、08-10-1、10 月 1 日、10-01、10-1、10/01、10/1。若要以日/月/年、日-月-年、日/月、日-月的形式输入,则月份必须用英文表示。例如,1/OCT/2003、1-OCT-2003、1/OCT、1-OCT。

输入时间用":"分隔时分秒;时间可用 12 小时制或 24 小时制;采用 12 小时制时,"AM"或"A"代表上午,"PM"或"P"代表下午,省略则默认为上午。

4. 输入公式和函数

输入公式的方法很简单,只需要选中要输入公式的单元格,键入"="(等号);或者使用

"插入函数"操作,Excel 会自动插入一个等号。

在数据录入过程中,用户可以通过设置数据有效性来减少录入失误,使用"数据验证"功能来控制单元格可接收的数据类型,给选定的单元格或单元格区域提前设置一个"规则"。使用该功能可以有效地减少和避免输入数据的错误,如限定为特定的类型、特定的取值范围,甚至特定的字符及输入的字符数。

具体操作是:通过【数据】选项卡在功能区的【数据工具】组,单击【数据验证】选项,打开"数据验证"对话框,如图1-11所示。用户可以设置数据的输入区间,或者设置出错警告,在数据录入时,Excel 将自动进行有效性验证,降低出错率。

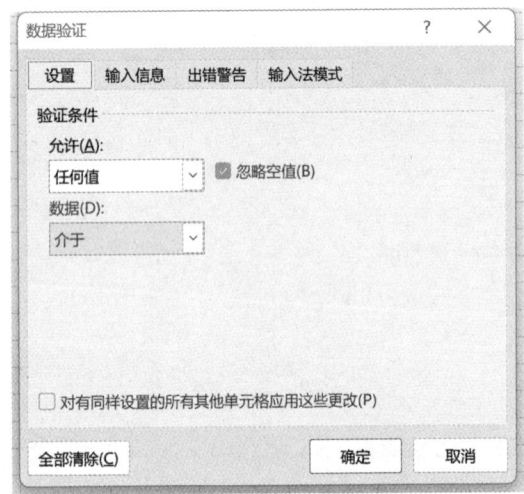 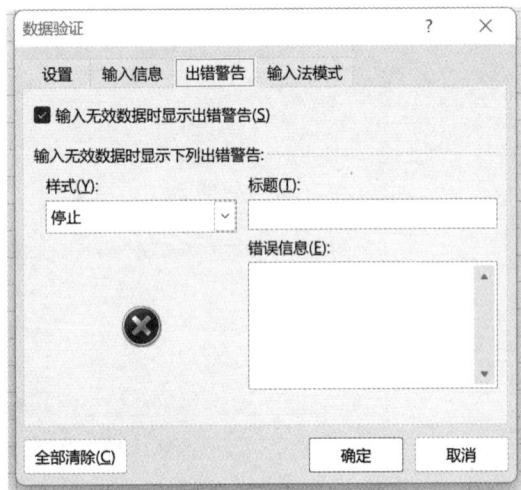

图 1-11 "数据验证"对话框

二、Excel 数据填充

可以使用数据自动填充功能输入有规律的数据,方便快捷地输入等差序列、等比序列、系统预定义的数据填充序列以及用户自定义的新序列。

1. 使用填充柄

具体操作步骤如下:

(1)在单元格中输入第一个数据。

(2)指向此单元格填充柄,此时指针变为细黑十字形。

(3)按住鼠标左键不放,向下(也可以是向上、左或右)拖动。

对于数值型数据,使用填充柄时系统会自动匹配合适的填充方式,如果想以其他方式填充,可在使用填充柄拖动时单击鼠标右键,在弹出的菜单内选择需要的命令,如图1-12所示。

2. 使用填充命令

具体操作步骤如下:

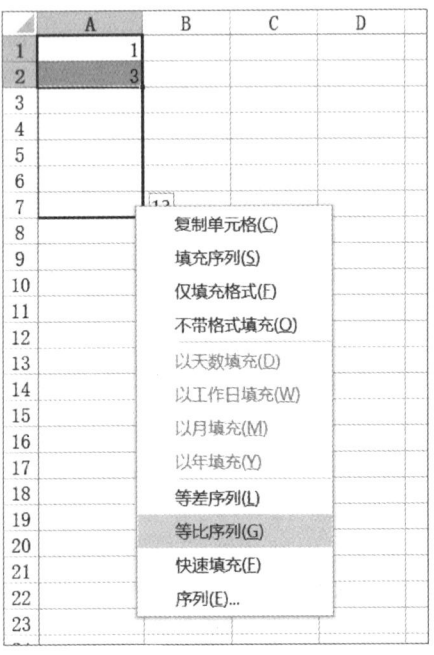

图 1-12 填充柄自动填充

(1) 在单元格中输入第一个数据。

(2) 单击【填充】按钮右侧的下拉按钮,选择合适的填充方向,则可实现不同方向的快速填充,如图1-13所示。

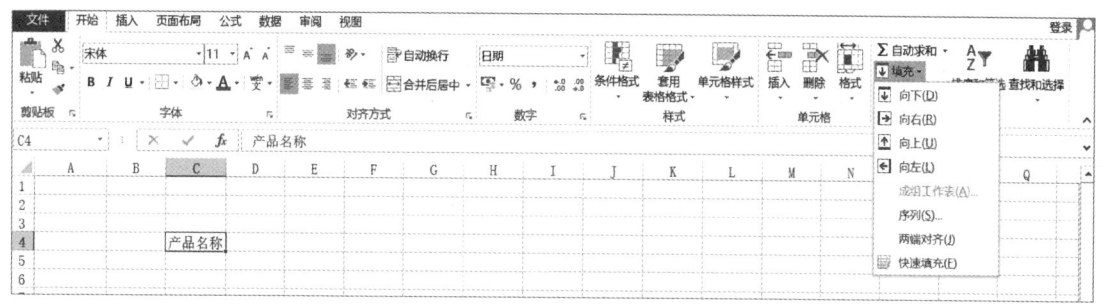

图1-13 填充命令自动填充

3. 使用自定义序列填充

具体操作步骤如下:

(1) 在单元格中输入想设置的填充序列。

(2) 选择"文件"菜单中【选项】按钮,在对话框中执行【高级】—【编辑自定义列表】命令。

(3) 选定对应单元格,点击【添加】按钮后确定,如图1-14所示。

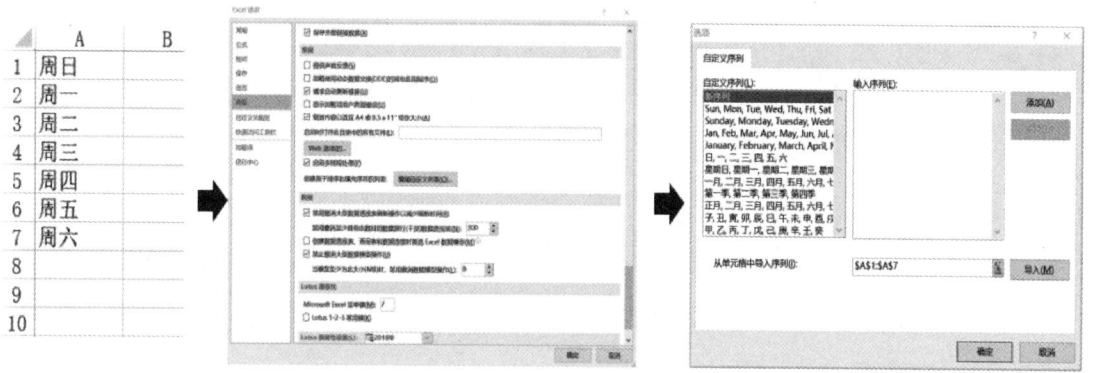

图1-14 自定义填充序列

三、Excel 大数据交互引用

在大数据技术应用中,数据来源十分丰富。可以运用 Python、爬虫等数据软件从 SQL Server、Access 等数据库或者网站上抓取数据,导入 Excel 中进行数据的处理与分析,或者将 Excel 中的数据导入数据统计分析软件中进行大数据的处理。因此,Excel 也可以帮助我们在数据分析软件中实现与数据库管理系统的交互引用。

根据数据来源的不同,数据化运营的数据来源类型包括数据文件、数据库、API、流式数据、外部公开数据和其他来源等,外部数据源可以从 Access、网站、文本以及其他数据库中获取。

(一)从网站获取数据

例如,从天天基金网中获取基金数据,具体操作如下:

执行"数据"—"获取和转换数据"—"自网站"命令,将天天基金网(https://www.1234567.com.cn/)的网址输入 Excel 内置的链接中,Excel 自动选取网页上的数据,弹出"导航器"对话框,选择想要的数据即可完成导入,如图1-15、图1-16 所示。

> **提示**
>
> 从网站导入数据,除了上述方法,还可以直接复制粘贴网站数据。

图 1-15 新建 Web 查询

图 1-16 "自网站"导入数据

（二）从文本获取数据

有时候数据是以文本形式存储的，我们想要导入 Excel 中时，可以执行"数据"—"获取和转换数据"—"从文本/CSV"命令，弹出"文本导入向导"窗口，根据不同的数据结构可选择不同的分隔符号，默认为"Tab"键，点击【下一步】按钮，即可完成导入，如图 1-17 所示。将"企业员工信息表.txt"数据导入 Excel 工作表中，导入结果如图 1-18 所示。

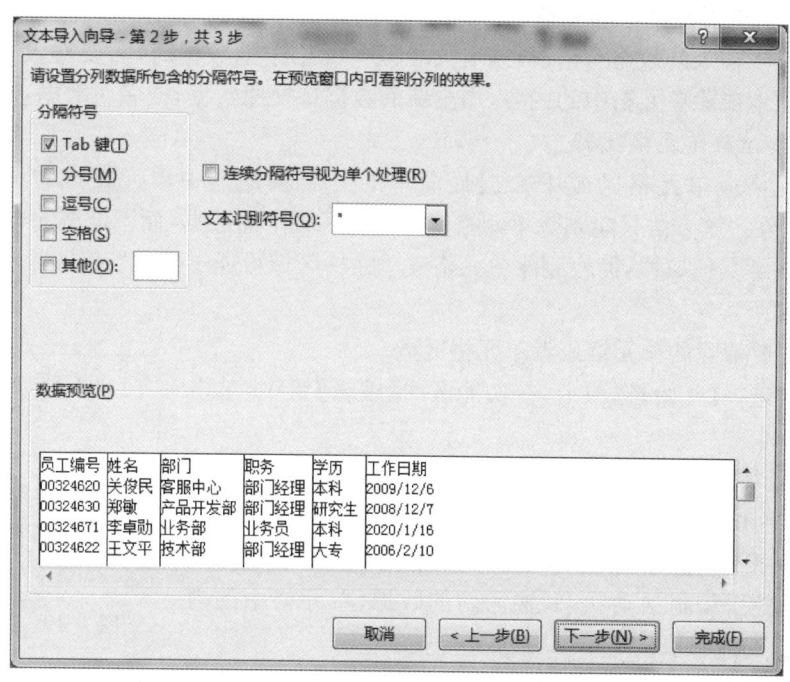

图 1-17 "文本导入向导"窗口

	A	B	C	D	E	F
1	员工编号	姓名	部门	职务	学历	工作日期
2	324620	关俊民	客服中心	部门经理	本科	2009-12-6
3	324630	郑敏	产品开发部	部门经理	研究生	2008-12-7
4	324671	李卓勋	业务部	业务员	本科	2020-1-16
5	324622	王文平	技术部	部门经理	大专	2006-2-10
6	324621	曾丝华	客服中心	普通员工	本科	2010-1-16
7	324651	杨小娟	产品开发部	工程师	本科	2010-1-16
8	324722	钟卓桐	客服中心	普通员工	大专	2011-2-16
9	324619	曾冠琛	销售部	部门经理	本科	2000-9-7
10	324625	蔡少娜	后勤部	部门经理	本科	2003-5-8
11	324707	施晶	业务部	业务员	大专	2010-7-16
12	324710	付晓	机关	文员	本科	2019-12-15
13	324644	肖子良	后勤部	工程师	本科	2010-4-2
14	324661	赵文静	业务部	业务员	本科	2021-1-15
15	324701	罗远方	后勤部	技工	大专	1999-1-15
16	324781	彭秉鸿	人事部	文员	中专	2011-1-15
17	324739	何丽铃	销售部	普通员工	本科	2003-9-13
18	324755	付静静	销售部	普通员工	大专	2004-5-12
19	324694	李育鹏	产品开发部	工程师	本科	2008-4-15
20	324746	胡文娟	人事部	普通员工	大专	2017-6-15
21	324767	曾海玲	业务部	文员	大专	2021-7-15

图 1-18 文本导入结果

四、数据编辑与保护

在编辑工作表的过程中需要进行删除和更改单元格内容、移动和复制单元格数据、插入和删除单元格、行和列等操作。除了可以通过功能区的选项卡的相关命令按钮完成数据的编辑操作,还可以利用单元格的快捷菜单完成操作,使用快捷菜单的效率更高。

(一)数据的删除、清除和更改

当单元格中输入的数据有错误,或者要更改单元格中的数据时,需要对数据进行编辑。用户可以方便地删除单元格中的内容,用全新的数据替换原数据,或者对数据进行修改。

1. 删除和清除单元格数据

删除单元格或单元格区域中数据最简单的方法就是选中单元格或单元格区域,按"Delete"键删除。该方法只能删除单元格或单元格区域中的数据,而不能删除单元格或单元格区域的格式等其他属性,彻底删除单元格或单元格区域可通过使用"清除"命令来实现,具体操作步骤如下:

(1)选中要清除的单元格或者单元格区域。

(2)依次选择【开始】选项卡,在功能区的【编辑】组中,单击【清除】按钮。

(3)在"清除"下拉列表中选择相应的命令,如图1-19所示。

2. 更改单元格数据

更改单元格中数据的方法非常简单,选中需要更改数据的单元格,使其处于编辑活动状态,输入新的数据,单元格中的内容就被新输入的内容取代了。

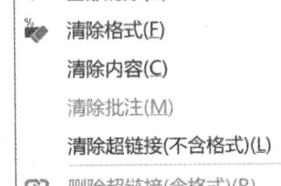

图1-19 【清除】按钮

对于单元格中大量的字符和复杂的公式,如果用户只需要更改一部分,可以使用以下两种方法编辑:

(1)激活单元格,单击公式栏,在公式栏中进行编辑。

(2)双击单元格,或者单击单元格时按下"F2"键,在单元格中进行编辑。

(二)单元格的插入和删除

选定单元格或单元格区域后,用户可以对单元格或单元格区域进行各种操作,包括在已经输入数据的工作表里插入或者删除行、列和单元格。

1. 插入行、列和单元格

如果需要在已输入数据的工作表中插入一行,可按如下步骤进行:

(1)选定要插入行的任一单元格,或者单击行号选择整行。

(2)选择【开始】选项卡,在功能区的【单元格】组中,单击【插入】按钮,打开下拉列表,如图1-20所示,选择"插入工作表行"命令,即在当前位置插入一行,原有的行自动下移。

同样地,如果选择"插入工作表列"命令,可在已输入数据的工作表中插入一列,在当前位置插入一整列后,原有的列自动右移。

在Excel中,还可以在工作表中插入多行或多列,先选定需插入多行或列的单元格区域,或选定区域所在的所有行或列,要插入几行(列)就选中几行(列),选择【开始】选项卡,在功能区的【单元格】组中单击【插入】按钮,在打开的"插入"下拉列表中选择"插入工作表行"(插入工作表列)命令,即可在当前区域位置插入多个空行(列),原来区域所在的所有行(列)

自动下移(右移)。

如果需要在工作表中插入单元格或单元格区域,可按如下步骤进行:

(1) 在要插入单元格的位置选定单元格或区域。

(2) 选择【开始】选项卡,在功能区的【单元格】组中,单击【插入】按钮,在打开的"插入"下拉列表中选择"插入单元格"命令,打开"插入"对话框,如图 1-21 所示。

图 1-20　下拉列表

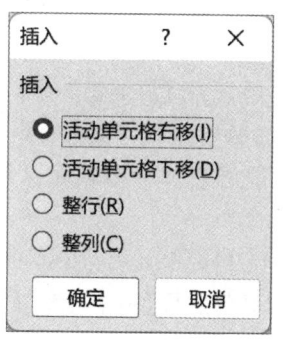

图 1-21　"插入"对话框

(3) 在"插入"对话框中选择需要的选项,单击【确定】按钮。

此外,选定对应的内容后,单击鼠标右键,在弹出的快捷菜单中选择"插入"选项,也可以插入行、列或者单元格。

2. 删除行、列和单元格

删除行、列和单元格,按"Delete"键仅清除单元格内容,其空白单元格仍保留在工作表中;单击【删除】按钮删除行、列、单元格或单元格区域,其内容和单元格将一起被清除,空的位置由周围的单元格填充。

在当前工作表中删除某行(列)时,单击要删除的某行号(列标),选择一整行(列),选择【开始】选项卡,在功能区的【单元格】组中,单击【删除】按钮,打开下拉列表,选择"删除工作表行"命令,如图 1-22 所示,则被选择的行(列)将从工作表中清除,其下(右)各行(列)自动上(左)移。

在当前工作表中删除一个单元格或单元格区域时,选择要删除的单元格或单元格区域,选择【开始】选项卡,在功能区的【单元格】组中,单击【删除】按钮,在打开的"删除"下拉列表中,选择"删除单元格"命令,弹出"删除文档"对话框,如图 1-23 所示,选择需要的选项后,单击【确定】按钮。

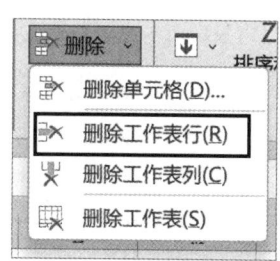

图 1-22　"删除"下拉列表

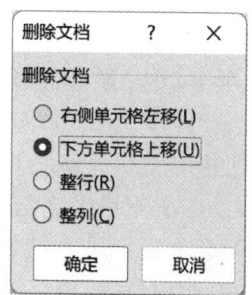

图 1-23　"删除文档"对话框

此外，选定要删除单元格的内容后，单击鼠标右键，在弹出的快捷菜单中选择"删除"选项，也可以进行删除操作。

（三）数据的移动、复制和粘贴

移动单元格数据是指将输入在某些单元格中的数据移至其他单元格中。复制单元格或区域数据是指将某个单元格或区域数据复制到指定位置，原位置数据仍然存在。

在 Excel 中，不但可以复制整个单元格，而且还可以复制单元格中的指定内容。例如，可以复制公式的计算结果而不复制公式，或者只复制公式等，具体操作如下：

用户复制内容后，选择【开始】选项卡，在功能区的【剪贴板】组中，单击【粘贴】按钮，打开下拉列表，在其中选择"选择性粘贴"命令，打开"选择性粘贴"对话框，如图 1-24 所示，设置选择性粘贴方式，也可通过单击粘贴区域右下角的"粘贴选项"来变换单元格中要粘贴的部分。

移动或复制单元格或单元格区域数据的方法基本相同，选中单元格数据后，选择【开始】选项卡，在功能区的【剪贴板】组中，单击【剪切】按钮或【复制】按钮，单击要粘贴数据的位置，选择【开始】选项卡，在功能区的【剪贴板】组中的【粘贴】按钮，即可将单元格数据移动或复制至新位置。复制的数据会在粘贴数据下面显示【粘贴选项】按钮，单击该按钮，将会显示粘贴选项列表，如图 1-25 所示。

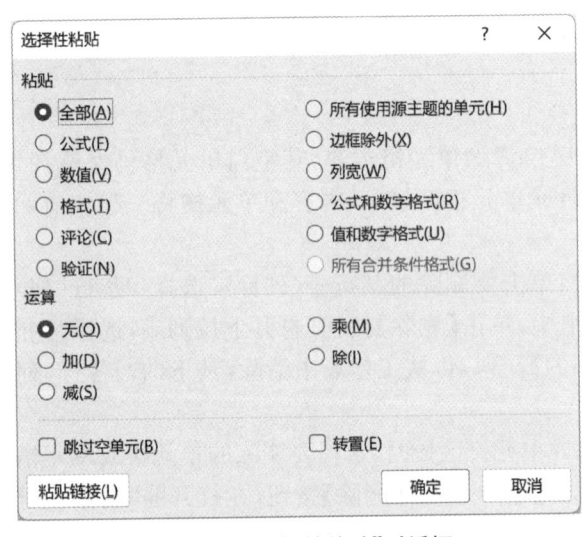

图 1-24 "选择性粘贴"对话框

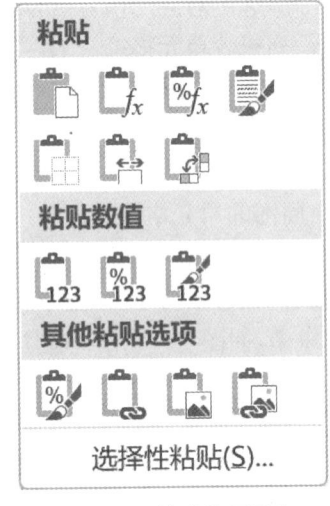

图 1-25 粘贴选项列表

（四）数据的查找和替换

选择【开始】选项卡，在功能区的【编辑】组中，单击【查找和选择】按钮，在打开的下拉列表中选择"查找"命令可打开"查找和替换"对话框，或者利用快捷键"Ctrl＋F"快速调用"查找和替换"对话框，如图 1-26 所示。

数据的编辑都是在单元格中完成的，在数据录入或导入后，可利用复制、粘贴、清除、查找、替换等操作对数据做一个基础处理。在这些基础操作中，除了 Excel 中功能区的选项和进阶操作对话框调用，还可以灵活使用快捷键实现操作目的，提升数据处理和分析的效率。

项目一　Excel 基本操作

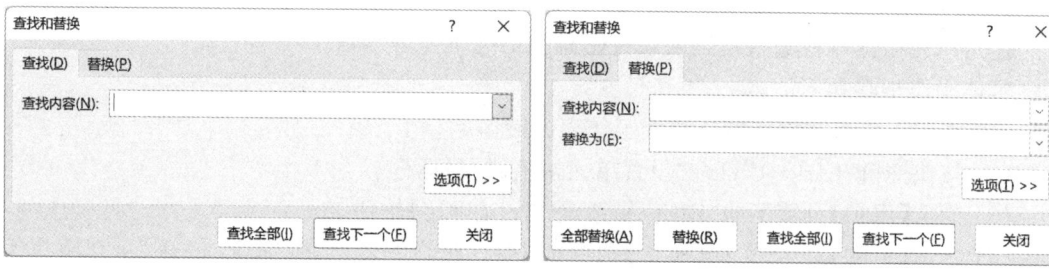

图 1-26　"查找和替换"对话框

（五）数据的保护

随着大数据技术的深入应用，大家对数据保护的意识也更加强烈。尤其是业务数据比较庞大的时候，数据处理和分析的结果就更加重要，原始数据作为处理和分析的基础，更加需要一丝不苟地对待。在 Excel 中用户可以使用以下 5 种方法对数据进行保护。

1. 限制工作表编辑

指定单元格中的数据严禁编辑。

具体操作步骤如下：

（1）选定单元格区域，按快捷键"Ctrl+1"，打开"设置单元格格式"对话框。

（2）勾选【保护】页签下的"锁定"复选框，单击【确定】按钮。

（3）单击【审阅】菜单，选择【保护】选项组中的"保护工作表"命令，打开"保护工作表"对话框，在"取消工作表保护时使用的密码"文本框中输入保护密码，单击【确定】按钮，如图 1-27 所示。

（4）确认密码，单击【确定】按钮。

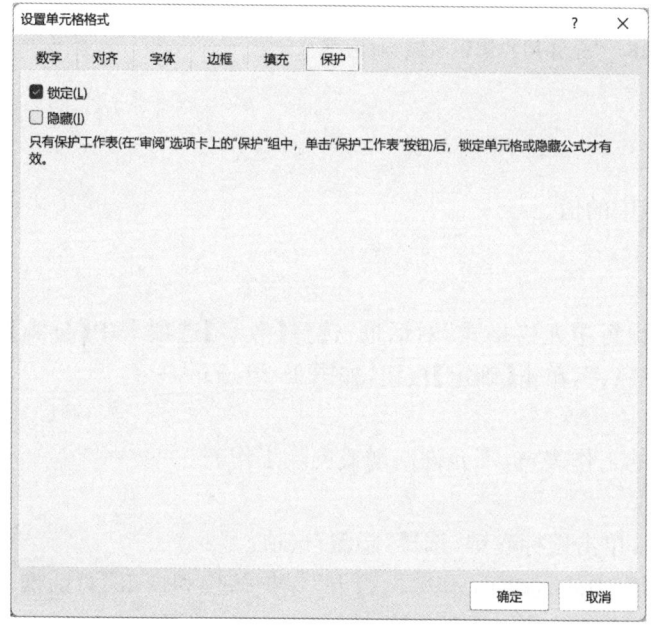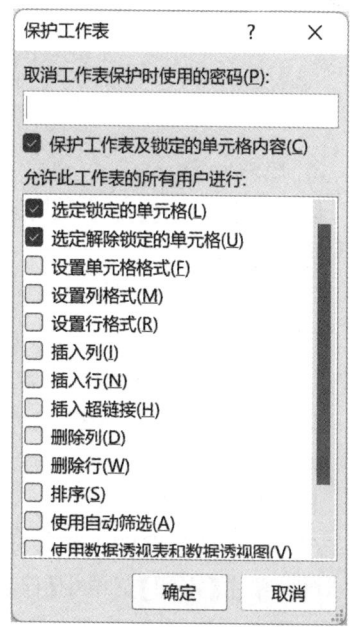

图 1-27　保护工作表

2. 指定区域允许编辑

指定单元格区域在输入密码或缺省密码的情况下允许编辑。

具体操作步骤如下：

（1）选定工作表数据区域或整个工作表区域。

（2）按快捷键"Ctrl＋1"打开"设置单元格格式"对话框。

（3）勾选【保护】页签下的"锁定"复选框，单击【确定】按钮。

（4）单击【审阅】菜单，选择【保护】选项组中的"允许编辑区域"命令，打开"允许用户编辑区域"对话框。

（5）单击【新建】按钮，打开"新区域"对话框，在"标题"单元格中输入标题，在"区域密码"中输入保护密码，也可以不输入，直接单击【确定】按钮。

（6）单击"允许用户编辑区域"对话框左下角的"保护工作表"，打开"保护工作表"对话框，输入保护密码，单击【确定】按钮，再次输入密码，单击【确定】按钮，如图1-28所示。

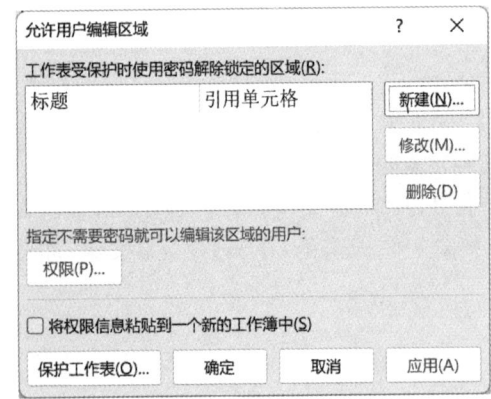
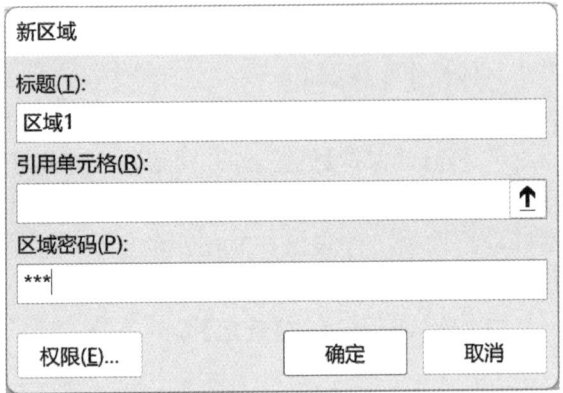

图1-28 "允许用户编辑区域"对话框

3. 隐藏加密

隐藏工作表中指定单元格区域中的值。

具体操作步骤如下：

（1）选定目标单元格区域。

（2）按快捷键"Ctrl＋1"打开"设置单元格格式"对话框，选择【数字】选项卡中【分类】下的"自定义"选项，在"类型"中输入"；；；"，单击【确定】按钮，如图1-29所示。

4. 工作表隐藏并加密

打开工作簿时，不显示已隐藏的工作表，也不允许新增或删除工作表。

具体操作步骤如下：

（1）选中待隐藏的工作表标签，单击鼠标右键，选择"隐藏"选项。

（2）单击【审阅】菜单中【保护】组中的"保护工作簿"，打开"保护结构和窗口"对话框，在"密码(可选)(P)："文本框中输入保护密码，单击【确定】按钮，如图1-30所示。

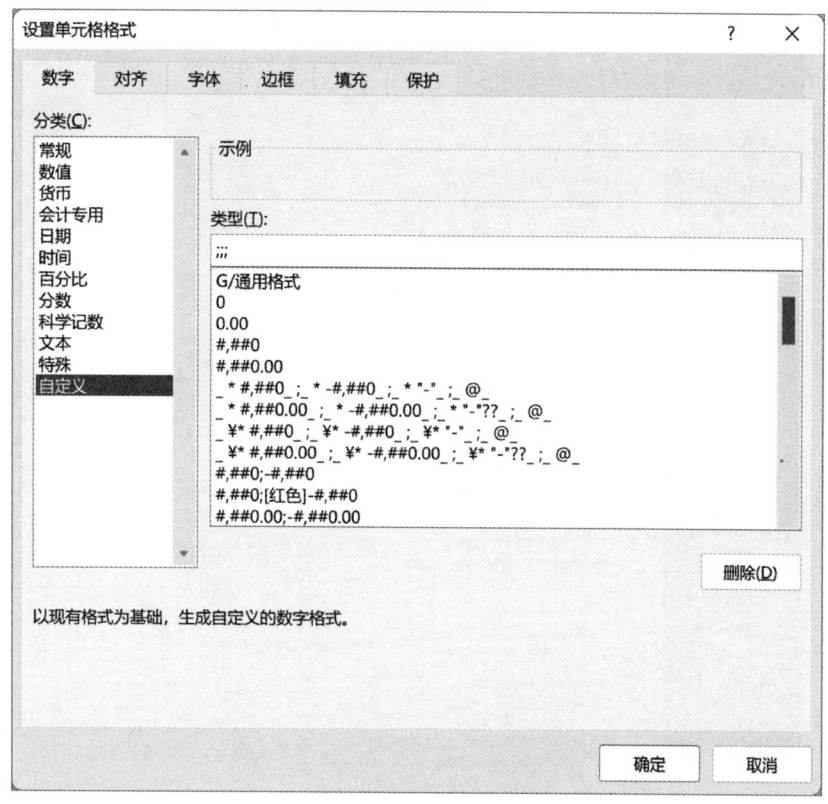

图1-29 "设置单元格格式"对话框

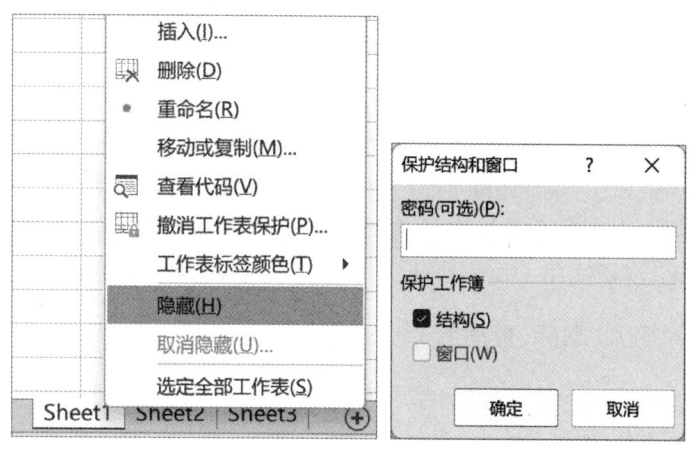

图1-30 "保护结构和窗口"对话框

5. 工作簿数据保护

打开工作簿时,输入正确的密码才允许编辑。

具体操作步骤如下:

点击【文件】菜单中【信息】组中的【保护工作簿】,选择"用密码进行加密"选项,如图1-31所示。

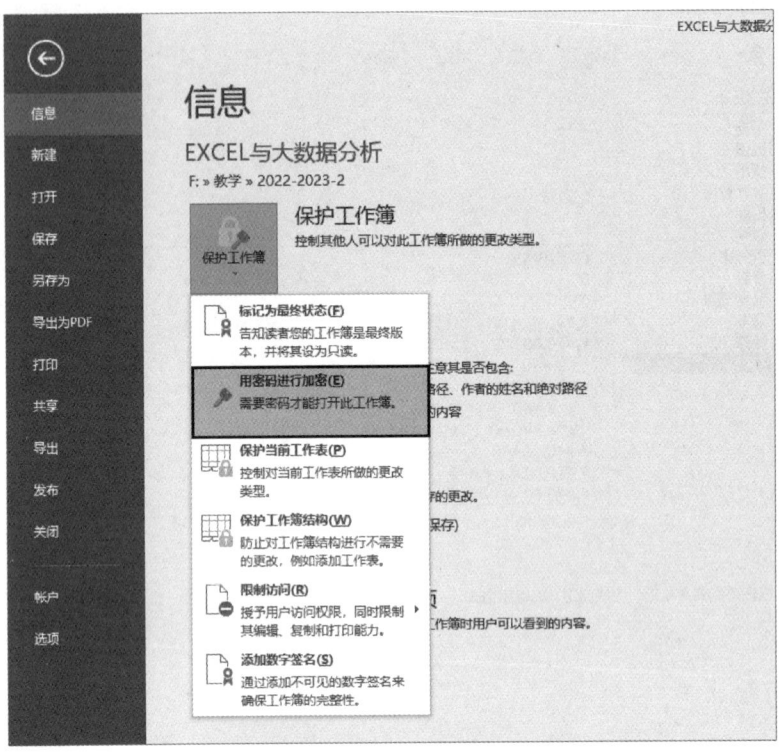

图 1-31　保护工作簿

任务三　Excel 工作表管理

在利用 Excel 进行数据处理的过程中,对于单元格的操作是最常使用的,但是很多情况下也需要对工作表进行适当地处理,如工作表的插入、删除、重命名、隐藏、移动或复制等。通过功能区的选项卡中相关命令按钮的选择可以完成工作表的各操作,还可以利用工作表操作快捷菜单完成,建议使用工作表操作快捷菜单来完成,其效率更高。

一、工作表的插入、删除、重命名

要想熟练地使用 Excel 处理数据,掌握工作表的基本操作是非常必要的,基本操作包括插入、删除、重命名工作表等。

1. 插入新工作表

在首次创建一个新工作簿时,默认情况下该工作簿包括 1 个工作表。但是在实际应用中,有时需要向工作簿添加 1 个或多个工作表。

选择【开始】选项卡,在功能区的【单元格】组单击【插入】按钮,在弹出的下拉列表中选择"插入工作表"菜单项,即可插入一个新的工作表。插入的新工作表的名称由 Excel 自动命名,默认情况下第一个插入的工作表为"Sheet2",以后依次是"Sheet3"、"Sheet4"、"……"。

也可以选定当前活动工作表后,将鼠标光标指向该工作表标签,单击鼠标右键,在弹出快捷菜单中选择"插入"菜单命令,打开"插入"对话框,在该对话框中可根据需要选择不同的模板插入不同格式的新工作表,如图1-32所示。

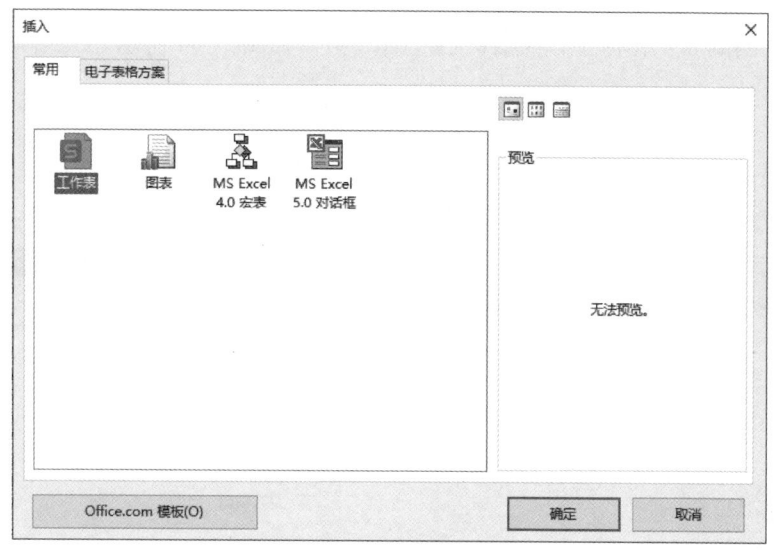

图1-32 "插入"对话框

提示
插入新工作表最简便的方法是直接点击工作表标签右侧的"+"进行插入。

2. 删除工作表

有时根据实际工作的需要,需要从工作簿中删除不再需要的工作表,删除工作表与插入工作表的方法一样。

删除工作表时,首先单击工作表标签来选定该工作表,选择【开始】选项卡,在功能区的【单元格】组中,单击【删除】按钮,在下拉列表中选择"删除工作表"菜单项,则选中的工作表被删除,同时和它相邻的后面的工作表变成了当前的活动工作表。

另外,用户也可以在要删除的工作表标签上单击鼠标右键,在弹出的快捷菜单中选择"删除"菜单命令来删除选定工作表。

3. 重命名工作表

Excel在创建一个新的工作簿时,所有的工作表都是以Sheet1、Sheet2、……来命名的。这在实际工作中,不方便记忆和进行有效的管理,用户可以通过改变这些工作表的名称来进行有效管理。更改工作表名称时,双击选中的工作表标签,这时工作表标签以反白显示,在其中输入新的名称并按"Enter"键,新的名称则出现在工作表标签中。

二、工作表的复制或移动

要创建多个风格相同且内容相当的工作表,可以使用移动和复制的方法进行。即在创建了第1个工作表后复制此工作表,再在复制的工作表中进行修改。具体操作步骤如下:

(1) 打开用于接收工作表的工作簿。
(2) 切换到包含需要移动或复制的工作表的工作簿,选定工作表。

（3）选择【开始】选项卡，在功能区的【单元格】组中，单击【格式】按钮，在弹出的下拉菜单中选择"移动或复制工作表"选项，打开"移动或复制工作表"对话框，如图1-33所示。

（4）在该对话框的"工作簿"下拉列表中，选中用来接收工作表的工作簿，若要将所选工作表移动或复制到新工作簿中，应选择"（新工作簿）"，如图1-34所示。

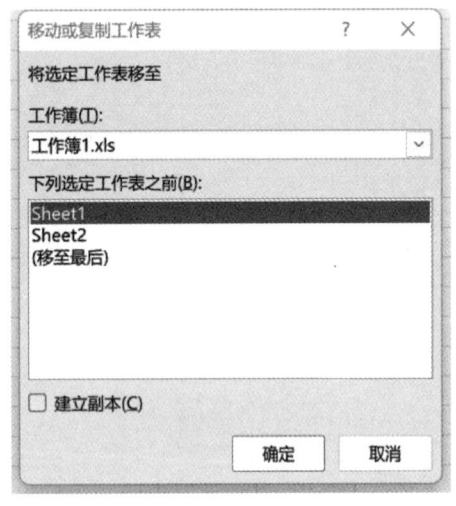

图1-33 "移动或复制工作表"对话框

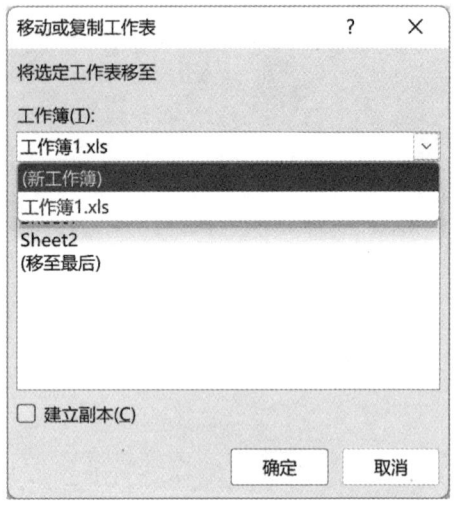

图1-34 选择"（新工作簿）"

（5）在"下列选定工作表之前"列表框中，单击要在其前面插入移动或复制的工作表。

（6）若要复制工作表，应勾选"建立副本"复选框，单击【确定】按钮。

另外，用户也可以在要移动或复制的工作表标签上单击鼠标右键，在弹出的快捷菜单中选择"移动或复制"选项，移动或复制选定的工作表。

三、工作表的隐藏或显示

在某些特定情况下，用户可以有选择地隐藏1个或多个工作表。工作表一旦被隐藏，将无法显示其内容，工作表标签也将隐藏。具体操作步骤如下：

（1）选定需要隐藏的工作表。

（2）选择【开始】选项卡，在功能区的【单元格】组中，单击【格式】按钮，在弹出的下拉菜单中执行"隐藏或取消隐藏—隐藏工作表"命令，如图1-35所示。

对隐藏的工作表，用户不可以进行任何编辑操作，1个工作簿中至少有1个可

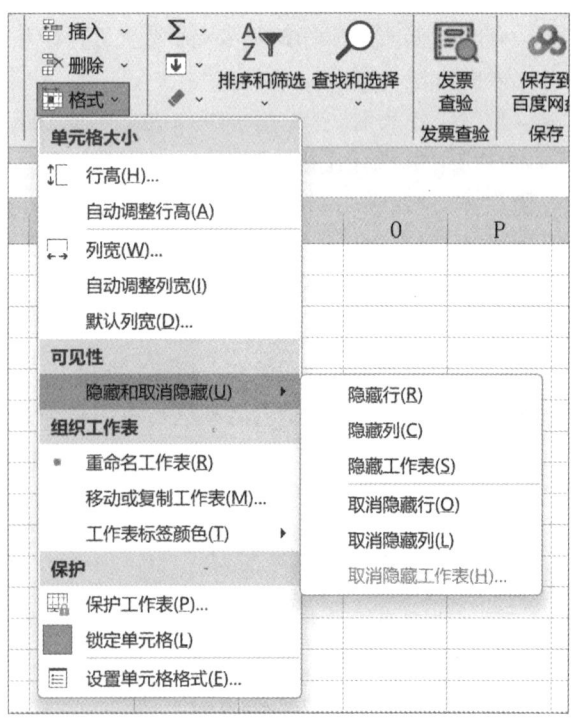

图1-35 隐藏或取消隐藏—隐藏工作表

见的工作表,不允许隐藏工作簿中所有的工作表。要隐藏整个工作簿,选择【视图】选项卡,在功能区的【窗口】组中,单击【隐藏】按钮就可以实现。另外,用户也可以在要隐藏的工作表标签上单击鼠标右键,在弹出的快捷菜单中选择"隐藏"选项,隐藏选定工作表。

当工作表被隐藏后,要对其修改和编辑时,需要首先取消其隐藏。具体操作步骤如下:

(1) 选择【开始】选项卡,在功能区的【单元格】组中,单击【格式】按钮,在弹出的下拉菜单中执行"隐藏或取消隐藏—取消隐藏工作表"命令。

(2) 在打开的"取消隐藏"对话框中,选择要显示的工作表。

四、区域选取与表示

在 Excel 中,对工作表的操作是通过对单元格或者单元格区域的各种操作来实现的。因此,对当前打开的工作表进行操作时,首先要选定单元格或者单元格区域,具体又分为以下几种情况。

1. 选择整张工作表

当鼠标移至工作表表格区域的左上角时,鼠标会变成"＋"形状,该按钮称作"全选"按钮,若选择整张工作表,单击全选按钮,整张工作表被选中后,所有单元格将变成选中状态。也可以通过快捷键"Ctrl＋A",来实现工作表的全选。

2. 选择整行或整列

选择整行,可将鼠标移至该行的行号处,此时鼠标会变成向右的箭头,单击即可选择整行;选择整列,可将鼠标移至该列的列号处,此时鼠标会变成向下的箭头,单击即可选择整列。

当在工作表中选择多行或多列时,可以使用"Shift"键选择多个相邻的整行或整列,使用"Ctrl"键选择不相邻的整行或整列。

3. 选择特定的单元格/单元格区域

选择某个单元格,最简单的方法就是用鼠标单击该单元格,或者移动键盘上的方向键。单元格被选中后,表格左上方"编辑栏"的"名称框"中将显示该单元格的名称。如果窗口中未显示选中的单元格,可以移动滚动条使其显示在窗口中,然后再进行选择。

选择相邻的单元格区域,可以利用鼠标拖曳选择相邻区域或者利用"Shift"键选择相邻区域的单元格。另外,还可以利用"定位"对话框选择相邻的单元格区域,在"引用位置"文本框中输入左上角和右下角的单元格名称,并用":"分开,单击【确定】按钮选中相邻的单元格区域。

选择不相邻的单元格时,需要借助"Ctrl"键来完成。选取 1 个或一部分连续的单元格,在按下"Ctrl"键不放的情况下继续单击选择所需要的单元格或单元格区域,选择完成后释放"Ctrl"键,则完成对几个不相邻的单元格或单元格区域的选择。

项目二 Excel 公式与函数

分析和处理 Excel 工作表中的数据,离不开公式和函数。公式是函数的基础,是单元格中一系列值、单元格引用、名称或运算符的组合,可以生成新的值。函数是 Excel 预定义的内置公式,可以进行数学、文本、逻辑的运算或者查找工作表的信息。与直接使用公式进行计算相比较,使用函数进行计算的速度更快,同时减少了错误的发生。

任务一 Excel 公式

公式是工作表中对数据进行分析与计算的等式,使用公式可以对工作表中的数值进行加法、减法、乘法和除法等运算,公式还可以引用同一工作表中的其他单元格、同一工作簿的不同工作表中的单元格,或者其他工作簿的工作表中的单元格。

一、公式的编辑与运算

1. 公式中的运算符

公式中可使用的运算符包括数学运算符、比较运算符、文字运算符。

(1)数学运算符:加(+)、减(-)、乘(*)、除(/)、取余(%)、乘方(^)等。

(2)比较运算符:等于(=)、大于(>)、小于(<)、大于等于(≥)、小于等于(≤)、不等于(<>)。比较运算符公式返回的计算结果为"True"或"False"。

(3)文字运算符:连接(&)可以将两个字符或字符串连接起来,其操作数可以是带引号的文字也可以是单元格地址。

2. 公式的编辑与结果输出

公式的输入操作类似于输入文字数据,但是输入的公式要以等号"="作为开始,然后才是公式的表达式。

【案例 2-1】 公式的编辑与结果输出

具体操作步骤如下:

(1)打开数据资源包[①]中"Excel 公式"工作簿—"创新集团公司销售表"工作表。

(2)选定输入公式的单元格。

(3)输入"="后,输入计算数据和数据所在的单元格名称。

(4)输入运算符和函数即可建立一个公式,如在 F4 中输入公式"=B4+C4+D4+E4"。

(5)输入完成后按"Enter"键,或者单击编辑栏上的 ✓ 按钮结束操作。与此同时,单元

[①] 数据资源包见前言二维码。

格的公式内容显示在编辑栏中,计算结果显示在选定的单元格中,如图2-1所示。

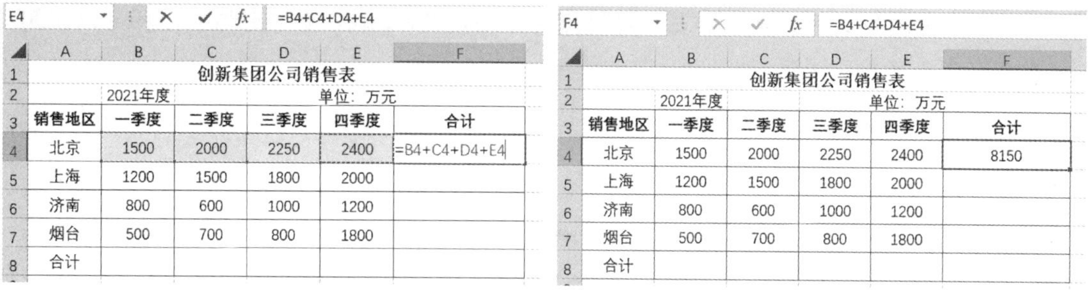

图 2-1 公式的编辑与结果输出

数据来源提示:本操作需打开"Excel 公式"工作簿—"创新集团公司销售表"工作表。

Excel 中公式具体的应用,如表2-1所示。

表 2-1　　　　　　　　　　　　　　公式的应用

查看公式中某步骤运算结果	选中单元格公式中需要查看其运算结果的运算体和运算符,按"F9"键后,被选中的内容将转化为运算结果,该运算结果同时处于被选中状态 按下"Esc"键或者"Ctrl+Z"组合键(或单击【撤消】按钮),运算结果将恢复为公式表达式的原来内容
公式默认显示方式的改变	在单元格显示运行结果时,选中单元格,按下"Ctrl+~"组合键或者单击【显示公式】命令,可切换为显示公式内容 在单元格显示公式内容时,选中单元格,按下"Ctrl+~"组合键或者单击【显示公式】命令,可切换为显示运行结果
将公式运算结果转换为数值	将公式复制后,进行选择性粘贴,只粘贴数值

二、单元格的引用

引用单元格就是在公式和函数中使用引用来表示单元格数据。引用单元格,可以在一个公式中使用不同的单元格的数据,或者在多个公式中使用同一个单元格中数据,根据处理的需求,单元格引用可以分为相对引用、绝对引用和混合引用。

1. 相对引用

相对引用,是指公式中的单元格位置随着公式的位置而改变。相对引用的标志是引用单元地址的列坐标和行坐标前不加任何标示符号。如果公式采用的是相对引用,则公式记忆源公式所在单元与源公式引用单元的相对位置,当复制使用相对引用的公式时,被粘贴公式中的引用将被更新,并指向与当前公式位置相对应的单元格。

【案例 2-2】 相对引用

具体操作步骤如下:

(1) 打开数据资源包中"Excel 公式"工作簿—"创新集团公司销售表"工作表。

(2) 在单元格 F4 中输入公式"=B4+C4+D4+E4"并运算输出结果 8150,将该单元格复制并粘贴在 F5 单元格中,此时 F5 单元格中公式显示为"=B5+C5+D5+E5",公式中每一项均下移一行,如图2-2所示。同理,如果将 F4 单元格内容复制粘贴到 G4 单元格中,则公式中每一项会右移一列。

提示

相邻单元格公式的复制粘贴还可以使用填充柄实现,连续多个单元格也同样可以使用填充柄双击或者拖动实现。

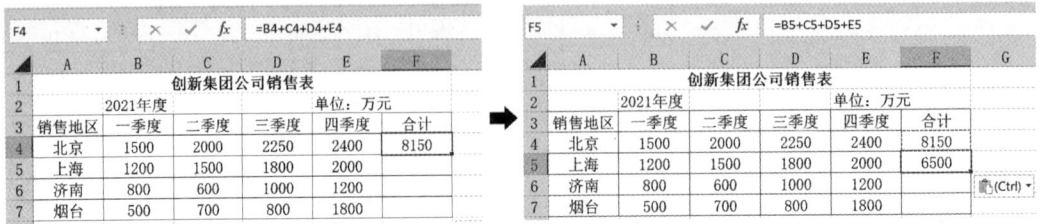

图 2-2 相对引用

数据来源提示:本操作需打开"Excel 公式"工作簿—"创新集团公司销售表"工作表。

2. 绝对引用

绝对引用,是指公式和函数中的单元格位置是固定不变的。使用绝对引用时,无论公式被复制到哪个单元格,公式的结果固定不变。使用绝对引用时要在单元格的列标和行号前面加上符号"$"。一般使用 F4 键,对单元格的相对引用和绝对引用进行切换。

【案例 2-3】 绝对引用

具体操作步骤如下:

(1) 打开数据资源包中"Excel 公式"工作簿—"创新集团公司销售表"工作表。

(2) 在单元格 F4 中输入公式"=＄B＄4+＄C＄4+＄D＄4+＄E＄4",运算输出结果"8150",将该单元格复制并粘贴在 F5 单元格中,此时 F5 单元格中公式显示为"=＄B＄4+＄C＄4+＄D＄4+＄E＄4",输出结果依然是"8150",与 F4 结果输出一致,如图 2-3 所示。

图 2-3 绝对引用

数据来源提示:本操作需打开"Excel 公式"工作簿—"创新集团公司销售表"工作表。

相对引用和绝对引用的区别就在于单元格元素是否被固定。大数据处理和应用中,我们需要使用填充柄自动填充公式,以求更高效地处理数据。在复制或者自动填充时,相对引用会随着单元格的相对位置变化而变化,而绝对引用的元素将不会随着位置的变化而变化。

3. 混合引用

在实际问题应用中,我们往往将相对引用和绝对引用一起使用,即混合引用。我们针对具体的数据处理需要,选择锁定公式元素中的部分行或者列,或者固定某个特定的单元格,再复制或者使用填充柄自动向下、向右填充公式。

混合引用，是指在同一个单元格中，既有相对引用又有绝对引用，即混合引用具有绝对列和相对行，或是相对列和绝对行。绝对引用列采用＄A1、＄B1 等形式表达，绝对行采用 A＄1、B＄1 等形式表达。

【案例 2-4】 混合引用

具体操作步骤如下：

（1）计算北京地区各季度销售额占比，打开数据资源包中"Excel 公式"工作簿—"创新集团公司销售表"工作表。

（2）在 B5 单元格中输入"＝B4/F4"计算结果；同理，可以在 C5、D5、E5 单元格中分别计算得出占比。然而，计算四个季度销售占比时，分母均为合计数 F4，分子随着各季度的销售额变化而变化，因此，在这里可以通过混合引用，设置 B5 单元格公式为"＝B＄4/＄F4"或者"＝B4/＄F＄4"，如图 2-4 所示。

（3）我们可以通过复制公式或者右移拖动迅速计算出北京地区 2021 年度各季度的销售占比。

图 2-4 混合引用

数据来源提示：本操作需打开"Excel 公式"工作簿—"创新集团公司销售表"工作表。

混合引用常用于二维数据的行列交叉计算中，在财务数据分析中使用频率很高。

任务二 Excel 常用函数

一、函数的编辑

（一）函数的语法

函数是一些预定义的公式，通过使用一些成为参数的特定数值来按特定的顺序或结构执行计算。在 Excel 中，函数是一个已经提供给用户的公式，并且具有一个描述性的总称。Excel 的内部函数包括常用函数、财务函数、日期与数据函数、数学与三角函数、统计函数、查找与引用函数、数据库函数、文本函数、逻辑函数和信息函数等。

函数是公式的综合，因此函数的语法与公式的语法一致，但是要注意以下几点：

（1）函数是一种特殊的公式，因此所有的函数都要以"＝"开始。

（2）函数与公式不同，公式是在工作表中对数据进行分析处理的等式，可以引用同一工作表中的其他单元格、同一工作簿中不同工作表中的单元格，以及其他工作簿中的工作表中的单元格。函数是预定义的内置公式，使用被称为参数的特定数值，并且按照被称为语法的特定顺序进行计算。

（3）函数名与括号之间没有空格，括号要紧跟在函数之后，参数之间要用逗号隔开，逗号和参数之间不能插入空格或者其他字符。

（4）每一个函数都包含一个语法行。

（5）如果一个函数的参数行后面跟有省略号（……），表明可以使用多个该种数据类型的参数。

（6）名称后带有一组空格号的函数不需要任何参数。但是使用时必须带括号，以使Excel能够识别。

（二）函数的输入

输入函数有以下几种方法。

1. 直接输入

以"＝"开始，按照函数的格式直接输入函数表达式。如：＝SUM(A1:A6)，＝DATE(99,10,1)。

2. 使用菜单

【案例2-5】 函数的输入——使用菜单

具体操作步骤如下：

（1）选择【公式】选项卡，在功能区的【函数库】组中，单击【插入函数】按钮，打开"插入函数"对话框，如图2-5所示。

（2）选择函数，单击【确定】按钮进入"函数参数"提示框，如图2-6所示。

（3）输入或选择函数的参数。

（4）单击【确定】按钮。

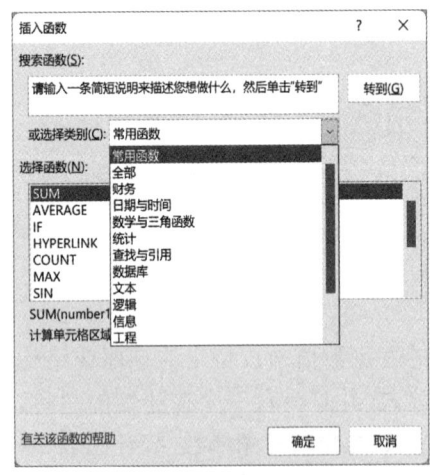

图2-5 "插入函数"对话框

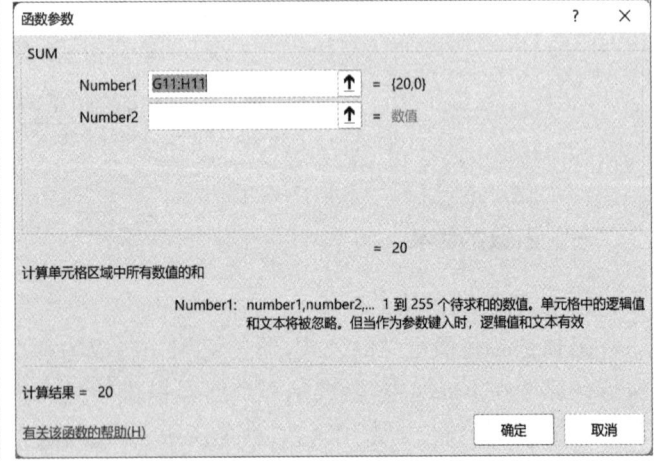

图2-6 "函数参数"提示框

3. 使用工具栏中的按钮

【案例2-6】 函数的输入——使用菜单

具体操作步骤如下：

（1）单击【编辑】组中的 fx 按钮，打开"插入函数"对话框。

(2) 选择函数，单击【确定】按钮后弹出"函数参数"提示框。
(3) 输入或选择函数的参数后。
(4) 单击【确定】按钮。

如图 2-5 所示，函数根据其实际用途进行分类，在财务大数据的分析中，常用函数主要有查找函数、统计函数、逻辑函数等。运用函数对数据进行整合处理是财务大数据分析的必备步骤，相对于代码而言，函数的应用更为简便易懂。常用函数及各自的功能，如表 2-2 所示。

表 2-2　　　　　　　　　　　　　　常用函数

函数分类	函数名(参数序列)		
统计函数	MAX	返回一组数值中的最大值	
	MIN	返回一组数值中的最小值	
	SUM	计算单元格区域中所有数值的和	
	SUMIF	对满足条件的单元格求和	
	AVERAGE	返回其参数的算术平均值	
	AVERAGEIF	返回给定条件指定的单元格的算术平均值	
	COUNT	计算区域中包含数字的单元格的个数	
	COUNTIF	计算区域中满足给定条件的单元格数目	
文本函数	LEN	返回文本字符串中的字符数	
	RIGHT	从文本字符串右边第一个字符开始向左返回截取指定个数的字符	
	MID	从文本字符串中间指定位置字符开始向右截取指定个数的字符	
	LEFT	从文本字符串左边第一个字符开始向右截取指定个数的字符	
逻辑函数	IF	根据给定的逻辑判断结果，返回相应的值。当逻辑判断的计算结果为真(TRUE)时，返回第一个参数值；当判断条件的计算结果为假(FALSE)时，返回第二个参数值	
查找引用函数	LOOKUP	向量形式	在单行(列)区域中查找值，找到后取同行对应列(同列对应行)所在位置的值
		数组形式	在数组的第一行(列)中查找指定的值，并返回数组最后一行(列)内同一位置的值
		在一个区域中查找指定数值，找到后取关联区域中对应位置的数值	
	INDEX	根据给定的数据排序位置查找数据	
	MATCH	查找数值在区域中的排序位置	
日期函数	YEAR	返回某日期对应的年份	
	MONTH	返回某日期对应的月份	
	DAY	返回某日期对应的日期	
	NOW	返回当前的日期和时间	
财务函数	SLN	按平均年限法计算折旧	
	DDB	按双倍余额递减法计算折旧	
	SYD	按年数总和折旧法计算折旧	

二、统计函数

数据统计是数据分析的重要组成部分，有统计才会有下一步的分析。Excel 中最常用的统计函数主要有求和、求平均值、最大/最小值、计数等。

(一) 求和函数

1. SUM 函数

公式：“=SUM(number1,number2,...)”。

功能：计算单元格区域中所有数值的和，如图 2-7 所示。

参数：number1(数字 1)，number2(数字 2)。

SUM | =SUM(B4:E4)

	A	B	C	D	E	F
1	创新集团公司销售表					
2		2020年度		单位：万元		
3	销售地区	一季度	二季度	三季度	四季度	合计
4	北京	1500	2000	2250	1800	=SUM(B4:E4)
5	上海	1200	1500	1800	1350	5850
6	济南	800	600	1000	900	3300
7	烟台	500	700	800	1800	3800
8	合计	4000	4800	5850	5850	20500

图 2-7　SUM 函数

数据来源提示：本操作需打开“Excel 常用函数—统计函数”工作簿—“SUM 函数”工作表。

2. SUMIF 函数

公式：“=SUMIF(range,criteria,sum_range)”。

功能：对满足条件的单元格求和，如图 2-8 所示。

参数：range(条件区域)，criteria(条件)，sum_range(统计区域)。

F5 | =SUMIF($A$2:$A$9,$E5,B$2:B$9)

	A	B	C	D	E	F
1	产品	销量	金额			
2	A	2	200		汇总表	
3	B	3	600			
4	A	1	100		产品	销量
5	D	1	400		A	=SUMIF($A$2:$A$9,$E5,B$2:B$9)
6	C	3	900		B	=SUMIF($A$2:$A$9,$E6,B$2:B$9)
7	E	3	1500		C	=SUMIF($A$2:$A$9,$E7,B$2:B$9)
8	B	1	200		D	=SUMIF($A$2:$A$9,$E8,B$2:B$9)
9	C	2	600		E	=SUMIF($A$2:$A$9,$E9,B$2:B$9)

图 2-8　SUMIF 函数

数据来源提示：本操作需打开“Excel 常用函数—统计函数”工作簿—“SUMIF 函数”工作表。

3. SUMIFS 函数

公式：“=SUMIFS(sum_range,criteria_range,criteria,...)”。

功能：对一组给定条件指定的单元格求和，如图 2-9 所示。

参数：sum_range(统计区域)，criteria_range(条件区域)，criteria(条件)。

SUM　fx　=SUMIFS(F2:F8,C2:C8,"女",D2:D8,">30")

	A	B	C	D	E	F	G	H
1	No	销售员	性别	销量	价格	销售额	地区	销售等级
2	1	王东	男	66	20	1320	北京	优秀
3	2	顾希	女	48	20	960	上海	良好
4	3	张南	男	37	20	740	苏州	中等
5	4	刘贝	女	56	20	1120	上海	优秀
6	5	董震	男	33	20	660	天津	及格
7	6	李雯	女	57	20	1140	上海	优秀
8	7	郝丽	女	20	20	400	上海	不及格
13								
14	SUMIFS							
15	性别为女且销售量大于30的销售额合计				=SUMIFS(F2:F8, C2:C8, "女", D2:D8, ">30")			

图 2-9　SUMIFS 函数

数据来源提示：本操作需打开“Excel 常用函数—统计函数”工作簿—“SUMIFS 函数”工作表。

4. SUMPRODUCT 函数

公式：“=SUMPRODUCT(array1,array2,array3,...)”。

功能：返回相应的数组或区域乘积的和，如图 2-10 所示。

参数：array1(数组 1)，array2(数组 2)。

SUM　fx　=SUMPRODUCT(B4:B10,C4:C10)

	A	B	C	D	E	F
1	某产品销售统计表					
2		2022年6月		单位：元		
3	日期	销售量	单价	销售额		
4	2022/6/1	50	120			
5	2022/6/3	80	130			
6	2022/6/5	100	125			
7	2022/6/8	85	132			
8	2022/6/10	90	125			
9	2022/6/15	150	122			
10	2022/6/20	200	120			
11	合计			=SUMPRODUCT(B4:B10, C4:C10)		

图 2-10　SUMPRODUCT 函数

数据来源提示：本操作需打开“Excel 常用函数—统计函数”工作簿—“SUMPRODUCT 函数”工作表。

(二) 求平均值函数

1. AVERAGE 函数

公式：“=AVERAGE(number1,number2,...)”。

功能：计算区域中参数的算术平均值，如图 2-11 所示。

参数：number1(数字 1)，number2(数字 2)。

SUM | × ✓ fx | =AVERAGE(H4:H20)

	A	B	C	D	E	F	G	H	I
2	学号	姓名	性别	平时成绩		期末成绩		综合成绩	
3				得分	65%	得分	35%		
4	1001	康缘雨	女	77	50	92	32	82	
5	1002	翁宗洋	男	56	37	82	29	65	
6	1003	邓秋雁	女	77	50	71	25	75	
7	1004	杨佳好	男	56	36	71	25	61	
8	1005	牛星儒	女	76	50	78	27	77	
9	1006	田慧聪	女	78	50	74	26	76	
10	1007	张向	男	75	49	89	31	80	
11	1008	彭佑欢	女	79	51	89	31	82	
12	1009	刘宇欣	女	80	52	79	28	79	
13	1010	李选燚	男	79	51	96	34	85	
14	1011	王仕琴	女	76	50	78	27	77	
15	1012	钱悦	女	0	0	0	0	0	
16	1013	杨秋燕	女	78	51	96	34	84	
17	1014	张道玲	女	88	57	89	31	88	
18	1015	刘奕	男	74	48	85	30	78	
19	1016	朱玉琴	女	74	48	84	29	78	
20	1017	宋学宇	男	78	51	86	30	81	
21						班级平均成绩		=AVERAGE(H4:H20)	

图 2-11　AVERAGE 函数

数据来源提示：本操作需打开“Excel 常用函数—统计函数”工作簿—“AVERAGE 函数”工作表。

2. AVERAGEIF 函数

公式：“= AVERAGEIF(range, criteria, [average_range])”。

功能：按指定单条件求区域平均值，如图 2-12 所示。

参数：range(条件区域)，criteria(条件)，[average_range](统计区域)。

SUM | × ✓ fx | =AVERAGEIF(H4:H20,">0")

	A	B	C	D	E	F	G	H	I	J
2	学号	姓名	性别	平时成绩		期末成绩		综合成绩		
3				得分	65%	得分	35%			
4	1001	康缘雨	女	77	50	92	32	82		
5	1002	翁宗洋	男	56	37	82	29	65		
6	1003	邓秋雁	女	77	50	71	25	75		
7	1004	杨佳好	男	56	36	71	25	61		
8	1005	牛星儒	女	76	50	78	27	77		
9	1006	田慧聪	女	78	50	74	26	76		
10	1007	张向	男	75	49	89	31	80		
11	1008	彭佑欢	女	79	51	89	31	82		
12	1009	刘宇欣	女	80	52	79	28	79		
13	1010	李选燚	男	79	51	96	34	85		
14	1011	王仕琴	女	76	50	78	27	77		
15	1012	钱悦	女	0	0	0	0	0		
16	1013	杨秋燕	女	78	51	96	34	84		
17	1014	张道玲	女	88	57	89	31	88		
18	1015	刘奕	男	74	48	85	30	78		
19	1016	朱玉琴	女	74	48	84	29	78		
20	1017	宋学宇	男	78	51	86	30	81		
21						班级平均成绩		73		
22						班级平均成绩（不含0值）		=AVERAGEIF(H4:H20,">0")		

图 2-12　AVERAGEIF 函数

数据来源提示：本操作需打开“Excel 常用函数—统计函数”工作簿—“AVERAGE 函数”工作表。

3. AVERAGEIFS 函数

公式：“= AVERAGEIFS(average_range, criteria_range1, criteria1, ...)”。

功能：按指定多条件求区域平均值，如图 2-13 所示。

参数：average_range(统计区域)，criteria_range1(第一个条件区域)，criteria1(第一个条件)。

SUM | × ✓ fx | =AVERAGEIFS(H4:H20,C4:C20,"男")

	A	B	C	D	E	F	G	H
2	学号	姓名	性别	平时成绩		期末成绩		综合成绩
3				得分	65%	得分	35%	
4	1001	康缘雨	女	77	50	92	32	82
5	1002	翁宗洋	男	56	37	82	29	65
6	1003	邓秋雁	女	77	50	71	25	75
7	1004	杨佳好	男	56	36	71	25	61
8	1005	牛星儒	女	76	50	78	27	77
9	1006	田慧聪	女	78	50	74	26	76
10	1007	张向	男	75	49	89	31	80
11	1008	彭佑欢	女	79	51	89	31	82
12	1009	刘宇欣	女	80	52	79	28	79
13	1010	李选贽	男	79	51	96	34	85
14	1011	王仕琴	女	76	50	78	27	77
15	1012	钱悦	女	0	0	0	0	0
16	1013	杨秋燕	女	78	51	96	34	84
17	1014	张道玲	女	88	57	89	31	88
18	1015	刘奕	男	74	48	85	30	78
19	1016	朱玉琴	女	74	48	84	29	78
20	1017	宋学宇	男	78	51	86	30	81
21						班级平均成绩		73
22						班级平均成绩（不含0值）		78
23						男生平均成绩		=AVERAGEIFS(H4:H20,C4:C20,"男")

图 2-13　AVERAGEIFS 函数

数据来源提示：本操作需打开“Excel 常用函数—统计函数”工作簿—“AVERAGE 函数”工作表。

4. AVERAGEA 函数

公式：“= AVERAGEA(value1,value2,...)”。

功能：计算区域中参数的算术平均值(False 为 0，True 为 1，参数可以是数值、名称、数组或者引用)，如图 2-14 所示。

参数：value1(数值 1)，value2(数值 2)。

H21 | × ✓ fx | =AVERAGEA(H4:H20)

	A	B	C	D	E	F	G	H
2	学号	姓名	性别	平时成绩		期末成绩		综合成绩
3				得分	65%	得分	35%	
4	1001	康缘雨	女	77	50	92	32	82
5	1002	翁宗洋	男	56	37	82	29	65
6	1003	邓秋雁	女	77	50	71	25	75
7	1004	杨佳好	男	56	36	71	25	61
8	1005	牛星儒	女	76	50	78	27	77
9	1006	田慧聪	女	78	50	74	26	76
10	1007	张向	男	75	49	89	31	80
11	1008	彭佑欢	女	79	51	89	31	82
12	1009	刘宇欣	女	80	52	79	28	79
13	1010	李选贽	男	79	51	96	34	85
14	1011	王仕琴	女	76	50	78	27	77
15	1012	钱悦	女	0	0	0	0	
16	1013	杨秋燕	女	78	51	96	34	84
17	1014	张道玲	女	88	57	89	31	88
18	1015	刘奕	男	74	48	85	30	78
19	1016	朱玉琴	女	74	48	84	29	78
20	1017	宋学宇	男	78	51	86	30	81
21						班级平均成绩		78

图 2-14　AVERAGEA 函数

数据来源提示：本操作需打开“Excel 常用函数—统计函数”工作簿—“AVERAGE 函数”工作表。

(三) 最大/最小值函数

1. MAX 函数

公式:"=MAX(number1,number2,...)"。

功能:返回一个数组最大值,忽略逻辑值及文本,如图 2-15 所示。

参数:number1(第一个数字),number2(第二个数字)。

SUM | =MAX(H4:H20)

	A	B	C	D	E	F	G	H
2	学号	姓名	性别	平时成绩		期末成绩		综合成绩
3				得分	65%	得分	35%	
4	1001	康缘雨	女	77	50	92	32	82
5	1002	翁宗洋	男	56	37	82	29	65
6	1003	邓秋雁	女	77	50	71	25	75
7	1004	杨佳好	男	56	36	71	25	61
8	1005	牛星儒	女	76	50	78	27	77
9	1006	田慧聪	女	78	50	74	26	76
10	1007	张向	男	75	49	89	31	80
11	1008	彭佑欢	女	79	51	89	31	82
12	1009	刘宇欣	女	80	52	79	28	79
13	1010	李选燚	男	79	51	96	34	85
14	1011	王仕琴	女	76	50	78	27	77
15	1012	钱悦	女	0	0	0	0	
16	1013	杨秋燕	女	78	51	96	34	84
17	1014	张道玲	女	88	57	89	31	88
18	1015	刘奕	男	74	48	85	30	78
19	1016	朱玉琴	女	74	48	84	29	78
20	1017	宋学宇	男	78	51	86	30	81
24							班级最高分	=MAX(H4:H20)

图 2-15 MAX 函数

数据来源提示:本操作需打开"Excel 常用函数—统计函数"工作簿—"MAX/MIN 函数"工作表。

2. MIN 函数

公式:"=MIN(number1,number2,...)"。

功能:返回一个数组最小值,忽略逻辑值及文本,如图 2-16 所示。

参数:number1(第 1 个数字),number2(第 2 个数字)。

SUM | =MIN(H4:H20)

	A	B	C	D	E	F	G	H
2	学号	姓名	性别	平时成绩		期末成绩		综合成绩
3				得分	65%	得分	35%	
4	1001	康缘雨	女	77	50	92	32	82
5	1002	翁宗洋	男	56	37	82	29	65
6	1003	邓秋雁	女	77	50	71	25	75
7	1004	杨佳好	男	56	36	71	25	61
8	1005	牛星儒	女	76	50	78	27	77
9	1006	田慧聪	女	78	50	74	26	76
10	1007	张向	男	75	49	89	31	80
11	1008	彭佑欢	女	79	51	89	31	82
12	1009	刘宇欣	女	80	52	79	28	79
13	1010	李选燚	男	79	51	96	34	85
14	1011	王仕琴	女	76	50	78	27	77
15	1012	钱悦	女	0	0	0	0	
16	1013	杨秋燕	女	78	51	96	34	84
17	1014	张道玲	女	88	57	89	31	88
18	1015	刘奕	男	74	48	85	30	78
19	1016	朱玉琴	女	74	48	84	29	78
20	1017	宋学宇	男	78	51	86	30	81
24							班级最高分	88
25							班级最低分	=MIN(H4:H20)

图 2-16 MIN 函数

数据来源提示:本操作需打开"Excel 常用函数—统计函数"工作簿—"MAX/MIN 函数"工作表。

（四）计数函数

1. COUNT 函数

公式："=COUNT(value1,value2,...)"。

功能：计算区域中包含数字的单元格数量，如图 2-17 所示。

参数：value(数值)。

SUM | × ✓ fx | =COUNT(F2:F8)

	A	B	C	D	E	F
1	No	销售员	性别	销量	价格	销售额
2	22001	王东	男	66	20	1320
3	21004	顾希	女	48	20	960
4	23009	张南	男	37	20	740
5	23016	刘贝	女	56	20	1120
6	22078	董震	男	33	20	660
7	21034	李雯	女	57	20	1140
8	21005	郝丽	女	20	20	400
22						
23	COUNT					
24	销售人员数量		=COUNT(F2:F8)			

图 2-17　COUNT 函数

数据来源提示：本操作需打开"Excel 常用函数—统计函数"工作簿—"COUNT 函数"工作表。

2. COUNTA 函数

公式："=COUNTA(value1,value2,...)"。

功能：计算区域内非空单元格的数量，如图 2-18 所示。

参数：value(数值)。

SUM | × ✓ fx | =COUNTA(G2:G8)

	A	B	C	D	E	F	G
1	No	销售员	性别	销量	价格	销售额	地区
2	22001	王东	男	66	20	1320	北京
3	21004	顾希	女	48	20	960	
4	23009	张南	男	37	20	740	苏州
5	23016	刘贝	女	56	20	1120	上海
6	22078	董震	男	33	20	660	天津
7	21034	李雯	女	57	20	1140	
8	21005	郝丽	女	20	20	400	上海
25							
26	COUNTA						
27	有销售区域的销售人员数量			=COUNTA(G2:G8)			

图 2-18　COUNTA 函数

数据来源提示：本操作需打开"Excel 常用函数—统计函数"工作簿—"COUNT 函数"工作表。

3. COUNTBLANK 函数

公式："=COUNTBLANK(range)"。

功能：计算区域内空单元格的数量，如图 2-19 所示。

参数：range(统计区域)。

SUM | =COUNTBLANK(G2:G8)

	A	B	C	D	E	F	G
1	No	销售员	性别	销量	价格	销售额	地区
2	22001	王东	男	66	20	1320	北京
3	21004	顾希	女	48	20	960	
4	23009	张南	男	37	20	740	苏州
5	23016	刘贝	女	56	20	1120	上海
6	22078	董震	男	33	20	660	天津
7	21034	李雯	女	57	20	1140	
8	21005	郝丽	女	20	20	400	上海
25							
26	COUNTA						
27	有销售区域的销售人员数量			5			
28							
29	COUNTBLANK						
30	缺少销售区域的销售人员数量			=COUNTBLANK(G2:G8)			

图 2-19　COUNTBLANK 函数

数据来源提示：本操作需打开"Excel 常用函数—统计函数"工作簿—"COUNT 函数"工作表。

4. COUNTIF 函数

公式："=COUNTIF(range, criteria)"。

功能：计算区域内满足条件的单元格数量，如图 2-20 所示。

参数：range(统计区域)，criteria(条件)。

SUM | =COUNTIF(H2:H8,"优秀")

	A	B	C	D	E	F	G	H
1	No	销售员	性别	销量	价格	销售额	地区	销售等级
2	1	王东	男	66	20	1320	北京	优秀
3	2	顾希	女	48	20	960	上海	良好
4	3	张南	男	37	20	740	苏州	中等
5	4	刘贝	女	56	20	1120	上海	优秀
6	5	董震	男	33	20	660	天津	及格
7	6	李雯	女	57	20	1140	上海	优秀
8	7	郝丽	女	20	20	400	上海	不及格
16								
17	COUNTIF							
18	销售等级为优秀的人数		=COUNTIF(H2:H8,"优秀")					

图 2-20　COUNTIF 函数

数据来源提示：本操作需打开"Excel 常用函数—统计函数"工作簿—"COUNTIF/IFS 函数"工作表。

5. COUNTIFS 函数

公式："=COUNTIFS(criteria_range1, criteria1, ...)"。

功能：计算区域内满足多个条件的单元格数量，如图 2-21 所示。

参数：criteria_range1(第一个条件统计区域)，criteria1(第一个条件)。

SUM　=COUNTIFS(C2:C8,"女",D2:D8,">30")

	A	B	C	D	E	F	G	H
1	No	销售员	性别	销量	价格	销售额	地区	销售等级
2	1	王东	男	66	20	1320	北京	优秀
3	2	顾希	女	48	20	960	上海	良好
4	3	张南	男	37	20	740	苏州	中等
5	4	刘贝	女	56	20	1120	上海	优秀
6	5	董震	男	33	20	660	天津	及格
7	6	李雯	女	57	20	1140	上海	优秀
8	7	郝丽	女	20	20	400	上海	不及格
19								
20	COUNTIFS							
21	性别为女且销售量大于30的人数				=COUNTIFS(C2:C8,"女",D2:D8,">30")			

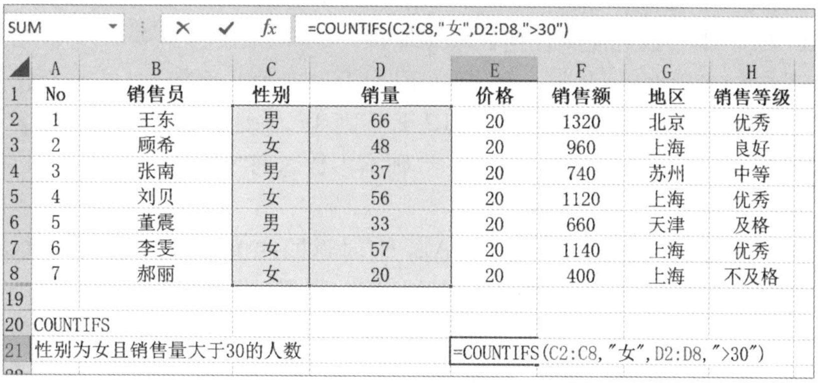

图 2-21　COUNTIFS 函数

数据来源提示：本操作需打开"Excel 常用函数—统计函数"工作簿—"COUNTIF/IFS 函数"工作表。

三、逻辑函数

逻辑函数，简单的理解就是返回结果为"TRUE"或"FALSE"的函数。TRUE，代表判断后的结果是真的，正确的，也可以用 1 表示；FALSE，代表判断后的结果是假的，错误的，也可以用 0 表示。

(一) 常用的逻辑函数

在 Excel 工作表中，基本的逻辑函数有以下 6 个。

1) 逻辑值函数 True 和 False 函数

这两个函数不需要参数，返回逻辑值"TRUE"或者"FALSE"，在单元格中直接键入"true"或者"false"，系统会自动转化为逻辑值。

2) 条件判断函数 And、Or、Not 和 If 函数

(1) And 函数对应逻辑关系中的"与"，参数均为"TRUE"时返回"TRUE"，否则返回"FALSE"，其语法结构为：And(logical1,[logical1],...)。

其参数为逻辑值或者是可以转化为逻辑值的表达式；如果是数字，非 0 当作"TRUE"看待，0 当作"FALSE"看待；如果在公式中直接键入非逻辑值的数据作为参数，结果会报错；如果参数是数组或者单元格引用，函数会忽略文本和空值。

(2) OR 函数对应逻辑关系中的"或"，只要其中一个参数为"TRUE"就返回"TRUE"，参数均为"FALSE"时才会返回"FALSE"，其语法结构和参数规则与 And 函数相同。

(3) Not 函数对应逻辑关系中的"非"，返回与参数逻辑值相反的逻辑值。其语法结构为：Not(logical) 。

(4) IF 函数的主要功能是通过条件判断的结果"TRUE"或者"FALSE"返回不同的值。在实际应用中，IF 函数是最常用的逻辑函数，经常与其他函数嵌套使用。

IF 函数

公式："=IF(logical_test, value_if_true, value_if_false)"。

功能：判断是否满足某个条件，如果满足返回一个值，如果不满足则返回另一个值。

参数：Logical_test 表示计算结果为“TRUE”或“FALSE”的任意值或表达式。例如，“A10 = 100”就是一个逻辑表达式，如果单元格 A10 中的值等于 100，表达式即为“TRUE”，否则为“FALSE”。本参数可使用任何比较运算符。

Value_if_true 表示 logical_test 为“TRUE”时返回的值。例如，如果本参数为文本字符串“预算内”且 logical_test 参数值为“TRUE”，则 IF 函数将显示文本“预算内”。如果 logical_test 为“TRUE”而 value_if_true 为空，则本参数返回“0”。Value_if_true 也可以是其他公式。

Value_if_false 表示 logical_test 为“FALSE”时返回的值。例如，如果本参数为文本字符串“超出预算”且 logical_test 参数值为“FALSE”，则 IF 函数将显示文本“超出预算”。如果 logical_test 为“FALSE”且忽略了 Value_if_false(即 value_if_true 后没有逗号)，则会返回逻辑值“FALSE”。如果 logical_test 为“FALSE”且 Value_if_false 为空(即 value_if_true 后有逗号，并紧跟着右括号)，则本参数返回“0”。Value_if_false 也可以是其他公式。

(二) 逻辑函数的使用技巧

(1) 在实际操作中，直接运用比较运算符“=、<>、>、<、>=、<=”等也可以进行逻辑运算，生成逻辑值。

判断各销售员销售业绩是否达标(目标销售额 1 000)，既可以使用 IF 函数“ = IF(F3> = 1000, TRUE(), FALSE())”，也可以直接运用比较运算符“ = F3> = 1000”，两者结果一致，如图 2-22 所示。当然，这种只适用于单条件的逻辑判断，多条件或者分段判断的时候还是选择使用 IF 函数。

G3　=IF(F3>=1000,TRUE(),FALSE())

	A	B	C	D	E	F	G	H
1	No	销售员	性别	销量	价格	销售额	是否达标（目标销售额1000）	
2							If函数	比较运算符
3	22001	王东	男	66	20	1320	TRUE	TRUE
4	21004	顾希	女	48	20	960	FALSE	FALSE
5	23009	张南	男	37	20	740	FALSE	FALSE
6	23016	刘贝	女	56	20	1120	TRUE	TRUE
7	22078	董震	男	33	20	660	FALSE	FALSE
8	21034	李雯	女	57	20	1140	TRUE	TRUE
9	21005	郝丽	女	20	20	400	FALSE	FALSE

H3　=F3>=1000

	A	B	C	D	E	F	G	H
1	No	销售员	性别	销量	价格	销售额	是否达标（目标销售额1000）	
2							If函数	比较运算符
3	22001	王东	男	66	20	1320	TRUE	TRUE
4	21004	顾希	女	48	20	960	FALSE	FALSE
5	23009	张南	男	37	20	740	FALSE	FALSE
6	23016	刘贝	女	56	20	1120	TRUE	TRUE
7	22078	董震	男	33	20	660	FALSE	FALSE
8	21034	李雯	女	57	20	1140	TRUE	TRUE
9	21005	郝丽	女	20	20	400	FALSE	FALSE

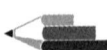

图 2-22　单条件逻辑运算

数据来源提示：本操作需打开“Excel 常用函数—IF 函数”工作簿—“单条件逻辑运算”工作表。

(2) 通过 IF 函数的嵌套可以实现多条件判断并返回多个值，IF 函数可以嵌套七层，用 value_if_false 及 value_if_true 参数可以构造复杂的检测条件。在计算参数 value_if_true 和 value_if_false 后，IF 函数返回相应语句执行后的返回值。如果 IF 函数的参数包含数组，则在执行 IF 语句时，数组中的每一个元素都将计算。Excel 还提供了其他一些函数，可依据条件来分析数据。例如，如果要计算单元格区域中某个文本字符串或数字出现的次数，则可使用 COUNTIF 函数。如果要根据单元格区域中的某一文本字符串或数字求和，则可使用 SUMIF 函数。

如图 2-23 所示，根据各员工的考核分数确定其对应等级，右侧的表格中给出考核等级的 5 个等次及其对应的考核分数区间。此时，可以运用 IF 函数，以 00324618 编号员工为例，用考核分数 84 先与 90 去比较，如果大于等于 90，则返回“优秀”，否则进入下一个嵌套的 IF 函数，继续去与下一个等次的边界 80 比较，如果大于等于 80，则返回“良好”，否则继续进入第三个 IF 函数运算，以此类推。

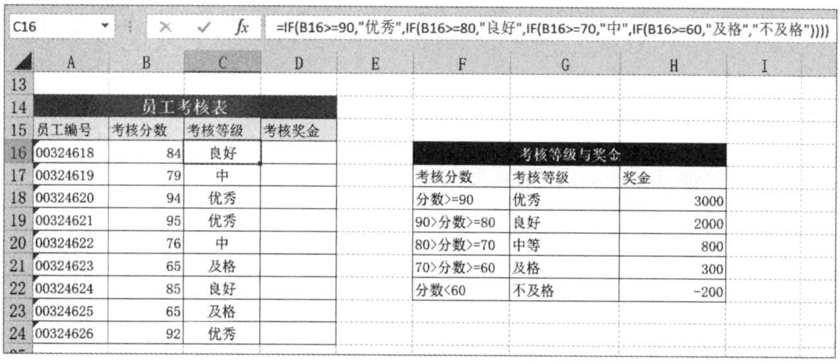
C16　=IF(B16>=90,"优秀",IF(B16>=80,"良好",IF(B16>=70,"中",IF(B16>=60,"及格","不及格"))))

员工考核表

员工编号	考核分数	考核等级	考核奖金
00324618	84	良好	
00324619	79	中	
00324620	94	优秀	
00324621	95	优秀	
00324622	76	中	
00324623	65	及格	
00324624	85	良好	
00324625	65	及格	
00324626	92	优秀	

考核等级与奖金

考核分数	考核等级	奖金
分数>=90	优秀	3000
90>分数>=80	良好	2000
80>分数>=70	中等	800
70>分数>=60	及格	300
分数<60	不及格	-200

图 2-23　多条件逻辑运算

数据来源提示：本操作需打开“Excel 常用函数—IF 函数”工作簿—“多条件逻辑运算”工作表。

提示

在 IF 函数的嵌套中，要在编辑公式和函数时注意以下几点：

- 公式和函数编辑时应注意在英文状态下输入，尤其是括号、逗号等标点符号。
- 嵌套函数要注意括号数量，防止括号数量成单。在 Excel 2016 中，可以通过观察括号的颜色来判断，通常第一个括号为黑色，函数编辑完成时，最后一个括号的颜色应该也为黑色，否则就需要检查括号数量是否遗漏或者多余。
- 返回值 value_if_false 及 value_if_true 参数，如果是文本，需要使用英文状态下的双引号包含起来，否则函数无法运算成功。

四、查找引用函数

Excel 的查找引用函数包括 INDEX、MATCH、LOOKUP、VLOOKUP、HLOOKUP、XLOOKUP 等。其中，Index＋Match 的组合查询引用是比较经典的查询方式，应用率非常高，其原理是用 Match 函数定位出当前值所在的行，将值返回给 Index 函数的第二个参数，然后定位出需要返回的值；VLOOKUP 函数是在指定的数据区域中，搜索首列中满足指定条件的元素,确定待检索单元格在区域中的行号后,再进一步返回指定单元格的值。本书中,我们将着重讲解 VLOOKUP 函数的应用。

(一) VLOOKUP 函数

公式:"= VLOOKUP(lookup_value,table_array,col_index_num,[range_lookup])"。

功能:搜索表区域首列满足条件的元素,确定待检索单元格在区域中的行序号,返回选定单元格的值。默认情况下,表是升序排序的。在指定的数据区域中,搜索首列中满足指定条件的元素,确定待检索单元格在区域中的行号后,返回指定单元格的值。

参数解读:lookup_value(查询值),table_array(数据范围),col_index_num(返回值所在的列),range_lookup(匹配方式)。匹配方式有 2 个值,分别为 FALSE(精准查询)和 TRUE(近似查询)。

如图 2-24 所示,要求根据各员工的考核等级确定其考核奖金,右侧表格给出 5 个考核等级对应的 5 个奖金层级,分别一一对应。我们运用 VLOOKUP 函数进行查找匹配,在 D16 单元格中编辑函数"= VLOOKUP(C16,$G$18:$H$22,2,FALSE)",表示在 G18:H22 单元格区域中,查找 C16 对应的考核等级,返回该单元格区域对应的第二列的数据。

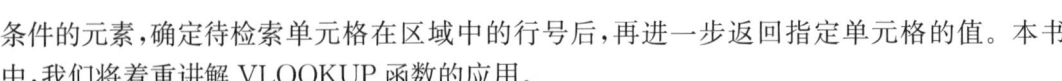

图 2-24 VLOOKUP 函数(精确匹配)

数据来源提示:本操作需打开"Excel 常用函数—VLOOKUP 函数"工作簿—"精确匹配"工作表。

(二) VLOOKUP 函数注意事项

(1) 我们在选取区域时,一定要将我们的查询值对应的列作为首列去选取。当选取 F18:H22 区域,这时我们发现 F 列对应的考核分数并非我们函数中的查询值"考核等级",在函数运行时系统会报错处理。

(2) VLOOKUP 函数中的第四个参数[range_lookup]并非必填值,如果将其省略,编辑函数"= VLOOKUP(C16,$G$18:$H$22,2)",然后直接运行,会发现系统不会报错,但是出现了错误答案。这是因为查询值与返回值为一一对应的确定关系,需要进行精确匹配,即在函数中体现在第四个参数为"FALSE";如果省略,系统默认为近似匹配"TRUE",这就是答案错误的原因。

在某些情况下,我们是需要近似匹配的。假如你是该企业的人事,在计算职工个人所得税时,需要根据应纳税所得额匹配对应的税率及速算扣除数。由于个税计算遵从超额累进税率法,税率和速算扣除数所对应的应纳税所得额为一个数值区间,并非某个确切的数字。

因此可以使用 VLOOKUP 函数完成这项工作。如图 2-25 所示，C3 单元格处编辑函数"＝VLOOKUP(B3,＄H＄3:＄K＄9,3)"或者"＝VLOOKUP(B3,＄H＄3:＄K＄9,3,TRUE)"，表示在 H3:K9 单元格区域的首列 H 列中，查找 B3 的应纳税所得额，并进行近似匹配，返回 H3:K9 单元格区域的第 3 列 J 列的税率数值，如图 2-25 所示。

同理，我们可以在 D3 单元格编辑函数"＝VLOOKUP(B3,＄H＄3:＄K＄9,4,TRUE)"或者"＝VLOOKUP(C3,＄J＄3:＄K＄9,2,FALSE)"得到对应的速算扣除数。

	B	C	D	E	F	G	H	I	J	K
1	某企业职工个人所得税计算表（元）									
2	全月应纳税所得额	所得税税率	速算扣除数	应纳所得税额		级数	应税所得	且不超过	税率	速算扣除数
3	6500	=VLOOKUP(B3,$H$3:$K$9,3)				1	0	3000	3%	0
4	2980	3.00%	0	89.4		2	3000	12000	10%	210
5	13500	20.00%	1410	1290		3	12000	25000	20%	1410
6	25878	25.00%	2660	3809.5		4	25000	35000	25%	2660
7	9250	10.00%	210	715		5	35000	55000	30%	4410
8	35600	30.00%	4410	6270		6	55000	80000	35%	7160
9	57800	35.00%	7160	13070		7	80000		45%	15160
10	93950	45.00%	15160	27117.5						

图 2-25　VLOOKUP 函数（近似匹配）

数据来源提示：本操作需打开"Excel 常用函数—VLOOKUP 函数"工作簿—"近似匹配"工作表。

五、其他常用函数

（一）文本函数

文本函数，常用于在一串文本或字符中选取部分字符串。常见的文本函数有 LEFT、RIGHT、MID、LEN、REPT、REPLACE 函数，如图 2-26 所示。

	A	B	C	D	E	F	G
1	员工基本信息表						
2	员工编号	姓名	部门	职务	学历		文本函数
3	00324620	关俊民	客服中心	01部门经理	本科	01	=LEFT(D3,2)
4	00324630	郑敏	产品开发部	01部门经理	研究生	门经理	=RIGHT(D4,3)
5	00324671	李卓勋	业务部	04业务员	本科	4	=MID(D5,2,1)
6	00324622	王文平	技术部	01部门经理	大专	6	=LEN(D6)
7	00324621	曾丝华	客服中心	03普通员工	本科	本科本科	=REPT(E7,2)
8	00324651	杨小娟	产品开发部	02工程师	本科	02高级工程师	=REPLACE(D8,3,5,"高级工程师")

图 2-26　文本函数

数据来源提示：本操作需打开"Excel 常用函数—其他常用函数"工作簿—"文本函数"工作表。

1. LEFT 函数

公式："＝LEFT(text,num_chars)"。

功能：从一个文本字符串的第一个字符开始返回指定字符的个数。

2. RIGHT 函数

公式："＝RIGHT(text,num_chars)"。

功能：从一个文本字符串的最后一个字符开始返回指定个数的字符。

3. MID 函数

公式："= MID(text, start_num, num_chars)"。

功能：从文本字符串中指定的起始位置起,返回指定长度的字符(串)。

4. LEN 函数

公式："= LEN(text)"。

功能：返回指定的文本字符串中的字符个数。

5. REPT 函数

公式："= REPT(text, number_times)"。

功能：根据指定次数,重复文本。

6. REPLACE 函数

公式："= REPLACE(old_text, start_num, num_chars, new_text)"。

功能：将一个字符串中的部分字符串用另一个字符串替换。

(二) 日期函数

日期函数,是指在公式中用来分析和处理日期值的函数。我们常用日期函数计算年龄、工龄、天数等。常见的日期函数有 TODAY、YEAR、NOW、DATE、DATEDIT、MONTH 函数等。

1. TODAY 函数

公式："= TODAY()"。

功能：获取当前日期。TODAY 函数不需要参数,输入等号后再输入函数名加括号,回车键即可获取今天的日期。

2. NOW 函数

公式："= NOW()"。

功能：获取当前日期和时间(NOW 函数没有参数,生成一个日期加时间的结果。)。

3. YEAR 函数

公式："= YEAR(serial_number)"。

功能：获取日期中的年份(单元格内容要求为日期形式,如 xxxx 年 xx 月 xx 日、xxxx/xx/xx、xxxx-xx-xx 等),如图 2-27 所示。

SUM						fx	=YEAR(TODAY())-YEAR(F3)	
	A	B	C	D	E	F	G	H
1	员工基本信息表							
2	员工编号	姓名	部门	职务	学历	工作日期	工龄(年)	
3	00324620	关俊民	客服中心	部门经理	本科	2009/12/6	=YEAR(TODAY())-YEAR(F3)	
4	00324630	郑敏	产品开发部	部门经理	研究生	2008/12/7	15	
5	00324671	李卓勋	业务部	业务员	本科	2020/1/16	3	
6	00324622	王文平	技术部	部门经理	大专	2006/2/10	17	
7	00324621	曾丝华	客服中心	普通员工	本科	2010/1/16	13	
8	00324651	杨小娟	产品开发部	工程师	本科	2010/1/16	13	

图 2-27 **YEAR 函数**

数据来源提示：本操作需打开"Excel 常用函数—其他常用函数"工作簿—"YEAR 函数"工作表。

4. MONTH 函数

公式："= MONTH(serial_number)"。

功能：获取日期中的月份(单元格内容要求为日期形式，如 xxxx 年 xx 月 xx 日、xxxx/xx/xx、xxxx—xx—xx 等)。

5. DATE 函数

公式："= DATE(year, mouth, day)"。

功能：将三个数值合并成日期。

6. DATEDIF 函数

公式："= DATEDIF(Start_Date, End_Date, Unit)"。

功能：计算两个日期之间的差值。参数类型包括：Y(时间段中的整年数)、M(时间段中的整月数)、D(时间段中的天数)、MD(起始日期与结束日期的同月间隔天数，忽略日期中的月份和年份)、YD(起始日期与结束日期的同年间隔天数，忽略日期中的年份)、YM(起始日期与结束日期的同年间隔月数，忽略日期中的年份)，如图 2-28 所示。

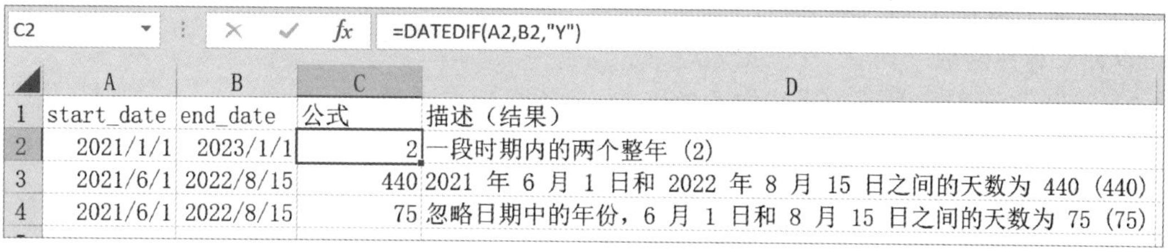
C2 =DATEDIF(A2,B2,"Y")

	A	B	C	D
1	start_date	end_date	公式	描述（结果）
2	2021/1/1	2023/1/1	2	一段时期内的两个整年（2）
3	2021/6/1	2022/8/15	440	2021 年 6 月 1 日和 2022 年 8 月 15 日之间的天数为 440（440）
4	2021/6/1	2022/8/15	75	忽略日期中的年份，6 月 1 日和 8 月 15 日之间的天数为 75（75）

图 2-28 DATEDIF 函数

数据来源提示：本操作需打开"Excel 常用函数—其他常用函数"工作簿—"DATEDIF 函数"工作表。

(三) 财务函数

财务函数是指在一般的财务数据计算中用到的函数，主要包括折旧计算函数、本金和利息计算函数、投资计算函数、报酬计算函数和证券计算函数等。

按照函数的功能，财务函数主要可以分为以下几类。

1. 折旧函数

SLN 函数是按照直线法来计算固定资产折旧。SLN(cost, salvage, life)用于返回某项资产以直线法计提的每一期的折旧值。cost 是必需参数，指固定资产原值。salvage 是必需参数，指固定资产的残值。life 是必需参数，指固定资产的折旧期数。

DDB 函数是按照双倍余额递减法计算一项固定资产在给定期间内的折旧值。其表达式为"DDB(cost, salvage, life, period, factor)"。前三个参数同 SLN 函数相同，剩余的 period 是必需参数，指需要计算折旧值的期间。period 必须使用与 life 相同的单位。factor 是可选参数，指余额递减速率，如果省略，默认为 2，即使用双倍余额递减法。

SYD 函数是按照年限总和折旧法计算折旧值。其表达式为"SYD(cost, salvage, life, per)"，用于返回某项资产按年限总和折旧法计算的在第"per"期的折旧值。前三个参数同 SLN 函数相同，剩余的 per 是必需参数，指第几期，其单位必须与 life 相同。

2. 年金函数

PMT 函数可以基于固定利率及等额分期付款方式返回贷款的每期付款额。其表达式为"PMT(rate, nper, pv, fv, type)", type 参数为 0 或 1, 默认值为 0, 表示年末付款/收款; 反之, 1 表示年初付款/收款, 多用于先付年金的计算。

FV 函数可以返回基于固定利率和等额分期付款方式的某项投资的未来值。其表达式为"FV(rate, nper, pmt, pv, type)"。

PV 函数可以返回投资的现值。例如, 贷款的现值为所借入的本金数额。其表达式为"PV(rate, nper, pmt, fv, type)"。

NPER 函数可以基于固定利率及等额分期付款方式, 返回某项投资的总期数。其表达式为"NPER(rate, pmt, pv, fv, type)"。

VDB 函数可使用可变余额递减法返回指定任何期间内的资产折旧值。其函数表达式为"VDB(cost, salvage, life, start_period, end_period, factor, no_switch)"。

RATE 函数可以返回年金的各期利率。其函数表达式为"RATE(nper, pmt, pv, fv, type, guess)"。

EFFECT 函数可以基于给定的名义年利率和每年的复利期数, 计算有效年利率。其函数表达式为"EFFECT(nominal_rate, npery)"。

(四) 其他函数

ROUND 函数也是 EXCEL 中的常用的、必备的基本函数。

公式:"= ROUND(number, num_digits)"。

功能: 返回按指定的位数对数值进行四舍五入。

参数: number(要四舍五入的数字), num_digits(按此位数对 number 参数进行四舍五入)。

如果 num_digits 大于 0(零), 则将数字四舍五入到指定的小数位。

如果 num_digits 等于 0, 则将数字四舍五入到最接近的整数。

如果 num_digits 小于 0, 则在小数点左侧前几位进行四舍五入。

ROUND 函数应用的典型例子, 如表 2-3 所示。

表 2-3　　　　　　　　　　　　　　　ROUND 函数

公式	含义	结果
= ROUND(2.15, 1)	将 2.15 四舍五入到一个小数位	2.2
= ROUND(2.149, 1)	将 2.149 四舍五入到一个小数位	2.1
= ROUND(−1.475, 2)	将 −1.475 四舍五入到两个小数位	−1.48
= ROUND(21.5, 0)	将 21.5 四舍五入到整数	22
= ROUND(21.5, −1)	将 21.5 左侧一位四舍五入	20
= ROUND((A1+A3)/C1, 2)	计算 A1 与 A3 单元格之和, 再除以 C1, 结果保留两位小数	—

数据来源提示: 本操作需打开"Excel 常用函数—其他常用函数"工作簿—"ROUND 函数"工作表。

六、公式与函数的识别错误

在使用 Excel 公式计算数据的时候, 经常会遇到出现错误值的情况, 每一种错误值, Excel 都能提示出错原因。Excel 公式与函数常见错误提示, 如表 2-4 所示。

项目二　Excel 公式与函数

表 2-4　　　　　　　　　　Excel 公式与函数常见错误提示

错误值	含　义
＃＃＃＃	计算结果或输入的数值过长,单元格宽度不能正确显示
＃DIV/0!	除数或分母为 0 的错误
＃N/A	引用的单元格中没有可用的数值
＃VALUE!	在需要数值或者逻辑值的地方输入了文本
＃NAME?	有 Excel 无法识别的函数名或者字符
＃NULL!	无法为两个不相交的区域指定交叉点
＃NUM!	公式的某个函数参数错误
＃REF!	公式引用了无效的单元格,可能是单元格区域在移动,复制和删除中被破坏

1. ＃＃＃＃

在 Excel 中,出现＃＃＃＃错误值的原因有 2 种:

(1) 输入单元格列宽不够。

(2) 在单元格中输入了不符合逻辑的数值,如在设置为日期格式的单元格中输入负数。

解决方法:调整列宽到合适的位置;当单元格中有负的时间或者日期的时候,更改数据的格式为常规即可。

2. ＃DIV/0!

在 Excel 中,出现＃DIV/0! 错误值的原因有 3 种:

(1) 输入了执行除 0 计算的公式,如"＝5/0"。

(2) 使用了空白单元格作为除数的操作。

(3) 运行了使用返回值为＃DIV/0! 错误的函数或公式的宏。

解决方法:0 不能作为除数,应首先检查公式中是否使用了 0/空单元格作为除数。

3. ＃N/A

在 Excel 中,出现＃N/A 错误值的原因是因为无法查找到与查找值匹配的数据。即某个值对于该公式和函数不可用,常见于 HLOOKUP、LOOKUP、MATCH 或 VLOOKUP 函数。

4. ＃VALUE!

在 Excel 中,出现＃VALUE! 错误值的原因有 3 种:

(1) 将不同类型的数据,执行同一种运算。例如,公式"＝A1＋B1"(其中 A1 包含字符串"Hello",而 B1 包含数字 3),就会返回＃VALUE! 错误。

(2) 使用了数学函数,参数却写了文本字符串。例如,公式"＝PRODUCT(3,"Hello")",就返回＃VALUE! 错误,因为 PRODUCT 函数要求使用数字作为参数。

(3) 工作簿使用了数据连接,而该连接不可用。

5. ＃NAME?

在 Excel 中,出现＃NAME? 错误值的原因有 5 种:

(1) 公式引用了一个不存在的名称或名称拼写不正确。

(2) 公式中使用的函数的名称拼写不正确。

(3) 在公式中输入的文本没有放在双引号中。

(4) 区域引用中漏掉了冒号(：)。

(5) 对另一张工作表的引用未放在单引号(')中。

6. ♯NULL!

在 Excel 中,出现♯NULL! 错误值的原因有 2 种：

(1) 可能使用了错误的区域运算符。

(2) 公式中指定的区域并不相交。

7. ♯NUM!

在 Excel 中,出现♯NUM! 错误值的原因有 3 种：

(1) 公式或函数中使用了无效数值。

(2) 公式返回结果超出了 Excel 可处理的数值范围(太大或太小)。

(3) 公式可能使用了进行迭代的工作表函数,且函数无法得到结果。

8. ♯REF!

在 Excel 中,出现♯REF! 错误值的原因有 3 种：

(1) 引用的单元格或工作表或路径无效,可能删除了其他公式所引用的单元格。如用 SUM 给 A 列的数据求和,如果我们将 A 列的数据全部删掉,就会返回错误。

(2) 可能存在指向当前未运行的程序的对象链接和嵌入(OLE)链接。

(3) 工作簿中可能有个宏在工作表中输入了返回值为"♯REF!"错误的函数。

项目三 Excel 大数据分析

Excel 不仅具有简单数据计算、处理的能力,还具有一定的数据管理能力,可对数据进行排序、筛选、分类汇总等操作,操作方便、直观、高效,比一般数据库系统更胜一筹。但 Excel 并不是一个真正的数据库管理系统,其数据库管理功能是建立在数据清单的基础上的。

在 Excel 中,一片连续的(不出现空行或空列)数据区域称为一个数据清单,或者说,一个数据清单就是由空行和空列(或边线)包围起来的区域。与数据表相似,数据清单中的一行称为一个记录,每一列相当于一个字段,每列顶端需有一个列名,称为字段名(或称为列标题)。

任务一 数 据 统 计

一、数据排序

电子表格可以根据一列或多列的数据按升序或降序对数据列表进行排序,对英文字母按字母次序(默认大小写不区分)、汉字可按笔画或拼音排序。

1. 简单排序

简单排序是指单一字段按升序或降序排列。一般直接利用【数据】选项卡下【排序和筛选】组的【升序】【降序】按钮快速实现;也可通过选择【开始】选项卡,在功能区的【编辑】组中,单击【排序和筛选】按钮,在下拉列表中选择【升序】【降序】命令来实现。

2. 高级排序

数据的高级排序是指按照多个条件对数据进行排序,主要是针对简单排序后仍然有相同数据的情况进行的又一种排序,这必须通过【数据】选项卡下的【排序和筛选】组的【排序】按钮来实现;也可通过选择【开始】选项卡,在功能区的【编辑】组中,单击【排序和筛选】按钮,在打开的下拉列表中选择"自定义排序"命令来实现。

【案例 3-1】 高级排序

具体操作步骤如下:

(1) 打开数据资源包中"Excel 与大数据分析—数据统计"工作簿—"排序"工作表。

(2) 选择位于需排序的数据列表中的任意单元格。

(3) 选择【数据】选项卡,在功能区的【排序和筛选】组中,单击【排序】按钮,打开"排序"对话框。

(4) 在"主要关键字"下拉列表框中选择排序数据,在右侧的"排序依据"下拉列表框中选择排序依据,在"次序"下拉列表中选择排序方式,如图 3-1 所示。

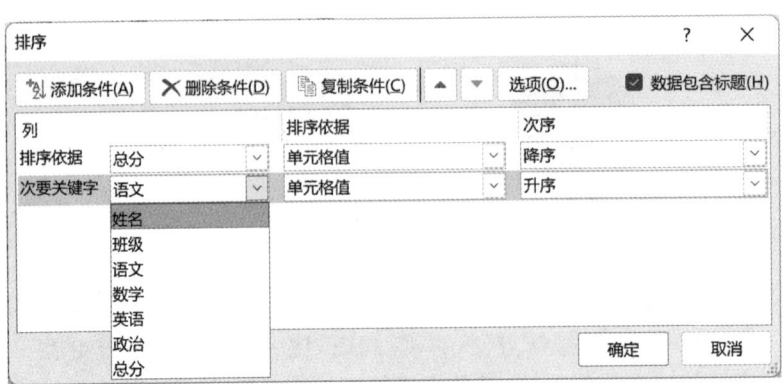

图 3-1 "排序"对话框

> **提示**
>
> Excel 2016 中提供了一些常用的序列。当系统自带的序列不能满足实际需求时,则可利用 Excel 提供的自定义排序功能,快速创建需要的数据排序方式,以便将其应用到需要的数据列表中。

（5）在"次序"下拉列表中选择"自定义排序"选项,打开的"自定义序列"对话框,如图 3-2 所示。在"输入序列"列表框中输入新序列,单击对话框右侧的【添加】按钮,输入的新序列将显示在"自定义序列"列表框中,单击【确定】按钮返回"排序"对话框,最后单击【确定】按钮。

（6）返回到"排序"对话框中,单击【选项】按钮,打开"排序选项"对话框,如图 3-3 所示。在【方向】和【方法】选项组中设置相应的选项,包括改变排序的方向（按行）、对汉字按笔画排列、对英文字母区分大小写,设置完成后单击【确定】按钮,返回"排序"对话框。

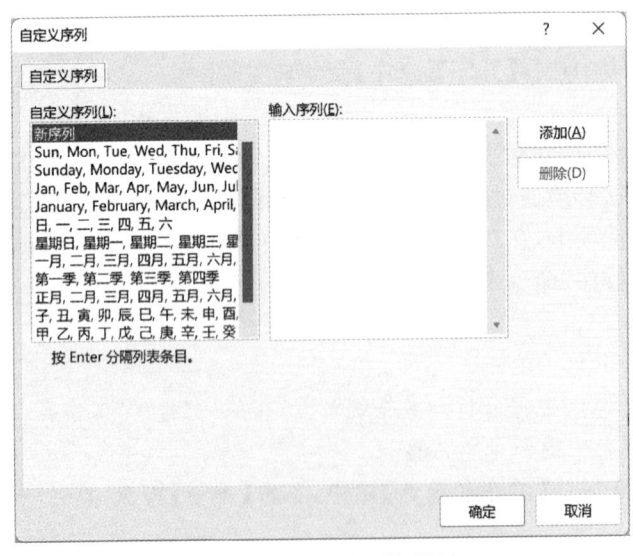

图 3-2 "自定义序列"对话框

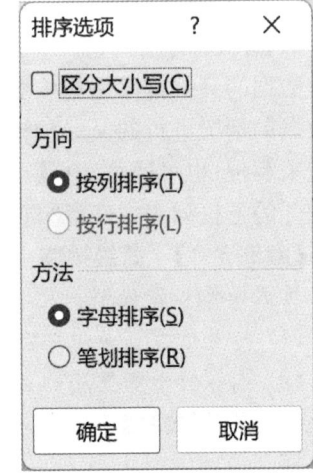

图 3-3 "排序选项"对话框

数据来源提示：本操作需打开"Excel 与大数据分析—数据统计"工作簿—"排序"工作表。

(7) 点击【添加条件】按钮,系统自动添加"次要关键字",按"主要关键字"的设置方法对其进行设置。

(8) 若要对多个字段排序,则继续点击【添加条件】按钮并进行相应设置,完成后点击【确定】按钮。例如,对学生成绩按总分为第一关键字降序排列,对总分相同的按语文成绩升序排列,若总分、语文成绩均相同,还可以按数学成绩升序排列。

二、数据筛选

数据筛选可将数据列表中满足条件的数据显示出来;不满足条件的数据暂时隐藏起来(但没有被删除);当筛选条件被删除,隐藏的数据又恢复显示。

筛选有自动筛选和高级筛选两种方式。自动筛选对单个字段建立筛选,多字段之间的筛选是逻辑"与"的关系,操作简便,能满足大部分人的要求;高级筛选对复杂条件建立筛选,要建立条件区域。

(一) 自动筛选

【案例 3-2】 自动筛选

具体操作步骤如下:

(1) 打开"Excel 与大数据分析—数据统计"工作簿—"筛选"工作表。

(2) 选定需要筛选的数据列表。

(3) 选择【数据】选项卡,在功能区的【排序和筛选】组中,单击【筛选】按钮,或者选择【开始】选项卡,在功能区的【编辑】组中,单击【排序和筛选】按钮,在打开的下拉列表中选择【筛选】命令,此时每个列标题右侧将显示一个下拉箭头。

(4) 单击某一列标题右侧的下拉箭头,打开列筛选器,如图 3-4 所示。在其中选择所需的筛选条件后,表格中将只显示符合条件的记录,此时下拉箭头将变为"已筛选"形状。

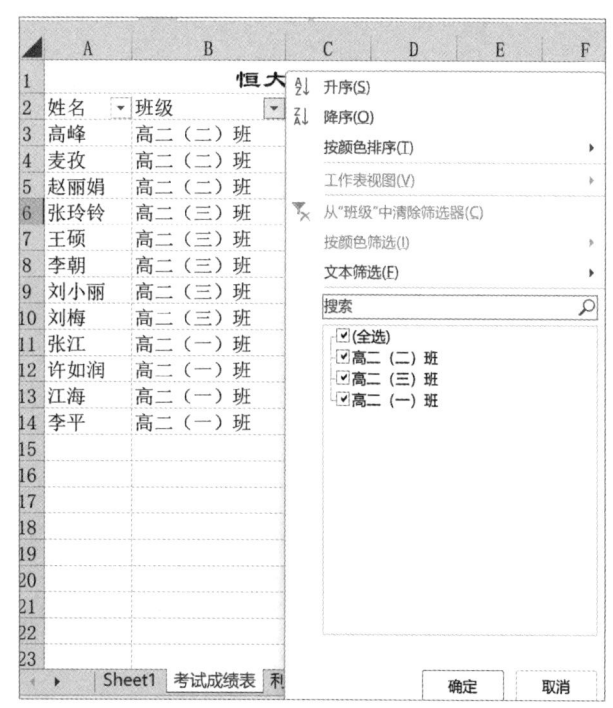

图 3-4 筛选器中选择"班级"进行筛选

例如,在【案例 3-2】中,筛选出高二(一)班的 4 位同学,然后需要筛选出总分大于等于 300 分的同学,可以直接打开"总分"字段的下拉列表,在数字筛选中选择"大于或等于",打开"自定义自动筛选"对话框,在总分字段选择"大于或等于"条件,并输入"300",单击【确定】按钮,如图 3-5 所示。

如果需要筛选出语文、数学、英语成绩均大于 90 分的同学,则分别在"语文""数学""英语"字段分别进行筛选即可。操作同上,此处不再演示。

(5) 若重新显示表格中所有记录,则可单击字段右侧"已筛选"形状的按钮,在打开的列筛选器中勾选"全选"复选框,单击【确定】按钮。此时数据恢复显示,但筛选箭头并不消失,如果想取消自动筛选功能,选择【数据】选项卡,在功能区的【排序和筛选】组中,单击【筛选】

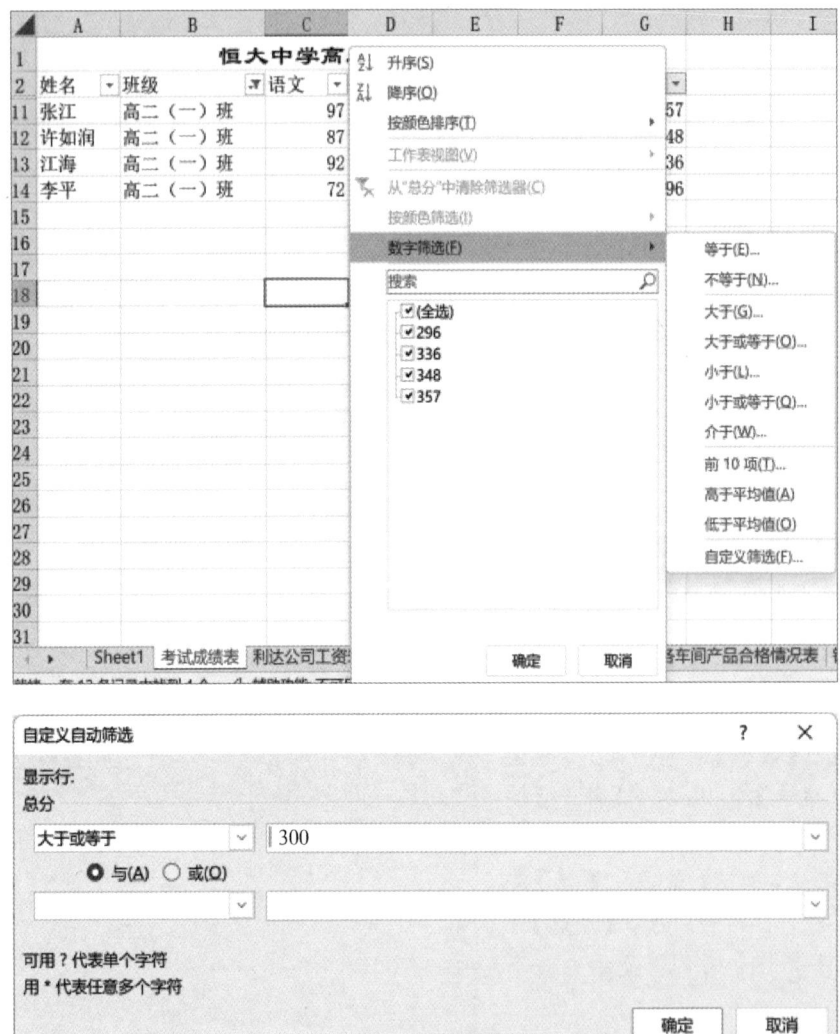

图 3-5 "数字筛选"对话框

数据来源提示：本操作需打开"Excel与大数据分析—数据统计"工作簿—"筛选"工作表。

按钮,则所有列标题右侧的筛选箭头消失,所有数据恢复显示。

(二) 高级筛选

利用自动筛选对各字段的筛选就是逻辑"与"的关系,即同时满足各个条件。若要实现逻辑"或"的关系,则必须借助高级筛选。

使用高级筛选除了数据列表区域内,还可以在数据列表以外的任何位置建立条件区域。条件区域至少是两行,且首行是与数据列表相应字段精确匹配的字段,同一行上的条件关系为逻辑与,不同行之间为逻辑或,筛选的结果可以在原数据列表位置显示,也可以在数据列表以外的位置显示。

例如,【案例3-2】中要筛选出数学成绩大于80且语文成绩大于90分的学生,则应在数据列表以外的位置建立条件区,输入条件,选择【数据】选项卡,在功能区的【排序和筛选】组中单击按钮,在弹出"高级筛选"对话框内进行数据区域和条件区域的选择。对话框设置与筛选结果如图3-6所示。

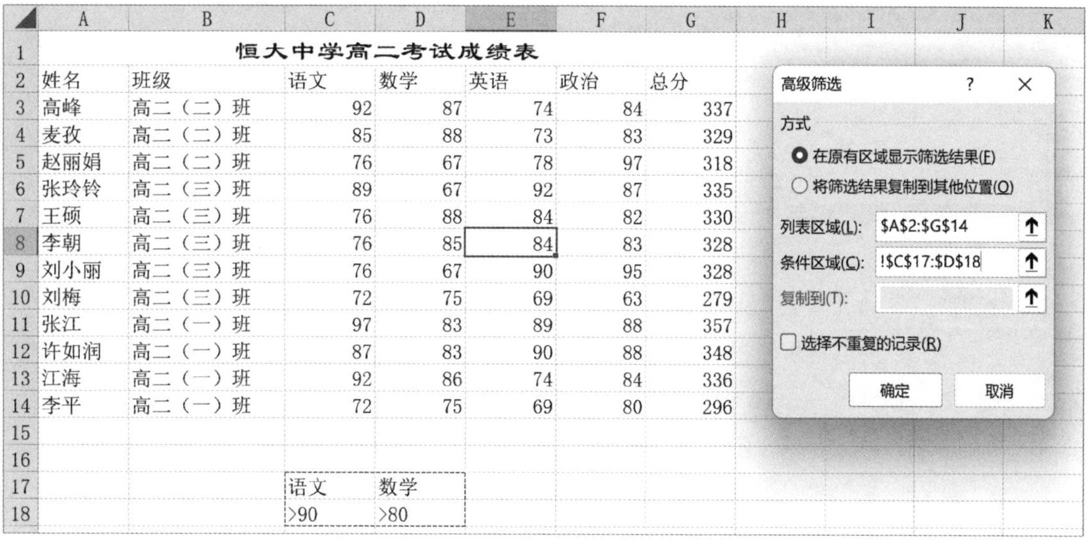

	A	B	C	D	E	F	G	H	I	J	K
1			恒大中学高二考试成绩表								
2	姓名	班级	语文	数学	英语	政治	总分				
3	高峰	高二(二)班	92	87	74	84	337				
4	麦孜	高二(二)班	85	88	73	83	329				
5	赵丽娟	高二(二)班	76	67	78	97	318				
6	张玲铃	高二(三)班	89	67	92	87	335				
7	王硕	高二(三)班	76	88	84	82	330				
8	李朝	高二(三)班	76	85	84	83	328				
9	刘小丽	高二(三)班	76	67	90	95	328				
10	刘梅	高二(三)班	72	75	69	63	279				
11	张江	高二(一)班	97	83	89	88	357				
12	许如润	高二(一)班	87	83	90	88	348				
13	江海	高二(一)班	92	86	74	84	336				
14	李平	高二(一)班	72	75	69	80	296				
15											
16											
17			语文	数学							
18			>90	>80							

高级筛选 对话框:
方式
⊙ 在原有区域显示筛选结果(F)
○ 将筛选结果复制到其他位置(O)
列表区域(L): $A$2:$G$14
条件区域(C): !$C$17:$D$18
复制到(T):
□ 选择不重复的记录(R)
确定 取消

图3-6 "高级筛选"对话框

数据来源提示:本操作需打开"Excel与大数据分析—数据统计"工作簿—"筛选"工作表。

三、数据分类汇总

分类汇总就是对数据列表按某个字段进行分类,将字段值相同的连续记录作为一类,进行求和、平均、计数等汇总运算,针对同一个分类字段,可进行多种汇总。

要注意的是,在分类汇总前必须对要分类的字段进行排序,否则分类无意义。同时,在分类汇总时要区分清楚对哪个字段分类、对哪些字段汇总、汇总的方式,这在分类汇总对话框中要逐一设置。

(一)简单分类汇总
【案例3-3】 分类汇总

具体操作步骤如下:

(1)打开"Excel与大数据分析—数据统计"工作簿—"分类汇总"工作表。

(2)对需要分类汇总的字段进行排序,使相同的记录集中在一起。

(3)选定需要分类汇总的数据列表。

(4)选择【数据】选项卡,在功能区的【分级显示】组中,单击【分类汇总】按钮,打开"分类汇总"对话框,如图3-7所示。

(5)在"分类字段"下拉列表中,选择需要用来分类汇总的字段。

(6)在"汇总方式"下拉列表中,选择所需的分类汇总的函数。

(7)在"选定汇总项"列表框中,勾选对应数值列的复选框。

(8)勾选"替换当前分类汇总"和"汇总结果显示在数据下方"复选框。

(9)单击【确定】按钮即可得到分类汇总的结果,如图3-8所示。

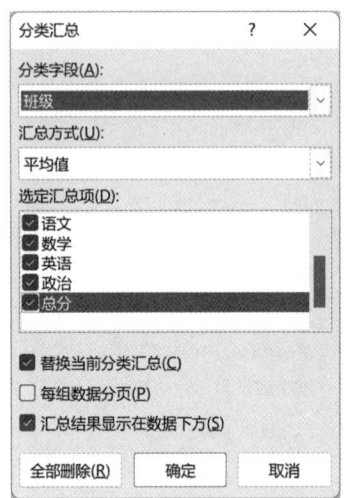

图 3-7 "分类汇总"对话框

图 3-8 分类汇总结果

数据来源提示：本操作需打开"Excel 与大数据分析—数据统计"工作簿—"分类汇总"工作表。

> **提示**
> 若要显示分类汇总和总计汇总，可以单击行数值旁的分级显示符号，使用 + 和 − 符号显示或隐藏单个分类汇总的明细数据行。

（二）嵌套分类汇总

对同一字段进行多种方式的汇总，称为嵌套汇总。

例如，【案例 3-3】在各班级各门课程的平均成绩基础上，统计各班级的人数，可分两次进行嵌套汇总，即先求平均分，再统计人数。这时不能勾选"分类汇总"对话框内的"替换当前分类汇总"复选框，"分类汇总"对话框设置如图 3-9 所示，分类汇总结果如图 3-10 所示。

图 3-9 "分类汇总"对话框

图 3-10 分类汇总结果

数据来源提示：本操作需打开"Excel 与大数据分析—数据统计"工作簿—"分类汇总"工作表。

(三) 删除分类汇总

如果要删除分类汇总的显示结果,恢复到数据列表的原始状态,则需要选定分类汇总数据列表中的任一单元格,然后选择【数据】选项卡,在功能区的【分级显示】组中,单击【分类汇总】按钮,在打开的"分类汇总"对话框中,单击【全部删除】按钮即可删除分类汇总。

> **提示**
> 删除分类汇总时,Excel 也将删除分级显示以及随分类汇总一起插入到列表中的所有分页符。

四、数据合并计算

在实际工作中,经常会碰到需要将按照月份、地区或者产品等分类制作的多张数据表格进行汇总的情况。使用 Excel 的"合并计算"功能可以轻松完成多张数据表格的汇总等数据处理。

"合并计算"的主要功能是将多个区域的值合并到一个新区域,多个区域可以在一个工作表,也可以在一个工作簿的多个工作表,还可以分散在不同工作簿。下面我们用分散在一个工作簿不同工作表的多张数据表格为例介绍"合并计算"的使用方法。

【案例 3-4】 合并计算

利达公司在 1 月份和 2 月份,分别在四项工程中领用原料不等,如图 3-11 所示。如何快速地归集利达公司 1、2 月各种原料的领用呢?这就需要采用 Excel 中的"合并计算"功能,具体操作步骤如下:

(1) 点击【数据】选项卡下的【合并计算】按钮,调用"合并计算"对话框,如图 3-12 所示。

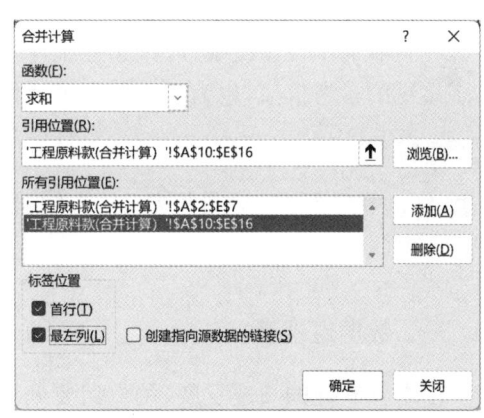

	A	B	C	D	E
1		利达公司一月份所付工程原料款(元)			
2	原料	德银工程	城市污水工程	商业大厦工程	银河剧院工程
3	细沙	8000	3000	4000	10000
4	大沙	10000	1000	6000	15000
5	水泥	60000	8000	50000	90000
6	钢筋	100000	10000	80000	120000
7	木材	1000	500	2000	10000
9		利达公司二月份所付工程原料款(元)			
10	原料	德银工程	城市污水工程	商业大厦工程	银河剧院工程
11	空心砖	10000	2000	20000	15000
12	木材	3000	500	5000	8000
13	水泥	20000	4000	30000	40000
14	钢筋	40000	500	30000	70000
15	细沙	3000	1000	2000	8000
16	大沙	8000	800	7000	10000

图 3-11 利达公司 1、2 月各种原料领用原始数据   图 3-12 "合并计算"对话框

(2) 在"引用位置"处添加数据源即需要合并的数据表格地址,选中工作表中的第一个加总单元格区域 A10:E16,点击【添加】按钮,以同样的方法添加工作表中的第二张数据表格至"所有引用位置"列表框。引用位置添加之后,只要不删除工作表,就可以在工作表中重复使用。

(3) 勾选标签位置的"首行"和"最左列"复选框,表示使用数据源的列标题和行标题作为汇总数据表格的列标题和行标题,对相同标题的数据将进行汇总计算。单击【确定】按钮,输出结果如图3-13所示。

	A	B	C	D	E
1	利达公司一月份所付工程原料款（元）				
2	原料	德银工程	城市污水工程	商业大厦工程	银河剧院工程
3	细沙	8000	3000	4000	10000
4	大沙	10000	1000	6000	15000
5	水泥	60000	8000	50000	90000
6	钢筋	100000	10000	80000	120000
7	木材	1000	500	2000	10000
8					
9	利达公司二月份所付工程原料款（元）				
10	原料	德银工程	城市污水工程	商业大厦工程	银河剧院工程
11	空心砖	10000	2000	20000	15000
12	木材	3000	500	5000	8000
13	水泥	20000	4000	30000	40000
14	钢筋	40000	500	30000	70000
15	细沙	3000	1000	2000	8000
16	大沙	8000	800	7000	10000
17					
18	利达公司1-2月所付工程原料款（元）				
19	原料	德银工程	城市污水工程	商业大厦工程	银河剧院工程
20	细沙	11000	4000	6000	18000
21	大沙	18000	1800	13000	25000
22	水泥	80000	12000	80000	130000
23	钢筋	140000	10500	110000	190000
24	空心砖	10000	2000	20000	15000
25	木材	4000	1000	7000	18000

图3-13　合并计算的结果

数据来源提示：本操作需打开"Excel与大数据分析—数据统计"工作簿—"合并计算"工作表。

在企业的销售情况统计、进销存统计中也时常用到合并计算功能，为后续的数据分析提供了多维的参考价值，也为实现数据可视化作了铺垫。

任务二　数据透视表与切片器

一、数据透视表

随着互联网的飞速发展，用户需要处理的数据体量越来越大，数据也越来越复杂，如何高效地完成统计分析，洞察数据之间的关联，将繁杂的数据转化为有价值的业务信息，而数据透视表就是这把"利器"。数据透视表是Excel中一个强大的数据处理分析工具，通过数据透视表可以对大量的明细数据进行快速分类汇总，并且可以根据用户的业务需求，快速变换分析维度来查看统计结果。创建好数据透视表后，可以对数据透视表重新布局，以便从不同的角度查看数据，从不同的角度分析数据背后的业务信息。

一般情况下，如下的数据分析要求都非常适合使用数据透视表来解决。

（1）对庞大的数据库进行多条件统计，此种情况使用函数公式统计出结果的速度非常慢。

(2) 需要对得到的统计数据进行行列变化，随时切换数据的统计维度，迅速得到新的数据，以满足不同的要求。

(3) 需要在得到的统计数据中找出某一字段的一系列相关数据。

(4) 需要将得到的统计数据与原始数据源保持实时更新。

(5) 需要在得到的统计数据中找出数据内部的各种关系并满足分组的要求。

(6) 需要将得到的统计数据用图形的方式表现出来，并且筛选控制哪些数值用图表来表示。

数据透视表是一种特殊的工作表，它是一种对大量数据快速汇总和建立交叉列表的交互式表格，其作用体现在以下 3 个方面：

(1) 用户可以在数据透视表中指定显示的字段和数据项，以确定如何组织数据。

(2) 用户可以变换行和列来查看源数据的不同汇总结果。

(3) 用户可以显示不同的页面以筛选数据，甚至还可以根据需要显示区域中的明细数据。

【案例 3-5】 数据透视表

具体操作步骤如下：

(1) 打开"Excel 与大数据分析—JH 企业销售看板"工作簿—"JH 企业销售情况统计"工作表。

(2) 单击数据列表任一单元格。

(3) 选择【插入】选项卡，在功能区的"表格"组中，单击【数据透视表】按钮，在下拉列表中选择"数据透视表"命令。

(4) 打开"创建数据透视表"对话框，如图 3-14 所示。在该对话框的"请选择要分析的数据"栏中默认勾选"选择一个表或区域"复选框，单击"表/区域"文本框右侧的【收缩】按钮。

(5) 此时对话框呈收缩状态，拖动鼠标选择表格中的单元格区域，单击文本框右侧的【展开】按钮。

(6) 返回"创建数据透视表"对话框，在"选择放置数据透视表的位置"栏中选择"新工作表"或"现有工作表"。如选择"现有工作表"，需确认放置透视表的位置，点击【确定】按钮。本案例中，在"现有工作表"的 I4 单元格上建立数据透视表。

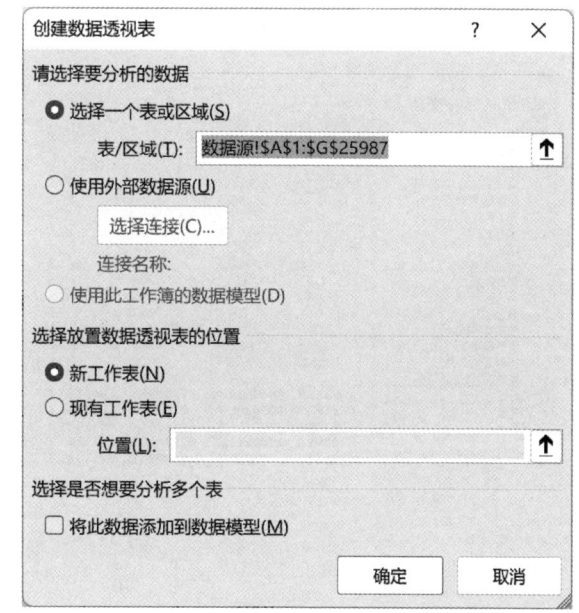

图 3-14 "创建数据透视表"对话框

(7) 在"数据透视表字段"窗格的"选择要添加到报表的字段"列表框中，勾选对应字段的复选框，左侧的数据透视表区域中即显示相应的数据信息，并且这些字段会存放在窗格的相应区域中，如图 3-15 所示。

(8) 根据需要移动字段到相应区域，如图 3-16 所示。（数据透视表中有筛选、列、行和

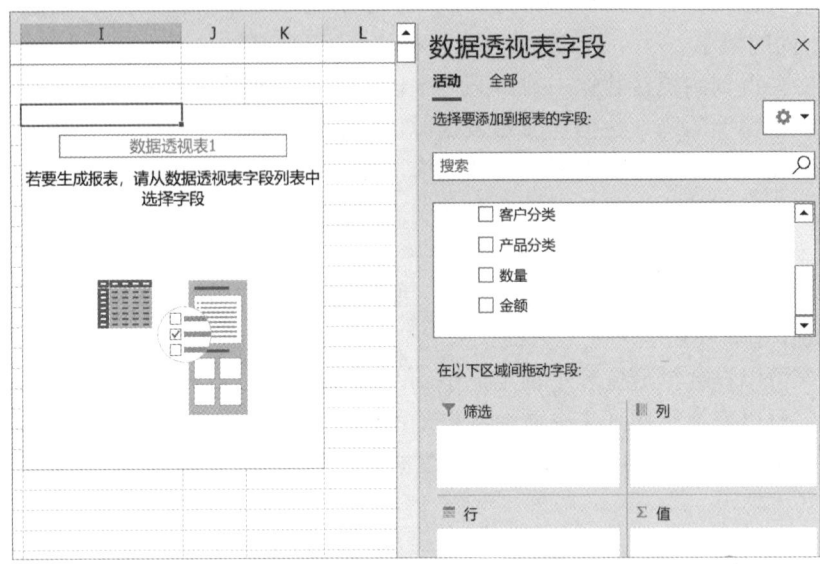

图 3-15 数据透视表字段列表

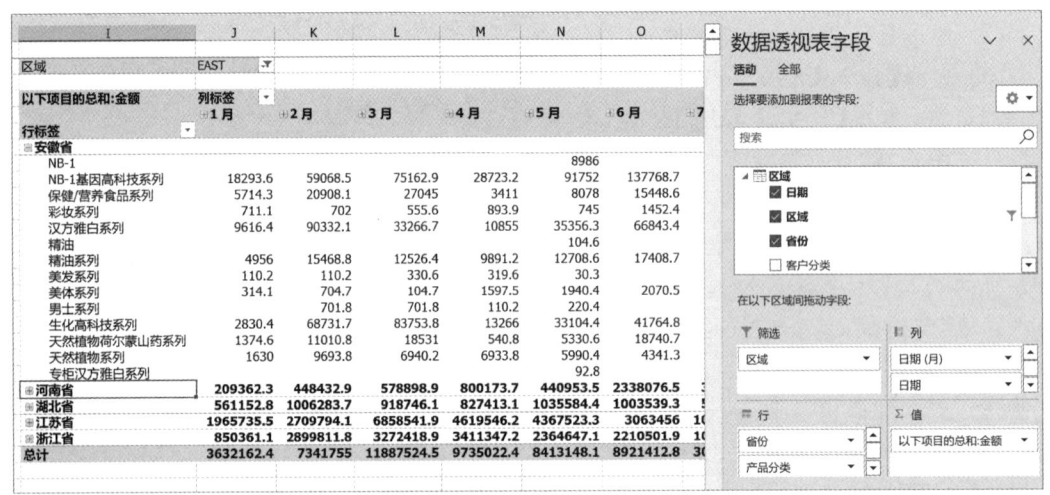

图 3-16 数据透视表

值 4 个区域字段,移动这些区域可以通过拖动鼠标和选择命令两种方式实现。拖动鼠标:鼠标单击需移动的字段,按住鼠标左键不放并拖动至所需区域时再释放鼠标;选择命令:单击需移动字段右侧的按钮,在弹出的下拉列表中选择目标区域。)

(9)单击在上述的区域中需设置字段右侧的按钮。在弹出下拉列表中选择"值字段设置"命令,打开"值字段设置"对话框,如图 3-17 所示,对名称、值汇总方式和值显示方式等进行设置,单击【确定】按钮。

(10)单击数据透视表区域外的任一单元格,关闭"数据透视表字段"窗格。

在数据透视表中,位于"行标签""列标签"上的每个字段名右侧均带有一个下三角按钮,单击该按钮可得到选定项的数据透视表。例如，单击图中“列标签”右侧的下三角按钮，在弹出的下拉列表框中选择“1 月”项，如图 3-18 所示，单击【确定】按钮，即可得到关于选定项“1 月份”各地区销售数据的数据透视表，如图 3-19 所示。

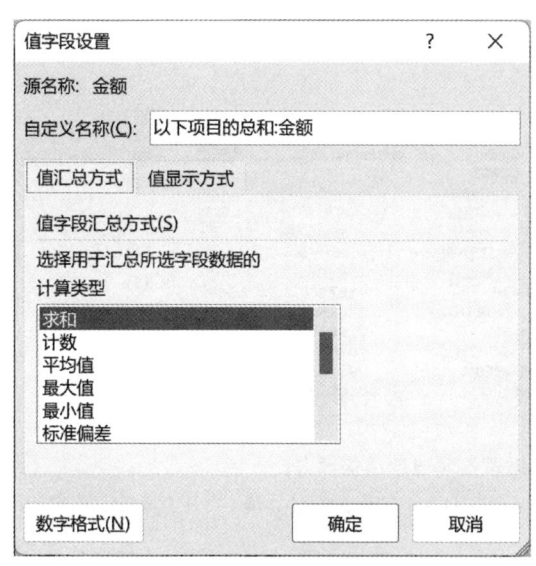

图 3-17 “值字段设置”对话框

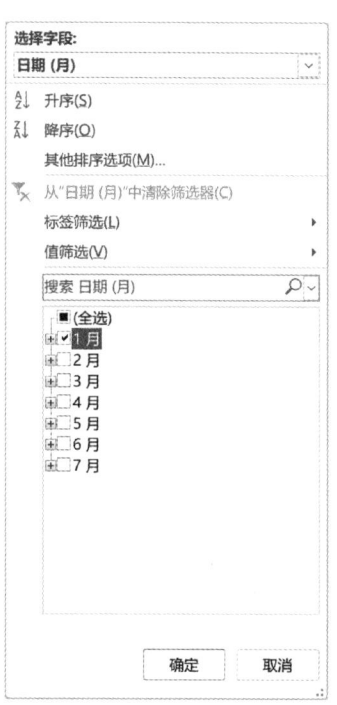

图 3-18 “列标签”下拉列表框

区域	EAST	
以下项目的总和:金额	列标签	
	1 月	总计
行标签		
安徽省	45550.7	45550.7
河南省	209362.3	209362.3
湖北省	561152.8	561152.8
江苏省	1965735.5	1965735.5
浙江省	850361.1	850361.1
总计	3632162.4	3632162.4

图 3-19 选定项“1 月份”各地区销售数据的数据透视表

数据来源提示：本操作需打开“Excel 与大数据分析—JH 企业销售看板”工作簿—“JH 企业销售情况统计”工作表。

数据透视表创建好以后并不是一成不变的，用户可以根据自己的需要进行修改。单击数据透视表中任意单元格，重新打开“数据透视表字段”窗格，在“数据透视表字段”窗格中添加新的字段或删除不需要的字段，即可改变数据表。

数据透视表中最常用的 2 个功能是“值汇总方式”和“值显示方式”。值汇总方式是指数据汇总的方法，比如是求和还是计数。值显示方式，就是在一样的汇总方法基础上，要使用怎么样的计算方式、怎么来显示这些数据。

例如,在【案例3-5】中要计算各区域的销售额占总销售额的比例。首先,按照"区域"和"省份"对"销售金额"进行"求和"汇总,可以计算出各个平台的销售额;其次,把"金额"拖到数值区,右键"值字段设置"—"值显示方式"选择"列汇总的百分比",就相当于是"值/列总计",每一列的项相加总计是100%,可以看某区域/省份的销售额占总体销售额的比例,我们把该列命名为"销售额占比",如图3-20所示。类似地,如果选择"行汇总的百分比",就相当于是"值/行总计",每一行的项相加总计是100%。

图3-20　数据透视表显示销售额占比

数据来源提示:本操作需打开"Excel与大数据分析—JH企业销售看板"工作簿—"JH企业销售情况统计"工作表。

又如,在【案例3-5】中要对所有区域各月的销售情况进行环比、同比分析,以分析销售额的增长情况。首先,按照"日期"对"金额"进行"求和"汇总,计算出各个月的销售额;其次,把"金额"拖到数值区,右键"值字段设置"—"值显示方式",选择"差异",基本字段选择"日期",基本项选择"上一个",就得出了每月值与上月值的差值,即"环比增长",如果值显示方式选择"差异百分比",就得出了每月值与上月值的差异百分比,也就是"环比增长率",如图3-21所示。

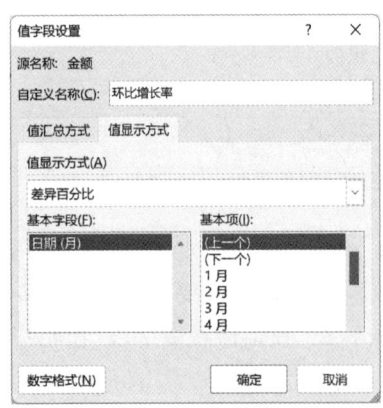

图3-21　数据透视表显示环比增长(率)

数据来源提示:本操作需打开"Excel与大数据分析—JH企业销售看板"工作簿—"JH企业销售情况统计"工作表。

> **提示**
>
> 进行环比、同比分析的前提是确保数据是按连续月递增汇总的,即每月都有数据,且月份递增。

二、切片器

切片器使用的场景一般情况下有两种场景:一种是在将表转换成超级表时才能使用切片器;另一种是在数据透视表中使用切片器。切片器与数据透视表的结合使用是 Excel 实现数据可视化和动态数据管理最常用的组合,也是众多企业工作汇报中常见的数据呈现方式。

(一)超级表中使用切片器

在 Excel 中的超级表中使用切片器的时候应该先将常规的数据区域转换为超级表的格式。在学习切片器之前应该先学习一下将常规区域转换为超级表的两种方法:一种是使用快捷键"Ctrl+T";另外一种的方法是使用菜单【插入】选项卡里的"表"选项,如图 3-22 所示。

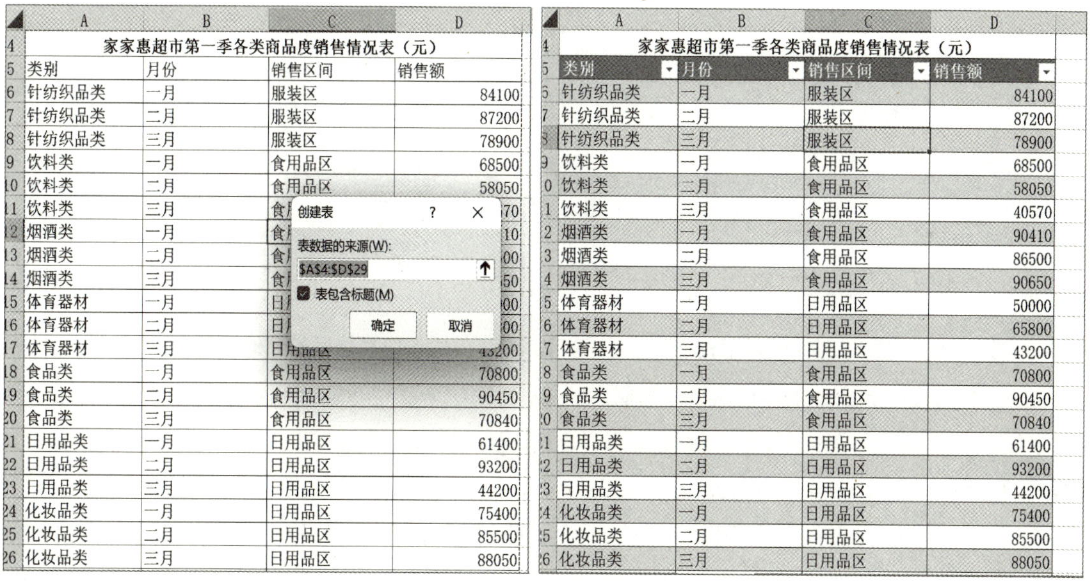

图 3-22 创建"超级表"

数据来源提示:本操作需打开"Excel 与大数据分析—切片器"工作簿—"Sheet1"工作表。

具体操作步骤如下:

(1)打开"Excel 与大数据分析—切片器"工作簿—"sheet1"工作表,将数据区域转换为超级表。

(2)选择数据区域的任意一个单元格,单击【插入】选项卡中的【切片器】按钮,选择要筛选的字段。在切片器中一般可以筛选一个或者多个符合条件的值,单击切片器上的红色的叉号即可取消筛选。

(二)数据透视表中使用切片器

【案例 3-7】 数据透视表中使用切片器

具体操作步骤如下:

(1)打开"Excel 与大数据分析—JH 企业销售看板"工作簿—"JH 企业销售情况统计"工作表。

(2)单击透视结果中的任意一个单元格,单击【数据透视表分析】选项卡中的【插入切片器】按钮,弹出"插入切片器"对话框,如图 3-23 所示。

(3)本案例中,以日期(月)为切片器的单元插入切片器,如图 3-24 所示。在切片器中选择对应的月份,数据透视表中的不同区域的销售数据会随之改变。

图 3-23 "插入切片器"对话框

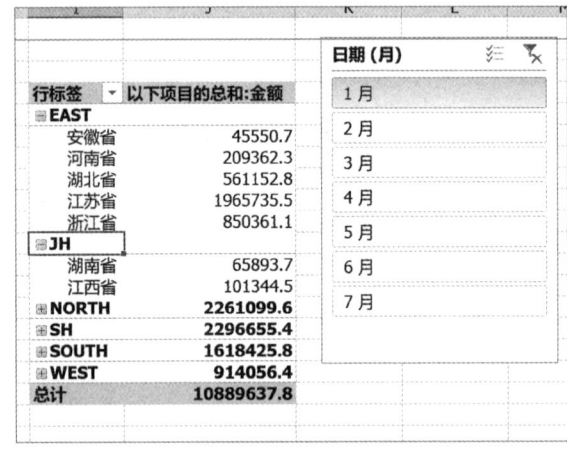

图 3-24 插入切片器后的数据透视表

数据来源提示:本操作需打开"Excel 与大数据分析—JH 企业销售看板"工作簿—"JH 企业销售情况统计"工作表。

> **提示**
>
> 可以一次插入多个切片器,且具有联动使用的功能。其他的设置方法同超级表的切片器一样。

任务三 数据可视化图表建模

一、数据可视化

数据可视化旨在借助图形化手段,清晰有效地传达信息。数据可视化与信息图形、信息可视化、科学可视化以及统计图形密切相关。当前,在研究、教学和开发领域,数据可视化是一个极为活跃而又关键的应用。"数据可视化"这条术语实现了成熟的科学可视化领域与较年轻的信息可视化领域的统一,如图 3-25 所示。

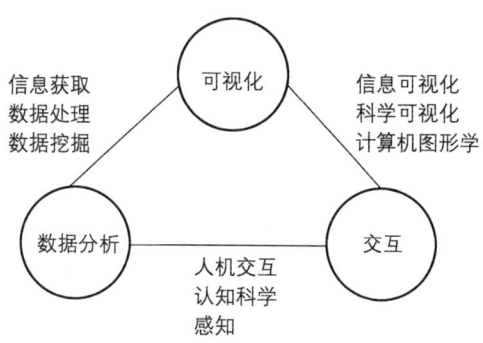

图 3-25　数据可视化与数据分析、交互的关系

二、数据清洗与可视化工具

(一) 数据清洗

项目一中,我们已经学习了 Excel 与大数据交互,学会了如何使用 Excel 挖掘、引用网页、文本文档及数据库中的数据。数据挖掘、采集之后,我们需要对数据进行深入清洗与加工。数据清洗就是将格式错误的数据进行处理纠正,将错误的数据纠正或删除,将缺失的数据补充完整,将重复多余的数据删除。

Excel 中,数据清洗方法主要有以下几种。

1. 清除表格中的空格

使用快捷键"Ctrl+H"弹出"查找和替换"窗口,将所有空格替换为空值,如图 3-26 所示。在"查找内容"栏输入一个空格" ","替换为"栏不填任何内容。

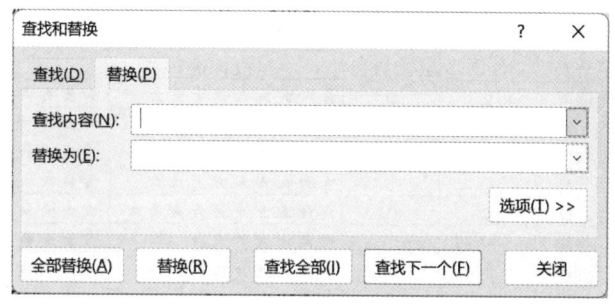

图 3-26　清楚表格中的空格

2. 删除换行符等不识别字符

CLEAN 函数用于删除文本中所有不能打印的字符。例如,可以使用 CLEAN 函数删除某些通常出现在数据文件开头和结尾处且无法打印的低级计算机代码。CLEAN 函数的参数只能选择一个单元格,如果选择一个区域的话,就要先选择一个与原数据相等的区域,按住"Ctrl+Shift+Enter"快捷键填充数据才能得到想要的结果。

3. 删除无效的数据

删除重复值功能。选中数据区域中任意一个单元格,在【数据】选项卡下的【数据工具】

组中,单击【删除重复项】按钮,在打开的"删除重复项"的对话框中,设置需要比较的列,单击【确定】按钮,Excel将根据指定的列区域判断表格中是否有重复项,并自动将找到的重复项删除。

条件格式标记重复项。选中要判断是否具有重复值的单元格区域,在【开始】选项卡中单击【条件格式】按钮,选择"突出显示单元格规则"选项,点击【重复值】命令,即可突出显示出重复的数据。

高级筛选。选中原数据区域中任意单元格,在【数据】选项卡中,单击【高级】按钮,启动高级筛选功能。

数据透视表。数据透视表中计数项不为1的行代表存在重复项。

4. 缺失值处理

缺失值处理方式有以下4种:①手工补全;②删除缺失值所在行;③用平均值代替缺失值;④用统计模型计算出来的值代替缺失值。

此外,项目二中介绍的文本函数、逻辑函数等也经常用于数据清洗与加工。

(二)可视化工具

数据可视化的软件很多,最常用的Office办公软件就可以实现。下面主要从六个方面介绍Excel数据可视化的工具。

1. 函数公式

在人力资源管理或供应商管理的绩效评价中,常常使用星级评价。使用REPT函数,能够按照给定的次数重复显示文本,直观显示星级效果。例如,输入函数公式"=REPT("★",D2)"或者"=REPT("★",D2)&REPT("☆",10-D2)",将客户评分转化为星级评价,实现可视化,如图3-27所示。

图3-27 直观星级评价

数据来源提示:本操作需打开"Excel与大数据分析—数据可视化"工作簿—"可视化工具1"工作表。

2. 条件格式

Excel 的条件格式功能可以根据数据大小变化单元格的颜色，工作中常用这个工具对数据做格式提醒功能，公式和条件格式结合可以实现预警功能。

在动态进销存可视化管理中，通过设置库存量的"条件格式"—"数据条"，可显著观测到库存量的变化；同时，在"库存预警"一列中，输入函数公式"=IF(E3<150,"需要补货","")"，并在【条件格式】选项卡中，设置"突出显示单元格规则"，将库存小于 150 的产品突出显示，发出库存预警，提醒管理人员及时补货，如图 3-28 所示。

	A	B	C	D	E	F
1	产品编号	产品名称	本月合计			库存预警
2			入库	出库	库存	
3	No.001	玉米	1200	360	840	
4	No.002	小麦	401	280	121	需要补货
5	No.003	土豆	350	180	170	
6	No.004	黄豆	650	240	410	
7	No.005	小米	300	170	130	需要补货
8	No.006	红豆	220	130	90	需要补货
9	No.007	藜麦	650	240	410	
10	No.008	大米	300	170	130	需要补货
11	No.009	面粉	478	398	80	需要补货
12	No.010	糯米	520	407	113	需要补货
13	No.011	黑米	600	200	400	
14	No.012	大豆油	800	200	600	
15	No.013	花生	105	96	9	需要补货
16	No.014	红枣	290	201	89	需要补货

图 3-28 动态进销存可视化管理

数据来源提示：本操作需打开"Excel 与大数据分析—数据可视化"工作簿—"可视化工具 2"工作表。

3. 数据图表

图表因其直观性，能比文字更吸引观众的注意力。图表也因此承担了绝大部分信息传达的职责，而文字的功能更多在于解释说明。图表类型很多，一般可以从比较、分布、构成和联系 4 个方面选择合适的图表类型，如图 3-29 所示。

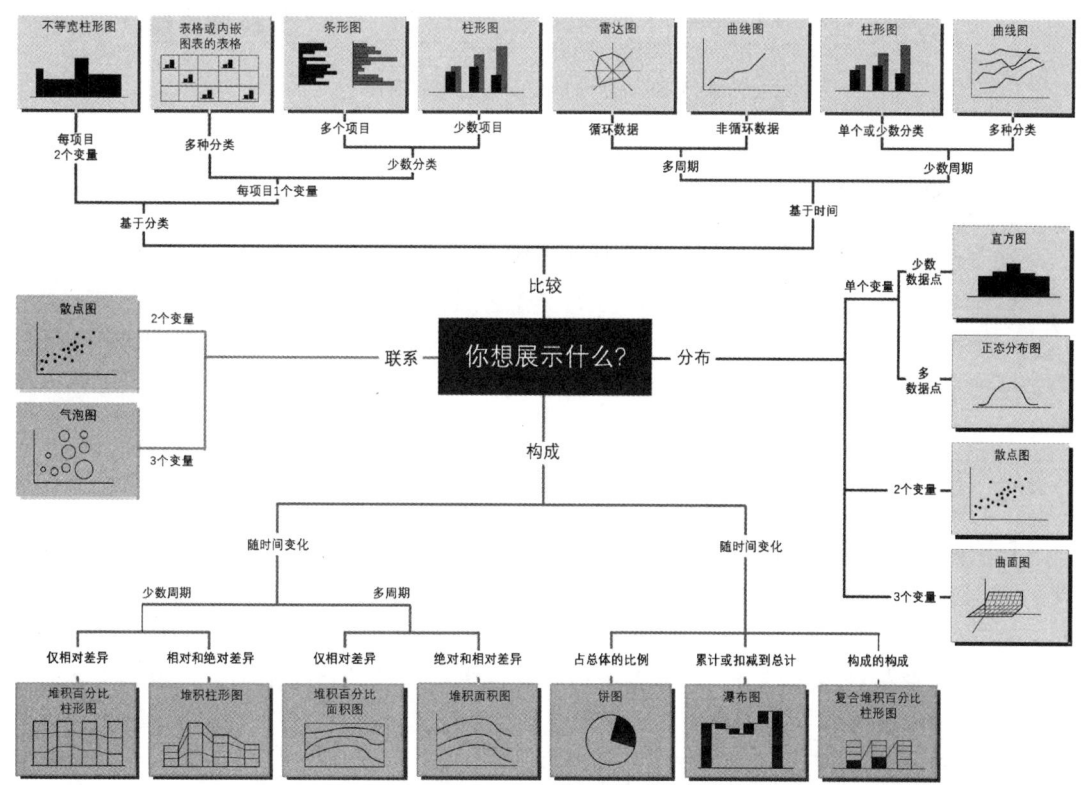

图 3-29 图表使用思维

大多数人一般选择使用 Excel 默认样式的图表,可以从图表的布局、配色和字体 3 个方面进行优化,使数据图表的呈现更加多样化。

4. 迷你图

迷你图可以在单元格中以图表的方式呈现数据的变化情况,共有 3 种类型,分别是折线图、柱形图和盈亏图,其中折线图和柱形图可以显示数据的高低变化,盈亏图显示数据的正负关系。示例中,主要展示各地区 1~6 月销售情况,不适用盈亏图,以迷你图中的折线图与柱形图为例进行展示,如图 3-30 所示。

	区域销售统计（1~6月）						
							单位：元
区域	1月	2月	3月	4月	5月	6月	上半年销售趋势
东部地区	3632162	7341755	11887525	9735022	8413148	8921413	
JH地区	167238.2	824242.6	977571.3	1185322	497687.4	1235830	
北部地区	2261100	4101552	6557137	5487455	5406046	4636156	
SH地区	2296655	3884148	4423383	6194767	4031937	4847573	
南部地区	1618426	3063061	3657114	3345564	3677758	4827175	
西部地区	914056.4	2952997	4110157	4031500	3050559	4178710	

图 3-30　迷你折线图与迷你柱形图

数据来源提示：本操作需打开"Excel 与大数据分析—数据可视化"工作簿—"可视化工具 3"工作表。

5. 动态透视图

动态透视图已在本项目的任务二中详细介绍。

6. 三维地图

三维地图功能适合 Excel 2016 和 Office 365 版本,其他版本需下载 Power Map 插件。要实现数字地图的显示数据必须有一个位置属性,这个属性可以是省份、城市、地址或经纬度坐标等。

三、可视化看板搭建

【案例 3-8】　可视化看板搭建

以 JH 企业 2021 年 1~7 月的销售数据为例,进行可视化销售数据看板搭建。

打开"Excel 与大数据分析—JH 企业销售看板"工作簿,第一张工作表为源数据表;第二张工作表为"数据透视表"工作表(可以根据数据透视表的数量选择是否将新增的工作表分开放置,或者放置在同一张工作表中),用于放置数据透视表;第三张工作表为"JH 企业销售看板"工作表,用于呈现最终的看板。

（一）数据清洗

在图 3-31 中,我们可以看到源数据包括日期、区域、省份、客户分类、产品分类、数量和金额信息,包含了2021年1月1日至2021年7月28日的所有销售数据,数据信息高达26 393条。如此庞大的数据集群,在展开数据分析前需要进行数据清洗。通过观察,不难发现,源数据中存在不少空格,为了保证后续统计数据的准确性和统计口径的一致性,需要清除表格中的空格,如图3-32所示。

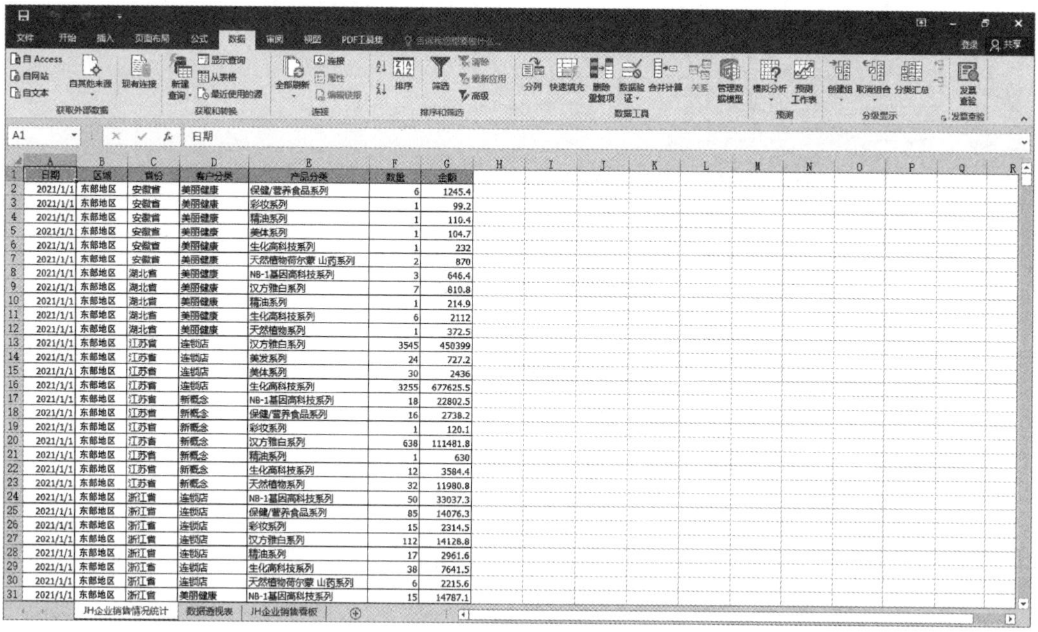

图3-31 JH企业销售看板

图3-32 源数据中存在空格

数据来源提示:本操作需打开"Excel与大数据分析—JH企业销售看板"工作簿。

1. 使用快捷键"Ctrl+H"替换功能

复制含空格的单元格,按住快捷键"Ctrl+H"调用"查找与替换"对话框,在"查找内容"编辑框中粘贴单元格内容,在"替换为"编辑框中输入"安徽省",点击【全部替换】按钮,完成515处替换,如图3-33、图3-34所示。

图 3-33 替换"安徽省"

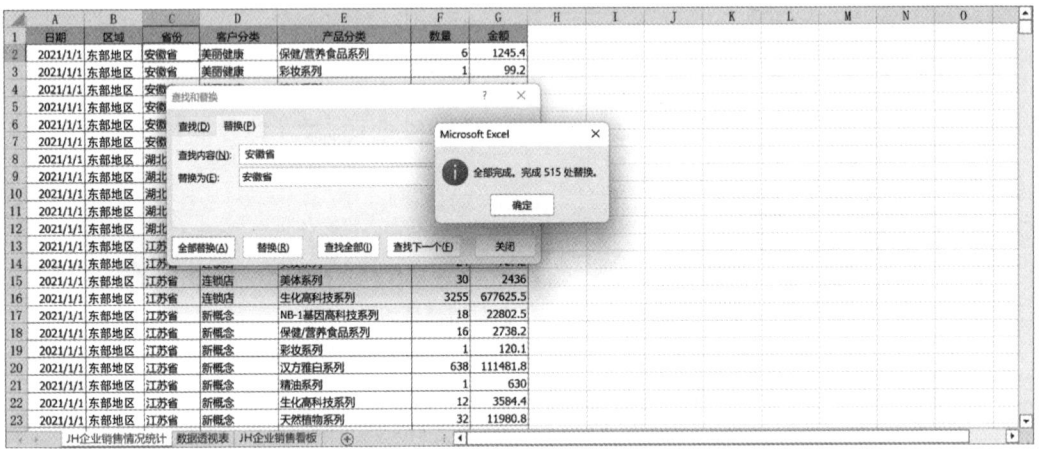

图 3-34 完成"省份"列空格替换

以相同的方法,完成"天然植物荷尔蒙 山药系列"的替换,完成 2405 处替换,如图 3-35 所示。

图 3-35 完成"产品分类"列空格替换

2. 删除重复、无效的数据

在【数据】选项卡【数据工具】下,选择"删除重复值"选项,可以检查数据集内是否包含重复数据,并进行删除。打开"删除重复值"对话框,将所有列名称全选,并勾选"数据包含标题"复选框,点击【确定】按钮,如图3-36所示。

图3-36 "删除重复值"对话框

Excel自动找到并删除406条重复数据,保留了25 986条有效、不重复的数据,如图3-37所示。至此,数据清洗基本完成。

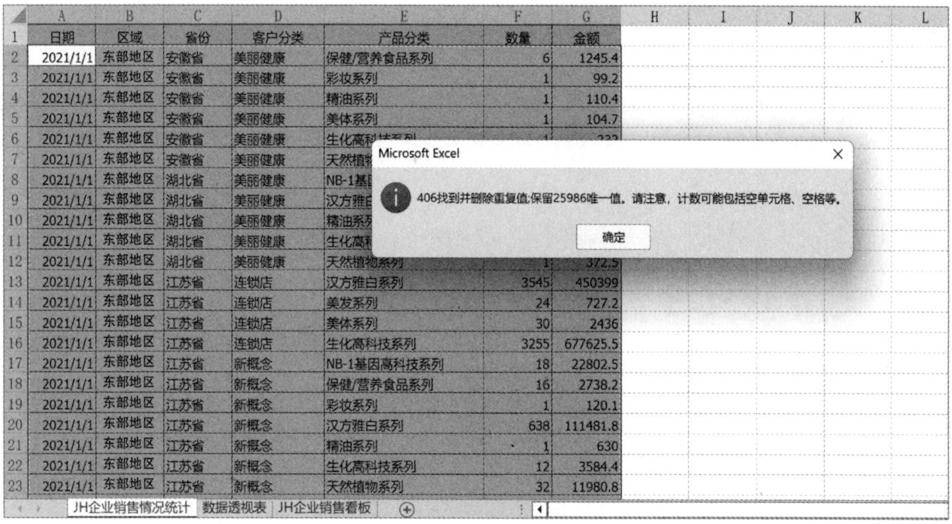

图3-37 删除重复数据

(二) 数据透视表、数据透视图

1. 插入数据透视表

完成数据清洗之后,插入数据透视表。打开"数据透视表"工作表,定位任意单元格,在【插入】选项卡下,选择插入"数据透视表",调用"创建数据透视表"对话框,如图3-38所示。

选择表/区域:"JH企业销售情况统计"工作表的源数据A列至G列。将数据透视表放置在"数据透视表"工作表的单元格内。本案例中,放置在"数据透视表"工作表的A1单元格

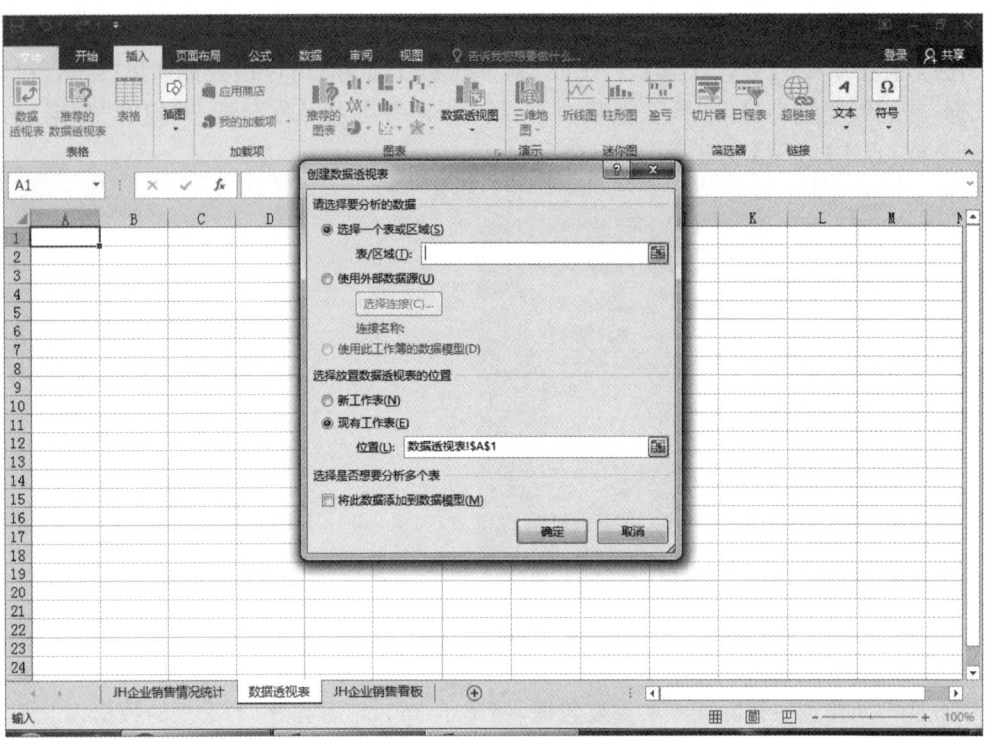

图 3-38 "创建数据透视表"对话框

内,如图 3-39 所示。

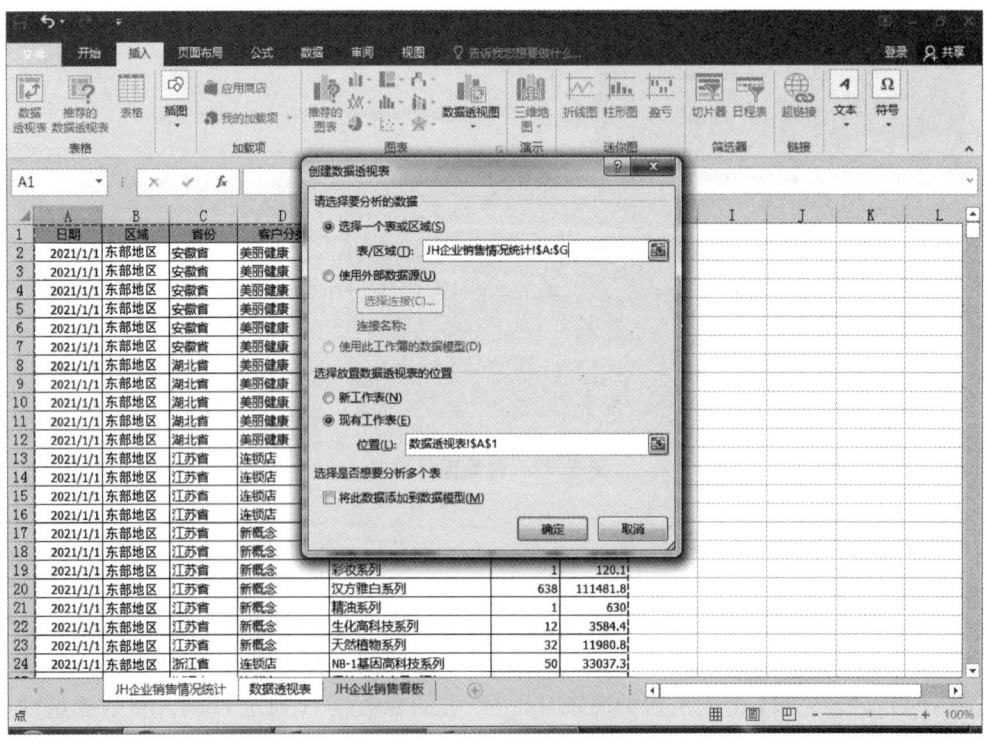

图 3-39 表/区域选择

2. 分析不同省份的销售额差异

在数据透视表内,以"区域""月"为筛选器,"省份"为行标签,返回"金额"的加总值。将"日期"字段拖动至行,系统自动生成"月"字段,将"月"字段拖动至筛选器,如图 3-40 所示。

图 3-40　数据透视表字段

在"区域""月"筛选器下,选择任意区域和 1~7 月的任意月份,修改"值字段汇总方式"为"求和"汇总,计算销售额合计数。可在"数据透视表字段"中的值字段上单击鼠标右键调用"值字段设置"对话框,或者选中数据透视表内的列字段"计数项:金额",单击鼠标右键调用"值字段设置"对话框。在"值汇总方式"处修改计算类型为"求和",如图 3-41 所示。值字段设置效果,如图 3-42 所示。

根据数据透视表制作对应的数据透视图。选择数据透视表内任意单元格,在【插入】选项卡下选择插入"数据透视图",打开"插入图表"对话框,选择合适的统计图表。本案例中,分析某区域下具体地区(省份)的销售数据,可选择簇状条形图呈现,如图 3-43 所示。

插入数据透视图后,选中该数据透视图,单击鼠标右键,打开"设置图表区格式"右侧弹窗,在此区域对图表进行设置,如图 3-44 所示。

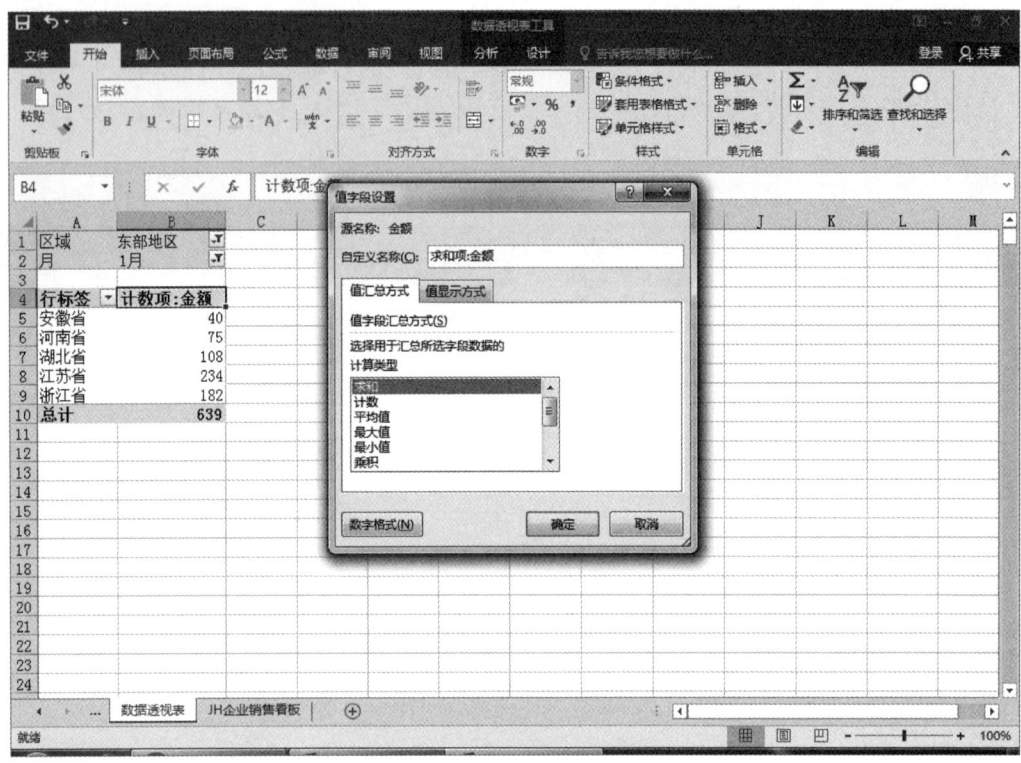

图 3-41 "值字段设置"对话框

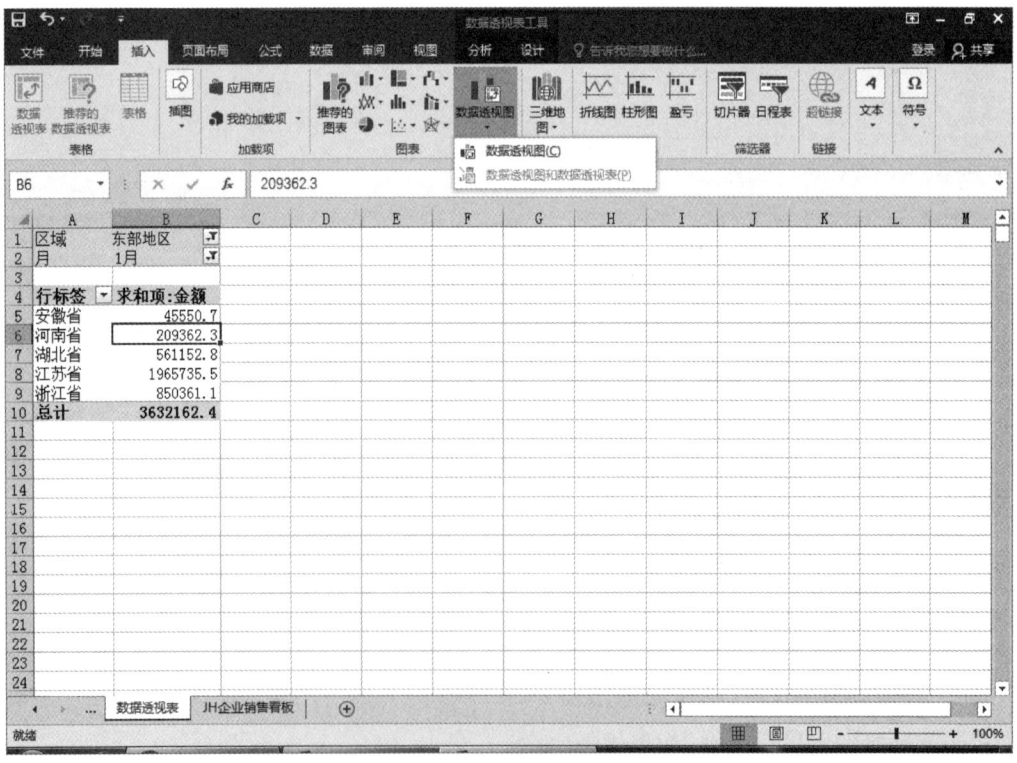

图 3-42 值字段设置效果

项目三 Excel 大数据分析

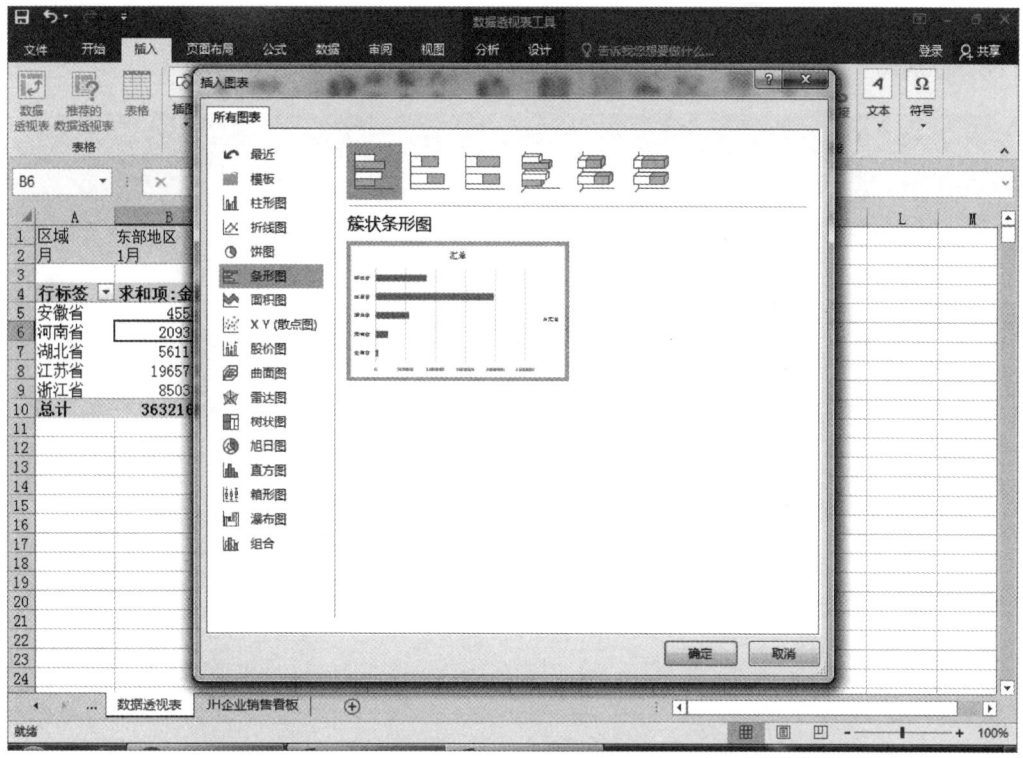

图 3-43 插入"簇状条形图"

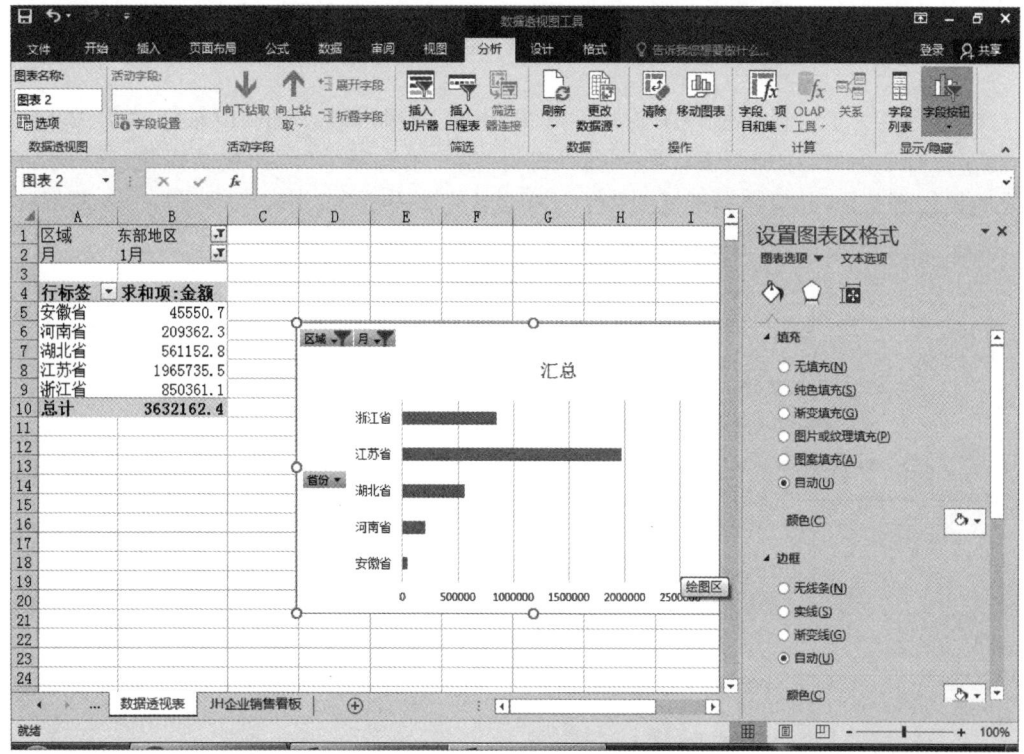

图 3-44 "设置图表区格式"弹窗

双击网格线,打开"设置主要网格线格式"右侧弹窗,对网格线的颜色、宽度、类型等属性进行设置,如图 3-45 所示。

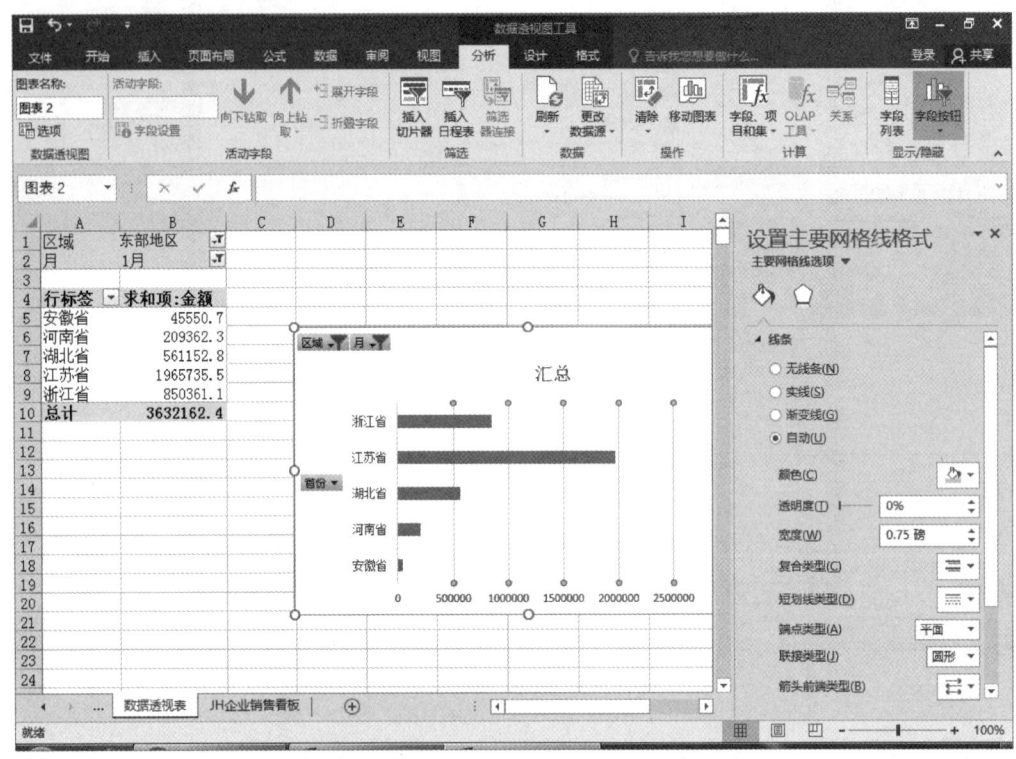

图 3-45 "设置主要网格线格式"弹窗

本案例中,为了可视化呈现的美观度和简约度,对网格线、图例、横轴标签均做删除处理,将字段标签隐藏,添加图表标题"地区(省份)当月销售额总计"和数据标签,分析不同省份之间销售额差异,并将数据透视图移至"JH 企业销售看板"工作表中,如图 3-46 所示。

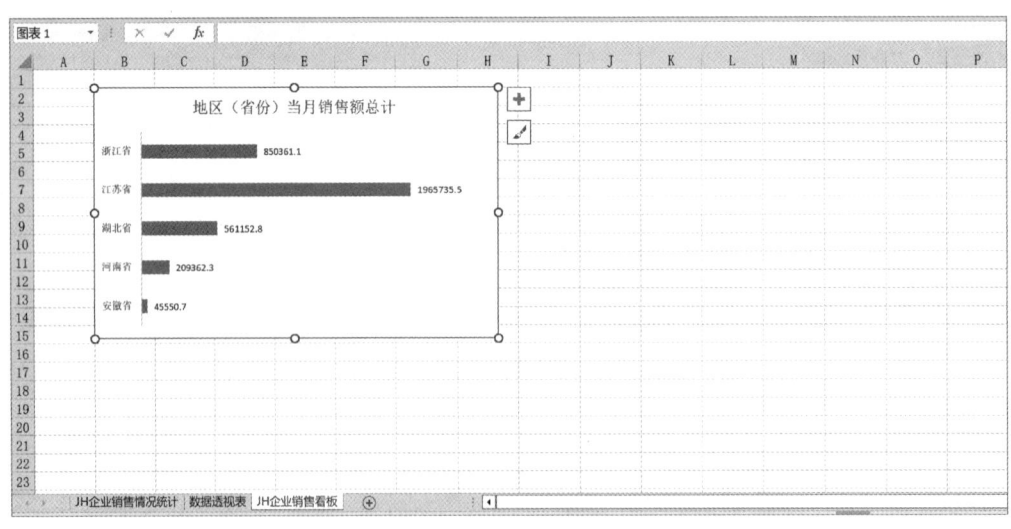

图 3-46 "地区(省份)当月销售额总计"数据透视图

3. 分析不同客户的销售额差异

新建一个工作表,重命名为"客户差异",并将原"数据透视表"工作表重命名为"地区销售差异"。

在"客户差异"工作表中,插入数据透视表,以"区域""月"为筛选器,"客户分类"为行标签,返回"金额"的加总值,如图 3-47 所示。

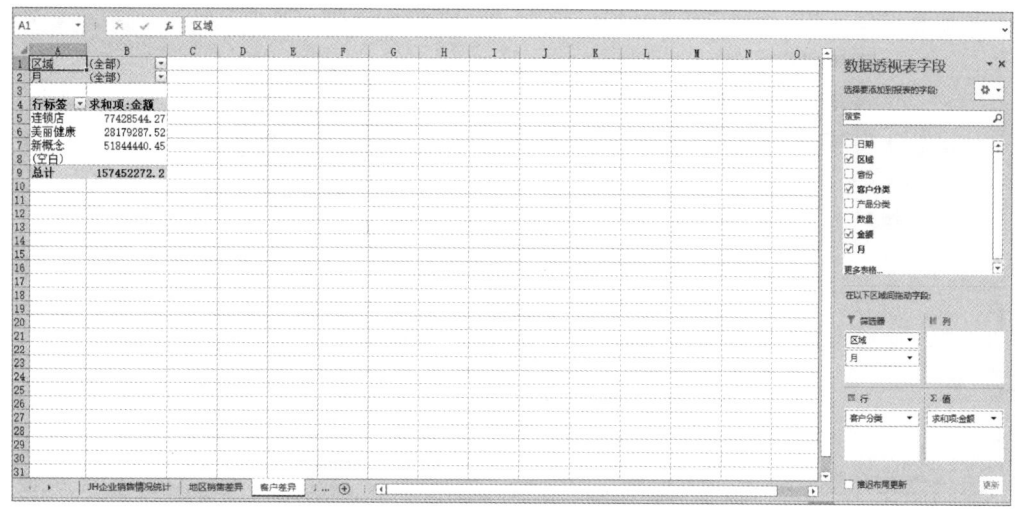

图 3-47 设置"客户差异"数据透视表

插入数据透视图,选择饼图分析不同客户的销售额占比。选中饼图区域,单击鼠标右键调用"设置数据标签格式"右侧弹窗,在标签选项中可以根据需要勾选"值""类别名称""百分比"等,如图 3-48 所示。

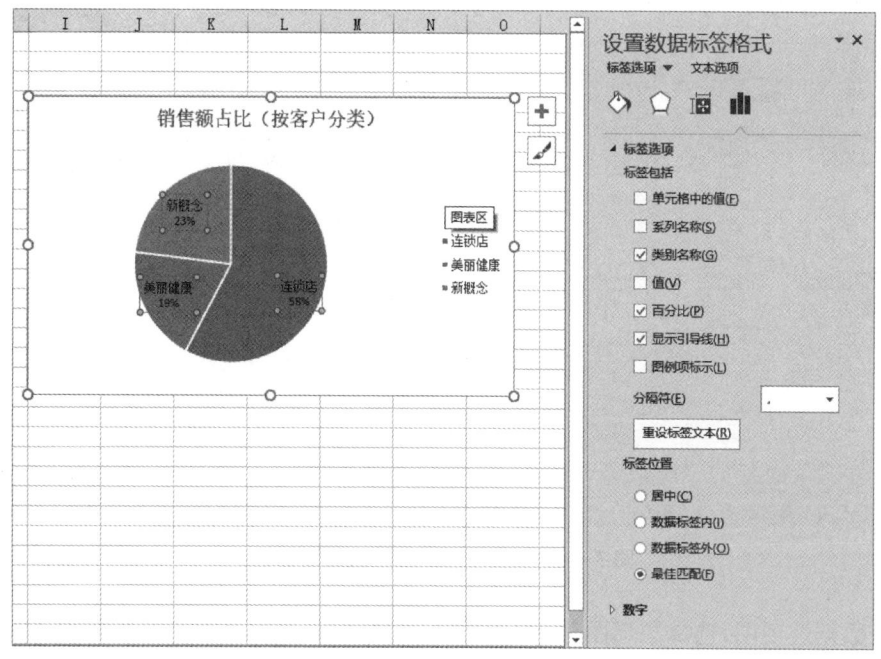

图 3-48 "设置数据标签格式"弹窗

本案例中,隐藏字段标签,在饼图区域选择"类别名称"和"百分比"选项,并添加图表标题"销售额占比(按客户分类)",分析不同客户的销售额占比。将数据透视图移至"JH企业销售看板"工作表中,如图3-49所示。

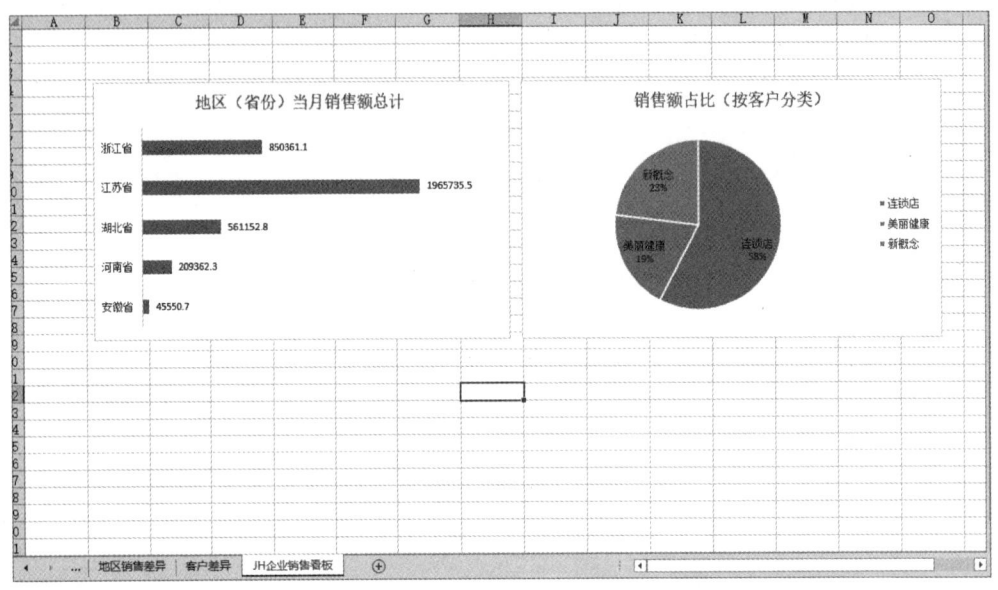

图3-49 "销售额占比(按客户分类)"数据透视图

4. 分析不同产品的销售额差异

新建一个工作表,重命名为"产品差异"。

在"产品差异"工作表中,插入数据透视表,以"区域""月"为筛选器,"产品分类"为行标签,返回"金额"的加总值,如图3-50所示。

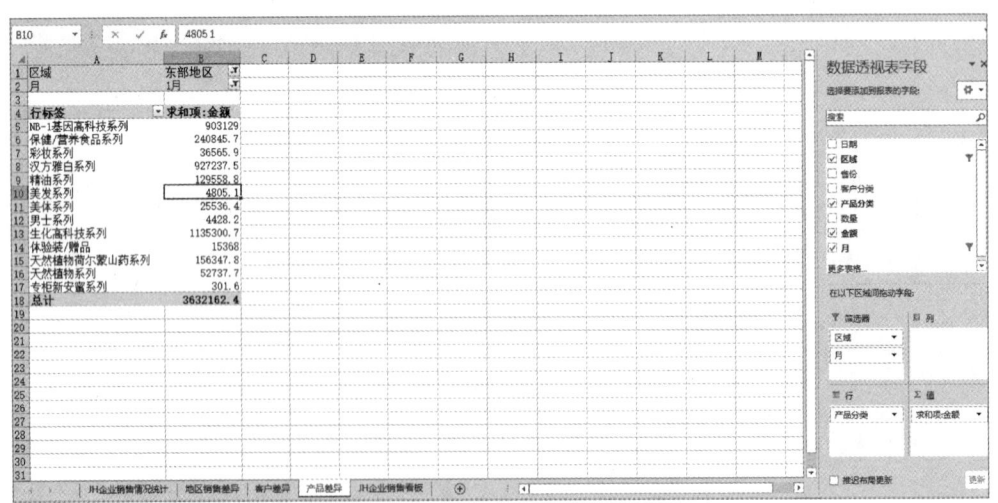

图3-50 设置"产品差异"数据透视表

插入数据透视图,选择条形图分析不同产品的销售额占比,如图3-51所示。

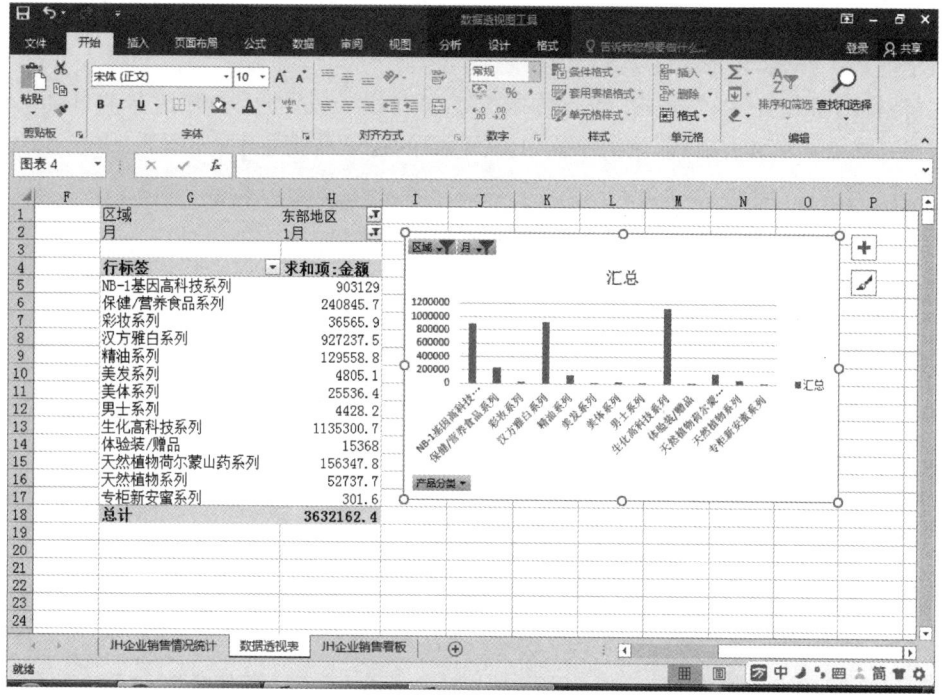

图 3-51 插入"条形图"

本案例中,隐藏字段标签,删除网格线,添加图表标题和数据标签,分析不同产品的销售额占比,将数据透视图移至"JH 企业销售看板"工作表中,如图 3-52 所示。

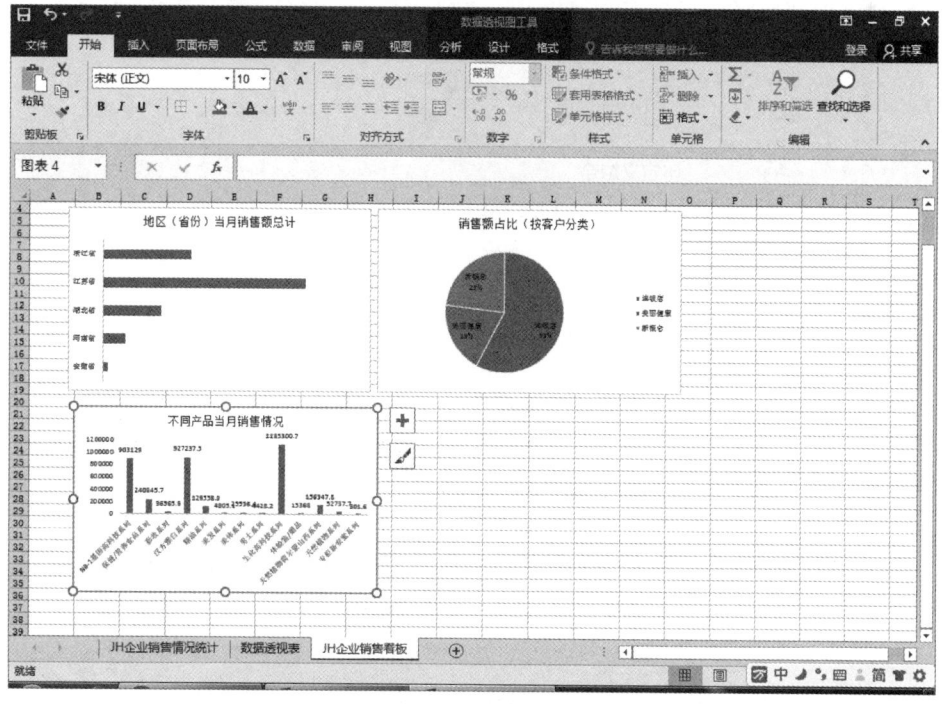

图 3-52 "不同产品当月销售情况"数据透视图

5. 分析当月不同日期的销售额和销量差异

新建一个工作表，重命名为"当月销售趋势"。

在"当月销售趋势"工作表中，插入数据透视表，以"区域""月"为筛选器，"日期"为行标签，"求和：数量""求和：金额"为值字段，计算每日的销量和销售额，如图3-53所示。

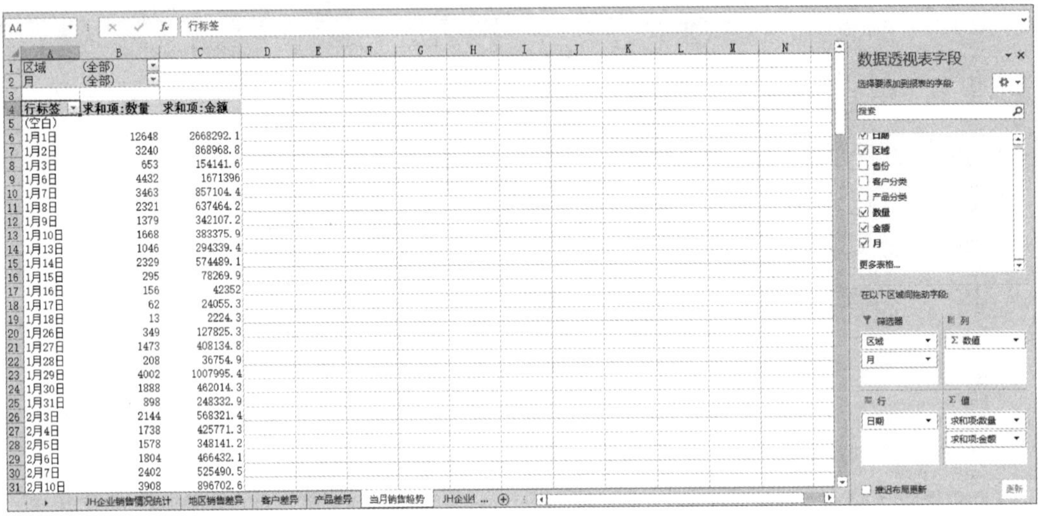

图3-53 设置"当月销售趋势"数据透视表

插入数据透视图，选择组合折线图分析每月的销量、销售额变化趋势，如图3-54所示。

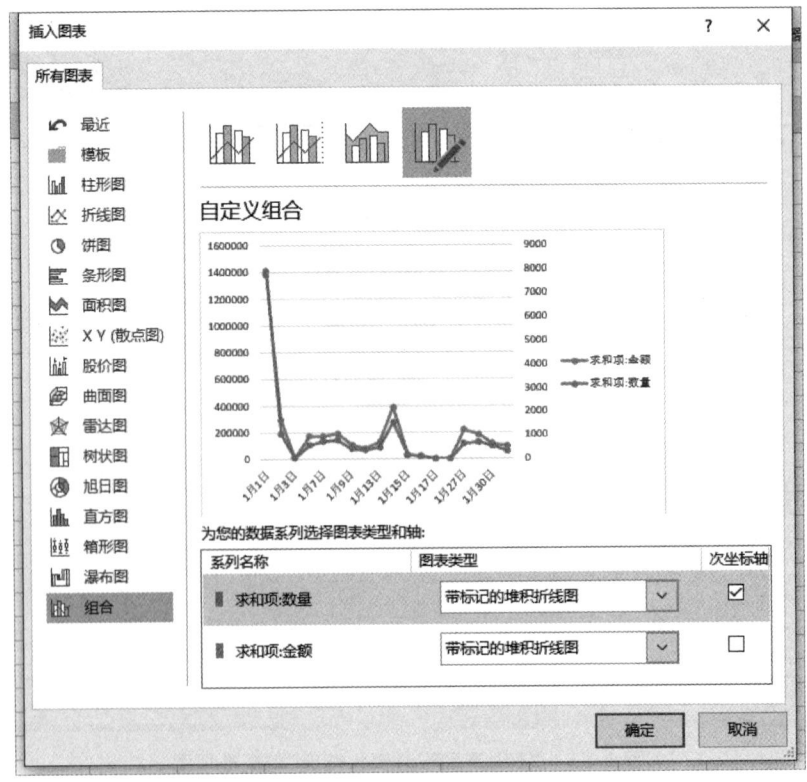

图3-54 插入"自定义组合"

插入数据透视图后,隐藏字段标签,并添加图表标题"当月销售趋势(按日期)",如图3-55所示。

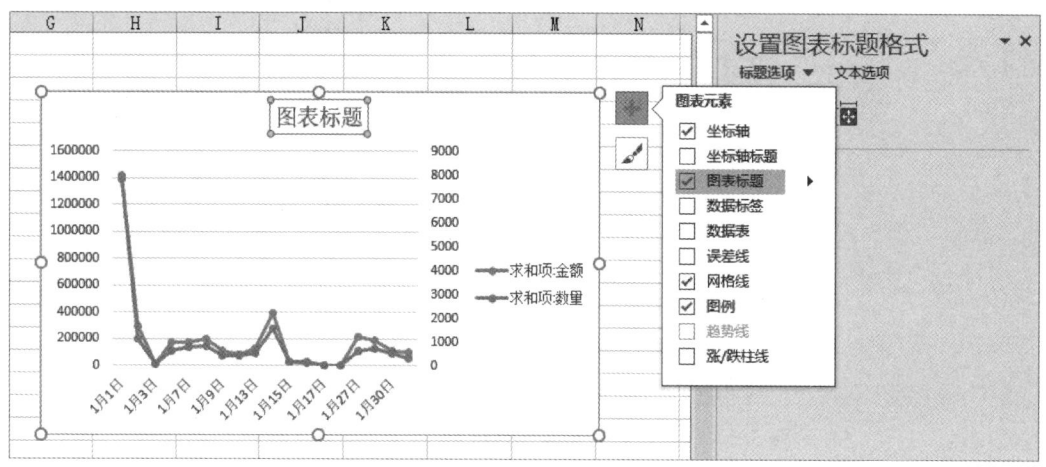

图3-55 设置图表标题

本案例中,将数据透视图移至"JH企业销售看板"工作表中,如图3-56所示。

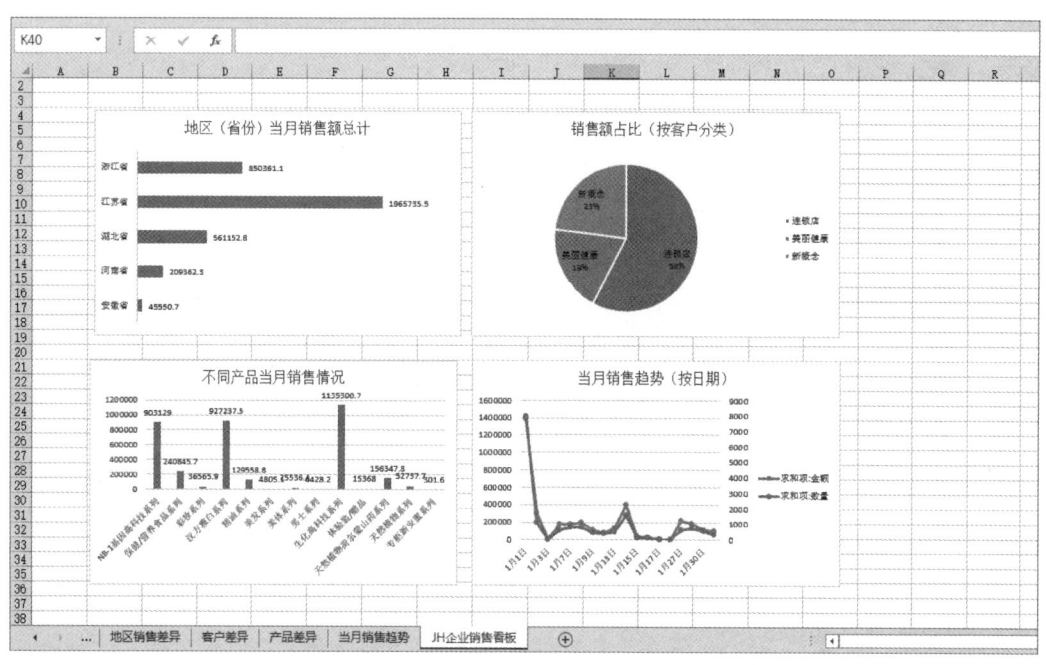

图3-56 "当月销售趋势(按日期)"数据透视图

6. 统计不同区域的每月销售数据概览

新建一个工作表,重命名为"每月销售数据概览"。

在"每月销售数据概览"工作表中,插入数据透视表,以"区域"为筛选器,"月"为行标签,"求和:数量""求和:金额"为值字段,计算每月的销售总量和销售额总计。另外再添加一项"金额"值字段,如图3-57所示。

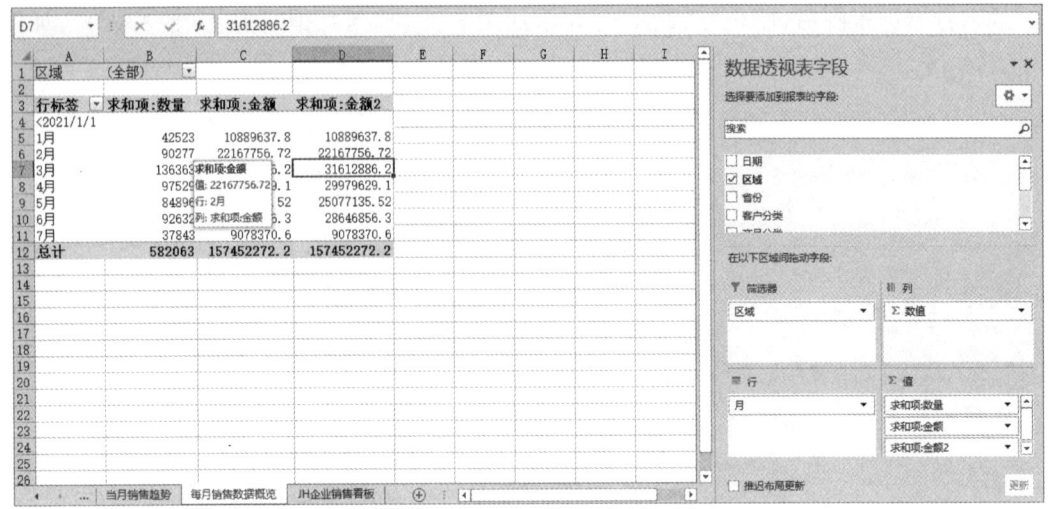

图 3-57　设置"每月销售数据概览"数据透视表字段

对第三个值字段进行设置,值汇总方式选择"求和",值显示方式选择"差异百分比",基本字段选择"月",基本项选择"(上一个)"。以此分析不同月份的销售额环比增长率,如图 3-58 所示。

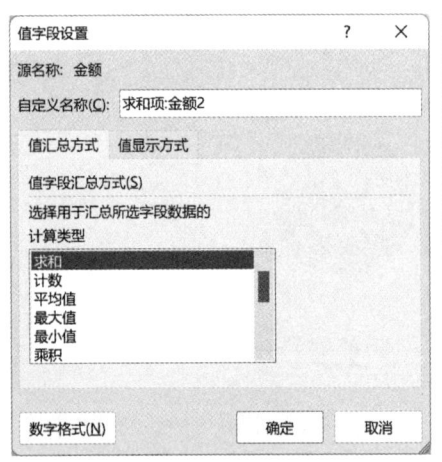 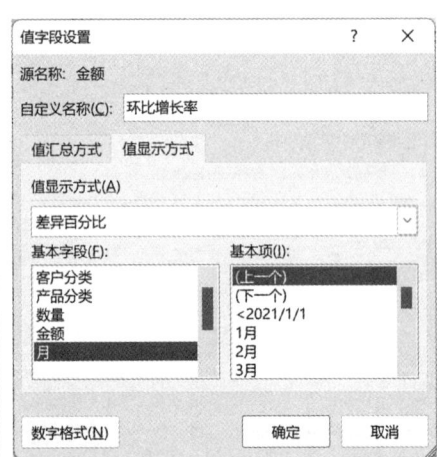

图 3-58　值字段设置

数据透视表结果,如图 3-59 所示。

7. 可视化看板搭建

在"JH 企业销售看板"工作表中搭建动态数据看板。

为便于后续看板美化,隐藏工作表网格线。在"页面布局"选项中取消勾选"查看"网格线,如图 3-60 所示。

示例中,将看板背景色设置为深蓝色,调整 4 张数据透视图,并设置动态销售看板

图 3-59　"每月销售数据概览"数据透视表

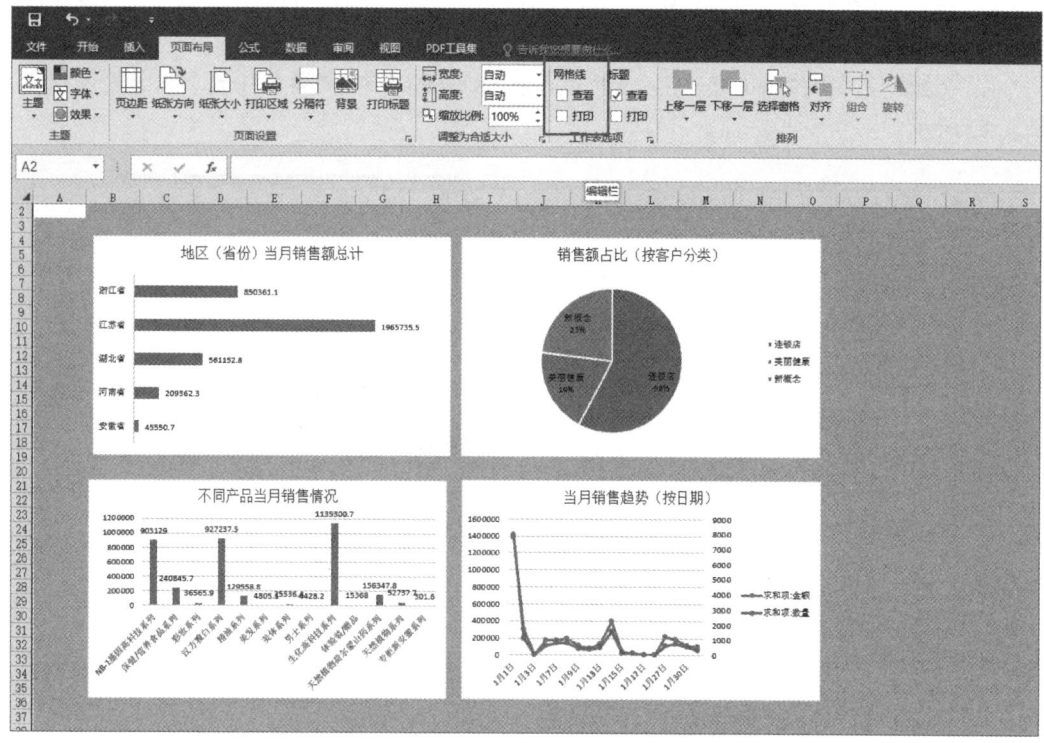

图 3-60 隐藏网格线

标题"JH 企业 2021 年销售数据看板(1~7 月)",如图 3-61 所示。在看板中,数据透视图互相独立,分别由地区销售差异、客户差异、产品差异、当月销售趋势数据透视表控制,需要插入切片器工具,实现不同图表的变动。

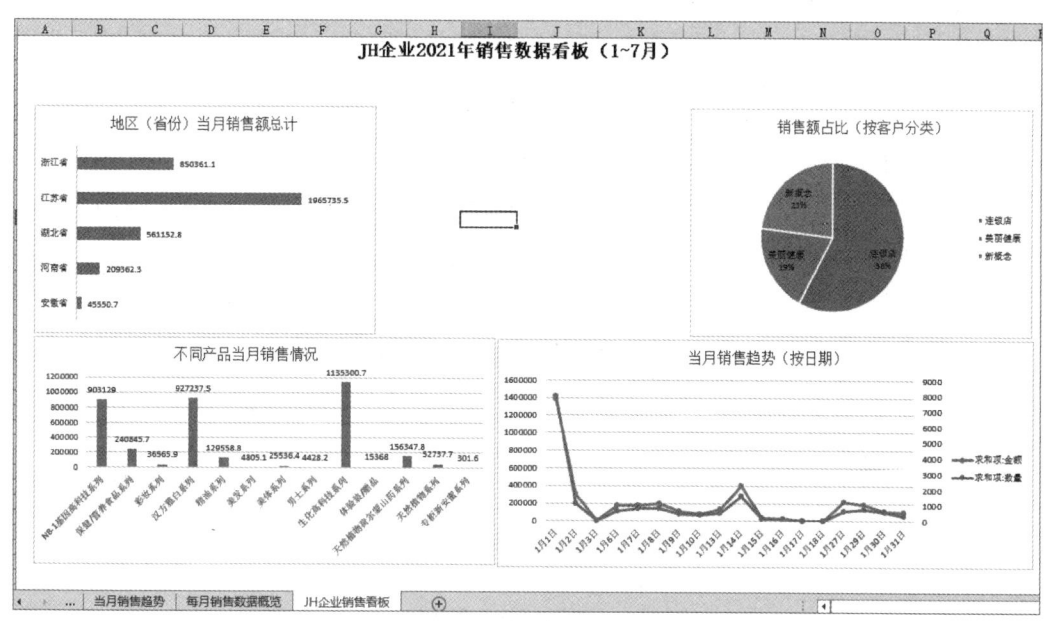

图 3-61 看板初步成型

返回数据透视表,在任意数据透视表区域上,插入切片器。选择"区域""月"两个切片器,如图 3-62 所示。

在"区域""月"切片器的上方空白处单击鼠标右键,在快捷菜单中选择"报表连接",如图 3-63 所示。

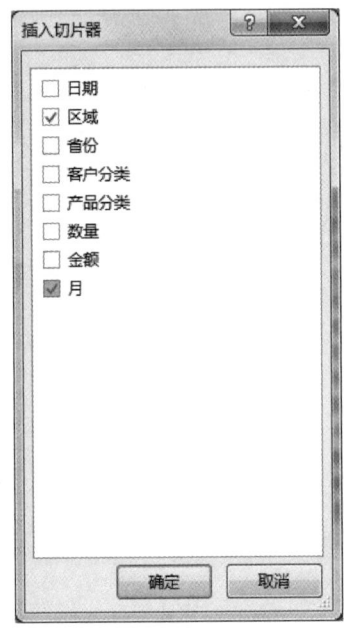

图 3-62 插入切片器

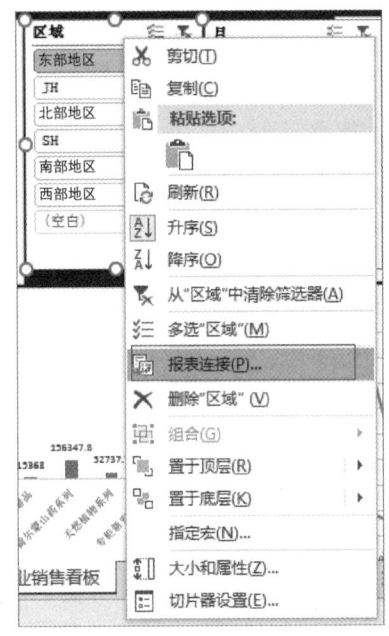

图 3-63 报表连接

在"数据透视表连接(区域)"对话框中,将 5 张透视表、透视图同时连接,实现 5 张透视表、透视图联动;在"数据透视表连接(月)"对话框中,选择"地区销售差异""客户差异""产品差异""当月销售趋势"4 张数据透视表,"每月销售数据概览"数据透视表没有将"月"设置为筛选器,故而不选择,如图 3-64、图 3-65 所示。

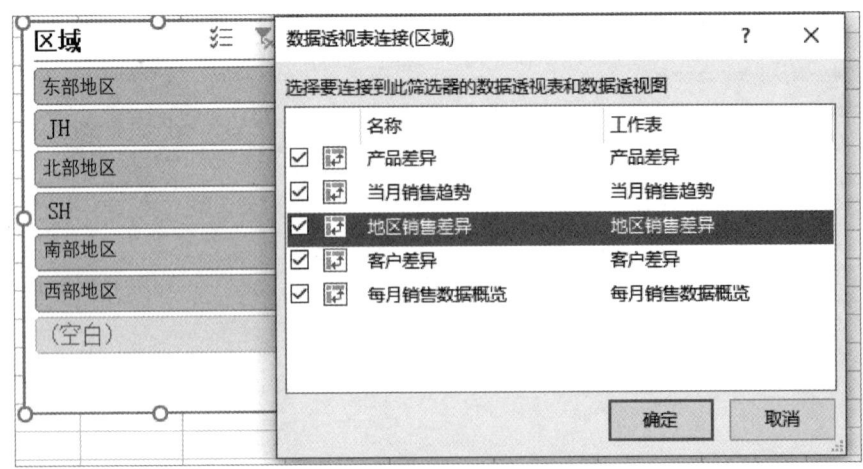

图 3-64 "区域"切片器报表连接

项目三　Excel 大数据分析

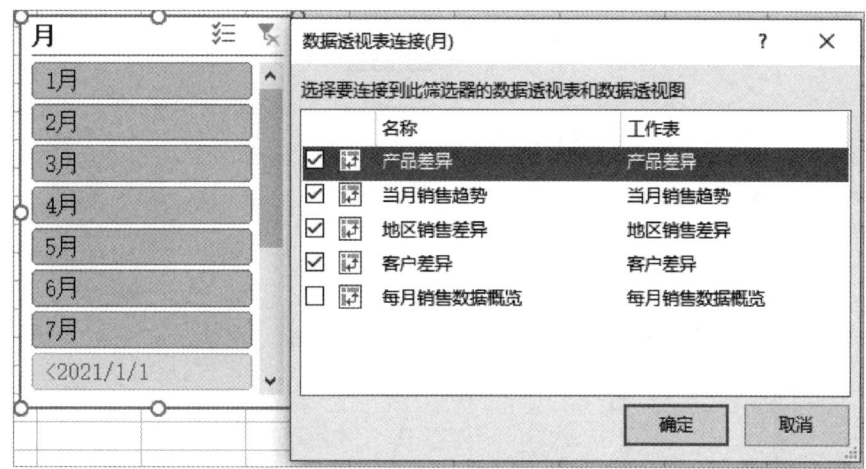

图 3-65　"月"切片器报表连接

将连接好的切片器移至"JH 企业销售看板"工作表中,如图 3-66 所示。

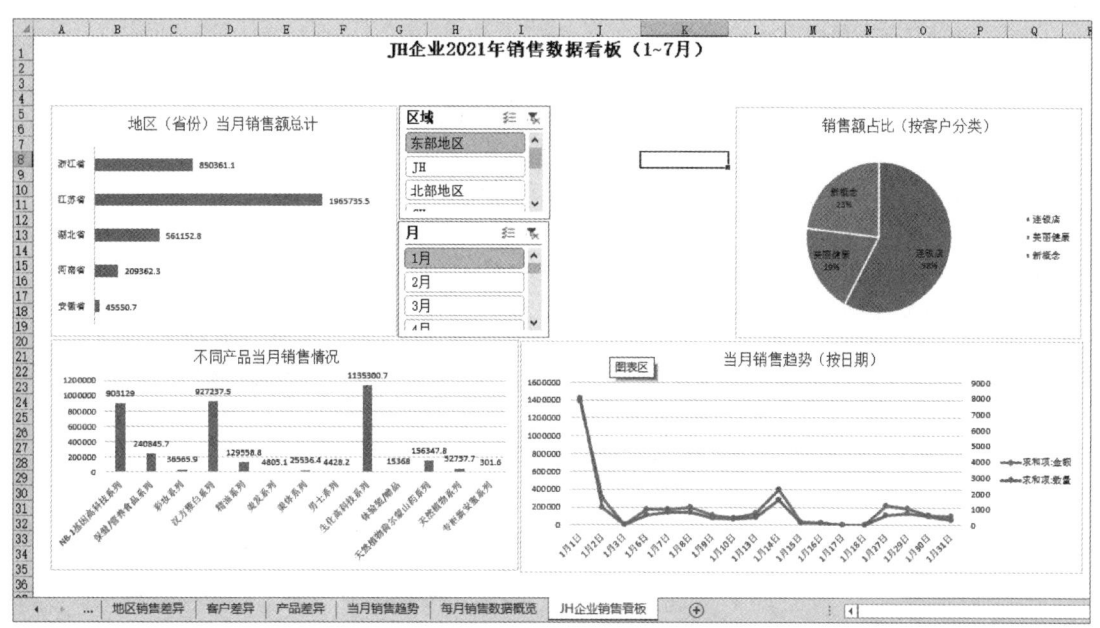

图 3-66　数据透视图与切片器

添加副标题"2021年×月",引用任意数据透视表中的"月"筛选器的选项,实现当切片器月份变化时,副标题同步变化。本案例中,在 I2 单元格输入"2021 年",在 J2 单元格内,输入公式"=地区销售差异!B2",如图 3-67 所示。

调整看板,在空白处展示本月销量、本月销售额总计、环比增长率指标,并实现切片器的联动控制。本案例中,在空白区域分别输入"本月销量""本月销售额""环比增长率",并输入销量和销售的单位"件"和"元",调整至醒目位置和合适大小,如图 3-68 所示。

81

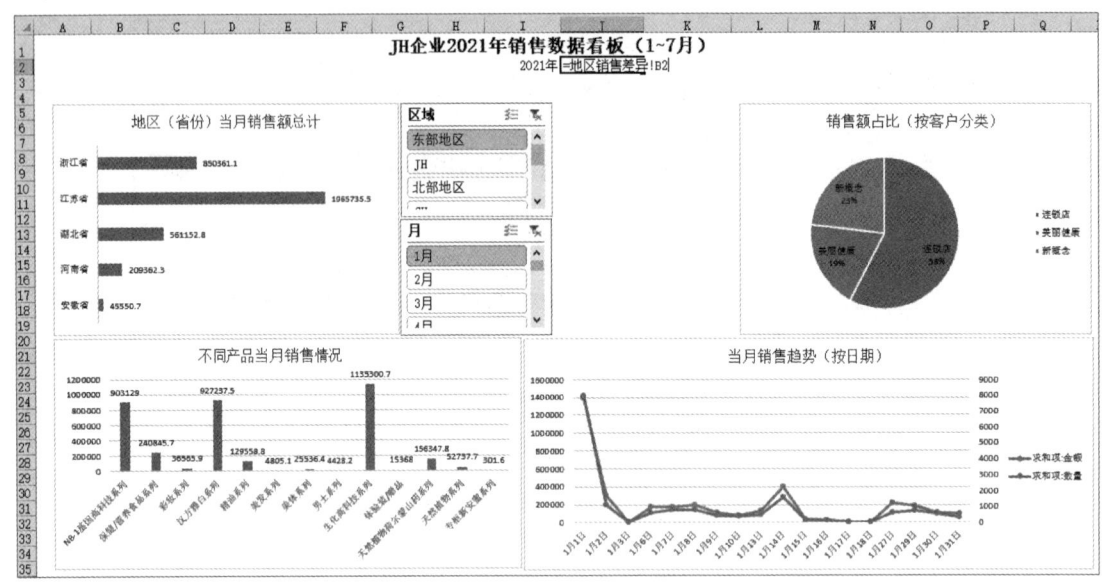

图 3-67　添加副标题"2021 年×月"

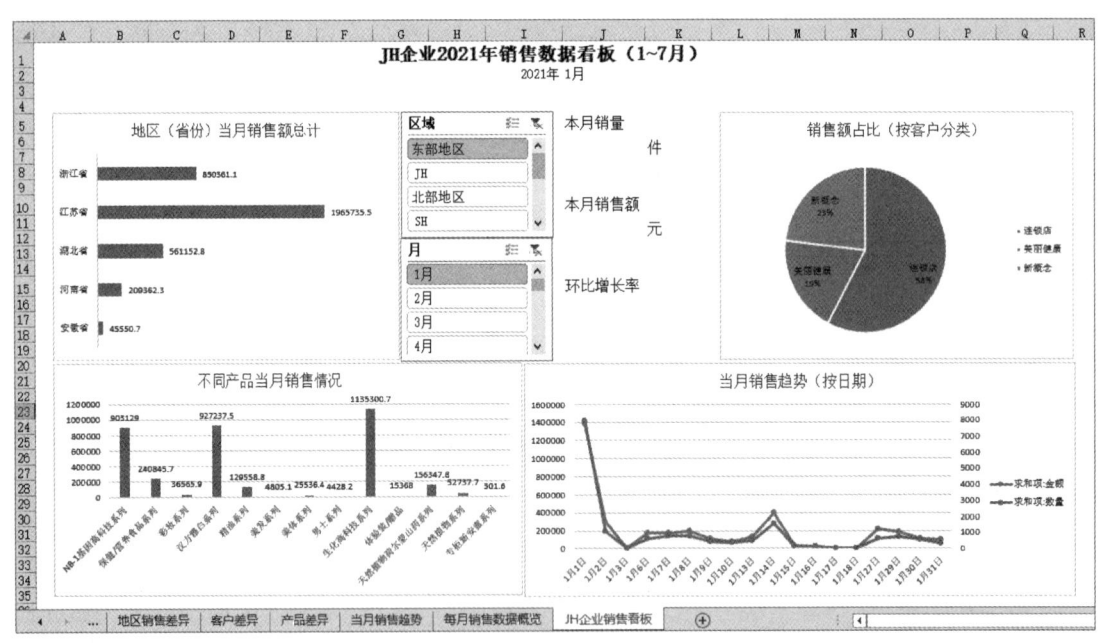

图 3-68　本月销售指标

通过"每月销售数据概览"数据透视表,用户可以获得本月销量、本月销售额和环比增长率。使用 VLOOKUP 函数进行匹配,在"本月销量"处输入如函数公式" = VLOOKUP(J2,每月销售数据概览！＄A＄3:＄D＄10,2,FALSE)"。同理得到本月销售额(= VLOOKUP(J2,每月销售数据概览！＄A＄3:＄D＄10,3,FALSE))和环比增长率(= VLOOKUP(J2,每月销售数据概览！＄A＄3:＄D＄10,4,FALSE)),如图 3-69 所示。

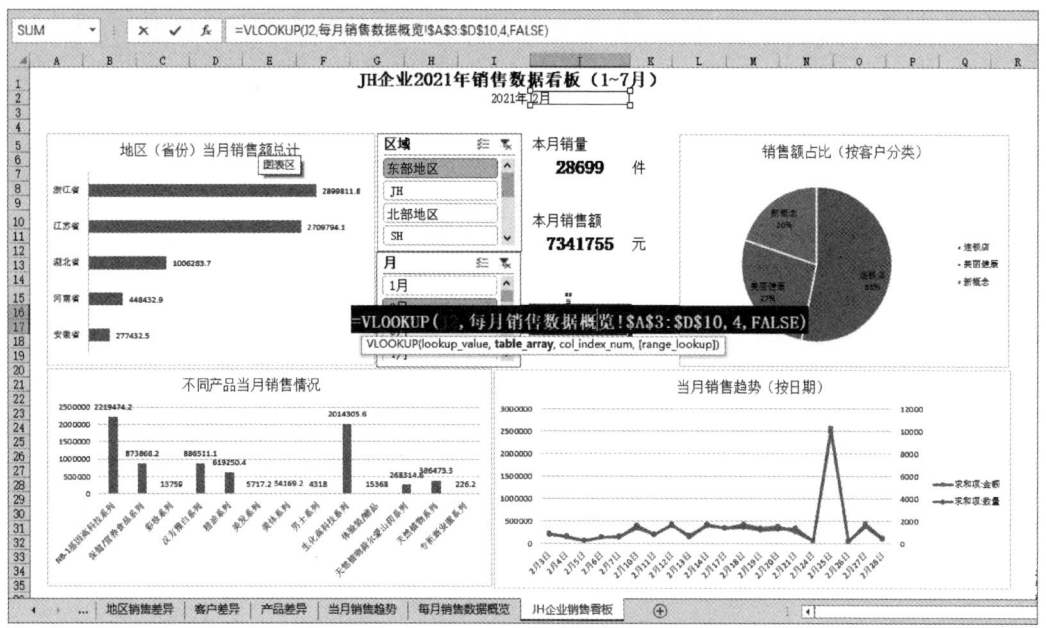

图 3-69　使用 VLOOKUP 函数匹配数据

动态数据看板搭建完成后,通过在切片器中选择不同的区域和月份,数据透视图、副标题、本月销量、本月销售额、环比增长率将随之变动,如图 3-70 所示。

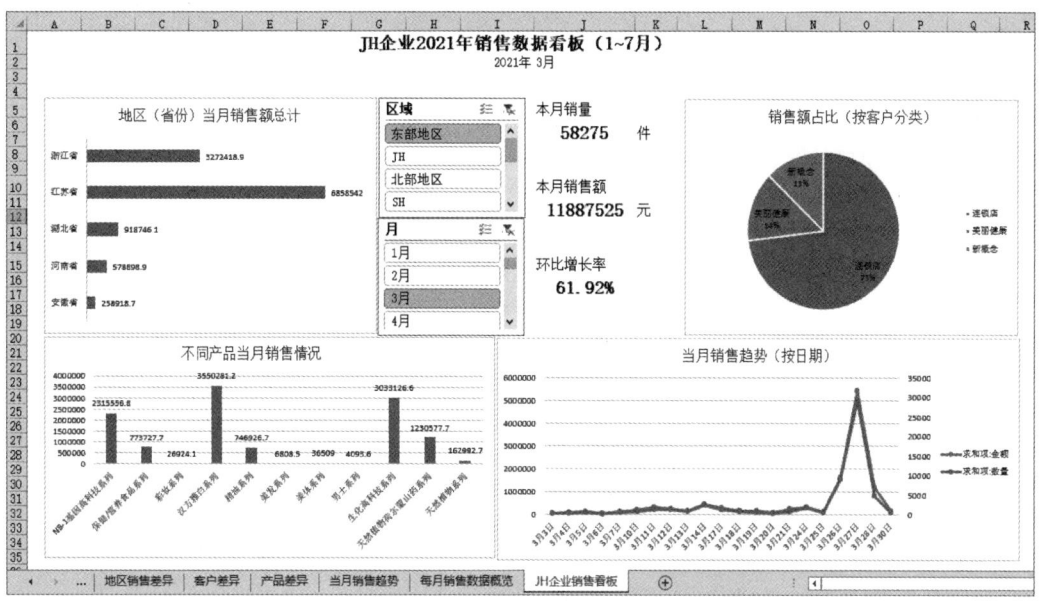

图 3-70　可视化动态销售看板

Power BI 篇

项目四 Power BI 认知

任务一 Power BI 简介

一、Power BI 概述

Power BI 是一个商业智能分析工具,可以连接数百个数据源、简化数据、整合并提供可视化分析。用户可以创建个性化仪表板,获取其对业务的全方位独特见解,生成报表视图并发布,以供组织在 Web 和移动设备上使用。

Power BI 简单且快速,能够从 Excel 或本地数据库创建快速见解。同时 Power BI 拥有丰富的建模和实时分析及自定义开发功能,它不仅可以用于制作个人报表和用作可视化工具,还可用于项目、部门或企业的分析和决策。Power BI 对各类数据的可视化过程如图 4-1 所示。

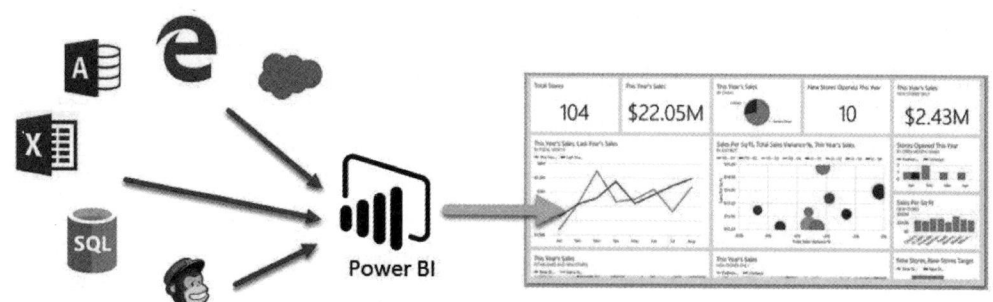

图 4-1 Power BI 数据可视化应用

二、Power BI 系列组件

Power BI 可以按照知识体系划分为三个模块,即数据查询模块、数据建模模块和数据可视化模块。这 3 个模块的工作过程和数据分析过程类似。

(1) 数据查询模块(Power Query)与数据源直接对接,对数据进行清洗、分类、整理。

(2) 数据建模模块(Power Pivot)把数据组合起来实现不同维度的分析。

(3) 数据可视化模块(Power View)对数据进行可视化,生成各类交互式报表。

三、Power BI Desktop 界面

Power BI Desktop 界面有 7 大区域,分别为功能区、视图切换栏、图表区、筛选区、可视

化组件区、字段选择区和页面切换区,如图 4-2 所示。

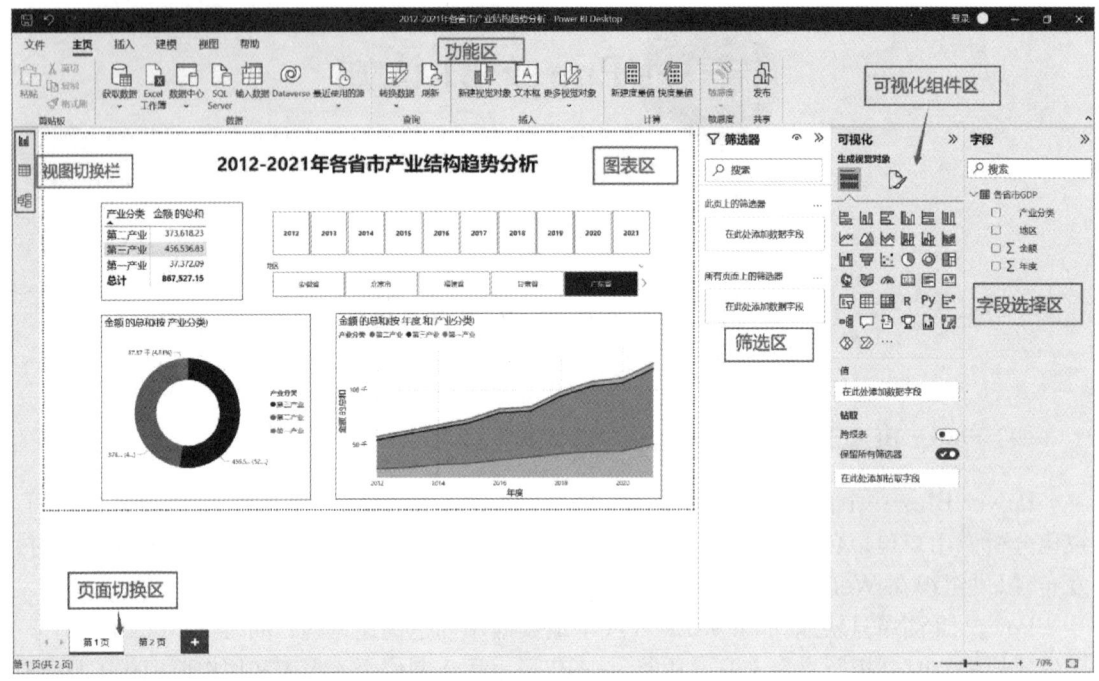

图 4-2　Power BI Desktop 主界面

Power BI Desktop 主界面各区域的功能,具体如表 4-1 所示。

表 4-1　　　　　　　　Power BI Desktop 主界面区域功能

名称	功能
功能区	包括"文件""主页""插入""建模""视图"等模块,主要功能是对文件进行保存、显示以及可视化效果的选择等
图表区	创建报表和视觉对象,可对报表进行个性化设计
筛选区	对视觉对象的数据进行筛选
可视化组件区	选择可视化对象、更改可视化效果
字段选择区	设置与当前报表关联数据的表、字段、度量值
页面切换区	选择或者添加报表
视图切换栏	切换不同视图,可进行不同的操作

以下重点介绍"视图切换栏"功能。

在主界面左侧的"视图切换栏"区域,自上而下排列了 3 个视图按钮用于切换视图,即在不同的视图下,可进行不同的操作。

1. 报表视图

在报表视图中,用户可以创建任意数量的具有可视化图表的报表页。每一个报表页的初始状态是一张空白的画布,在画布上可以插入文本、图形、图片、条形图、圆环图等各种可视化对象。

项目四 Power BI 认知

在 Power BI Desktop 界面中,单击窗口左侧的报表图标 ,报表视图页面,如图 4-3 所示。

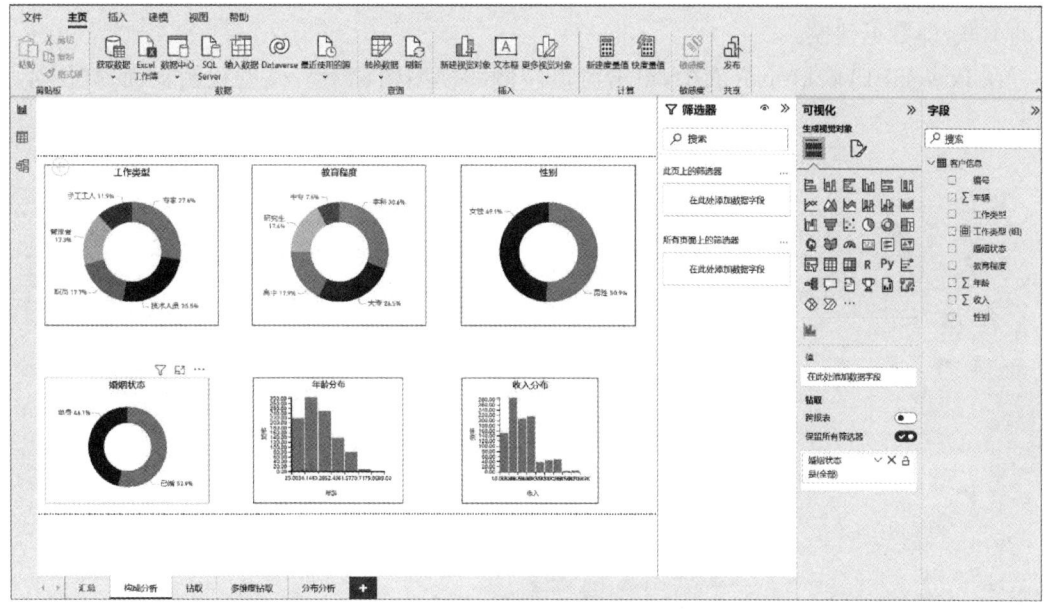

图 4-3 报表视图页面

2. 数据视图

数据视图显示的是获取并整理后的数据。用户通过数据视图可以检查、浏览和了解 Power BI 模型中的数据。在需要创建、计算度量值、识别数据类型时,数据视图可发挥重要作用。

在 Power BI Desktop 中,单击窗口左侧的数据图标 ,数据视图页面,如图 4-4 所示。

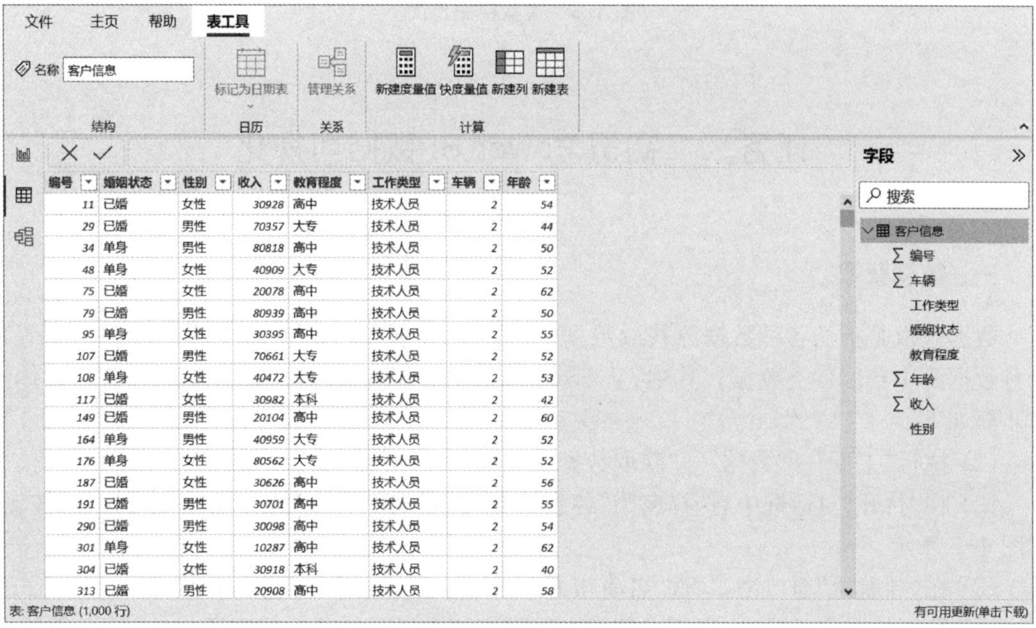

图 4-4 数据视图页面

89

3. 模型视图

模型视图用于显示模型中的所有表、列和关系。用户通过模型视图可以建立表和表之间的关联,即数据建模。

在 Power BI Desktop 界面中,单击窗口左侧的模型图标 ,模型视图页面,如图 4-5 所示。

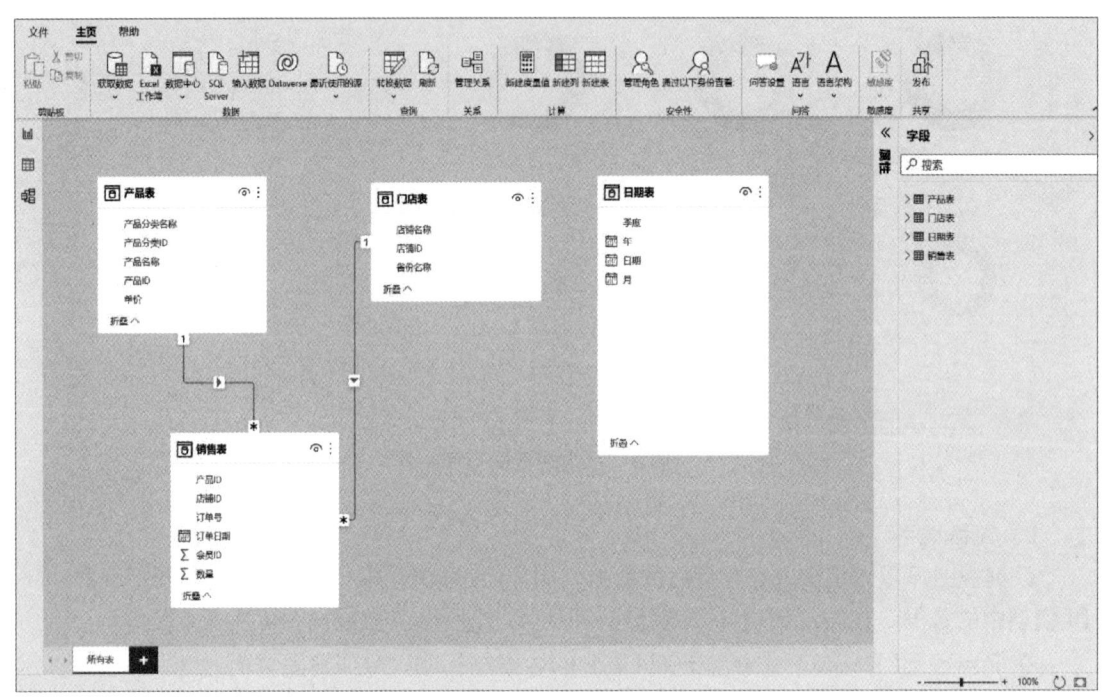

图 4-5 模型视图页面

任务二 初识 Power BI 数据可视化

一、数据获取

数据获取是指从各种数据源获取数据。Power BI 可以从文件、数据库、Web 网页等几十种数据源中获取各类数据。其中,从 Excel 工作簿中获取数据是最常见的方式。具体操作步骤如下:

(1) 执行"主页"—"数据"—"获取数据"—"Excel 工作簿"命令,如图 4-6 所示。

(2) 在"打开"对话框中,选择名为"各省市 GDP 数据 12-21"的文件,点击【打开】按钮,如图 4-7 所示。

(3) 在"导航器"窗口中,勾选"各省市 GDP"复选框,点击【加载】按钮,如图 4-8 所示。

(4) 数据加载完成后,主界面右侧的"字段"窗格中显示加载后的字段,如图 4-9 所示。

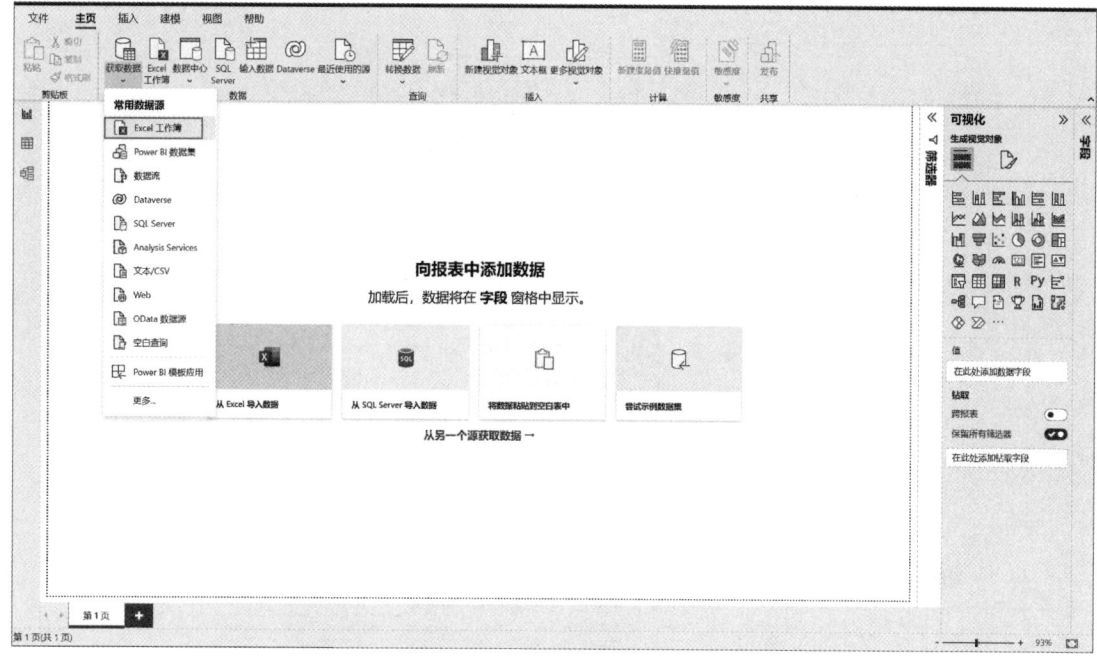

图 4-6　获取数据

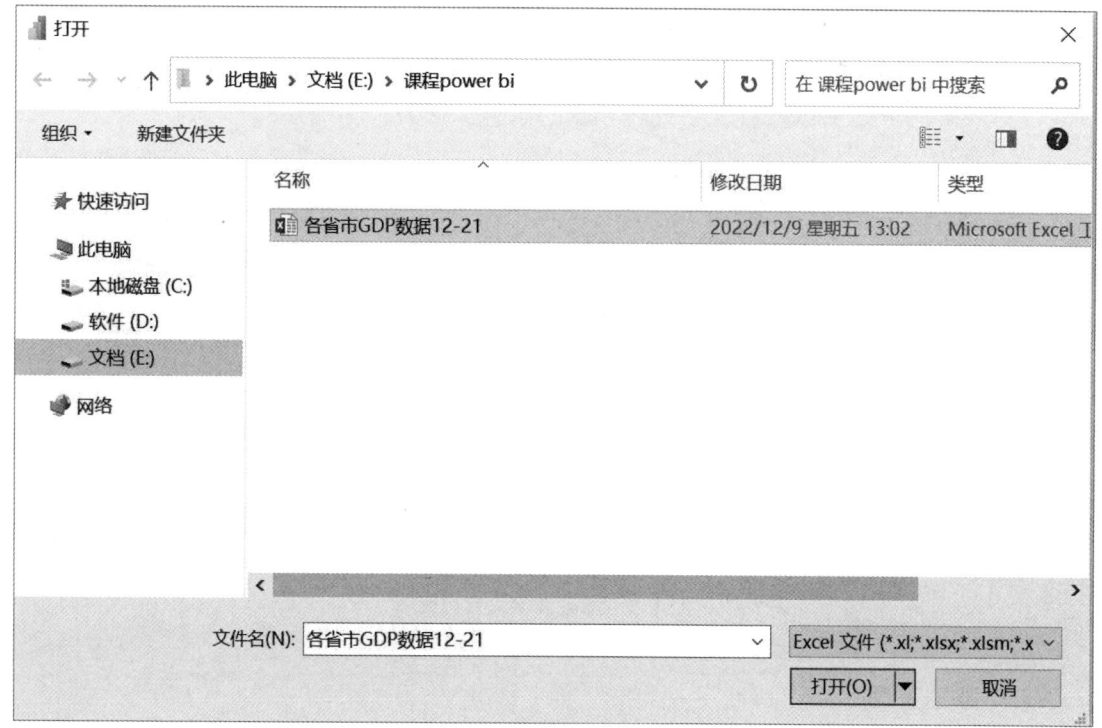

图 4-7　选择文件

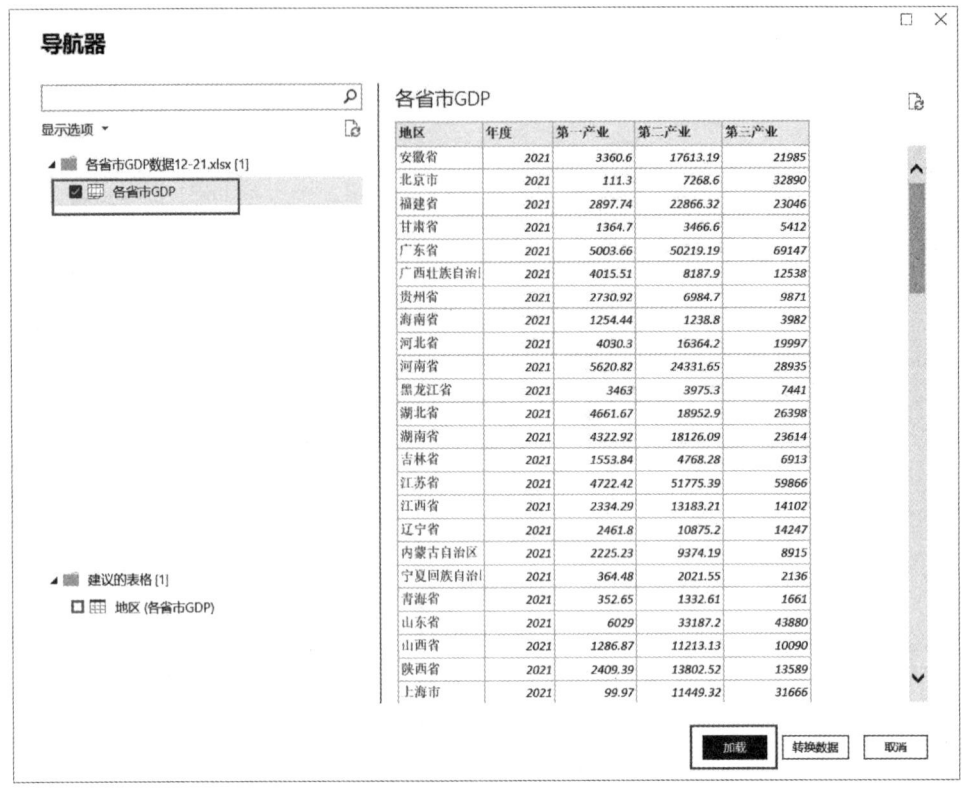

图 4-8 加载数据

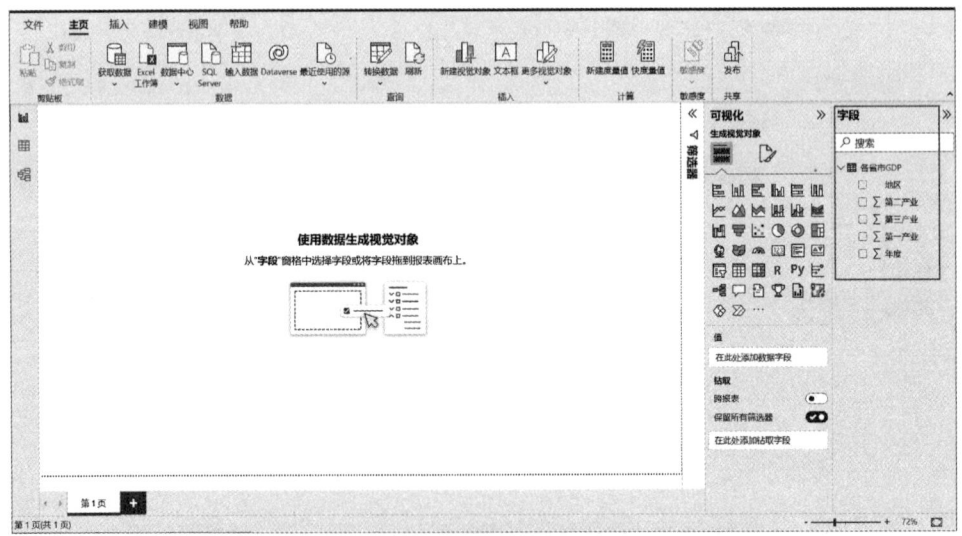

图 4-9 加载表字段后界面

二、数据整理

数据整理也叫数据清理或数据清洗,是指通过各种方法将获取的数据整理成正确的数据格式和内容,保证数据满足可视化的要求。具体操作步骤如下:

(1) 执行"主页"—"查询"—"转换数据"命令,打开"Power Query 编辑器"窗口,可以看到导入的 Excel 工作簿数据,如图 4-10 所示。

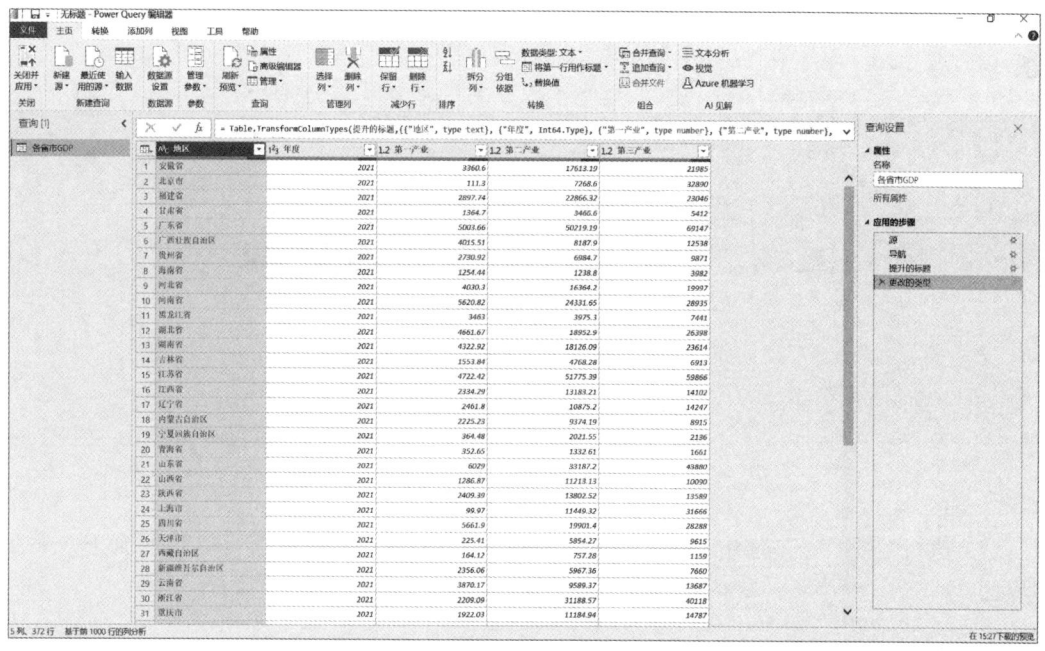

图 4-10 "Power Query 编辑器"窗口

(2) 当前表格是二维表,为了方便分析,需要把二维表转化为一维表,这里把三个产业结构的数据转化为一个字段。按住"Shift"键,同时选中"地区"和"年度"列,执行"转换"—"任意列"—"逆透视列"—"逆透视其他列"命令,如图 4-11 所示。

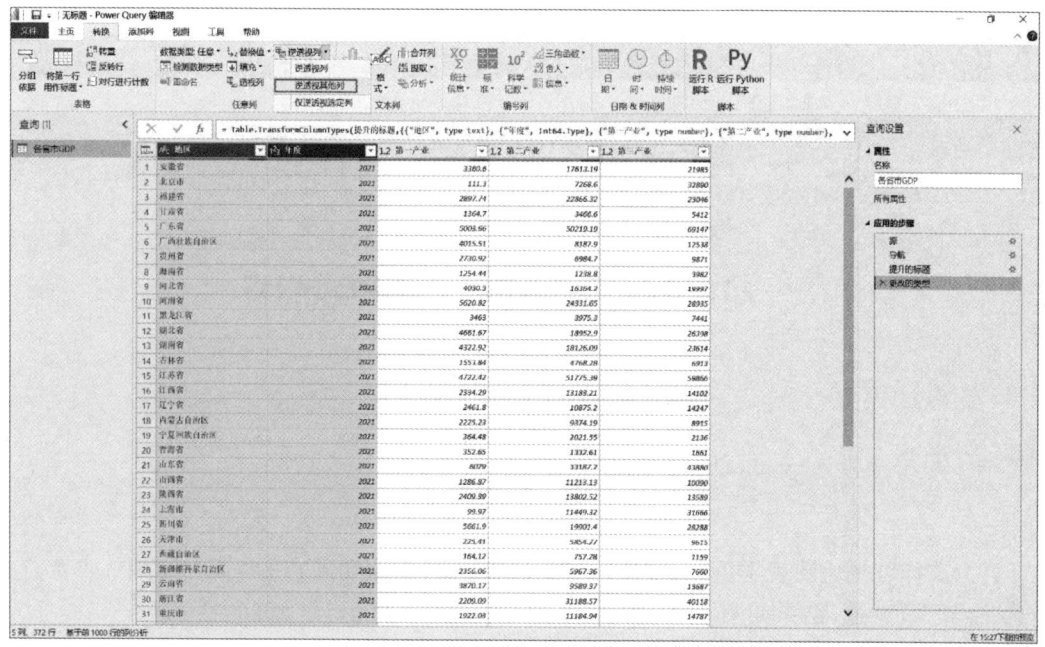

图 4-11 "逆透视列"命令

（3）双击"属性"字段名称，修改为"产业分类"，将"值"字段名称修改为"金额"，如图 4-12 所示。

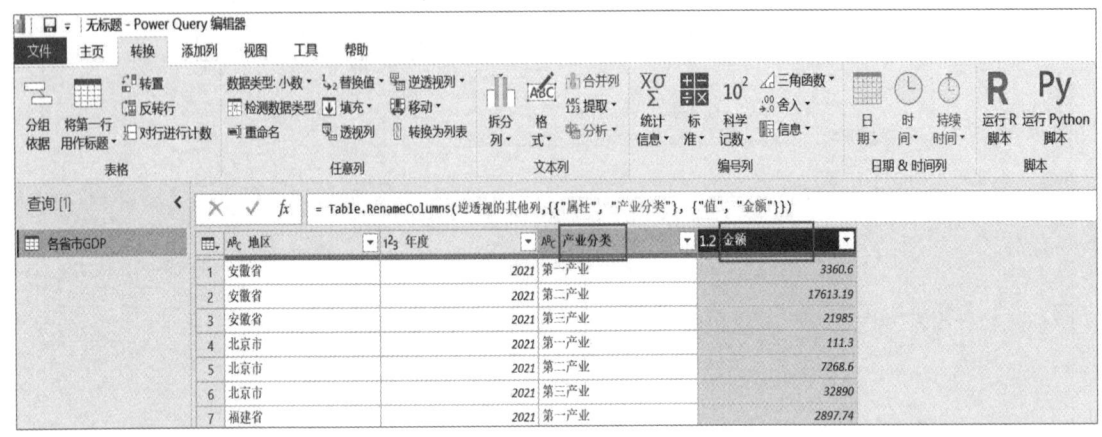

图 4-12 列重命名

（4）执行"主页"—"关闭并应用"命令，关闭"Power Query 编辑器"窗口，回到 Power BI 主界面。

三、数据可视化

数据可视化是以图形来直观地呈现数据，帮助我们快速理解数据中蕴含的信息。在 Power BI Desktop 中，数据可视化主要是通过制作视觉对象来完成的。具体操作步骤如下：

（1）执行【插入】—【文本框】命令，输入"2012—2021 年各省市产业结构趋势分析"，将字体调整到合适的位置和大小，如图 4-13 所示。

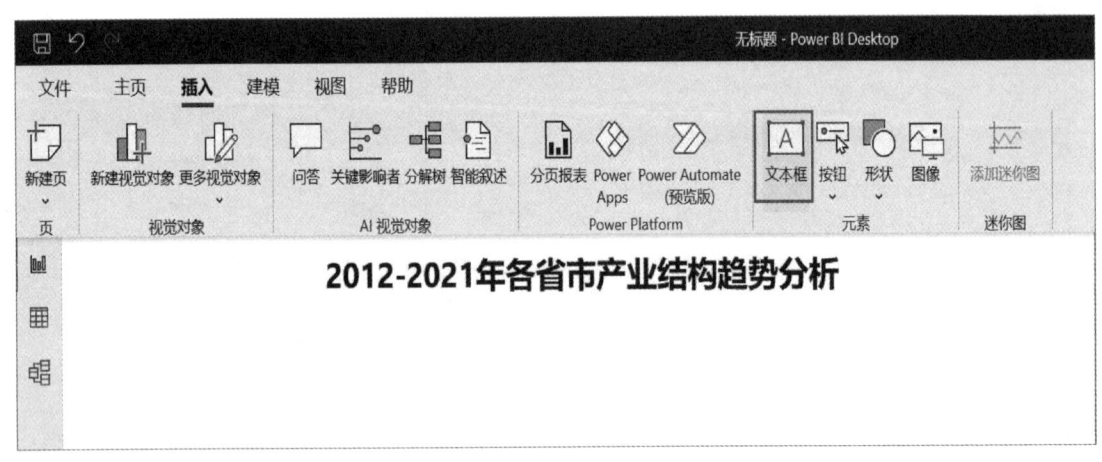

图 4-13 插入"文本框"

（2）选择可视化图表类型"卡片图"，将字段"金额"拖动到画布的"卡片图"中，或者直接勾选"金额"复选框，结果如图 4-14 所示。

项目四　Power BI 认知

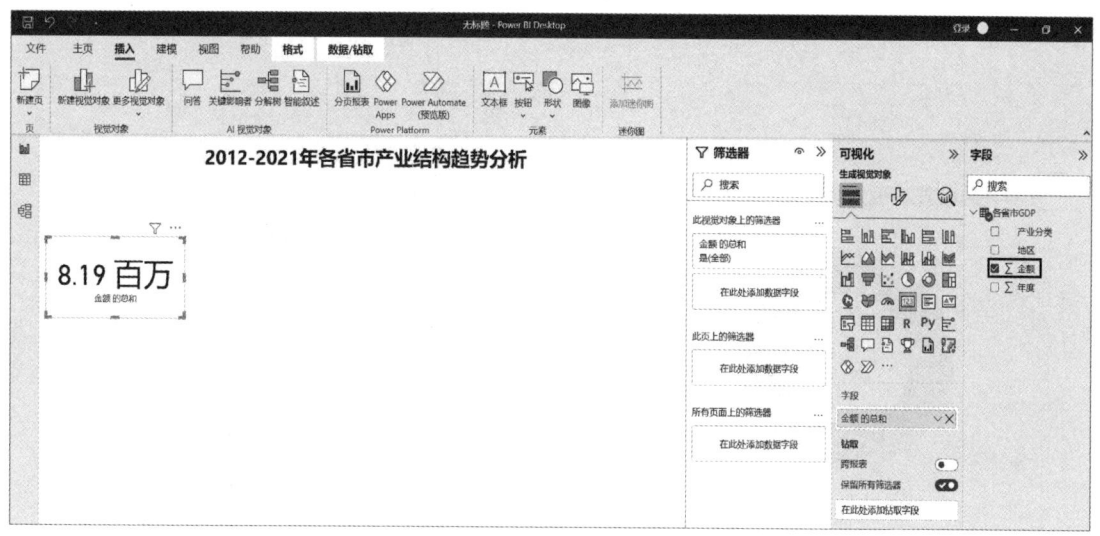

图 4-14　插入"卡片图"

(3) 单击"可视化"窗格中的【矩阵】按钮，设置矩阵属性，如图 4-15 所示。

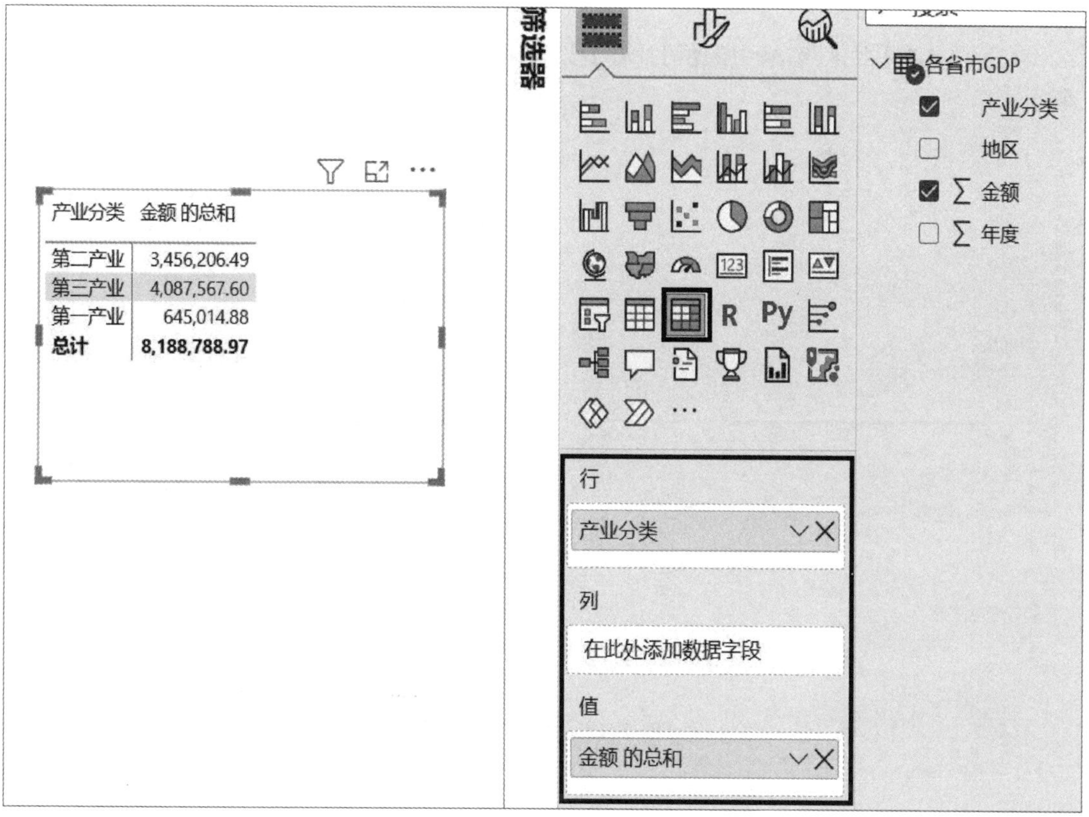

图 4-15　设置矩阵属性

(4)单击"可视化"窗格中的【环形图】按钮,设置环形图属性,如图4-16所示。

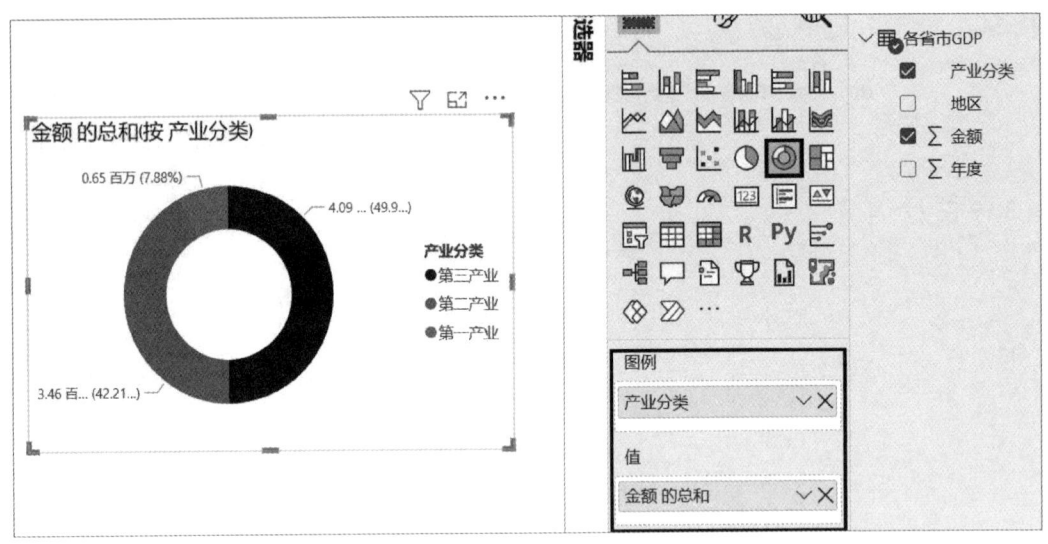

图 4-16　设置环形图属性

(5)单击"可视化"窗格中的【切片器】按钮,将"年度"拖动到"字段"参数中,如图4-17所示。

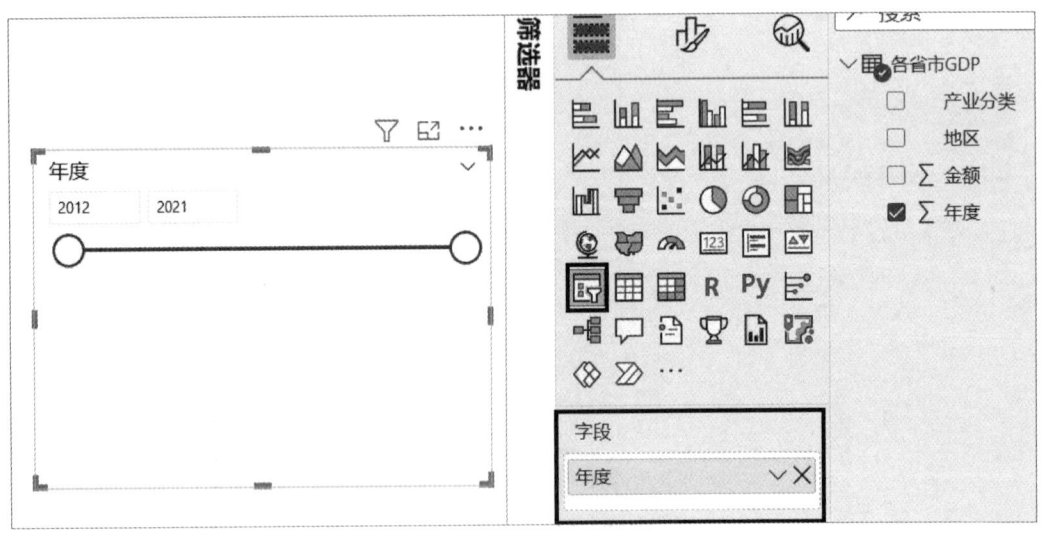

图 4-17　插入"切片器"

(6)选中切片器,单击"可视化"窗格中的【设置视觉对象格式】按钮,将切片器的"方向"设置为"水平",如图4-18所示。

项目四　Power BI 认知

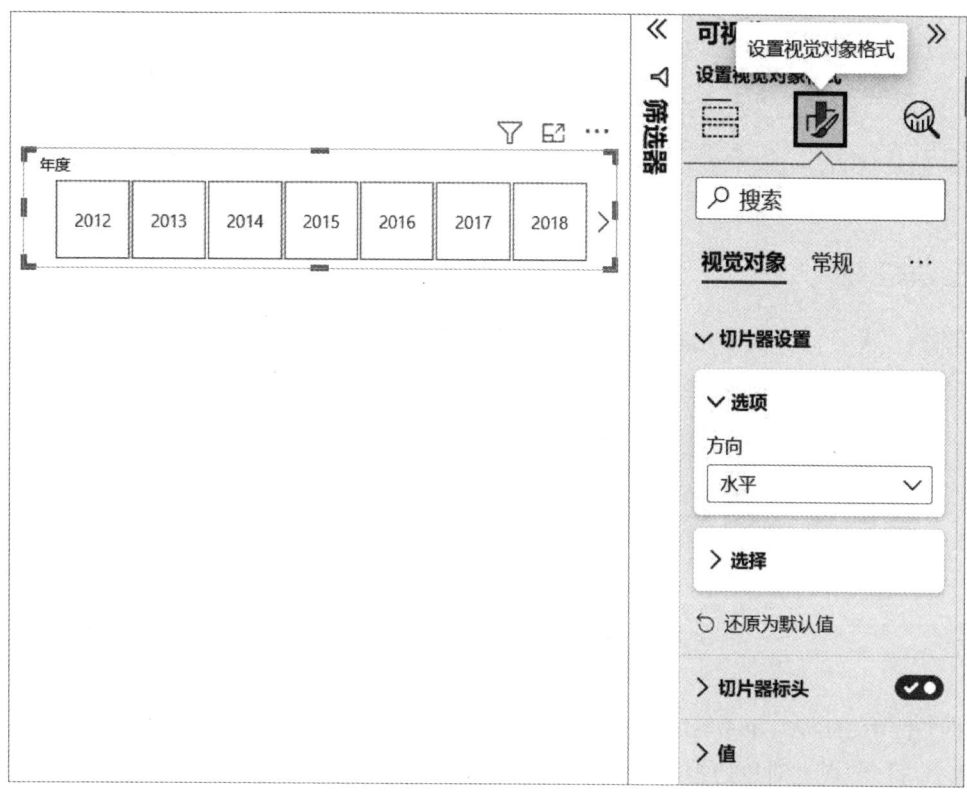

图 4-18　"切片器"格式设置

（7）添加"地区"切片器，设置切片器类型为"下拉"模式，如图 4-19 所示。

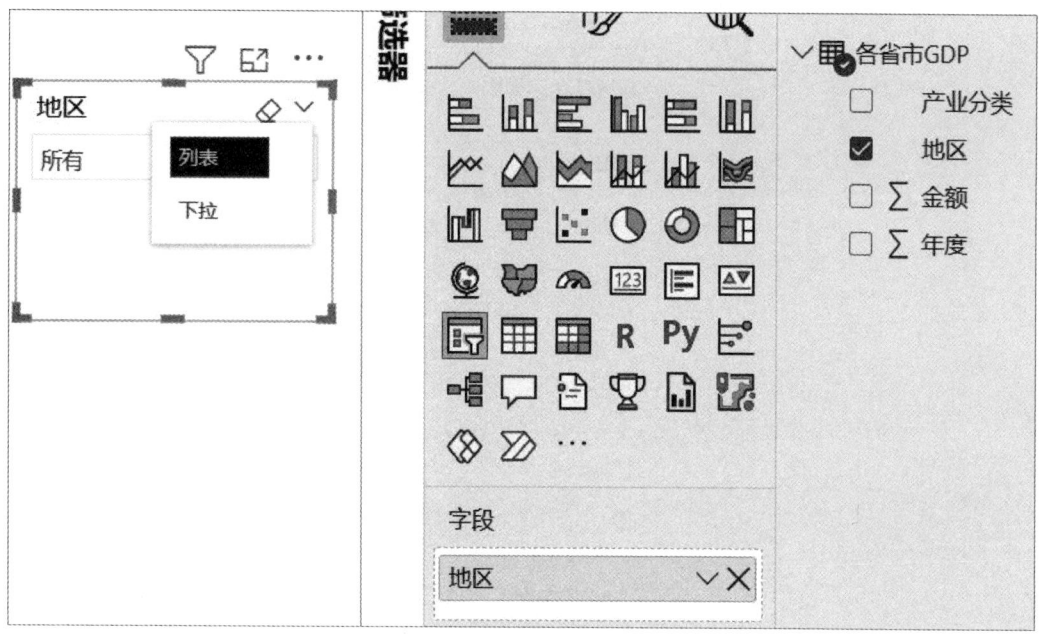

图 4-19　地区"切片器"格式设置

(8)单击"可视化"窗格中的【堆积柱形图】按钮,设置字段,如图4-20所示。

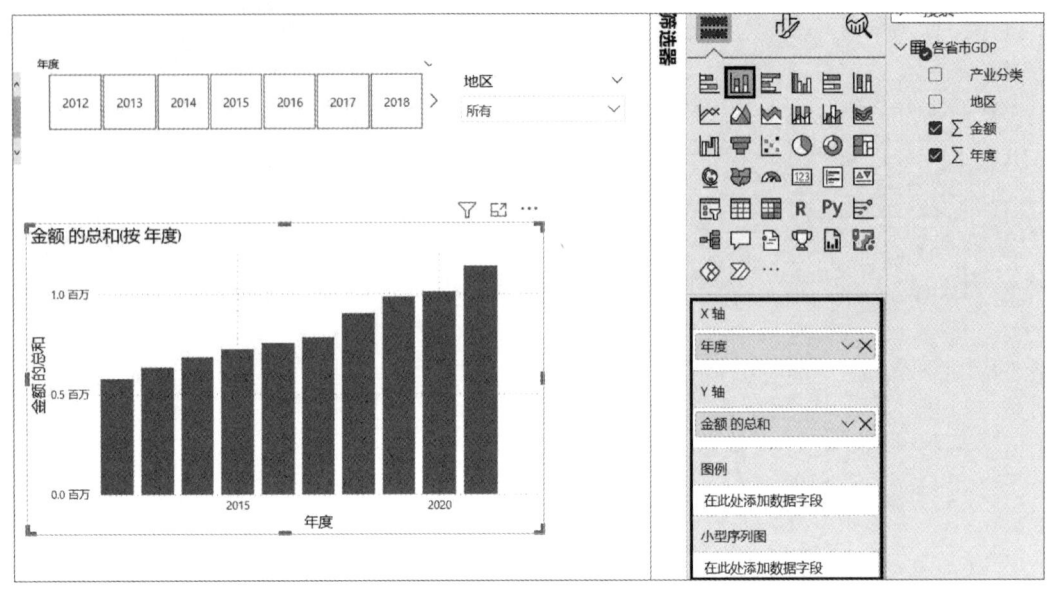

图4-20 插入"堆积柱形图"

(9)选中切片器,单击"可视化"窗格中的【设置视觉对象格式】按钮,执行"常规"—"效果"命令,打开"视觉对象边框",如图4-21所示。

图4-21 "视觉对象边框"设置

（10）调整各可视化元素的位置，报表整体效果如图4-22所示。

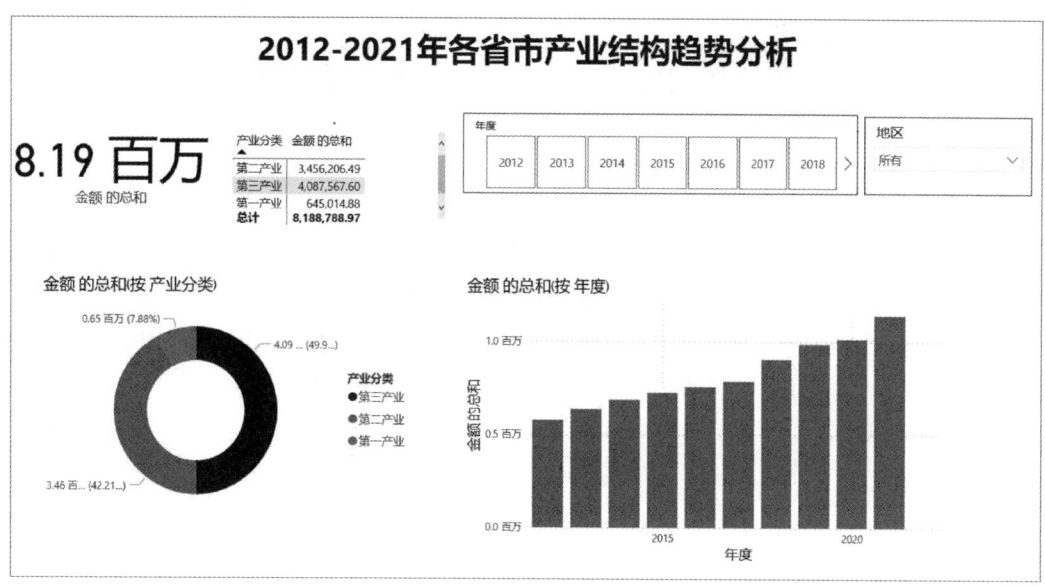

图4-22　报表整体效果图

项目五 Power Query 数据查询

Power BI 获取数据后,可以通过 Power Query 编辑器对数据进行整理和清洗,如对数据进行逆透视、缺失值处理等操作,以满足可视化分析的需要。

当 Power BI Desktop 导入数据后,执行"主页"—"转换数据"命令,打开"Power Query 编辑器"窗口,其界面如图 5-1 所示。

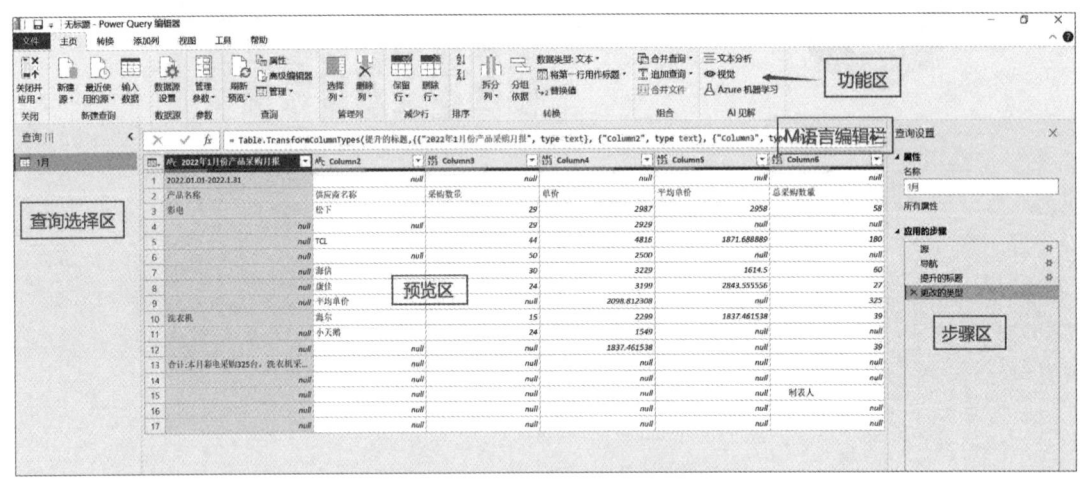

图 5-1　Power Query 编辑器界面

Power Query 编辑器界面中主要有 5 大区域,分别为功能区、M 语言编辑栏、查询选择区、预览区和步骤区,其主要功能如表 5-1 所示。

表 5-1　　　　　　　　　　　Power Query 编辑器功能

名称	功能
功能区	利用功能区中的命令,可以对表格进行各种操作,每次功能区中的命令都会在右侧步骤区留下记录
M 语言编辑栏	显示当前步骤的 M 函数代码
查询选择区	列出了加载到 Power BI 的所有查询表的名称,查询操作不会更改原始数据表。查询的过程以步骤的形式显示在右侧的步骤区
预览区	在 Power Query 中的操作都可以在预览区看到结果
步骤区	保存了查询的过程,每一行就是一个步骤,可以对步骤进行删除等操作

任务一　行、列数据处理

某公司每个月 BI 系统都会自动生成产品采购月报,如图 5-2 所示。现需要将报表导入

到 Power BI,使其成为标准二维表,以便进行后续处理。导入时存在以下问题:

(1) 表头和表尾不属于数据内容,需删除。

(2) 末尾的 3 列属于计算字段,可删除。

(3) 有平均单价的行,可删除。

(4) 合并单元格需要复制到每行。

2022年1月份产品采购月报

2022.01.01-2022.1.31

产品名称	供应商名称	采购数量	单价	平均单价	总采购数量	应付账款
彩电	松下	29	2987.00	2958.00	58	171564.00
		29	2929.00			
	TCL	44	4816.00	1871.69	180	336904.00
		50	2500.00			
	海信	30	3229.00	1614.50	60	96870.00
	康佳	24	3199.00	2843.56	27	76776.00
	平均单价		**2098.81**		**325**	**682114.00**
洗衣机	海尔	15	2299.00	1837.46	39	71661.00
	小天鹅	24	1549.00			
	平均单价		**1837.46**		**39**	**71661.00**
合计:本月彩电采购325台，洗衣机采购39台，应付金额为753775元						

制表人　　秦山明

图 5-2　BI 系统报表

行、列数据处理的具体操作如下:

加载名为"行列处理数据.xlsx"的案例数据,进入"Power Query 编辑器"界面,查看已经生成的步骤,如图 5-3 所示。

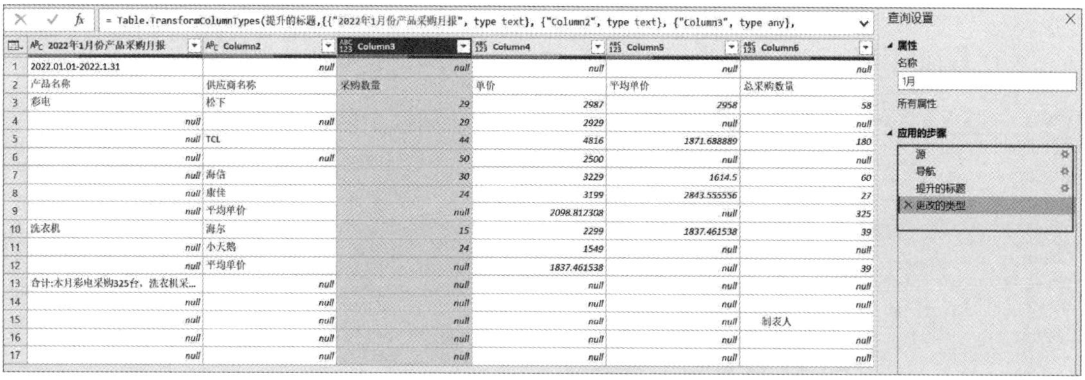

	2022年1月份产品采购月报	Column2	Column3	Column4	Column5	Column6
1	2022.01.01-2022.1.31	null	null	null	null	null
2	产品名称	供应商名称	采购数量	单价	平均单价	总采购数量
3	彩电	松下	29	2987	2958	58
4	null	null	29	2929	null	null
5	null	TCL	44	4816	1871.688889	180
6	null	null	50	2500	null	null
7	null	海信	30	3229	1614.5	60
8	null	康佳	24	3199	2843.555556	27
9	null	平均单价	null	2098.812308	null	325
10	洗衣机	海尔	15	2299	1837.461538	39
11	null	小天鹅	24	1549	null	null
12	null	平均单价	null	1837.461538	null	39
13	合计:本月彩电采购325台，洗衣机采...	null	null	null	null	null
14	null	null	null	null	null	null
15	null	null	null	null	null	制表人
16	null	null	null	null	null	null
17	null	null	null	null	null	null

图 5-3　查看已经生成的步骤

1. 删除行

（1）执行"主页"—"删除行"命令，在打开的下拉列表中选择"删除最前面几行"选项，如图 5-4 所示。

图 5-4　"删除最前面几行"选项

（2）在打开的对话框中输入"1"，单击【确定】按钮，即可删除最前面的 1 行，如图 5-5 所示。

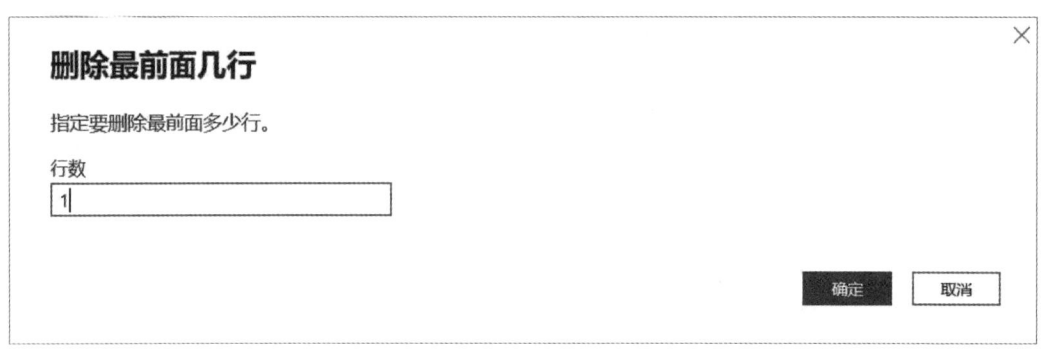

图 5-5　输入需要删除的行数

（3）按照同样的方法，执行"删除空行"—"删除最后几行"等命令，结果如图 5-6 所示。

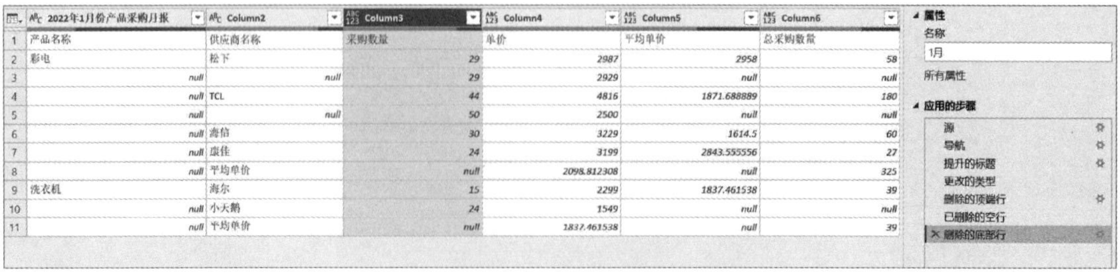

图 5-6　"删除行"结果

项目五　Power Query 数据查询

2. 删除其他列（保留需要的列）

单击第 1 列标题,按住"Shift"键后单击第 4 列标题,执行"主页"—"删除列"—"删除其他列"命令,如图 5-7 所示。执行结果如图 5-8 所示。

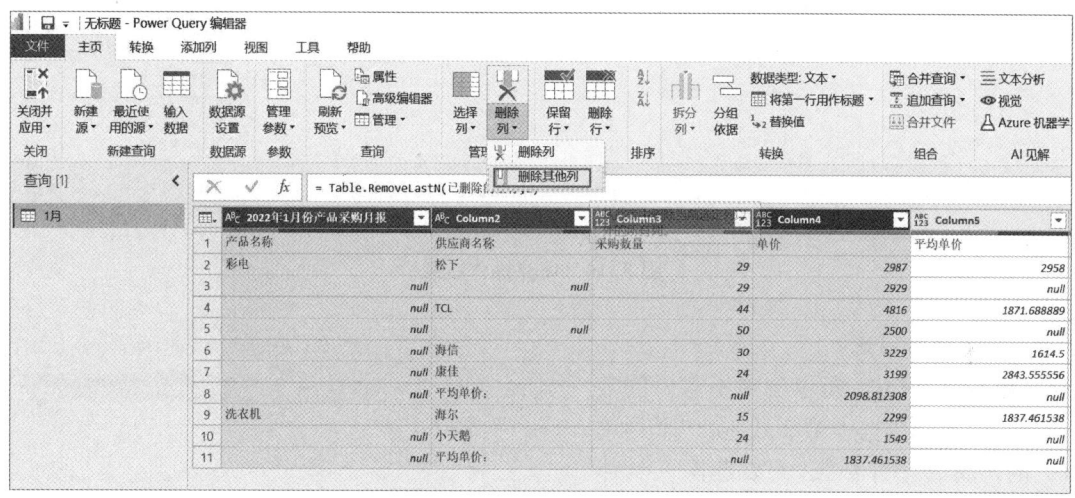

图 5-7　"删除其他列"操作

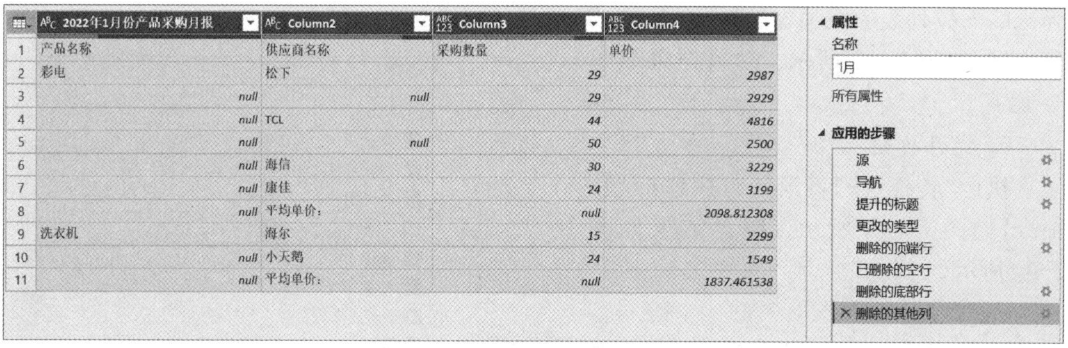

图 5-8　"删除其他列"操作结果

3. 填充 null 值

选择前 2 列,执行"转换"—"填充"命令,从弹出的下拉列表中选择"向下",如图 5-9 所示。执行结果如图 5-10 所示。

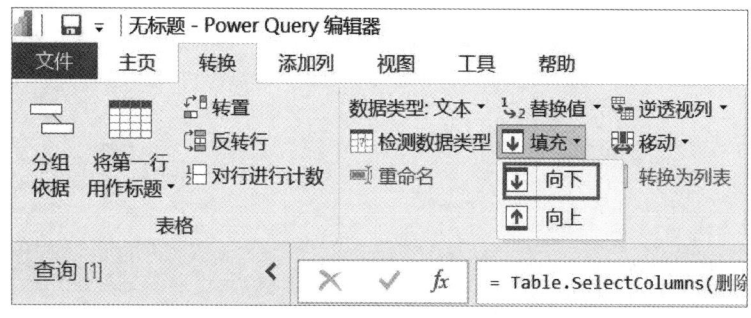

图 5-9　填充操作

103

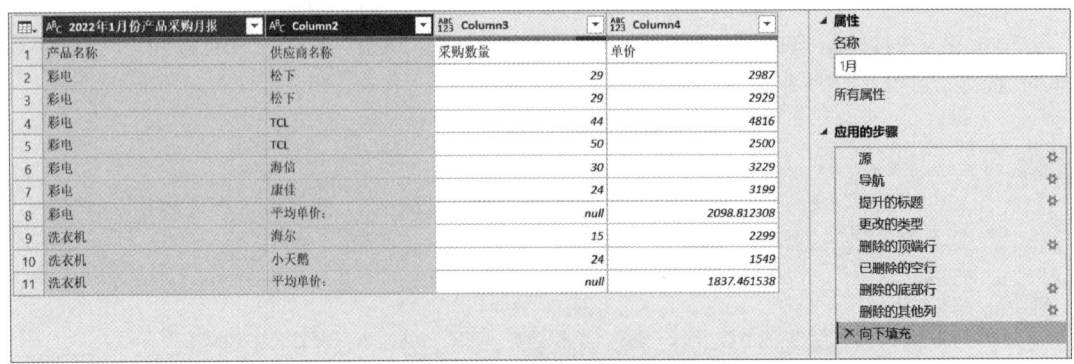

图 5-10 填充操作结果

4．数据行筛选

通过筛选操作，可以删除不需要的数据行。如案例数据中第 2 列包含"平均单价"的行属于小计数据，需要删除。具体操作如下：

单击第 2 列标题右侧的下拉按钮，从弹出的下拉列表中取消勾选"平均单价："复选框，如图 5-11 所示。执行结果如图 5-12 所示。

5．提升标题

执行"转换"—"将第一行用作标题"命令，如图 5-13 所示。执行结果如图 5-14 所示。

6．保存

执行"主页"—"关闭并应用"命令，退出"Power Query 编辑器"界面，并将文件保存为"行列数据处理.pbix"。

图 5-11 行筛选操作

图 5-12 行筛选操作结果

项目五　Power Query 数据查询

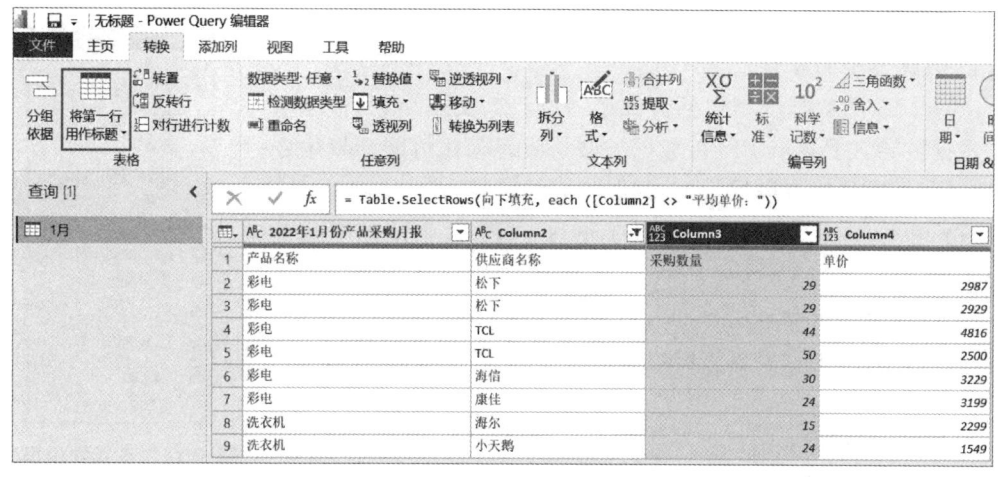

图 5-13　将第一行用作标题操作

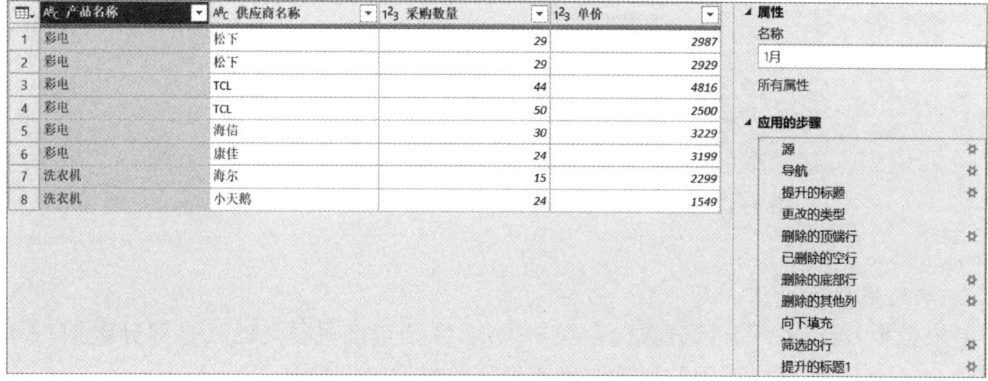

图 5-14　将第一行用作标题操作结果

任务二　缺失值处理

加载名为"电信客户流失数据—西城区.xlsx"的案例数据，进入"Power Query 编辑器"界面，如图 5-15 所示。

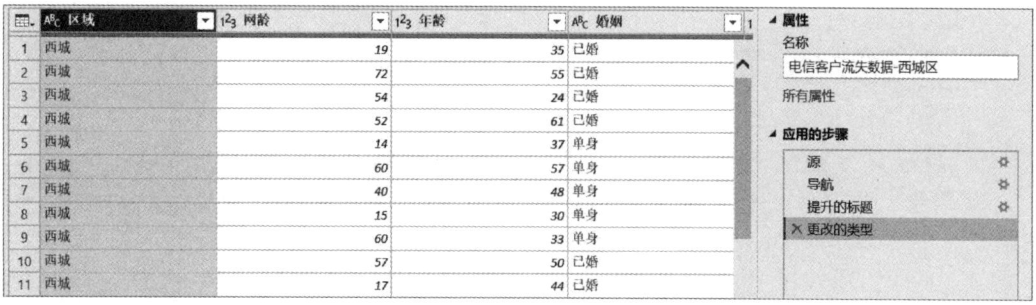

图 5-15　加载案例数据

缺失值处理的具体操作如下。

1. 数据类型的转换

Power BI 的数据类型包括数值型、日期型、文本型、其他类型等。数据被导入 Power BI 后，数据类型与源表相比可能会发生变化，这时我们需要检查数据类型，并做相应的转换。

（1）单击"流失"字段前的数据类型标记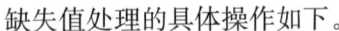，从弹出的下拉菜单中选择"TRUE/FALSE"，如图 5-16 所示。

（2）在打开的"更改列类型"窗口中，单击【替换当前转换】按钮，即可完成数据类型转换，结果如图 5-17 所示。

图 5-16　设置字段类型

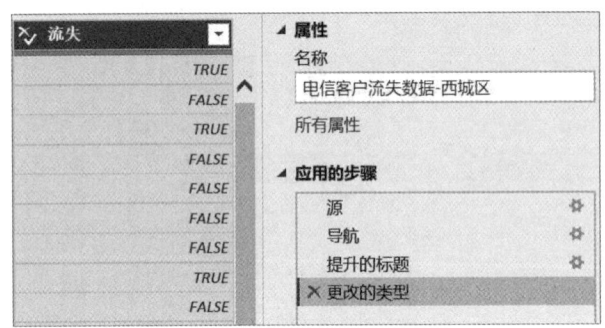

图 5-17　数据类型转换结果

2. 缺失值判断

观察数据，可以发现有部分数据存在缺失值，在预览区里看到的只是部分数据，不能确定其他列是否有缺失数据，因此还需要确定每列数据的缺失情况。

（1）点击【关闭并应用】按钮，返回 Power BI Desktop。

（2）在可视化组件选择区中选择"表"，在字段区中选择所有的字段，修改所有字段的计算方式为"计数"，如图 5-18 所示。

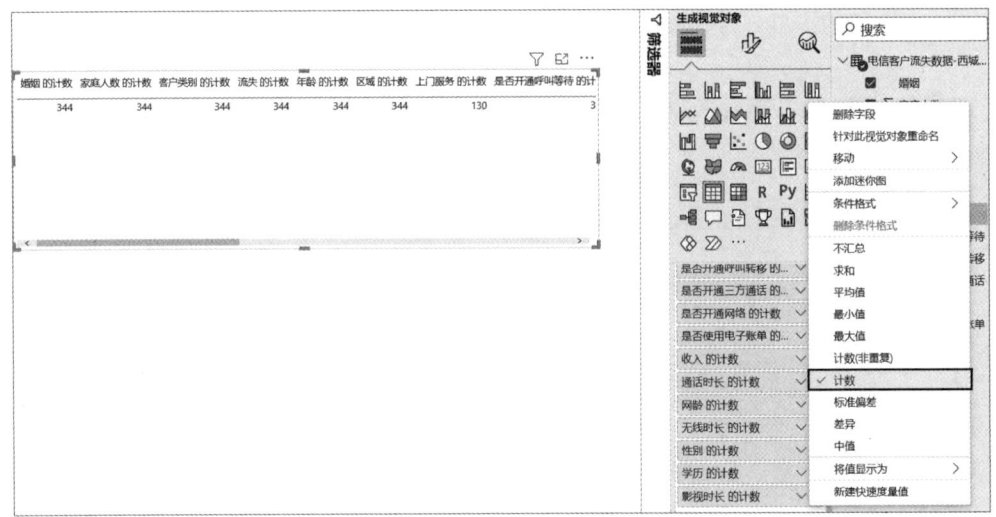

图 5-18　添加所有字段，修改计算方式

(3) 保留缺失数据的列,计数值为 344 的列表示无缺失数据,可先将其删除。剩余有缺失数据的有 4 个字段:上门服务的计数、通话时长的计数、无线时长的计数、影视时长的计数,如图 5-19 所示。

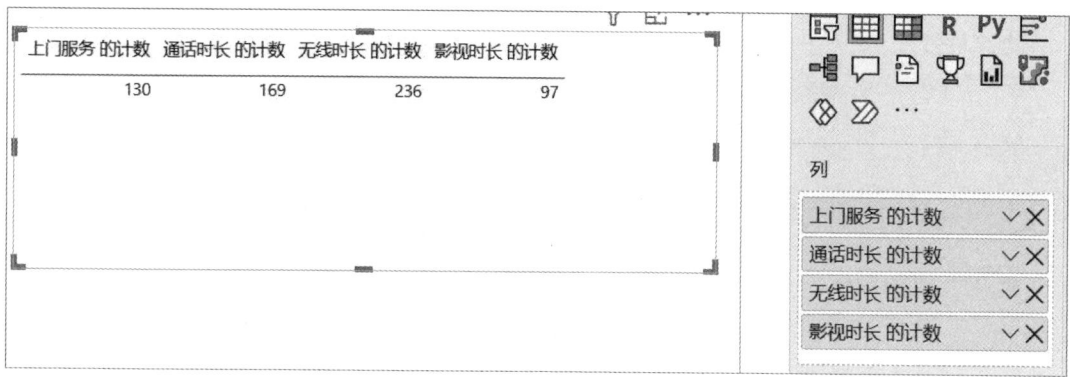

图 5-19　统计有缺失值的字段

3. 缺失值的分析和处理

缺失值的分析和处理策略,如表 5-2 所示。

表 5-2　　　　　　　　　　缺失值的分析和处理策略

字段	处理策略
上门服务	数值型,60%的数据丢失。生成新列"是否使用上门服务"
通话时长	数值型,50%的数据丢失。生成新列"通话使用情况",可生成未使用、较少时间、较长时间
无线时长	数值型,三分之一数据丢失。可将缺失值用"0"填充
影视时长	数值型,70%的数据丢失。生成新列"影视使用情况",可生成未使用、使用较少、使用较多

(1) 计算通话时长、影视时长的均值,用于后续的计算字段。选择表格,将通话时长、影视时长列的计算方式改为"平均值",如图 5-20 所示。从图中可以看出,通话时长的平均值为 3.23,影视时长的平均值为 3.63。

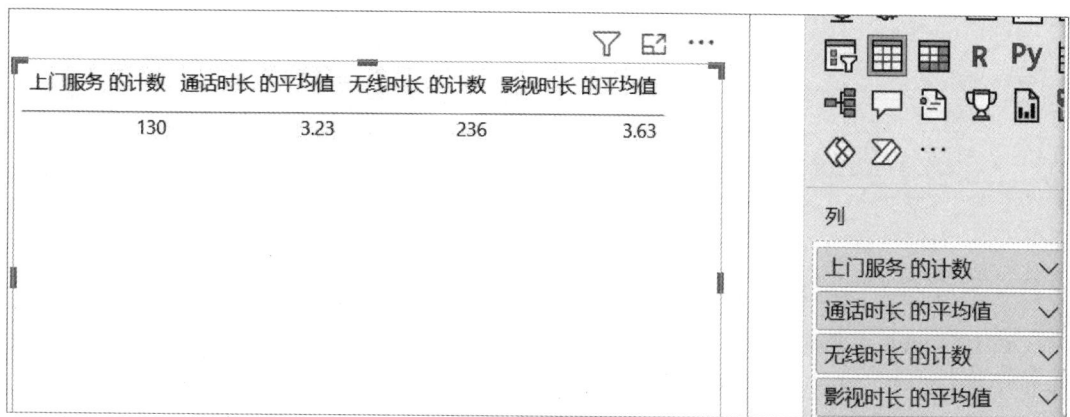

图 5-20　统计平均值

（2）执行"转换数据"命令，重新进入"Power Query 编辑器"界面。

（3）"上门服务"列处理。执行"添加列"—"条件列"命令，在打开的对话框中按图 5-21 进行设置。设置完成后，单击【确定】按钮，完成添加条件列处理。

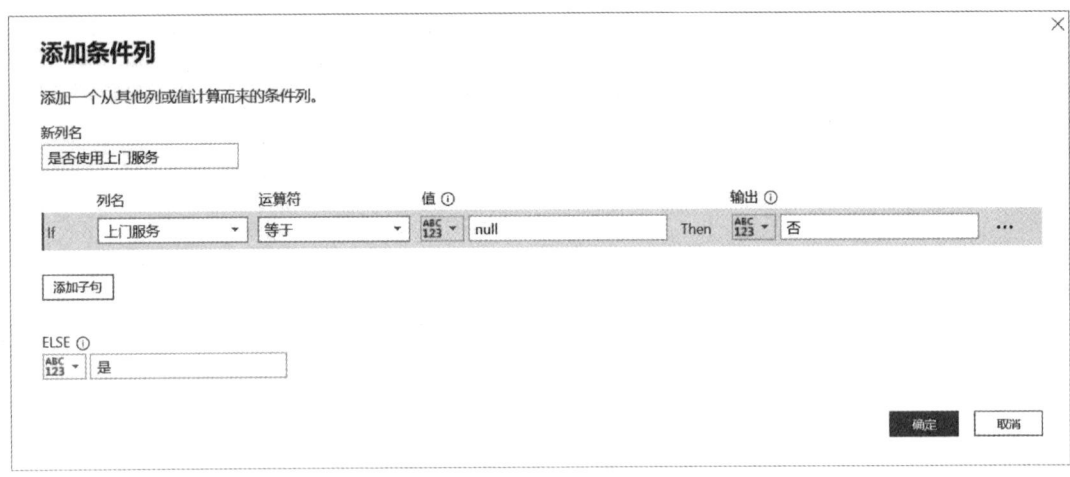

图 5-21　添加"是否使用上门服务"列

（4）"通话时长"列处理。执行"添加列"—"条件列"命令，在打开的对话框中进行设置，如图 5-22 所示。设置完成后，单击【确定】按钮，完成添加条件列处理。

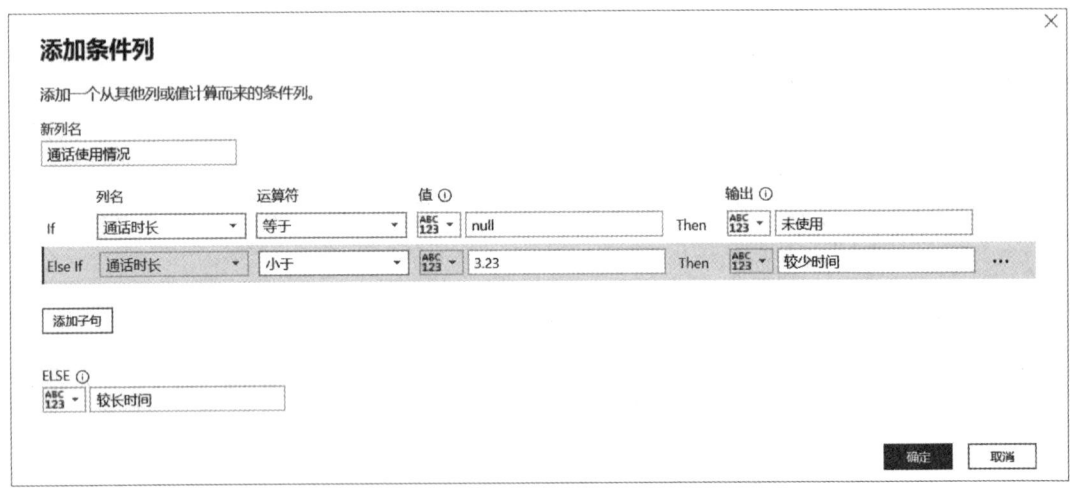

图 5-22　添加"通话使用情况"列

（5）"无线时长"列处理。选择"无线时长"列，执行"转换"—"替换值"命令，在打开的对话框中进行设置，如图 5-23 所示。设置完成后，单击【确定】按钮，完成替换值处理。

（6）"影视时长"列处理。执行"添加列"—"条件列"命令，在打开的对话框中进行设置，如图 5-24 所示。设置完成后，单击【确定】按钮，完成添加条件列处理。

项目五　Power Query 数据查询

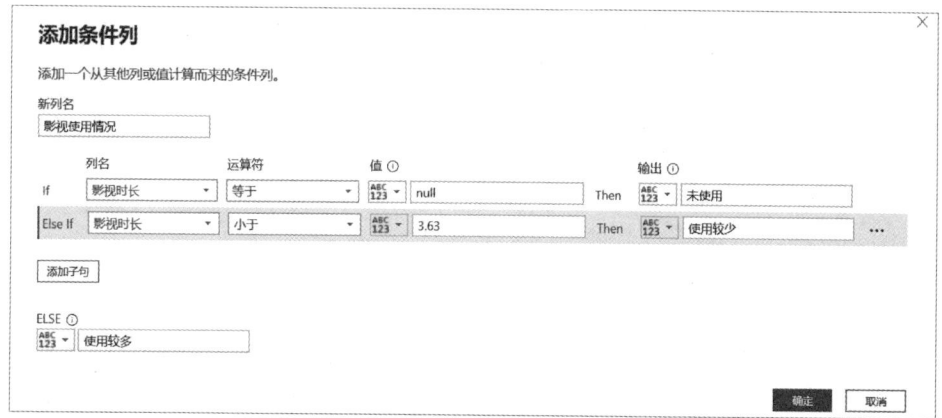

图 5-23　替换值处理

图 5-24　添加"影视使用情况"列

4. 更改数据类型

将新增加的三个条件列的数据类型修改为"ABC 文本",如图 5-25 所示。

图 5-25　修改数据类型

5. 替换"性别"列的值

（1）将"性别"列的数据类型修改为"ABC 文本"。

（2）将"0"替换为"女"，将"1"替换为"男"。执行"转换"—"替换值"命令，在打开的对话框中进行设置，如图 5-26 所示。设置完成后，点击【确定】按钮，完成替换值处理。

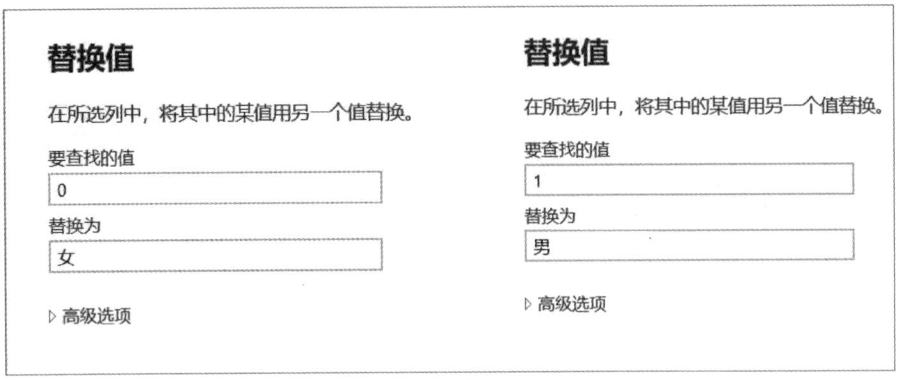

图 5-26　替换"性别"列的值

6. 隐藏列

（1）执行"主页"—"关闭并应用"命令。

（2）隐藏"上门服务""通话时长""影视时长"三个列。将鼠标移到需要隐藏的列名称上，点击出现的图标…，在弹出的菜单中选择"隐藏"选项，如图 5-27 所示。

图 5-27　隐藏列操作

7. 完成清洗,保存文件

将文件保存为“缺失值处理. pbix”。

任务三 数据内容的整理

加载名为“水果与蔬菜销售清单. xlsx”的案例数据,进入“Power Query 编辑器”界面。

1. 删除重复项

如果表中的订单有重复的,则需要删除重复项。具体操作步骤如下:

(1) 将“交易编号”列的数据类型修改为文本型。

(2) 执行“主页”—“删除行”—“删除重复项”命令,数据由 19 行变为 17 行,如图 5-28 所示。

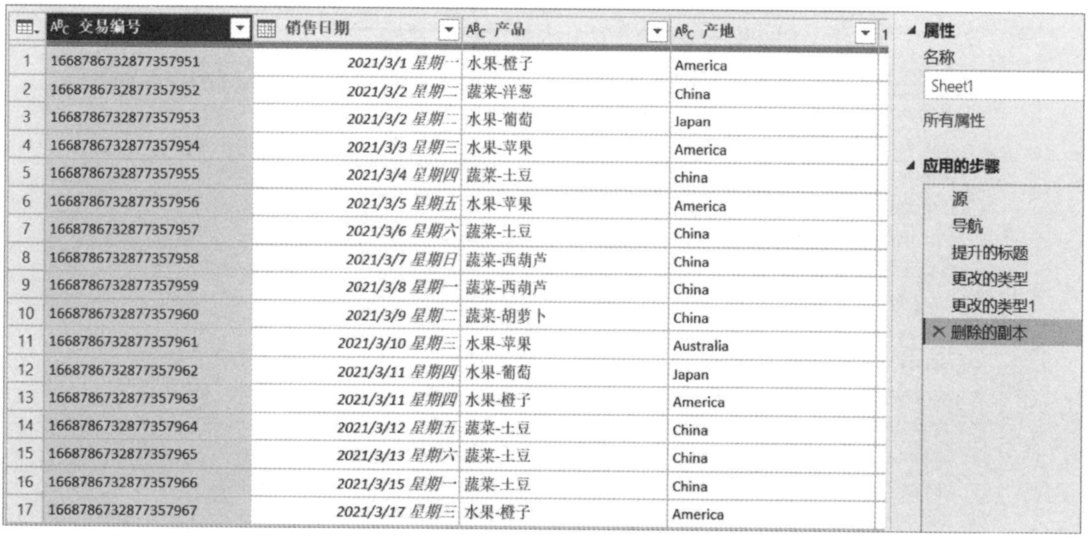

	交易编号	销售日期	产品	产地
1	1668786732877357951	2021/3/1 星期一	水果-橙子	America
2	1668786732877357952	2021/3/2 星期二	蔬菜-洋葱	China
3	1668786732877357953	2021/3/2 星期二	水果-葡萄	Japan
4	1668786732877357954	2021/3/3 星期三	水果-苹果	America
5	1668786732877357955	2021/3/4 星期四	蔬菜-土豆	china
6	1668786732877357956	2021/3/5 星期五	水果-苹果	America
7	1668786732877357957	2021/3/6 星期六	蔬菜-土豆	China
8	1668786732877357958	2021/3/7 星期日	蔬菜-西葫芦	China
9	1668786732877357959	2021/3/8 星期一	蔬菜-西葫芦	China
10	1668786732877357960	2021/3/9 星期二	蔬菜-胡萝卜	China
11	1668786732877357961	2021/3/10 星期三	水果-苹果	Australia
12	1668786732877357962	2021/3/11 星期四	水果-葡萄	Japan
13	1668786732877357963	2021/3/11 星期四	水果-橙子	America
14	1668786732877357964	2021/3/12 星期五	蔬菜-土豆	China
15	1668786732877357965	2021/3/13 星期六	蔬菜-土豆	China
16	1668786732877357966	2021/3/15 星期一	蔬菜-土豆	China
17	1668786732877357967	2021/3/17 星期三	水果-橙子	America

图 5-28 删除重复项

2. 数据格式整理

常见的数据格式的操作,如表 5-3 所示。

表 5-3 常见数据格式操作

操作	功能
小写	将所选列中的所有字母转换为小写字母
大写	将所选列中的所有字母转换为大写字母
每个字词首字母大写	将所选列中的每个字词首字母大写
修整	从所选列中的每个单元格删除前导空格和尾随空格

(续表)

操作	功能
清除	清除所选单元格中的非打印字符
添加前缀	在所选列中的每个值开头添加指定的字符
添加后缀	在所选列中的每个值末尾添加指定的字符

将"产地"列中的"china"首字母修改为大写。选中"产地"列,执行"转换"—"格式"—"每个字母首字母大写"命令,如图5-29所示。

图5-29 首字母大写

3. 数据的提取、拆分

数据处理中经常需要对数据进行拆分、提取、合并等操作。Power Query编辑器的"转换"菜单和"添加列"菜单中都有"提取""合并列"操作,区别是前者执行后原始列不保留,后者执行后原始列保留,并添加了新列。

(1) 从"产品"列中提取出"产品分类"列。选择"产品"列,执行"添加列"—"提取"—"分隔符之前的文本"命令,如图5-30所示。

(2) 在弹出的对话框中设置分隔符为"-",如图5-31所示,单击【确定】按钮。

项目五　Power Query 数据查询

图 5-30　提取文本

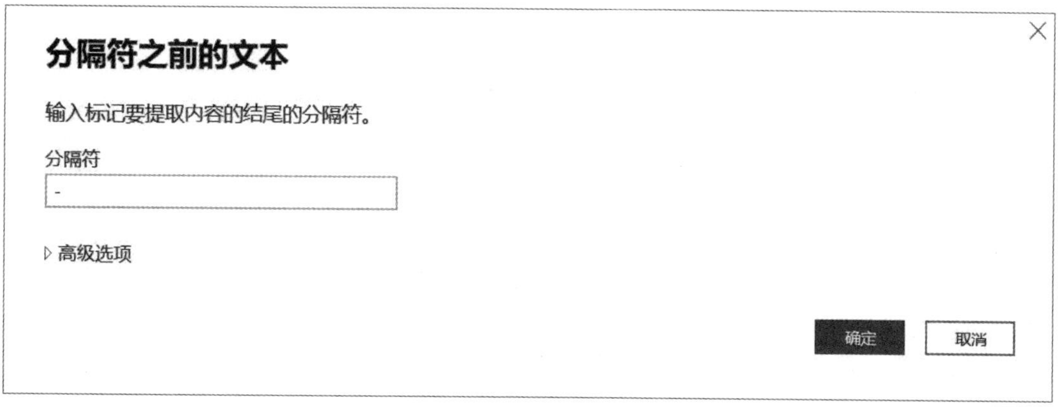

图 5-31　设置分隔符

(3)将"产品"列拆分为"产品分类""产品名称"两列。选择"产品"列,执行"转换"—"拆分列"—"按分隔符"命令,在弹出对话框中单击【确定】按钮,如图 5-32 所示。

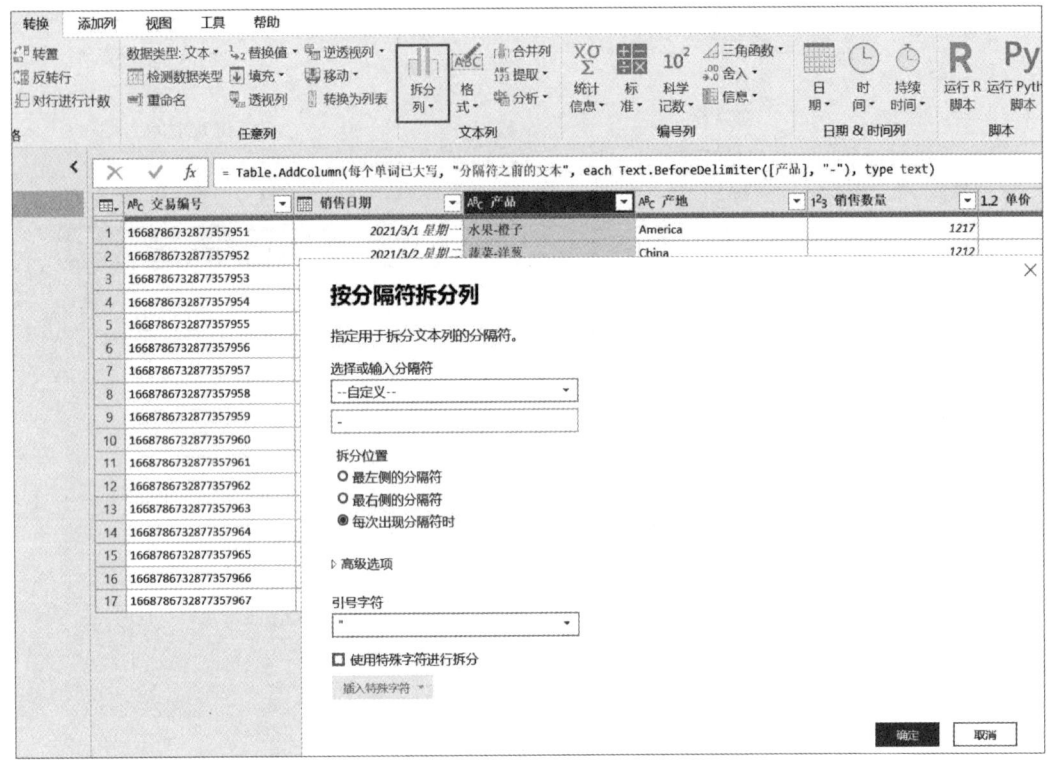

图 5-32 拆分列

(4)修改列名为"产品分类""产品名称",如图 5-33 所示。

交易编号	销售日期	产品分类	产品名称
1668786732877357951	2021/3/1 星期一	水果	橙子
1668786732877357952	2021/3/2 星期二	蔬菜	洋葱
1668786732877357953	2021/3/2 星期二	水果	葡萄
1668786732877357954	2021/3/3 星期三	水果	苹果
1668786732877357955	2021/3/4 星期四	蔬菜	土豆
1668786732877357956	2021/3/5 星期五	水果	苹果
1668786732877357957	2021/3/6 星期六	蔬菜	土豆
1668786732877357958	2021/3/7 星期日	蔬菜	西葫芦
1668786732877357959	2021/3/8 星期一	蔬菜	西葫芦
1668786732877357960	2021/3/9 星期二	蔬菜	胡萝卜
1668786732877357961	2021/3/10 星期三	水果	苹果
1668786732877357962	2021/3/11 星期四	水果	葡萄
1668786732877357963	2021/3/11 星期四	水果	橙子
1668786732877357964	2021/3/12 星期五	蔬菜	土豆
1668786732877357965	2021/3/13 星期六	蔬菜	土豆
1668786732877357966	2021/3/15 星期一	蔬菜	土豆
1668786732877357967	2021/3/17 星期三	水果	橙子

图 5-33 修改列名结果

4. 日期处理

在进行数据分析时,经常需要对日期数据进行整理。

(1) 选中"销售日期"列,执行"添加列"—"日期"—"年"命令,可以得到"年"列,如图 5-34 所示。

图 5-34 添加列"年"

(2) 执行"关闭并应用"命令,退出"Power Query 编辑器"界面,保存文件。

任务四 数据追加与合并

在数据导入时,往往会遇到数据的合并操作。比如财务总监想了解一年的销售额,就需要将 12 个月的销售报表合并为一张销售报表,以了解企业整体的运营情况。数据的合并是一种将来自不同源的数据组合成一张报表的有效的常用方法。

如果将两个或多个列名完全相同的表连接起来,从方向上看是数据的纵向连接。如果根据某一列将不同的两张表合并在一起,从方向上看是数据的横向连接。纵向连接和横向连接都有各自的特点,使用时需要注意数据连接的方向。

1. 追加查询

追加查询是数据的纵向连接,将两个表同列连接,在连接时,要保证不同的表的列名必须全部相同,否则就会出现多个空值。具体操作步骤如下:

(1) 加载名为"6月工资统计表.xlsx"的案例数据,选择"加班工资""领导工资""员工工资"三张工作表,进入"Power Query 编辑器"界面,如图 5-35 所示。

领导工资		ABC 姓名	ABC 职务	123 基本工资	123 津贴
员工工资	1	牛召明	总经理	8330	4306
加班工资	2	王俊东	副总经理	6245	2008
	3	王浦泉	副总经理	8221	3849
	4	刘蕳	经理	5741	1321
	5	孙安才	经理	5677	3311
	6	张威	经理	9157	2400
	7	李呈选	组长	5617	3037
	8	李丽娟	组长	5382	1385
	9	李仁杰	组长	6788	3760

图 5-35 导入案例数据

(2) 执行"主页"—"组合"—"追加查询"—"将查询追加为新查询"命令,在弹出对话框中进行设置,如图 5-36 所示。设置完成后,点击【确定】按钮。

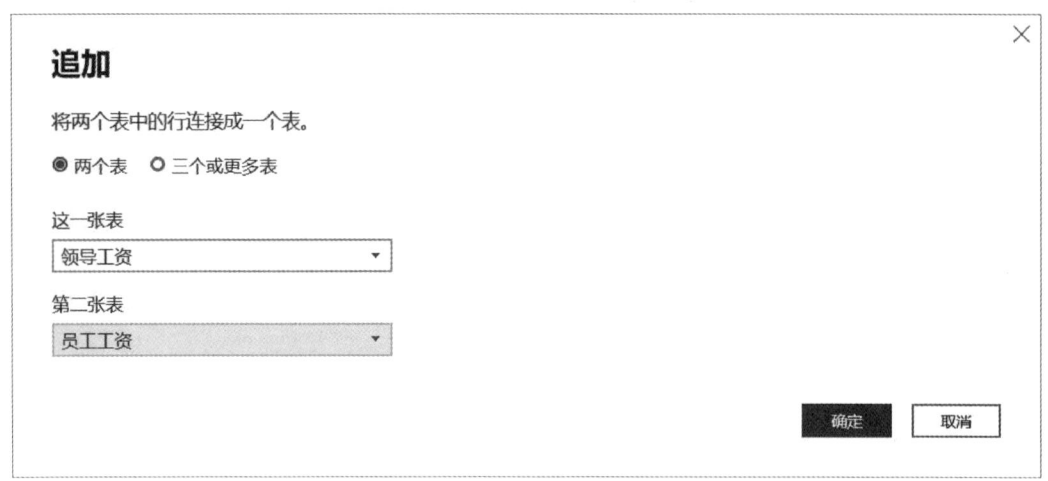

图 5-36 选择要追加的表

(3) 选中被追加的新表,单击鼠标右键,将新表重命名为"工资表",如图 5-37 所示。

领导工资		ABC 姓名	ABC 职务	123 基本工资	123 津贴
员工工资	1	牛召明	总经理	8330	4306
加班工资	2	王俊东	副总经理	6245	2008
工资表	3	王浦泉	副总经理	8221	3849
	4	刘蕳	经理	5741	1321
	5	孙安才	经理	5677	3311
	6	张威	经理	9157	2400
	7	李呈选	组长	5617	3037
	8	李丽娟	组长	5382	1385
	9	李仁杰	组长	6788	3760
	10	苏会志	员工	6536	2695
	11	周小伦	员工	5336	1968
	12	李青	员工	6000	3657
	13	容晓胜	员工	9236	1826
	14	唐爱民	员工	5329	4173
	15	李煦	员工	8321	3645
	16	宗军强	员工	7829	4582

图 5-37 被追加后的新表

2. 合并查询

合并查询是数据的横向连接,需要两张表具有相互关联的字段。合并查询中,表的连接方式有以下 6 种,具体功能如表 5-4 所示。

表 5-4　　　　　　　　　　　合并查询的连接方式及其功能

连接方式	功能
左外部	左连接,即两个表将根据左表合并字段(主键)的取值进行合并
右外部	表示右连接,即两个表将根据右表合并字段(主键)的取值进行合并
完全外部	表示外连接,即两个表将根据合并字段(主键)的所有取值进行合并,类似于并集
内部	表示内连接,即两个表将根据合并字段(主键)的重复取值进行合并,类似于交集
左反	左表减去两表的重复字段
右反	右表减去两表的重复字段

例如,将案例数据中"加班工资"表合并到"工资表"中,具体操作步骤如下：

(1) 选中"工资表",执行"主页"—"合并查询"—"合并查询"命令,选择"加班工资"表,选中两张表的"姓名"字段,如图 5-38 所示,点击【确定】按钮。

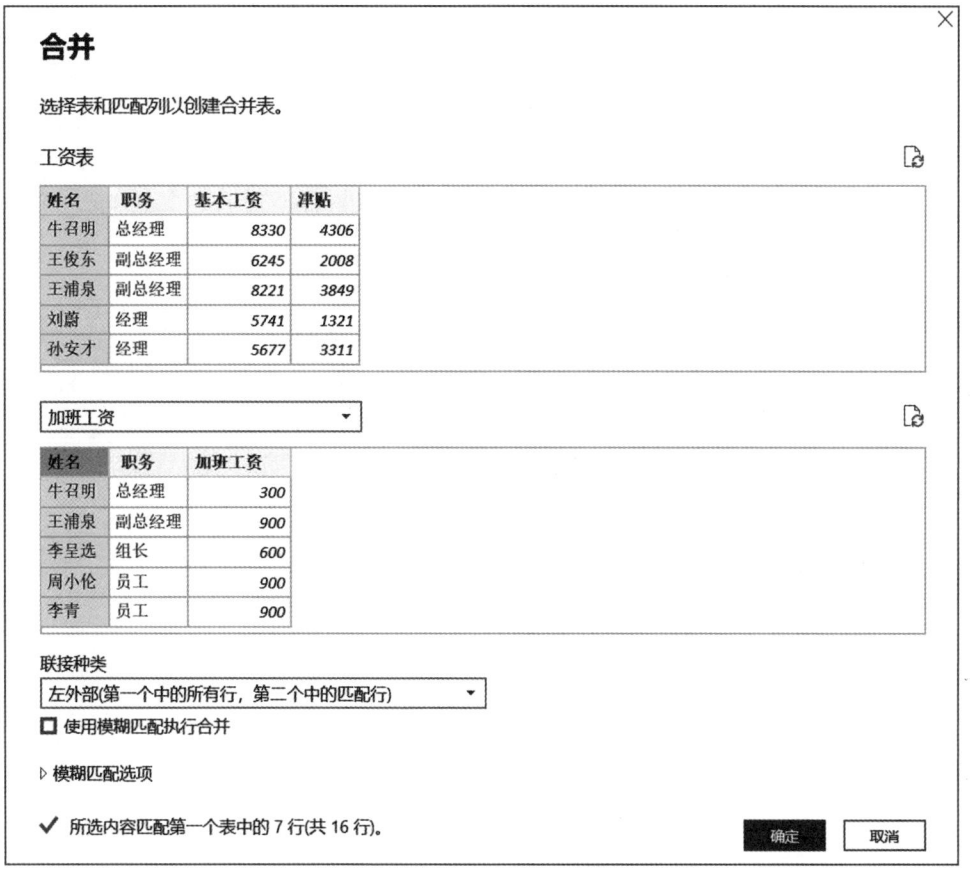

图 5-38　合并查询设置

（2）点击"工资表"中"加班工资"字段右侧的按钮，在打开的窗口中勾选"加班工资"复选框，如图5-39所示。

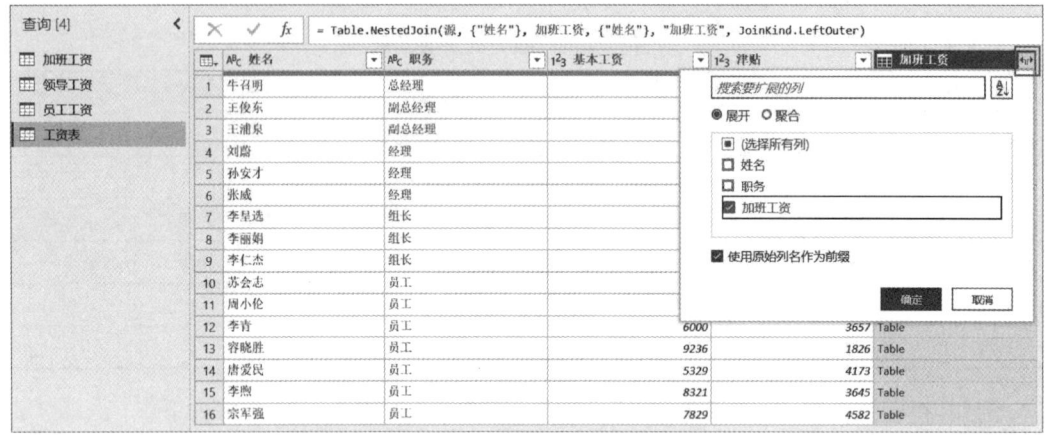

图 5-39　勾选"加班工资"复选框

（3）单击【确定】按钮，展开合并后的表如图5-40所示。

图 5-40　合并后的表

项目六 Power Pivot 数据建模

任务一　数据关系管理

在进行数据分析时，经常会遇到多张数据表的情况，在项目五任务四中使用"合并查询"的方式可以将多张数据表进行合并，然而我们通常会使用建立数据关系的方式代替合并查询，数据关系管理可以节约存储成本，也更为简便、灵活。

一、自动创建关系

如果同时查询两个或多张表，则在加载数据时，Power BI Desktop 将会自动查找并创建关系。具体操作步骤如下：

（1）加载名为"销售统计表.xlsx"的案例数据，选择其中的 4 张表（产品表、城市表、客户表、销售订单表），切换到"模型视图"，如图 6-1 所示。可以看到，4 张表之间出现连线，这是系统自动查询并创建了表之间的关系。

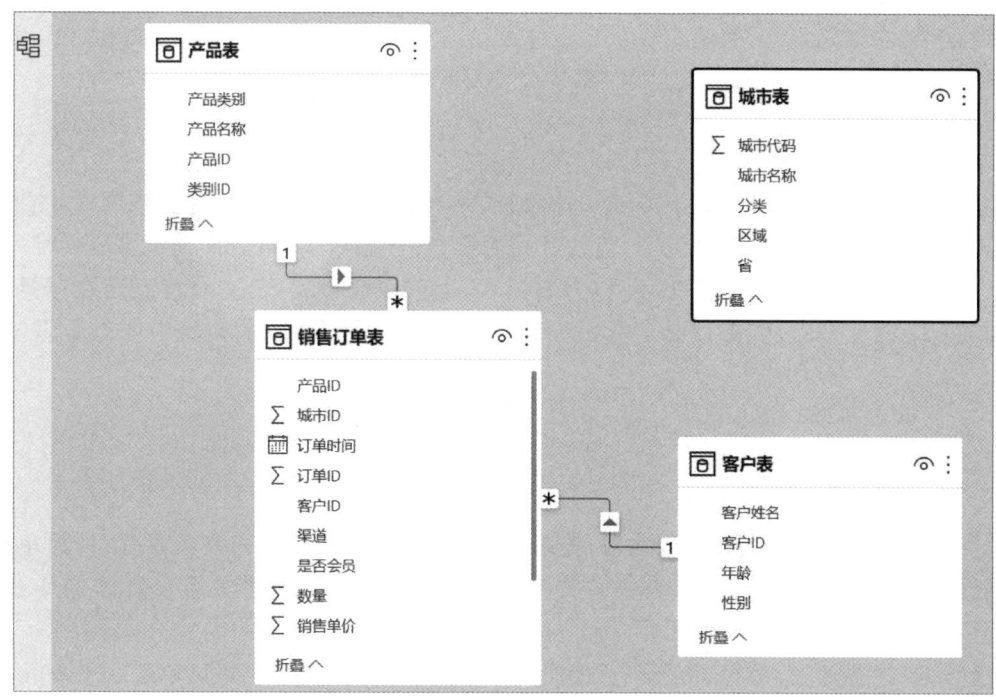

图 6-1　关系模型

(2) 对关系模型进行布局调整,如图 6-2 所示。点击图中的"产品表"和"销售订单表"之间的连线,可以看到两张表中都选中了"产品 ID",表示两张表是通过"产品 ID"关联的,连线两端的"1"和"＊"表示两张表是一对多关系("一"表中的列仅具有特定值的一个实例,而"多"表中可具有特定值的多个实例)。

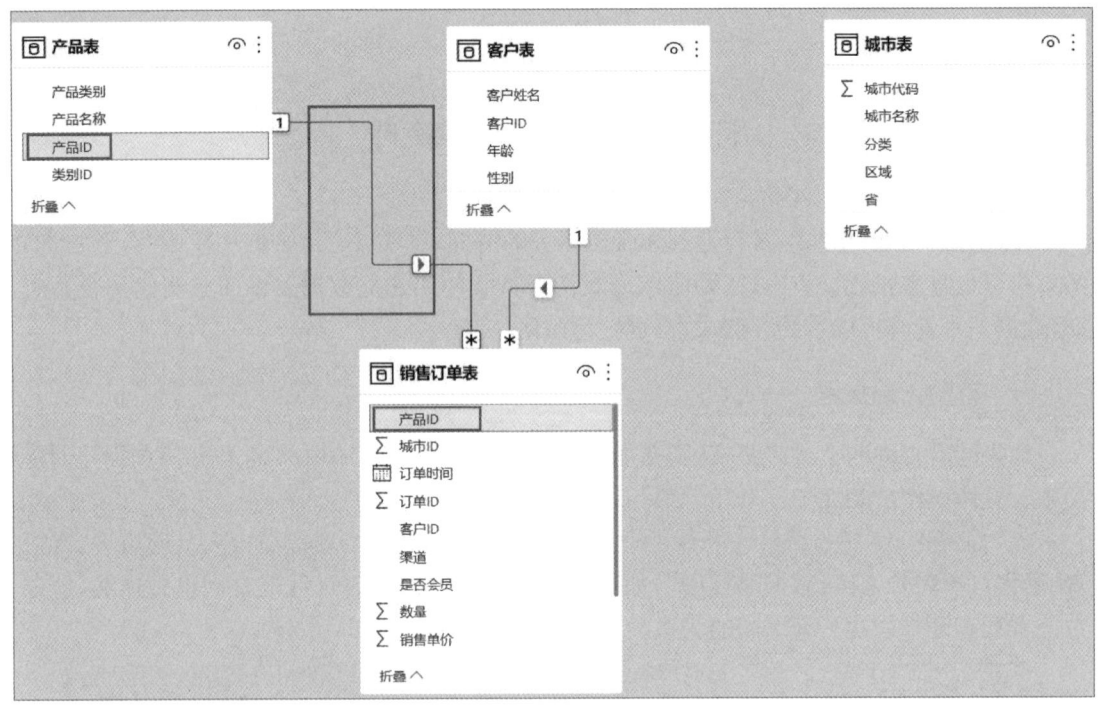

图 6-2　布局调整

表一般分为两种,图 6-2 上方的三种表(产品表、客户表、城市表)称为维度表,主要特点是包含类别属性信息,信息量小,包括产品名称、客户姓名、城市名称等不重复的唯一字段。图 6-2 下方的表(销售订单表)称为数据表,也被叫作事实表,主要特点是数据量大,在维度表中的类型信息,如产品名称、客户姓名、城市名称等,在事实表中往往是重复出现的。

二、手动创建关系

有时 Power BI 不能识别表之间的关系,比如维度表"城市表"和事实表"销售订单表"之间没有相同的字段,没有自动建立关系,这时就需要手动创建关系。具体操作步骤如下:

(1) 选中"城市表"的"城市代码",按住鼠标左键不放,拖动到"销售订单表"中"城市 ID"上,并释放鼠标,即可创建两表之间的关系,如图 6-3 所示。

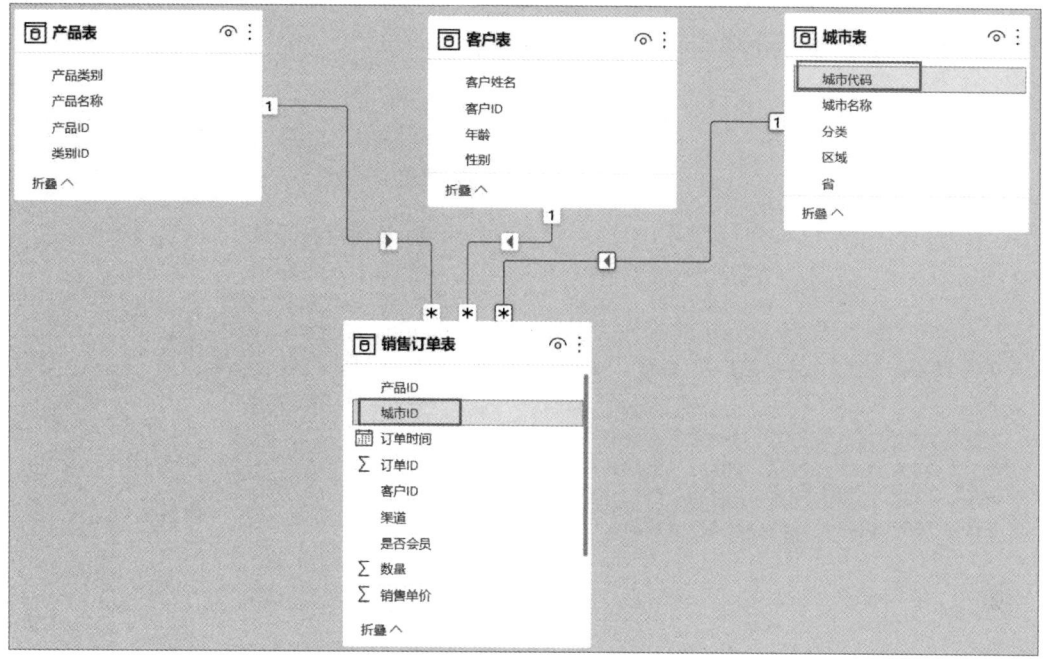

图 6-3 手动创建关系

（2）执行"主页"—"管理关系"命令，可以看到所有表之间的关系，如图 6-4 所示。

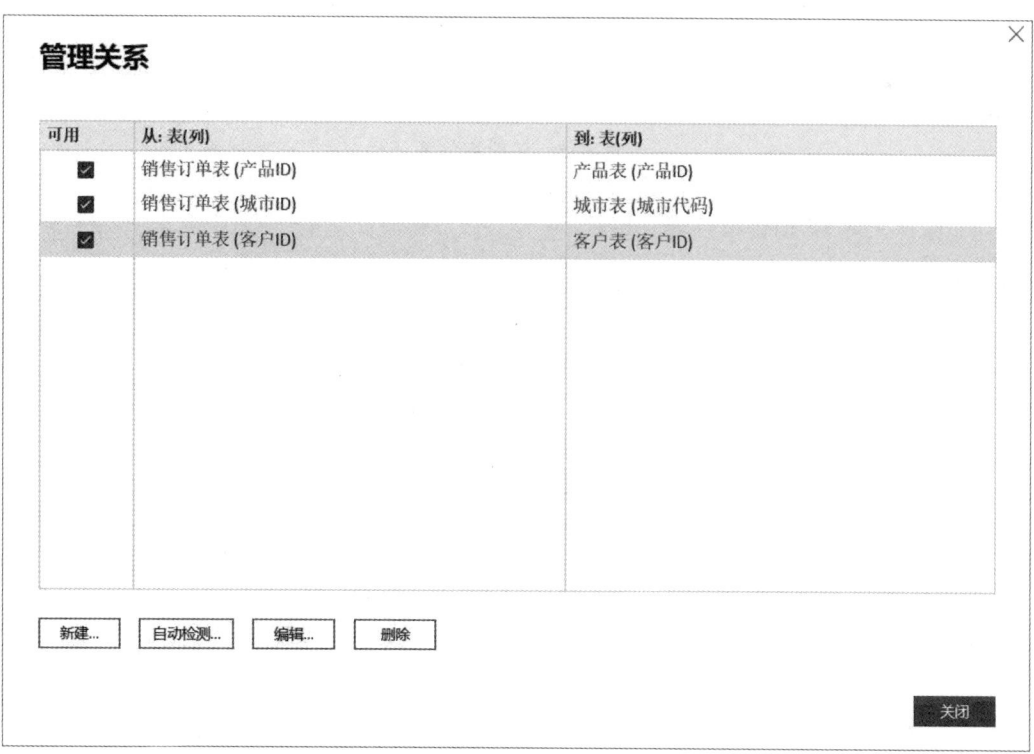

图 6-4 管理关系

（3）关系模型建立后，创建一张矩阵表。Power BI 的矩阵表类似 Excel 的数据透视表。点击"可视化"窗格中【矩阵】按钮，设置字段，如图 6-5 所示。

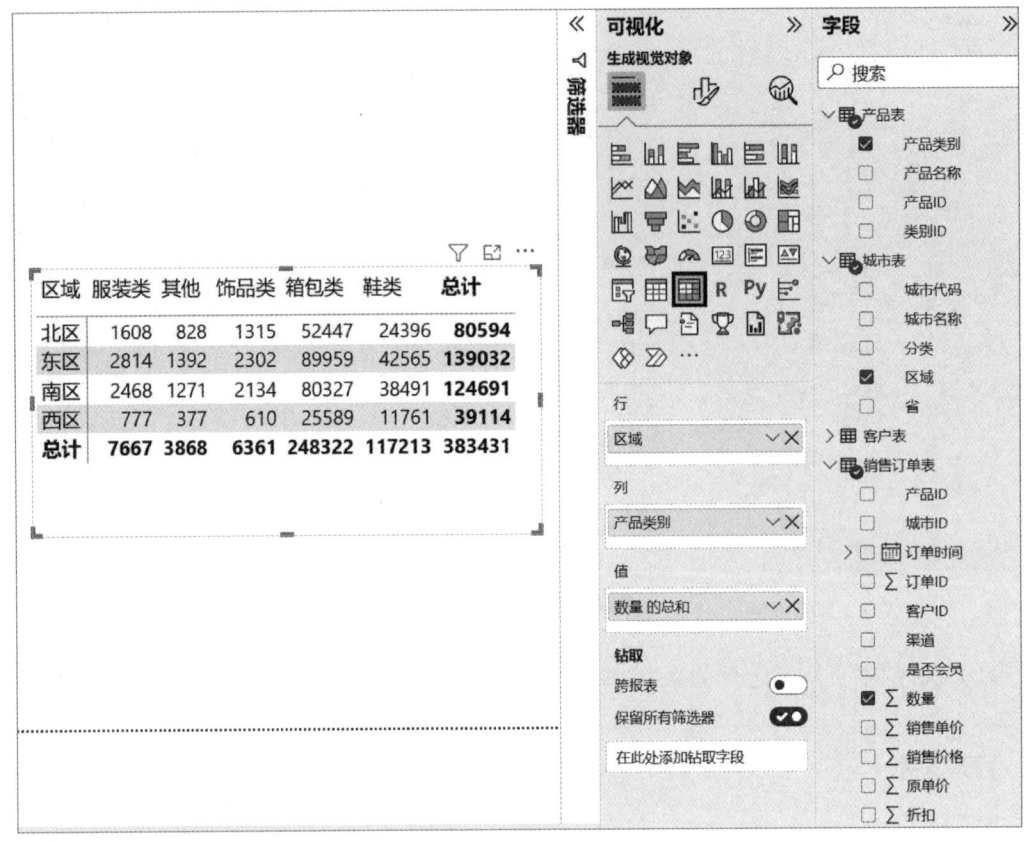

图 6-5　创建矩阵表

（4）保存文件为"销售统计表.pbix"。

> **提示**
>
> 如果创建时没有数据建模，在 Excel 中通常需要使用 VLOOKUP 函数公式手动把每张表的数据汇总到一张大表中，再创建数据透视表进行分析。

任务二　新建列与度量值

1. 新建列

在进行数据分析时，往往需要借助现有的数据生成需要的数据字段。具体操作步骤如下：

（1）加载名为"销售统计表.pbix"的案例数据，单击左侧"数据视图"，选择窗口右侧的"销售订单表"。

（2）执行"表工具"—"新建列"命令，在"公式栏"将显示"列 =", 如图 6-6 所示。

项目六 Power Pivot 数据建模

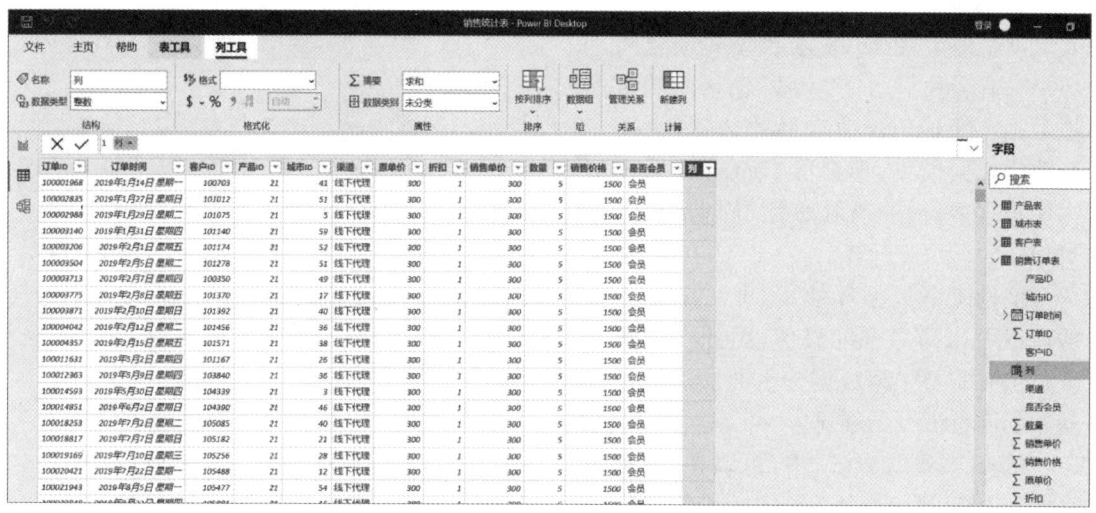

图 6-6 新建列

（3）在公式栏中输入公式"年度 = YEAR('销售订单表'[订单时间].[Date])"，在 Power BI 中输入公式时有智能提示，可以快速选择表单信息，如图 6-7 所示。

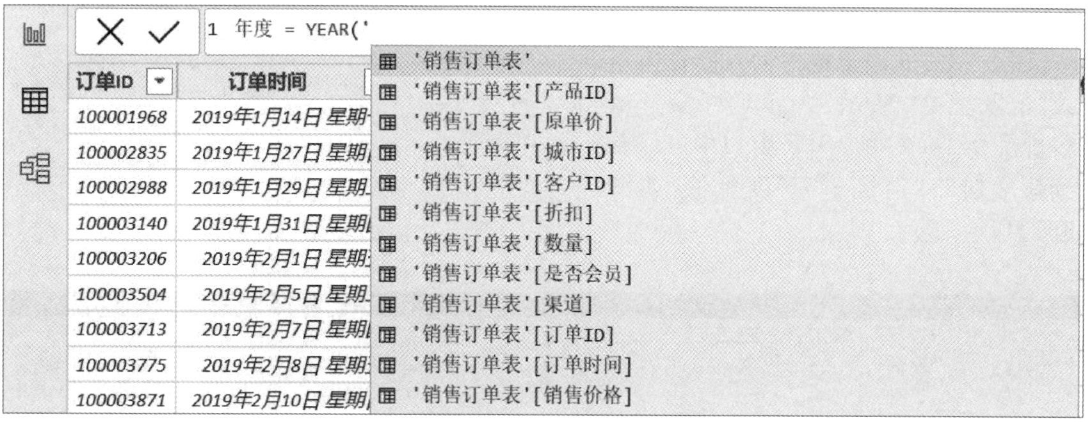

图 6-7 智能提示

（4）输入公式后按下"Enter"键，在"字段"窗格中增加了"年度"字段，如图 6-8 所示。

图 6-8 输入公式

2. 度量值

度量值是用 DAX 函数公式创建的一个只有名称显示在"字段"窗格中的虚拟数据。度量值不改变原始数据，也不会改变数据模型，不会像"新建列"那样占用报表内存，只有在使用其创建视觉对象时才会执行计算。

度量值可以循环使用，即一个度量值可以引用另一个度量值，因此在创建度量值时需要根据数据分析的层次从最简单的度量值开始创建。

Power BI Desktop 中，可以在"数据视图"或者"报表视图"创建度量值。具体操作步骤如下：

(1) 在"报表视图"的"字段"窗格中，选择"销售订单表"选项，单击鼠标右键，在弹出的菜单中选择"新建度量值"，如图 6-9 所示。

(2) 在公式编辑栏中输入度量值公式"销售总额 = SUM('销售订单表'[销售价格])"，在右侧"字段"窗口中可以看到新增加的"销售总额"度量值，如图 6-10 所示。

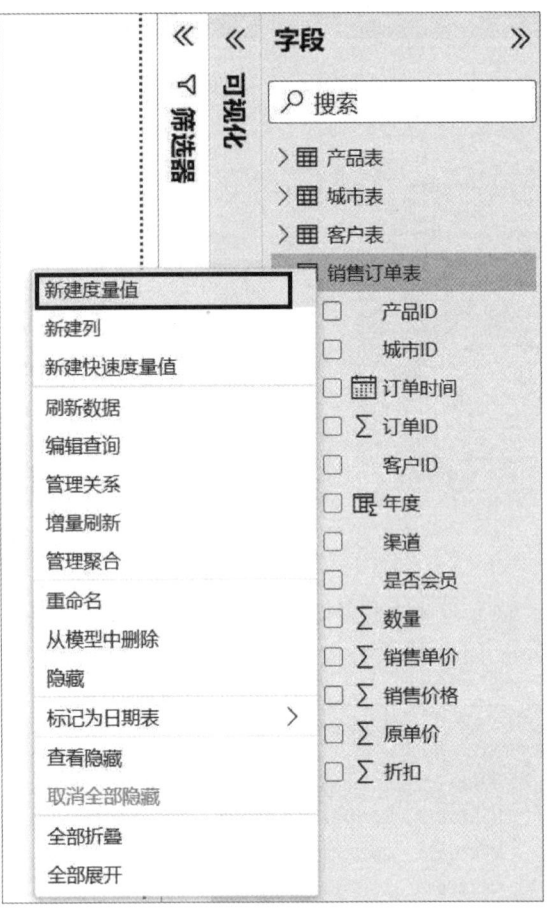

图 6-9 新建度量值

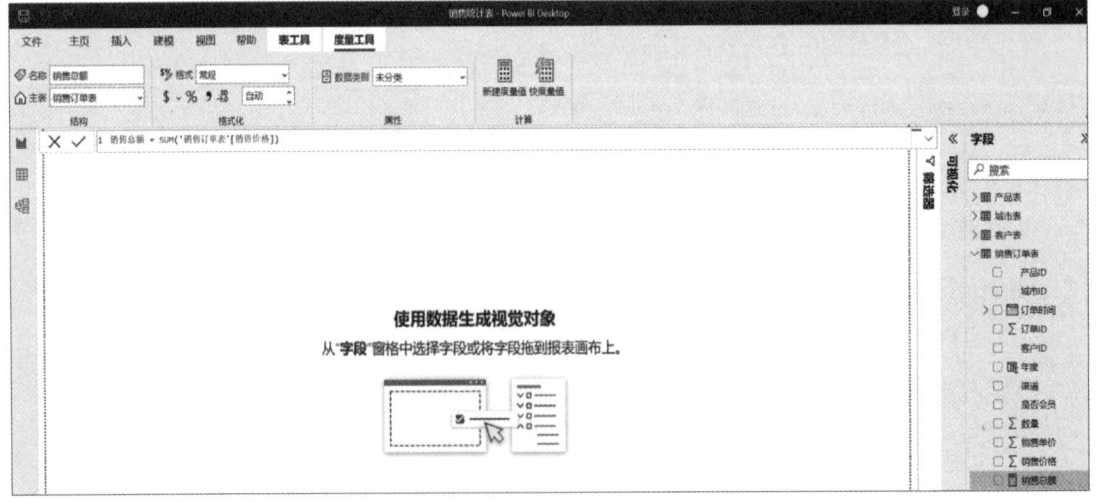

图 6-10 新增"销售总额"度量值

(3) 点击"可视化"窗格中【矩阵】按钮，设置字段，如图 6-11 所示。

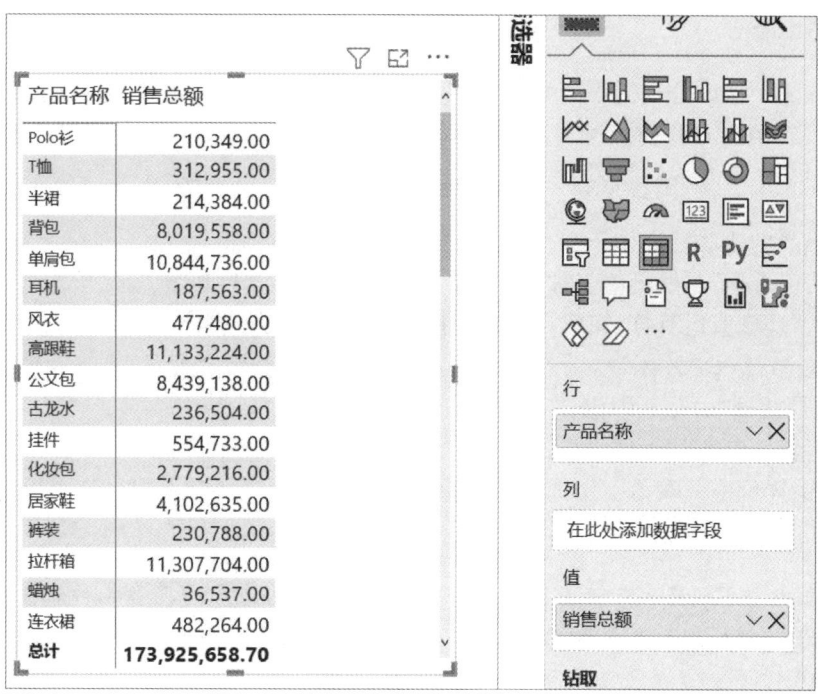

图 6-11　新建度量值效果

提示

关于度量值的创建，需要注意以下几点：

● 在书写度量值时，如果想引用的是表中的某一列，那么需要使用限定列，即需要明确所引用的是哪张表中的哪一列，如本例中明确"销售价格"列是来自"销售订单表"工作表，因为在数据处理过程中会出现名称相同或相近的列，如果不标明是哪一张表，则很可能会发生混淆。

● 当新建列引用的是当前表中的列时，那么可以不使用限定列。

● 如果在度量值中想要引用其他已经建立好的度量值，则不需要限定哪张表，因为度量值是不依附于表存在的，它可以放在任意表的下面。

● 度量值中的公式、运算符都是在英文输入法状态下书写，如果公式较长，可以使用空格调整间距，也可以按"Shift+Enter"组合键或者"Alt+Enter"组合键换行，都不会对公式运算造成影响。

任务三　DAX 函数

DAX 的全称是 Data Analysis Expressions，即数据分析表达式，是微软推出的一门编程式数据分析语言，类似 Excel 函数的使用规则，其特点在于数据处理灵活，能适应复杂的计算逻辑以及大量的数据运算。

一、DAX 语法

DAX 语法是组成公式的不同元素按照一定的规则编写公式的方式。下面以任务二中创建的度量值"销售总额"的 DAX 为例。

销售总额 = SUM(' 销售订单表 '[销售价格])

DAX 函数的语法特点如下：

(1)"销售总额"是度量值名称。

(2)"="是赋值运算符，完成计算后会把结果返回给度量值。

(3)"SUM"是 DAX 函数，用蓝色标识，如果输入的函数没有变色，则表示输入错误。函数名后必须是括号"()"，其中包含 1 个或多个参数。

(4)"销售订单表"表示引用的表。

(5)"[销售价格]"表示引用了字段名或列名，表示 SUM 函数在哪一列上求和。

> **提示**
>
> DAX 函数与 Excel 函数既有区别又有联系，联系在于两者的很多函数都是通用的，区别在于 DAX 函数处理的是表和列，即函数的参数是表和列，而 Excel 处理的是单元格。

二、DAX 运算符

DAX 运算符包括算术运算符、比较运算符、文本连接符和逻辑运算符，具体符号及含义如表 6-1 所示。

表 6-1　　　　　　　　　　运算符

类别	运算符号	含义
算术运算符	+	加法
	−	减法
	*	乘法
	/	除法
	^	幂
比较运算符	=	等于
	>/<	大于/小于
	>=/<=	大于等于/小于等于
	<>	不等于
文本连接符	&	连接两个文本
逻辑运算符	&&	且
	||	或

三、DAX 常用函数

1. SUMX 函数

SUMX 函数语法格式为：SUMX(表,表达式)。

第一个参数为表,或者是可以返回表的表达式,用于指定可以执行聚合的表;第二个参数是具有标量结果的表达式,对第一个参数中的表的每一行求值。

SUMX 函数是迭代函数的一种,其特点是聚合函数＋X 的形式,作用是迭代整张表,并对表的每一行计算表达式,对得到的所有结果求和。常见的迭代函数还有 AVERAGEX 函数、COUNTAX 函数等。

例如,在"销售订单表"案例数据中新建"销售折扣合计"度量值,具体操作步骤如下:

(1) 在"销售订单表"下新建度量值"销售折扣合计 = SUMX('销售订单表',([原单价]－[销售单价])＊[数量])",如图 6-12 所示。

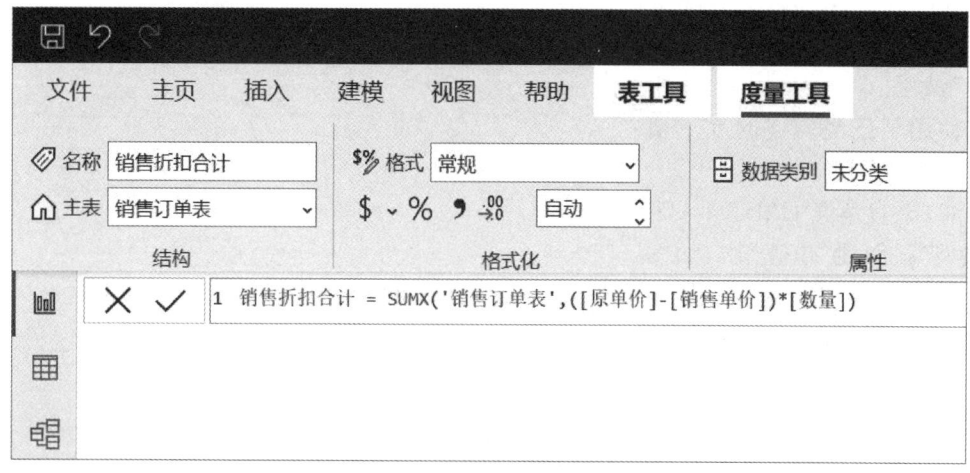

图 6-12　新建"销售折扣合计"度量值

(2) 点击"可视化"窗格中【卡片图】按钮,勾选"销售折扣合计"复选框,如图 6-13 所示。

图 6-13　"销售折扣合计"卡片图

2. CALCULATE 函数

CALCULATE 函数语法格式为：CALCULATE（表达式,〈筛选器1〉,〈筛选器2〉……）。

第一个参数"表达式"（必须）返回的计算类型一般为聚合函数,称为计算器；〈筛选器1〉、〈筛选器2〉……（可选），即可以没有筛选器，用来限定表的筛选条件。

例如，在"销售订单表"案例数据中新建"CALCULATE 销售额"度量值，具体操作步骤如下：

（1）在"销售订单表"下新建度量值"CALCULATE 销售额 = CALCULATE（[销售总额],'产品表'[产品类别]="服装类"），如图 6-14 所示。公式中直接使用了已经创建的度量值"[销售总额]"。

（2）将度量值"CALCULATE 销售额"添加到"矩阵"中，如图 6-15 所示。从图中看到，属于"服装类"产品的销售额通过 CALCULATE 函数筛选出来。

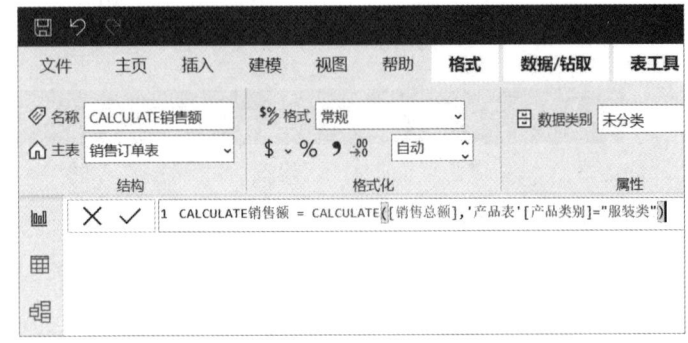

图 6-14　新建度量值"CALCULATE 销售额"

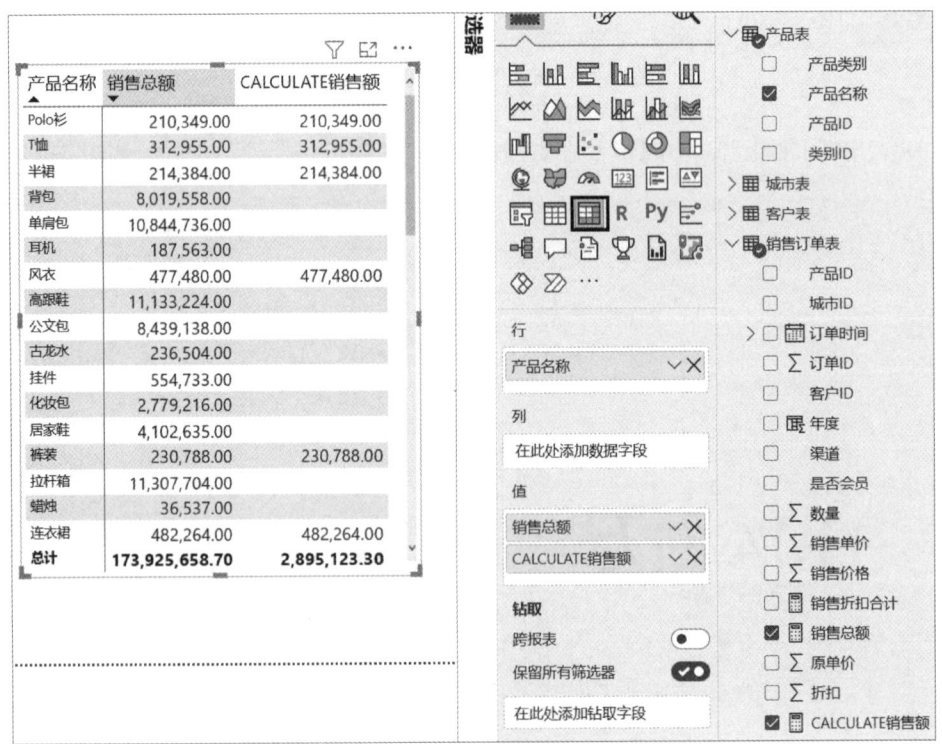

图 6-15　"CALCULATE 销售额"添加到"矩阵"

3. FILTER 函数

FILTER 函数语法格式为：FILTER(表,表达式)。

第一个参数：需要筛选的表，可以是返回表的表达式；第二个参数：筛选条件。FILTER 函数不是计算器函数，而是筛选器函数，其返回符合筛选条件的表，无法单独使用，一般和其他函数一起使用，如 SUM 函数、CALCULATE 函数。

例如，在"销售订单表"案例数据中新建"FILTER 销售额"度量值，具体操作步骤如下：

(1) 在"销售订单表"下新建度量值"FILTER 销售额 = CALCULATE([销售总额],FILTER('产品表','产品表'[产品类别]="服装类"&&[销售总额]>300000))"，如图 6-16 所示。

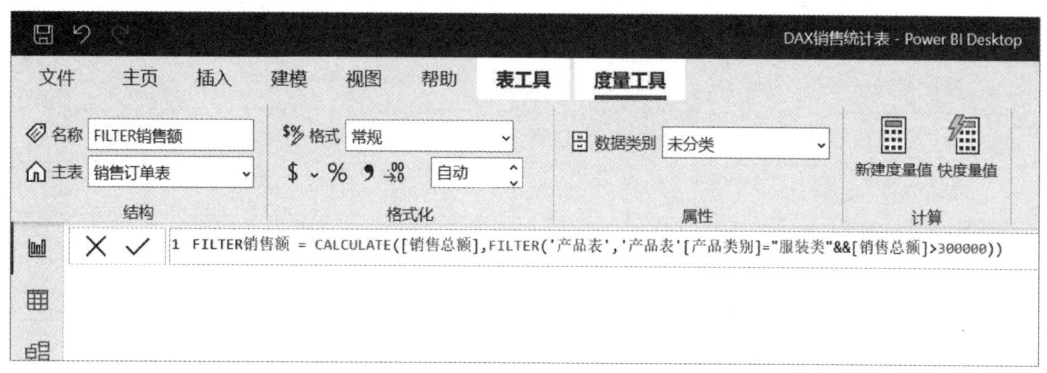

图 6-16　新建度量值"FILTER 销售额"

(2) 将度量值"FILTER 销售额"添加到"矩阵"中，如图 6-17 所示。从图中看到，属于"服装类"产品且销售额大于 300 000 元的产品通过 FILTER 函数筛选出来。

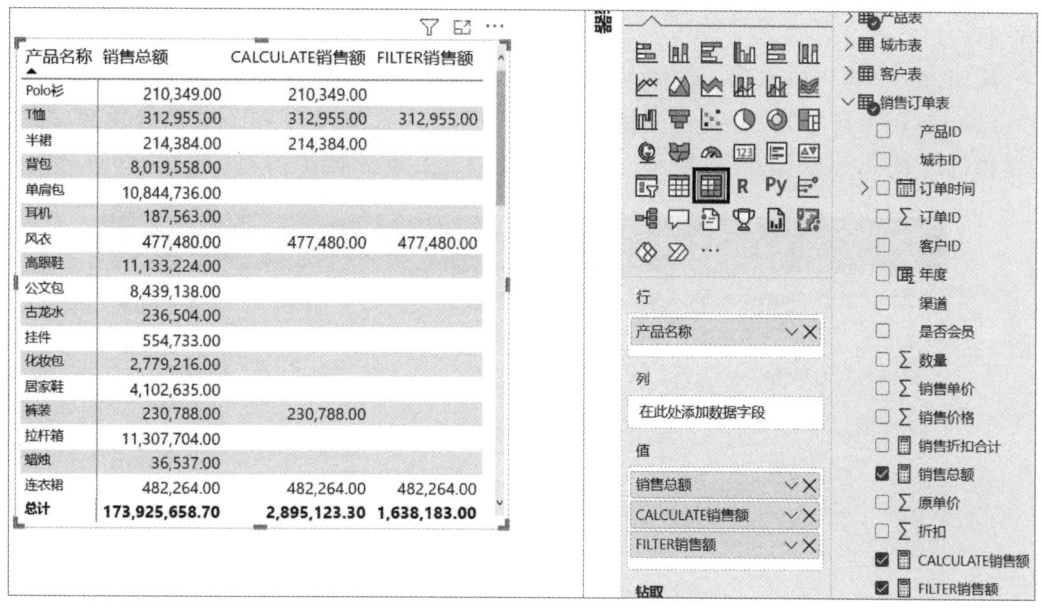

图 6-17　"FILTER 销售额"添加到"矩阵"

> **提示**
>
> 虽然在 CALCULATE(表达式,〈筛选器1〉,〈筛选器2〉……)的语法构成中已经有了多个筛选的功能,但是在某些条件下不可以替代 FILTER 函数用来筛选,因为 CALCULATE 函数中的筛选器只能是"[列]=固定值"这种类型的筛选条件。表6-2列出了两者适用的筛选条件。

表6-2　　　　　　　　　CALCULATE 和 FILTER 筛选条件

筛选条件	FILTER 函数	CALCULATE 函数
[列]=固定值	适用	适用
[列]=[度量值]	适用	
[列]=公式	适用	
[列]=[列]	适用	
[度量值]=[度量值]	适用	
[度量值]=固定值	适用	
[度量值]=公式	适用	

4. ALL 函数

ALL 函数语法格式为：ALL(表)或者 ALL(列,列,……)。

ALL 函数的参数可以是表,也可以是一列或者表的多列。ALL 函数返回表中的所有行或列的所有值。ALL 函数的功能就是清除某个筛选条件以扩大范围,比如扩大到包含所有的产品。

例如,在"销售订单表"案例数据中新建"ALL 销售额"度量值,具体操作步骤如下：

(1) 在"销售订单表"下新建度量值"ALL 销售额 = CALCULATE([销售总额], ALL('销售订单表'))",如图6-18所示。

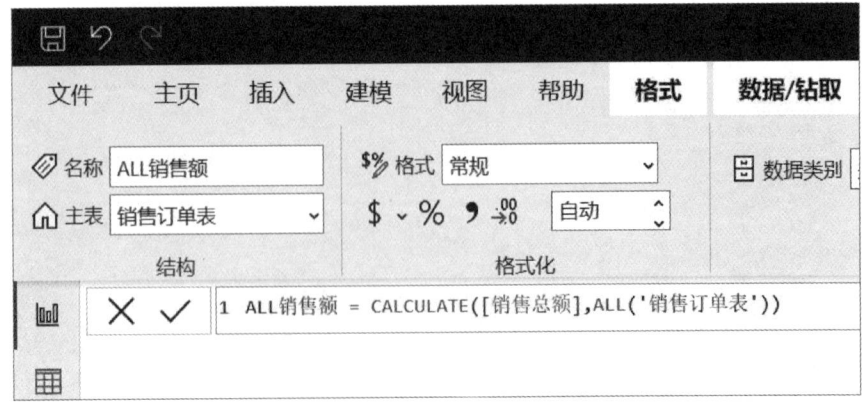

图6-18　新建度量值"ALL 销售额"

(2) 将度量值"ALL 销售额"添加到"矩阵"中,如图 6-19 所示。

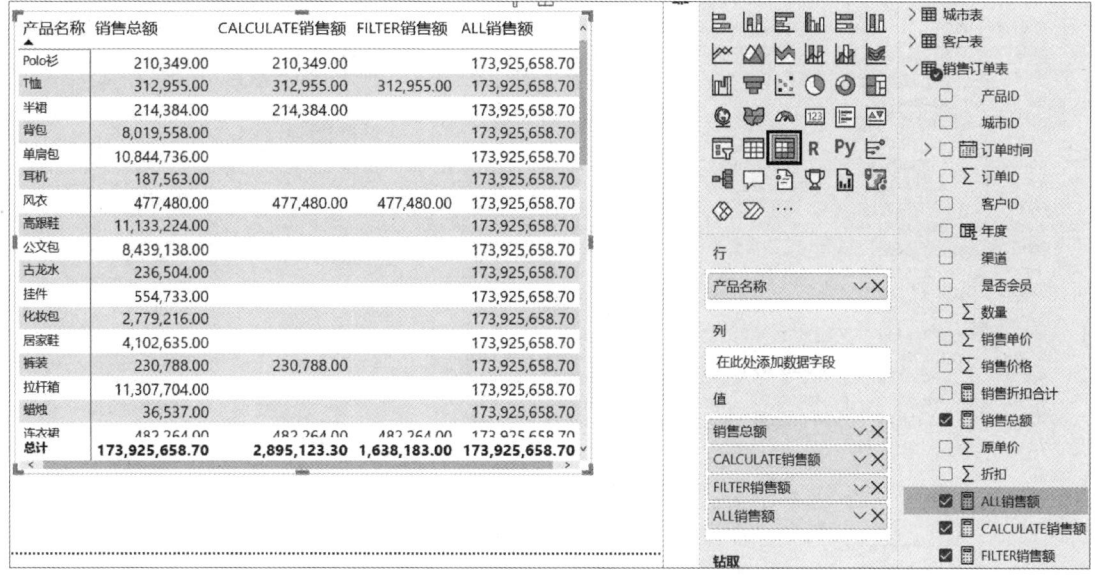

图 6-19 "ALL 销售额"添加到"矩阵"

5. DIVIDE 函数

DIVIDE 函数语法格式为:DIVIDE(分子,分母)。

DIVIDE 函数又叫安全除法函数,其功能是当分母为 0 时,系统不报错。

例如,在"销售订单表"案例数据中新建"产品销售占比"度量值,具体操作步骤如下:

(1) 在"销售订单表"下新建度量值"产品销售占比 = DIVIDE([销售总额],[ALL 销售额])",如图 6-20 所示。

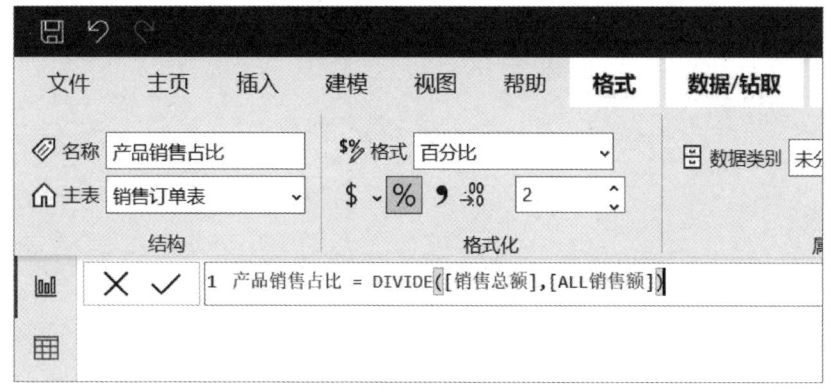

图 6-20 新建度量值"产品销售占比"

(2) 将度量值"产品销售占比"添加到"矩阵"中,勾选"产品销售占比"度量值,在"度量工具"中选择"％",设置小数位,如图 6-21 所示。

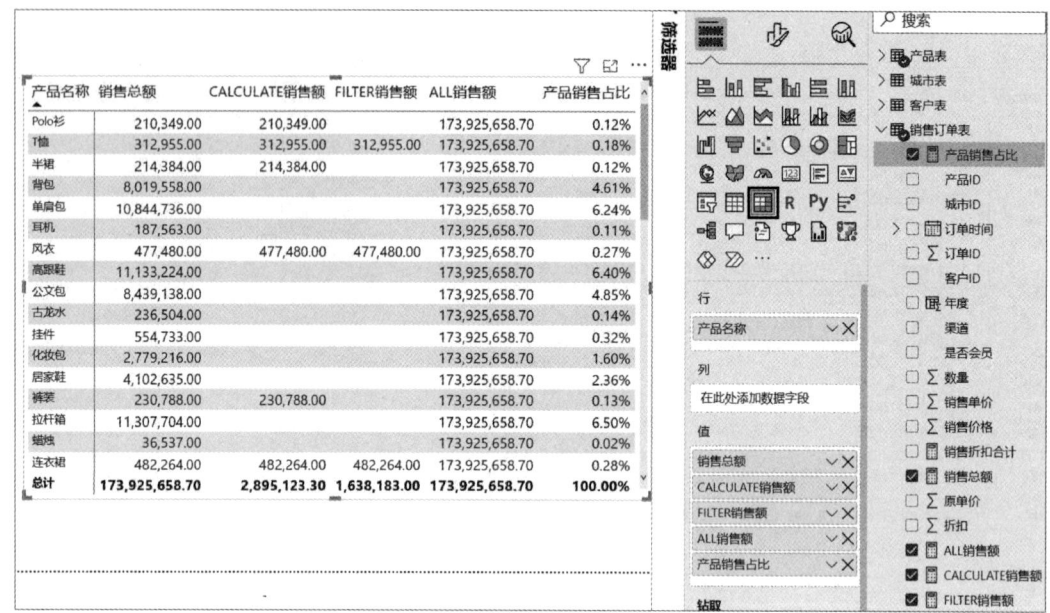

图 6-21 "产品销售占比"添加到"矩阵"

（3）保存文件为"DAX 销售统计表.pbix"。

项目七 Power View 数据可视化

任务一 创建 Power BI 图表

Power BI Desktop 中预置了种类丰富的视觉对象,有简单的矩阵图、柱形图、折线图、饼图,也有气泡图、仪表、KPI、地图等更复杂的视觉对象。不同的视觉对象可以从不同的角度来展示数据,各个角度可能会有不同的效果,但对于特定的数据或场景,并不是任何视觉对象都适合,因此需要了解不同的视觉对象的应用范围和场景。

一、卡片图、表与矩阵

Power BI Desktop 中大多数组件是以图形方式呈现的,只有 3 个组件是以数据或表格的方式呈现的,即卡片图、表和矩阵。

1. 卡片图

卡片图常用于展示关键数据值,即只能显示一个数值。

添加卡片图的具体操作步骤如下:

(1) 加载名为"DAX 销售统计表.pbix"的案例数据,在"页面切换区"单击鼠标右键,在弹出的菜单中选择"重命名页",将页名修改为"卡片图、表与矩阵",如图 7-1 所示。

(2) 点击已经建立的"销售折扣合计"的卡片图,执行"设置视觉对象格式"—"常规"—"效果"命令,设置"背景颜色""视觉对象边框",如图 7-2 所示。

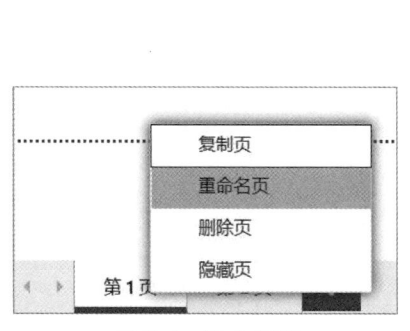

图 7-1 重命名页

图 7-2 卡片图效果

2. 表

表也就是一维统计表,类似 Excel 的分类汇总的功能,可以有多个列标签,没有行标签。表中提供多个字段的明细数据,还可以利用条件格式功能为不同的字段设置不同的格式,使数据的比较方式更加多样化。

添加表的具体操作步骤如下:

(1) 在"可视化"窗格中点击【表】按钮,在"字段"窗格中,勾选"产品表"中的"产品类别"复选框,勾选"销售订单表"中的"销售总额"复选框,如图 7-3 所示。

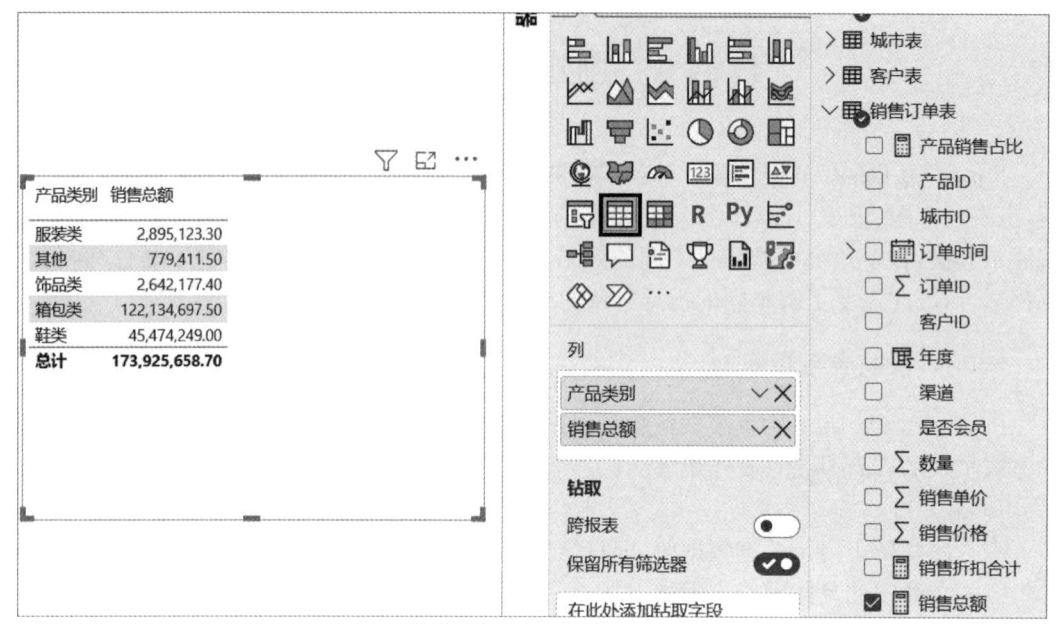

图 7-3 建立"表"

(2) 执行"设置视觉对象格式"—"视觉对象"—"值"命令,设置字体大小为"14",列标题字体大小为"14",如图 7-4 所示。

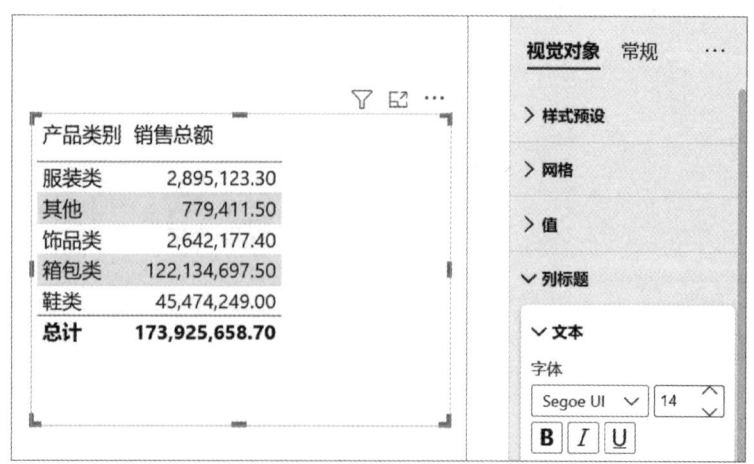

图 7-4 设置字体大小

项目七　Power View 数据可视化

(3) 在"列"组中点击"销售总额"字段右侧的下三角按钮,在弹出的列表中点击"条件格式"—"背景色"选项,如图 7-5 所示。

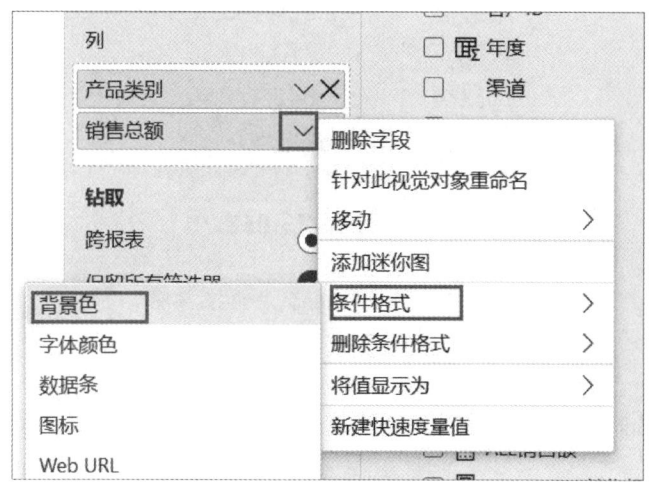

图 7-5　选择"背景色"

(4) 在弹出的"背景色-销售总额"对话框中,勾选"添加中间颜色"复选框,如图 7-6 所示。

图 7-6　"背景色-销售总额"对话框

(5) 点击【确定】按钮,"背景色-销售总额"的效果如图 7-7 所示。

3. 矩阵

矩阵是二维表,类似于 Excel 的交叉透视表,可以通过添加需要的字段实现数据透视表的功能。同时,矩阵表中可以使用条件格式中数据条功能,可以非常直观地展示出数字的大小。具体操作步骤如下:

(1) 选择已经建立的"区域-产品种类"矩阵,设置字体大小为"14",如图 7-8 所示。

图 7-7 "背景色-销售总额"效果图

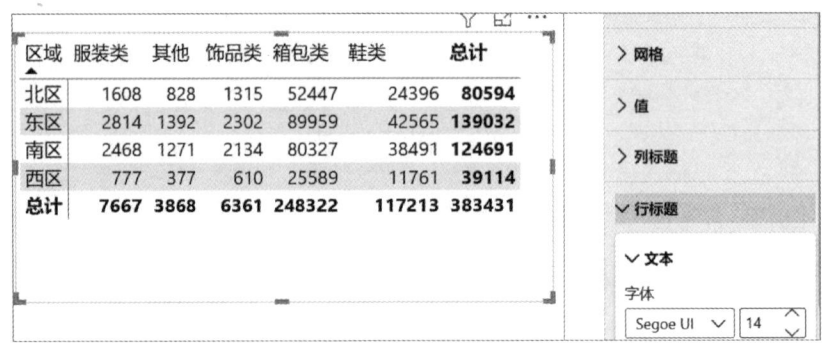

图 7-8 调整矩阵字体大小

（2）在"值"组中点击"数量的总和"字段右侧的下三角按钮，在弹出的列表中点击"条件格式"—"数据条"选项，如图 7-9 所示。

图 7-9 选择"数据条"

(3)在弹出的"数据条-数量 的总和"对话框中,设置数据条的颜色,如图7-10所示。

图7-10 设置数据条的颜色

(4)点击【确定】按钮,矩阵生成的效果如图7-11所示。

区域	服装类	其他	饰品类	箱包类	鞋类	总计
北区	1608	828	1315	52447	24396	80594
东区	2814	1392	2302	89959	42565	139032
南区	2468	1271	2134	80327	38491	124691
西区	777	377	610	25589	11761	39114
总计	7667	3868	6361	248322	117213	383431

图7-11 矩阵效果

二、条形图与柱形图

1. 条形图

条形图可以利用条形的长度来反映数据的差异,多用于分类比较。条形图分为堆积条形图、簇状条形图、百分比堆积条形图。添加条形图的具体操作步骤如下:

(1) 新建页并重命名为"条形图、柱形图"。在"可视化"窗格中选择【簇状条形图】按钮,勾选"产品名称""销售总额"复选框,条形图生成的效果如图7-12所示。

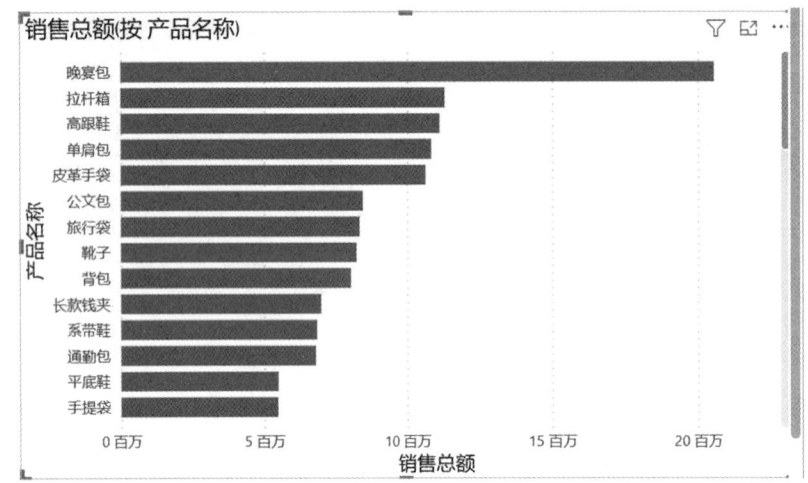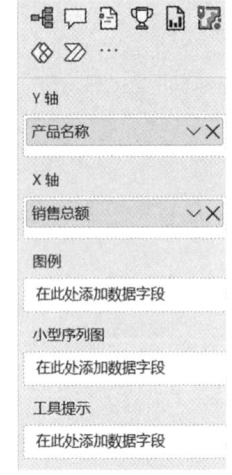

图7-12 新建"簇状条形图"

(2) 在"设置视觉对象格式"中打开"数据标签"选项,调整条形的颜色,如图7-13所示。

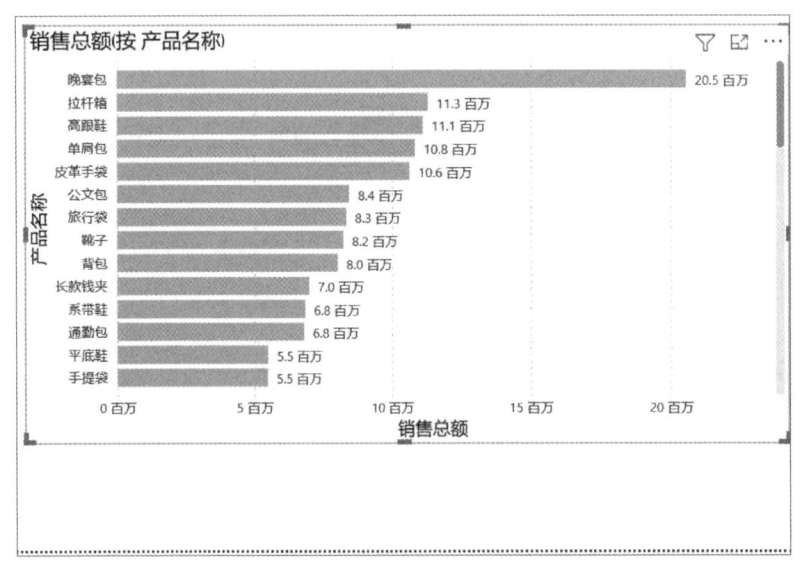

图7-13 打开"数据标签"

(3) 在"可视化窗格"中选择【分析】选项卡,添加"平均值线1",并设置颜色,如图7-14

所示。

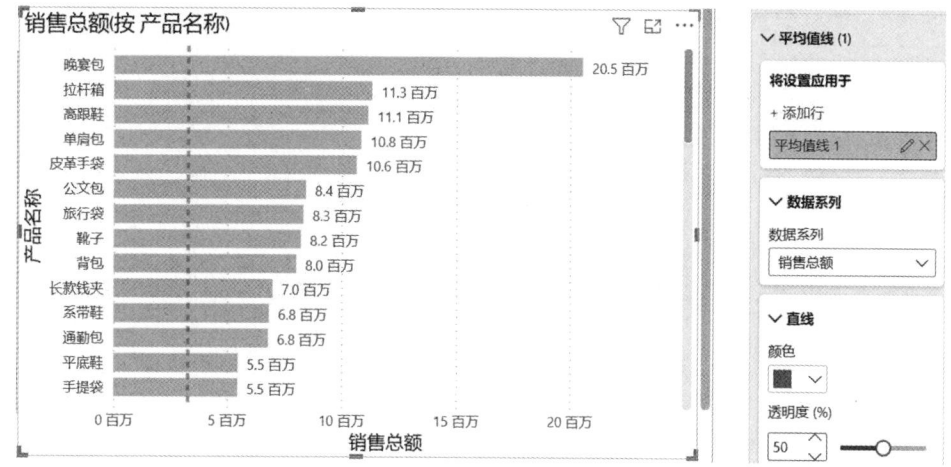

图 7-14 添加"平均值线 1"

2. 柱形图

柱形图是在垂直方向表示数据大小的视觉对象,和条形图类似,常用于比较数据之间的差别。柱形图分为堆积柱形图、簇状柱形图、百分比堆积柱形图。添加柱形图的具体操作步骤如下:

在"条形图、柱形图"页面中,选择"可视化"窗格中的【簇状柱形图】按钮,勾选"产品名称""销售总额"复选框,如图 7-15 所示。

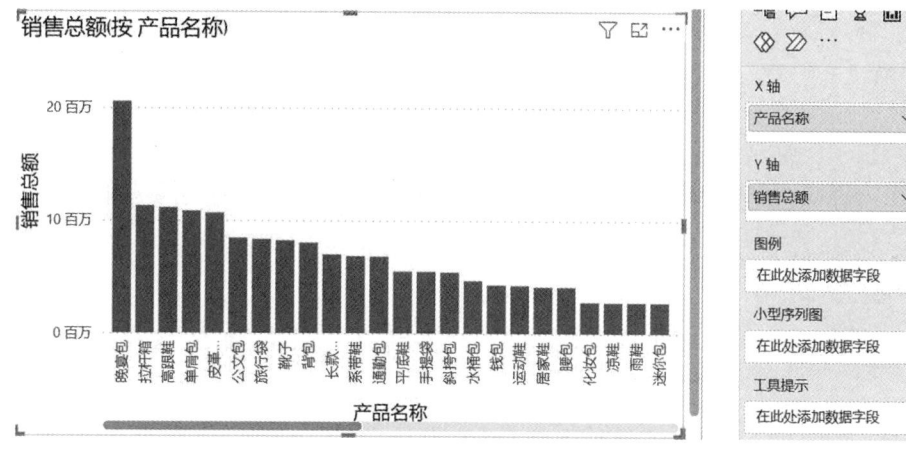

图 7-15 新建"簇状柱形图"

三、折线图

折线图可以连接各个单独的数据点,能够清晰地展现数据变化的趋势。添加折线图的具体操作步骤如下:

(1) 在"数据"视图中,在"销售订单表"中新建"月份"列,输入公式"月份=('销售订单表'[订单时间].[MonthNo])",如图 7-16 所示。

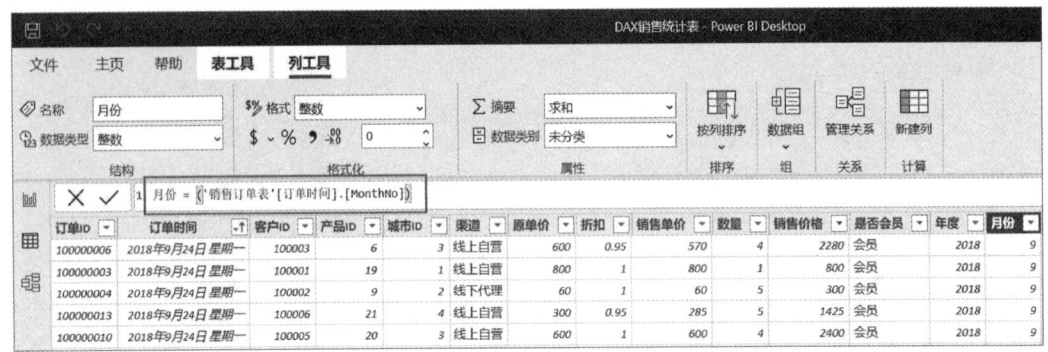

图 7-16 新建"月份"列

（2）在"报表视图"中，新建页并重命名为"折线图"，在"可视化"窗格中选择【折线图】按钮，勾选"年度""月份""销售总额"复选框，如图 7-17 所示。

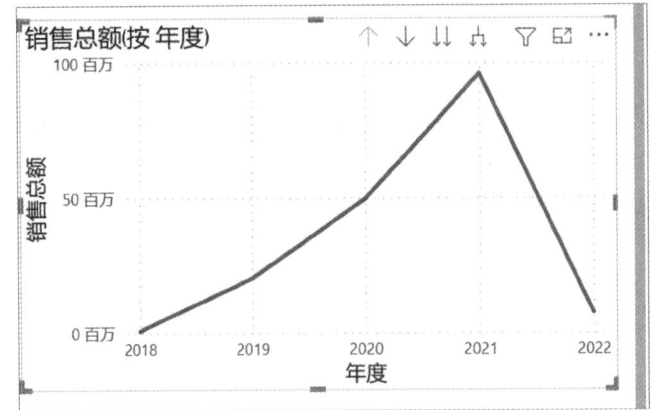
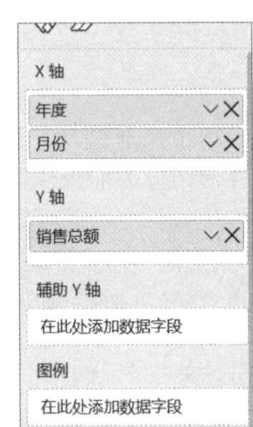

图 7-17 新建"折线图"

（3）点击折线图中的"展开层次结构中的所有下移级别"图标 ⏣，如图 7-18 所示。

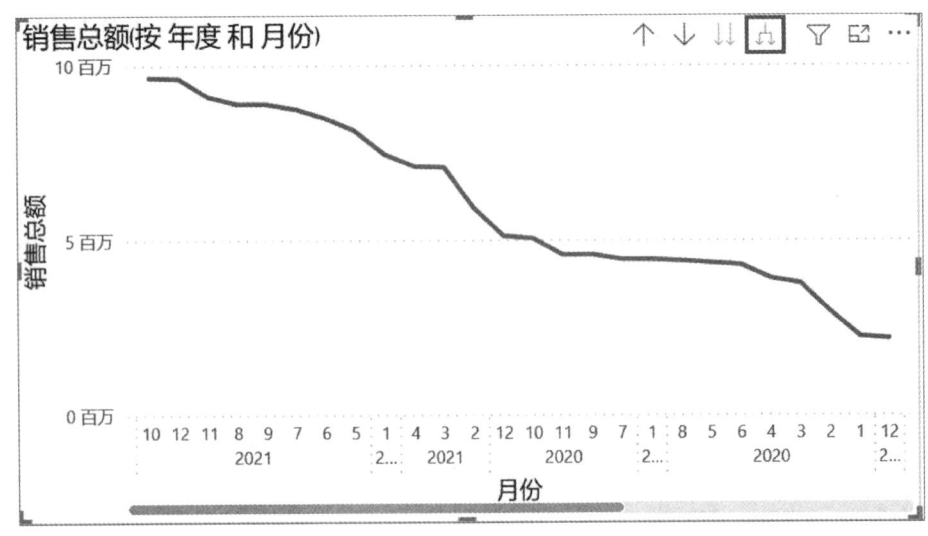

图 7-18 展开层次结构中的所有下移级别

（4）可以发现此时图标中月份错乱,点击折线图中【更多选项】按钮,对"排列 轴"进行设置,如图 7-19 所示。

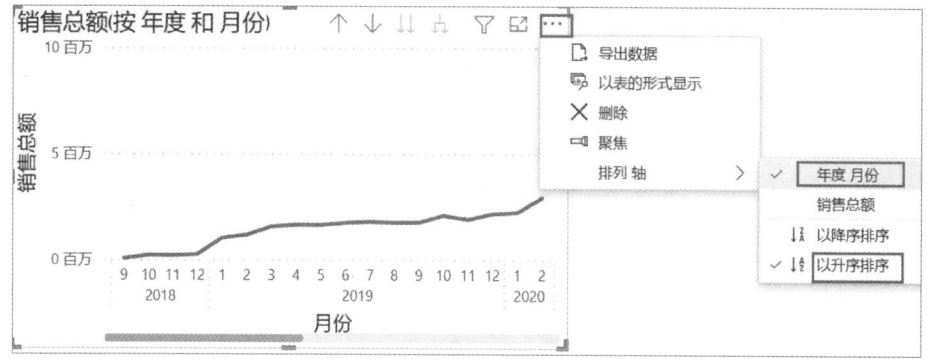

图 7-19　设置轴排列方式

四、面积图

1. 分区图

分区图又称之为面积图,是在折线图的基础上形成的,它将折线图中折线与自变量坐标轴之间的区域使用颜色或者纹理填充,这样一个填充区域叫作面积,不同颜色的填充可以更好地突出趋势信息。添加分区图的具体操作如下:

在"报表视图"中,新建页并重命名为"面积图",在"可视化"窗格中选择"分区图",勾选"年度""月份""销售总额""产品类别"复选框,分区图生成的效果如图 7-20 所示。

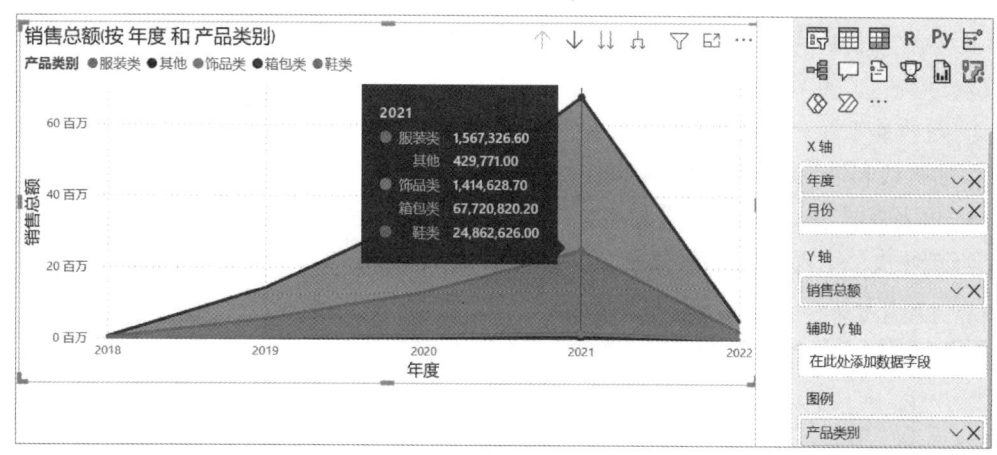

图 7-20　"分区图"效果

2. 堆积面积图

堆积面积图和分区图不同,在堆积面积图中,色彩不会重叠、不会遮盖,每种颜色的阴影反映的是不同序列的数据。纵轴的数据对应的是总体的值,并不和单一序列的数据相对应,每种阴影的相对高度才是该序列的值。添加堆积面积图的具体操作如下:

在"面积图"页面中,点击"可视化"窗格中的【堆积面积图】按钮,勾选"年度""月份""销售总额""产品类别"复选框,堆积面积图生成的效果如图 7-21 所示。

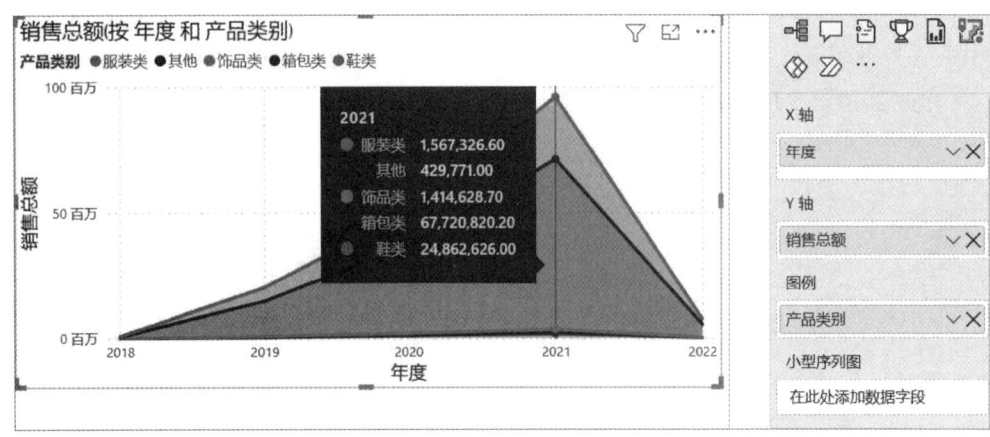

图 7-21 "堆积面积图"效果

五、组合图

在 Power BI Desktop 中,组合图是将折线图和柱形图合并在一起的单个可视化效果。将两个图表合并为一个图表,可以更快地进行数据比较。组合图可以具有 1 个或 2 个 Y 轴。

> **提示**
>
> 组合图适用下列情况:
> - 具有 X 轴相同的折线图和柱形图时。
> - 比较具有不同值范围的多个度量值时。
> - 在一个可视化效果中说明两个度量值之间的关联时。
> - 检查一个度量值是否达到另一个度量值定义的目标时。

1. 折线和堆积柱形图

添加折线和堆积柱形图的具体操作如下:

在"报表视图"中,新建页并重命名为"组合图",在"可视化"窗格中选择"折线和堆积柱形图",勾选"年度""销售总额""销售折扣合计""产品类别"复选框,生成的效果如图 7-22 所示。

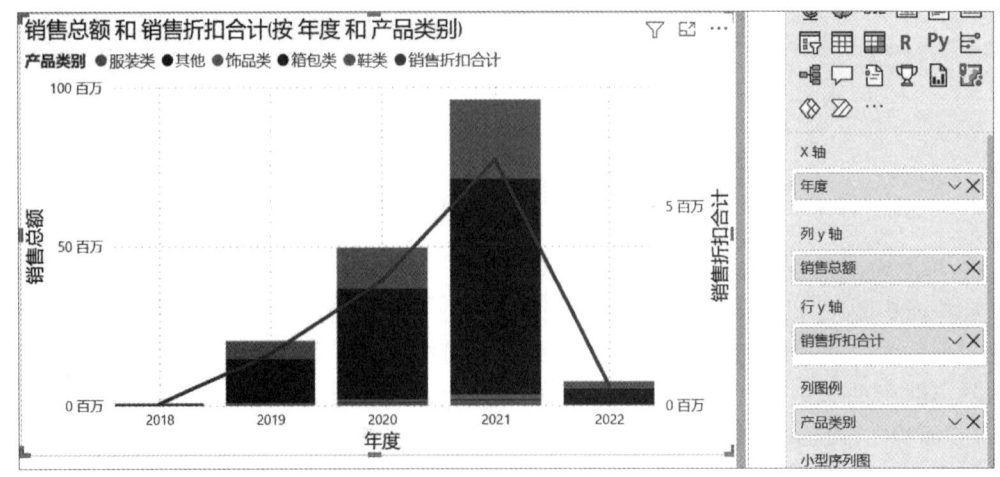

图 7-22 "折线和堆积柱形图"效果

2. 折线和簇状柱形图

添加折线和簇状柱形图的具体操作如下：

在"组合图"页面中，点击"可视化"窗格中的【折线和簇状柱形图】按钮，勾选"年度""销售总额""销售折扣合计""产品类别"复选框，折线和簇状柱形图生成的效果如图7-23所示。

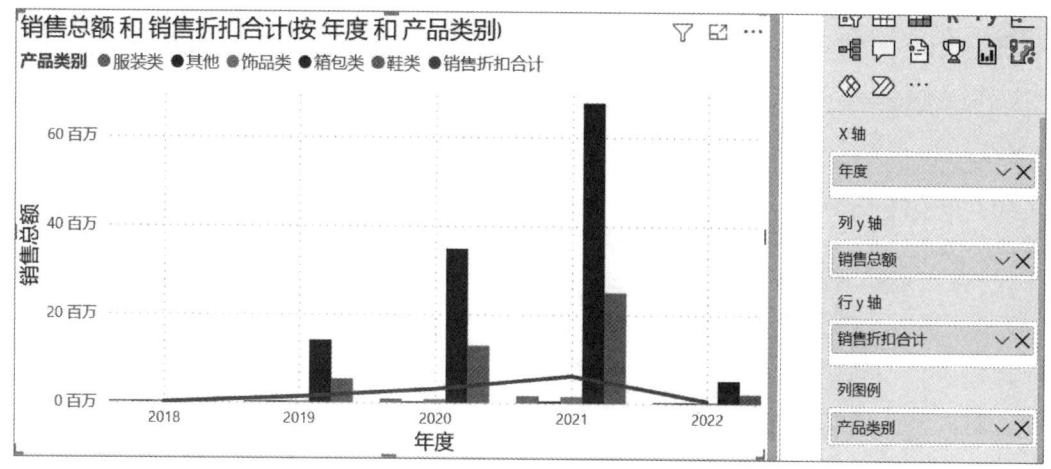

图7-23 "折线和簇状柱形图"效果

六、饼图与环形图

1. 饼图

饼图也称圆形图，是指使用圆形及圆内扇形的面积来表示数值大小的图形，其中每个扇形区表示以整体百分比显示的数据集的元素。饼图需要一系列数值变量以及分类（位置）变量来表示数据。添加饼图的具体操作步骤如下：

（1）"数据视图"下，在"客户表"中新建列"年龄分布"，输入如下公式：

年龄分布 = SWITCH(true,'客户表'[年龄]<18,"少年",'客户表'[年龄]<41,"青年",'客户表'[年龄]<66,"中年","老年")。

新建列的结果如图7-24所示。

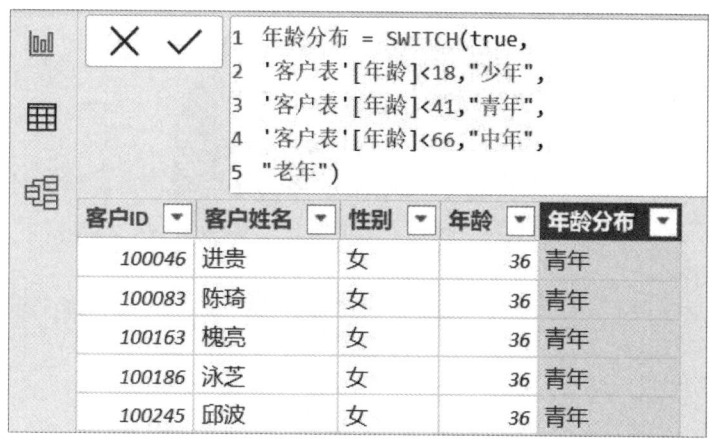

图7-24 新建列"年龄分布"

> **提示**
>
> SWITCH 函数针对值列表计算表达式,并返回多个可能的结果表达式之一,类似 Excel 中的 IF 嵌套。

（2）在"报表视图"中,新建页并重命名为"饼图、环形图",在"可视化"窗格中点击【饼图】按钮,勾选"年龄分布""销售总额"复选框,如图 7-25 所示。

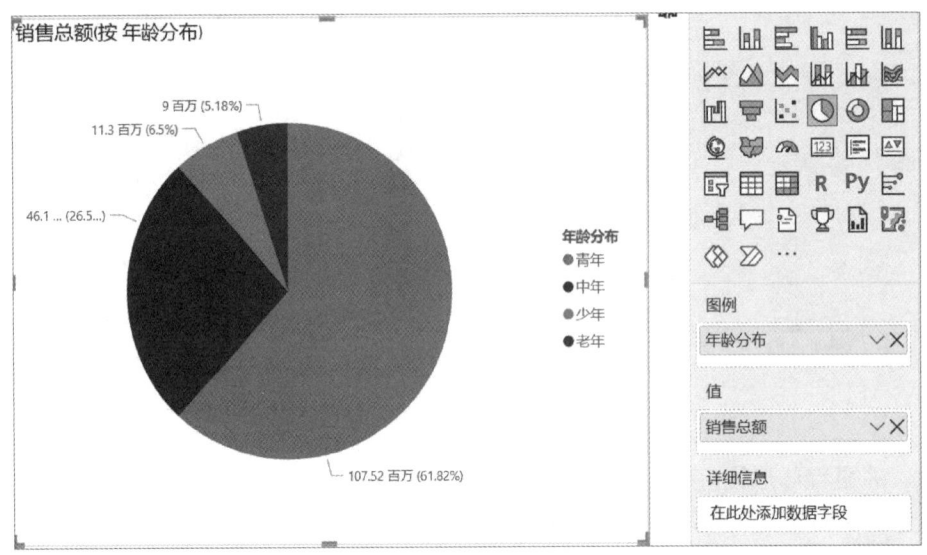

图 7-25　新建"饼图"

（3）在"设置视觉对象格式"中,设置标签内容为"类别,总百分比",不显示图例,打开"视觉对象边框",设置标题为"顾客画像",饼图效果如图 7-26 所示。

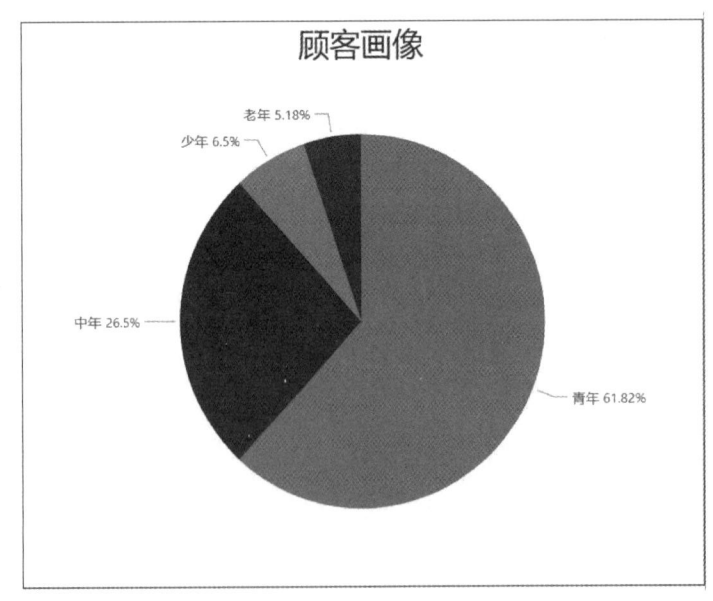

图 7-26　"饼图"效果

2. 环形图

环形图类似于饼图,它显示部分与整体的关系。唯一的区别是中心为空,因而有空间可用于标签或图标。添加环形图的具体操作步骤如下:

(1) 在"饼图、环形图"页面中,点击"可视化"窗格中的【环形图】按钮,勾选"年龄分布""销售总额"复选框,环形图生成的效果如图 7-27 所示。

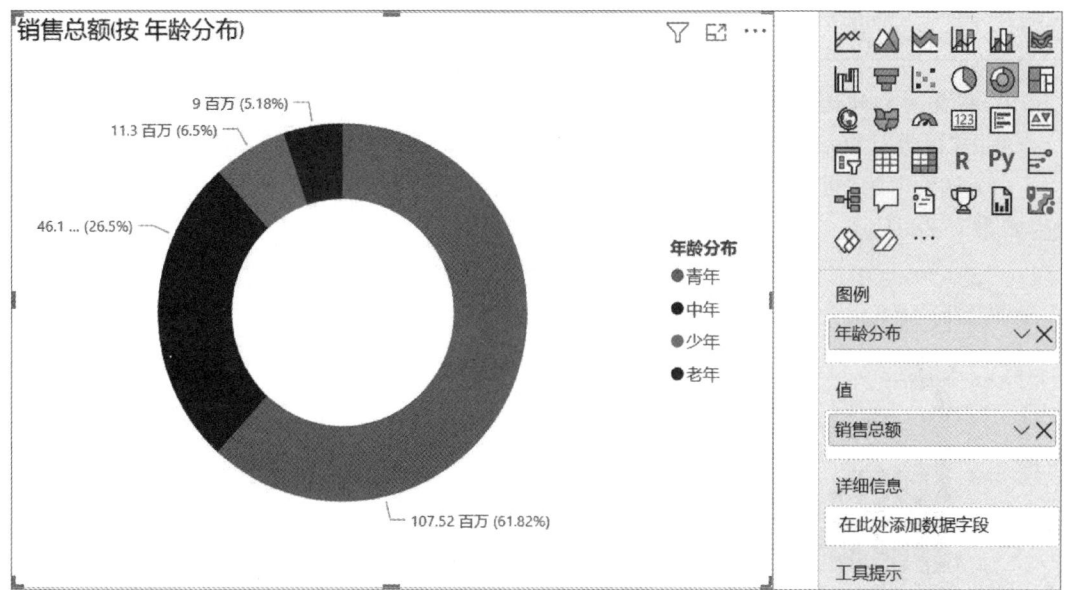

图 7-27 "环形图"效果

(2) 保存文件为"报表可视化.pbix"。

任务二 报表交互式分析

在 Power BI Desktop 中,用户可以通过筛选、编辑交互和钻取等功能实现报表的交互式分析。

一、筛选

对图表的筛选是通过筛选器的设置来完成的。筛选器可保留你最关切的数据,而将其他所有数据删除。可以在"筛选器"窗格中应用筛选器,也可以直接在报表页中选择切片器。

在"筛选器"窗格中可以创建 3 种标准类型的筛选器。

(1) 视觉对象筛选器,可应用于报表页上的一个视觉对象。如果选择报表画布上的视觉对象,则会看到视觉对象级筛选器。即使无法编辑报表,也可以选择一个视觉对象并对其进行筛选。

(2) 页面筛选器,可应用于报表页面上所有的视觉对象。

(3) 报表筛选器,可应用于报表中所有的页面。

不同的筛选方式对应的实现方法，如表 7-1 所示。

表 7-1　　　　　　　　　　不同筛选方式对应的实现方法

筛选方式	影响范围	实现方法
图表筛选	单个图表	视觉对象筛选器
页面筛选	单个页面	切片器 页面筛选器
全报表筛选	整个文件	报表筛选器

1. 视觉对象筛选器

使用"视觉对象筛选器"的具体操作步骤如下：

（1）加载名为"报表可视化.pbix"的案例数据，选择"条形图、柱形图"页面，调整图表位置，如图 7-28 所示。

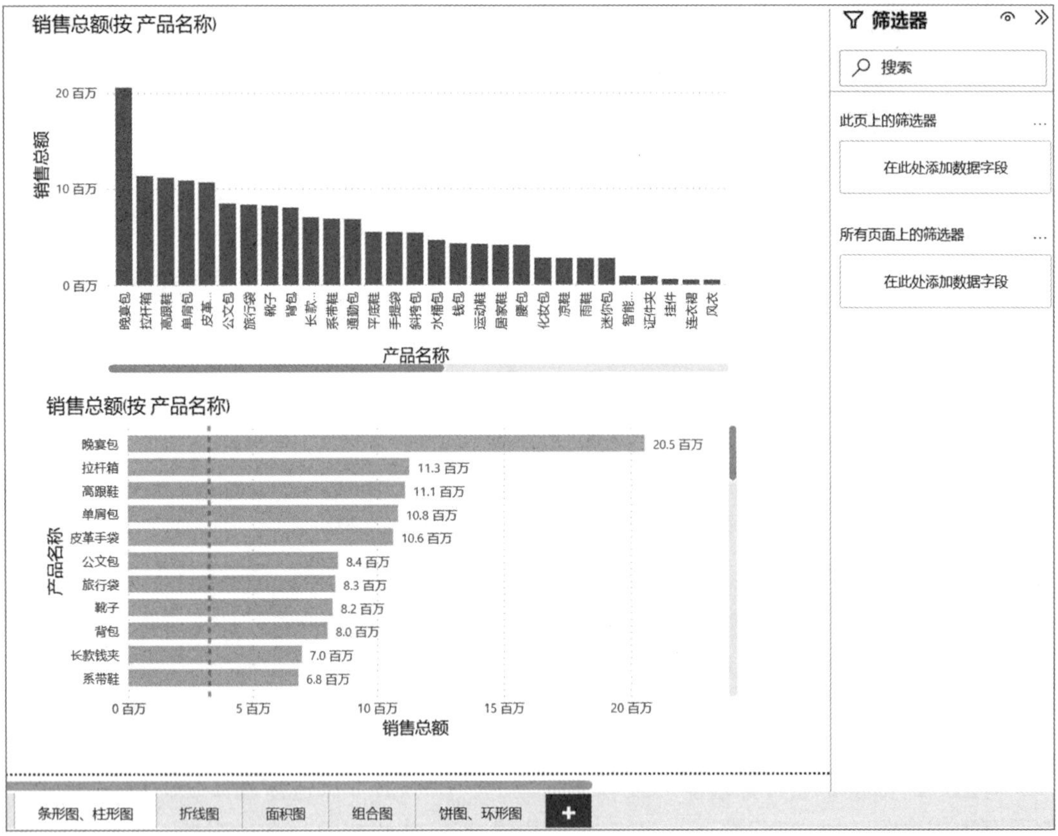

图 7-28　选择"条形图、柱形图"页面

（2）选中"柱形图"，在"筛选器"窗格的"此视觉对象上的筛选器"框中，取消勾选"产品名称"下的"晚宴包"复选框，其他产品保留，如图 7-29 所示。

（3）筛选后的报表页效果，如图 7-30 所示。柱形图中已经删除"晚宴包"数据，而下方的条形图中还有，即"视觉对象筛选器"筛选的结果仅影响当前选择的图表。

项目七 Power View 数据可视化

图 7-29 设置视觉对象筛选器

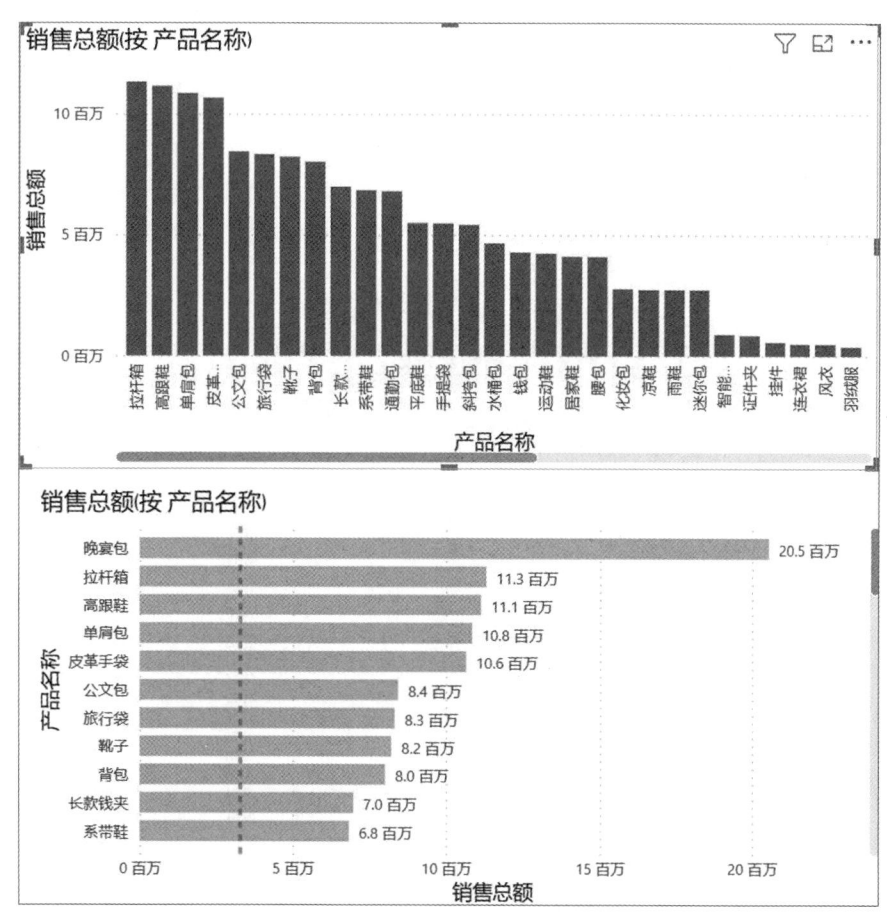

图 7-30 视觉对象筛选效果图

147

2. 页面筛选器

使用"页面筛选器"的具体操作步骤如下：

（1）在"条形图、柱形图"页面中，将"字段"窗格中的"产品名称"拖动到"筛选器"窗格下的"此页上的筛选器"中，取消勾选"拉杆箱"复选框，其他产品保留，如图 7-31 所示。

（2）筛选后的报表页效果如图 7-32 所示。图中柱形图和条形图中均没有"拉杆箱"的数据，即"页面筛选器"筛选的结果仅影响当前选择的页面。

（3）点击"可视化"窗格中的【切片器】按钮，勾选"城市表"中的"省"字段，如图 7-33 所示。

（4）在"切片器"中勾选"安徽省"复选框，此时柱形图和条形图显示安徽省销售数据，如图 7-34 所示。

图 7-31　设置"页面筛选器"

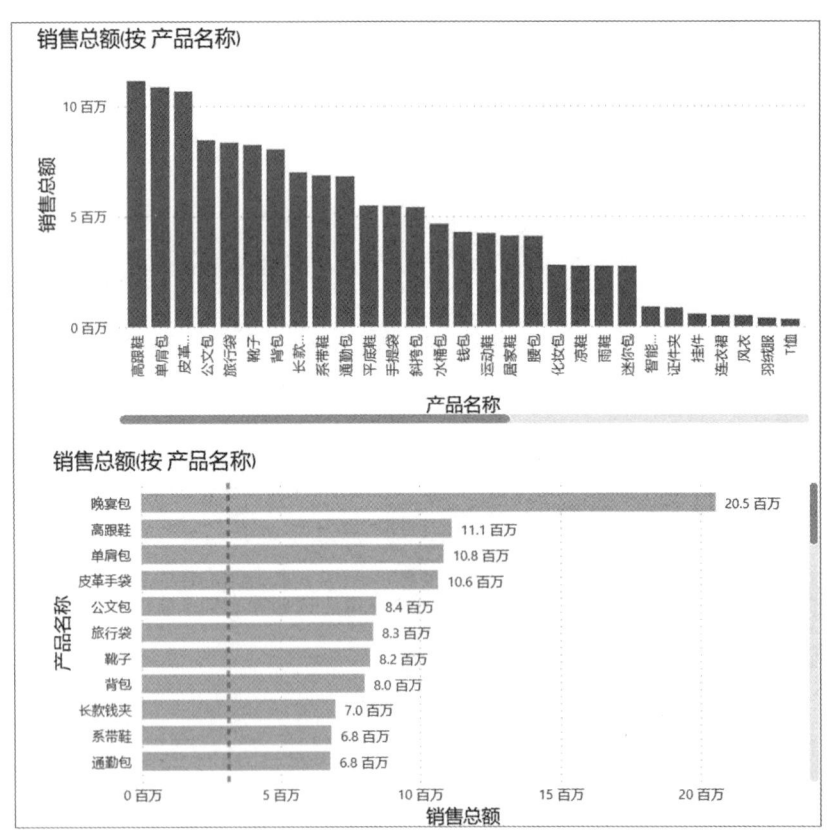

图 7-32　页面筛选器效果

项目七 Power View 数据可视化

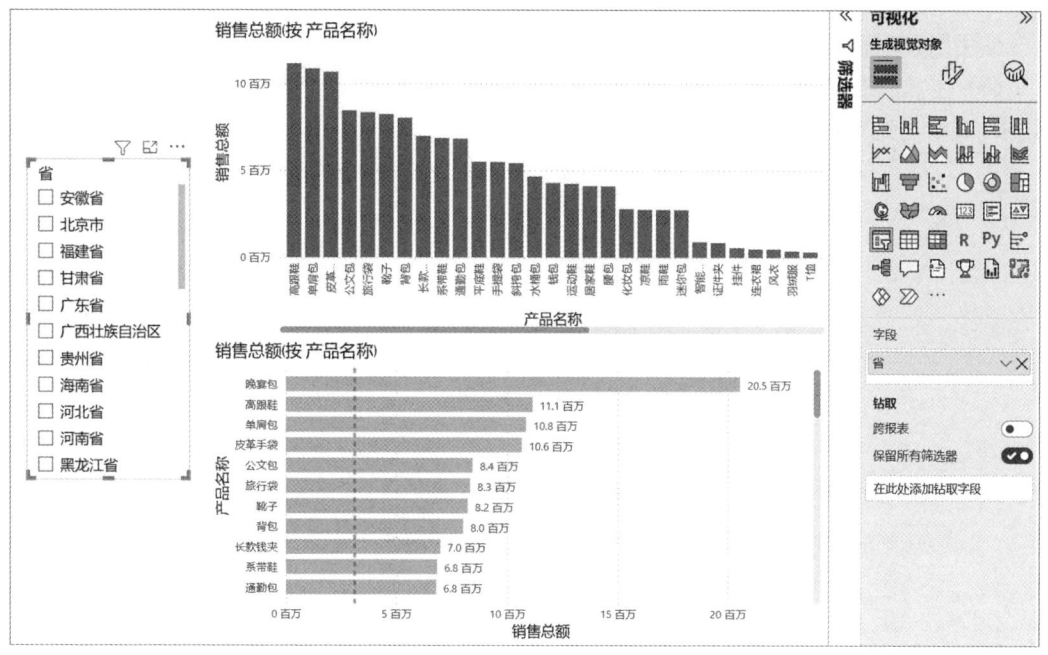

图 7-33 新建切片器

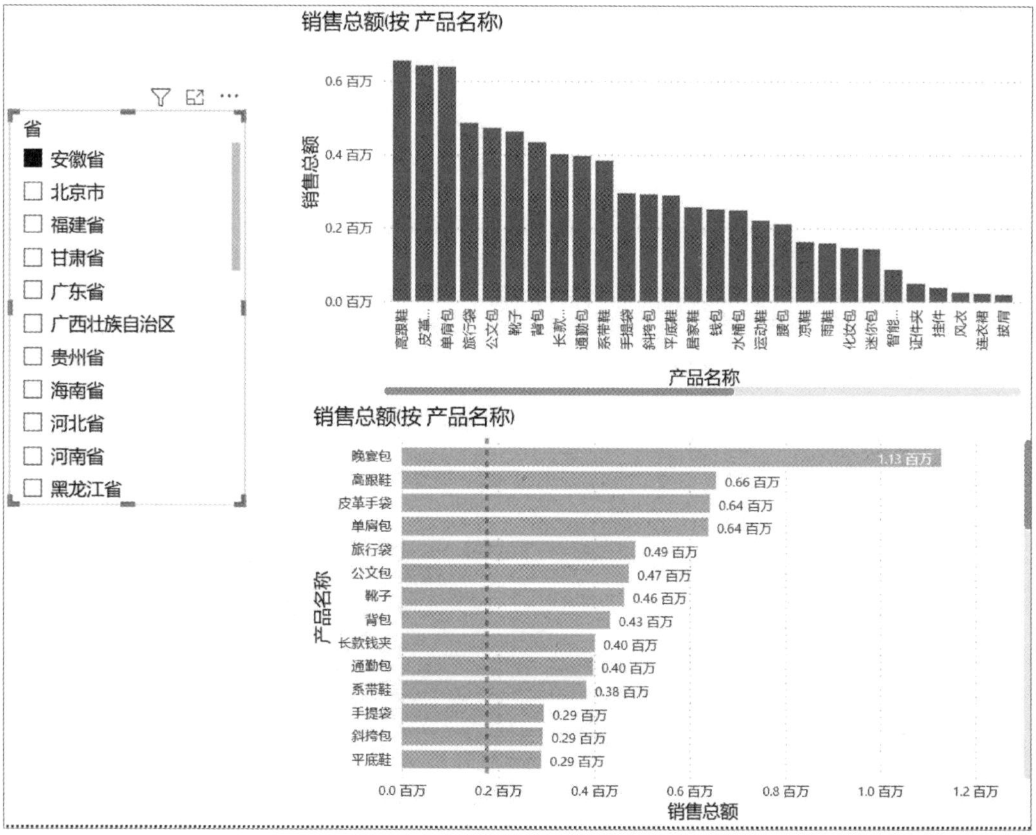

图 7-34 安徽省销售数据

3. 报表筛选器

使用"报表筛选器"的具体操作步骤如下：

(1) 在"面积图"页面中，将"产品类别"字段拖动到"筛选器"窗格的"所有页面上的筛选器"中，取消勾选"鞋类"复选框，如图 7-35 所示。

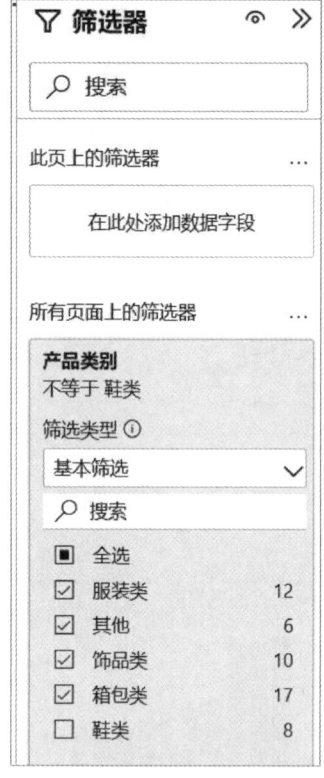

图 7-35　所有页面上的筛选器

(2) 筛选后的"面积图""组合图"页面中均没有"鞋类"数据，如图 7-36、图 7-37 所示。

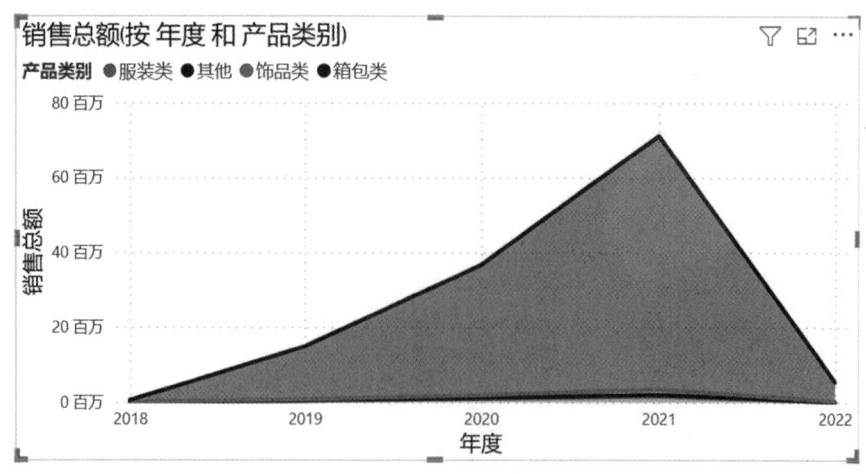

图 7-36　报表筛选器效果(1)

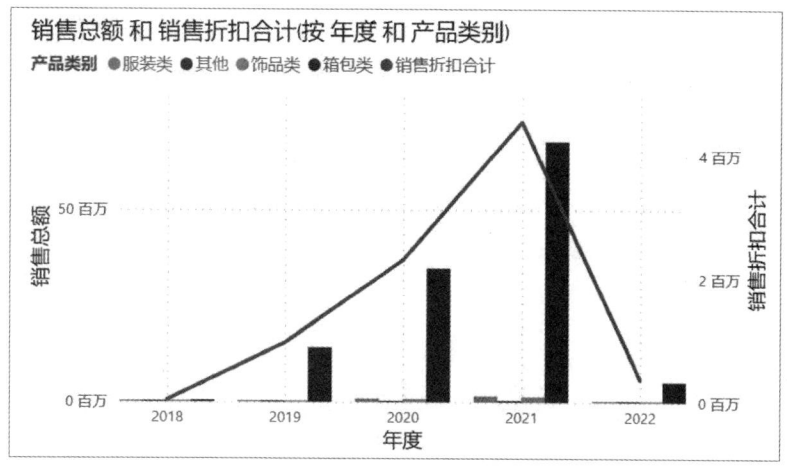

图 7-37　报告筛选器效果(2)

二、编辑交互

图表的编辑交互功能,是指单击某一个图表时,控制其他视觉对象是否联动变化的交互方式。具体操作步骤如下:

(1) 在"条形图、柱形图"页面中点击【柱形图】的某个字段,即可在条形图与柱形图中突出显示与该字段相关的对象,而未突出显示的数据颜色会变淡,如图 7-38 所示。

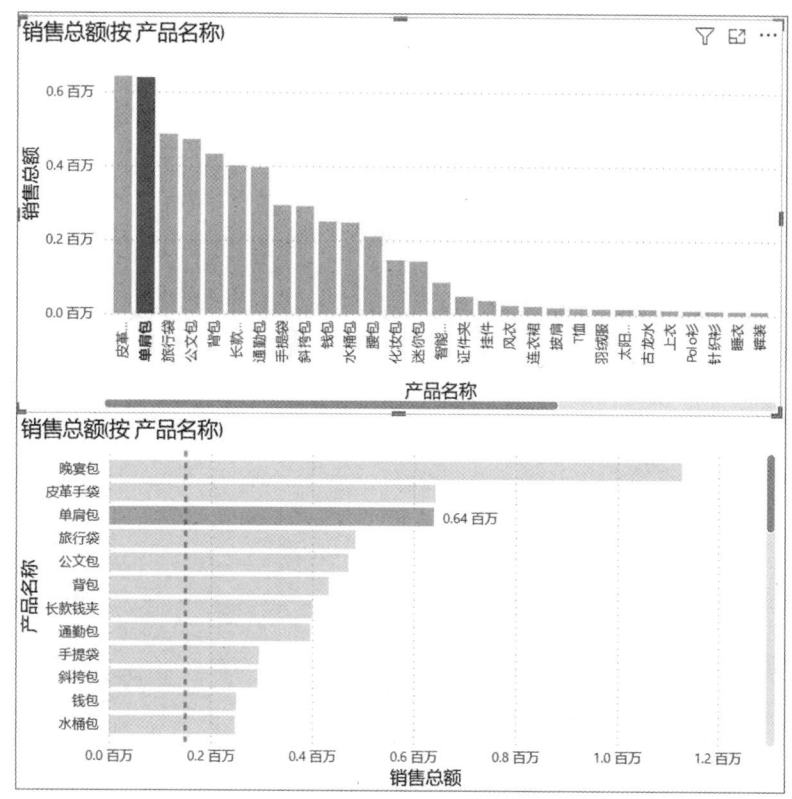

图 7-38　编辑交互-突出显示

（2）点击【切片器】按钮，执行"格式"—"编辑交互"命令，点击"条形图"右上角的 ⊘ 按钮，此时条形图不再受切片器中"安徽省"条件约束，如图7-39所示。点击筛选器 按钮，即可恢复编辑交互功能。

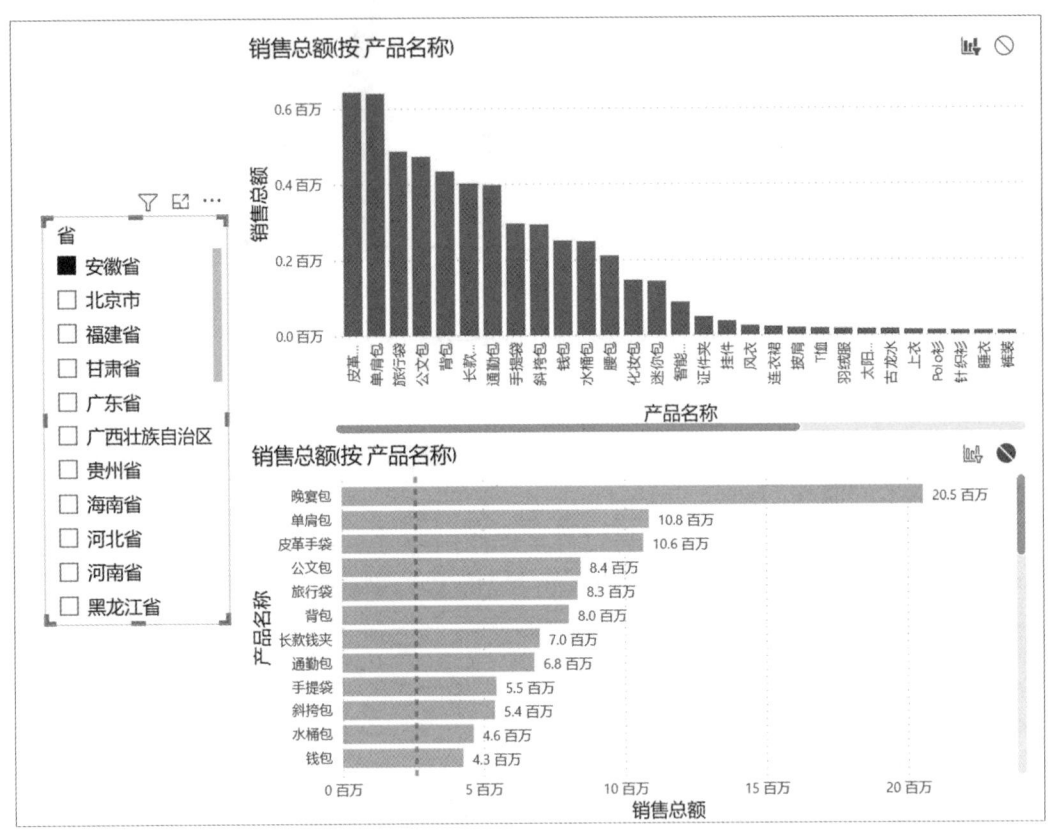

图7-39 编辑交互-无

（3）保存文件为"报表交互.pbix"。

项目八　Power BI 综合案例实训

任务一　上市公司利润表分析

利润表是反映企业在一定会计期间经营成果的动态会计报表。通过对利润表的分析，可以了解企业经营的成果，分析企业盈利是否具有可持续性，并结合利润形成过程相关的影响因素，评价企业在利润形成过程中各方面管理业绩，揭露可能存在的问题。

一、数据导入

具体操作步骤如下：

（1）打开"BY 公司利润表"，如图 8-1 所示。

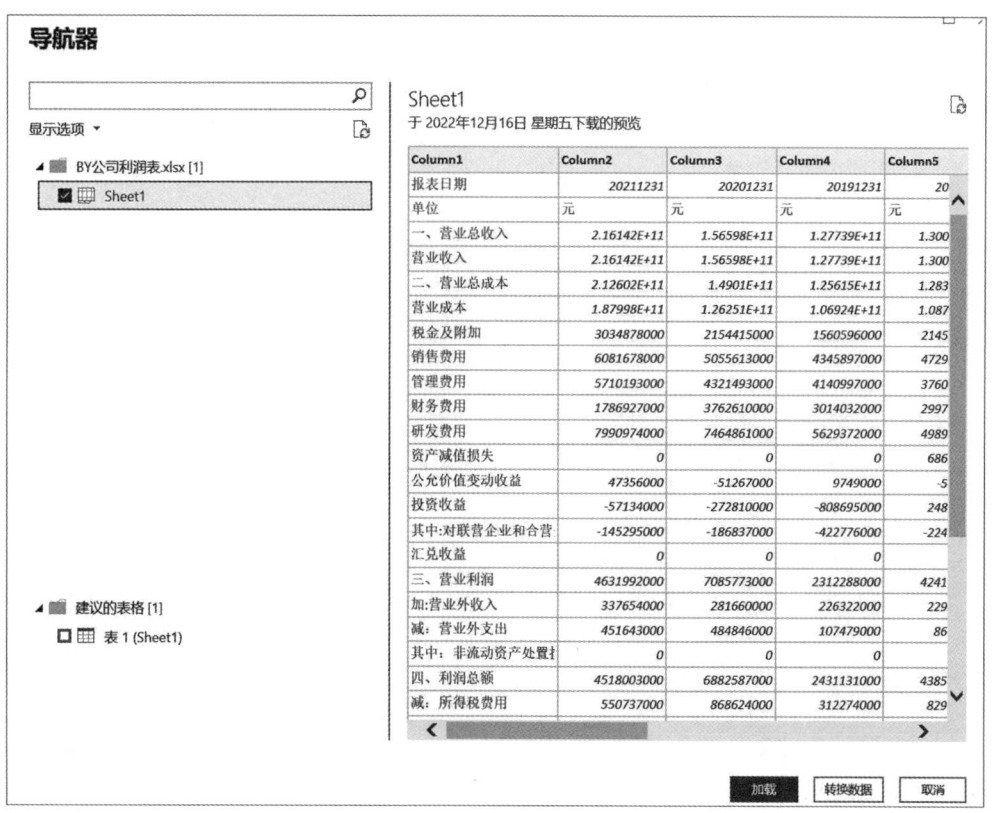

图 8-1　打开"BY 公司利润表"

(2)点击【加载】按钮,数据完成加载,如图 8-2 所示。

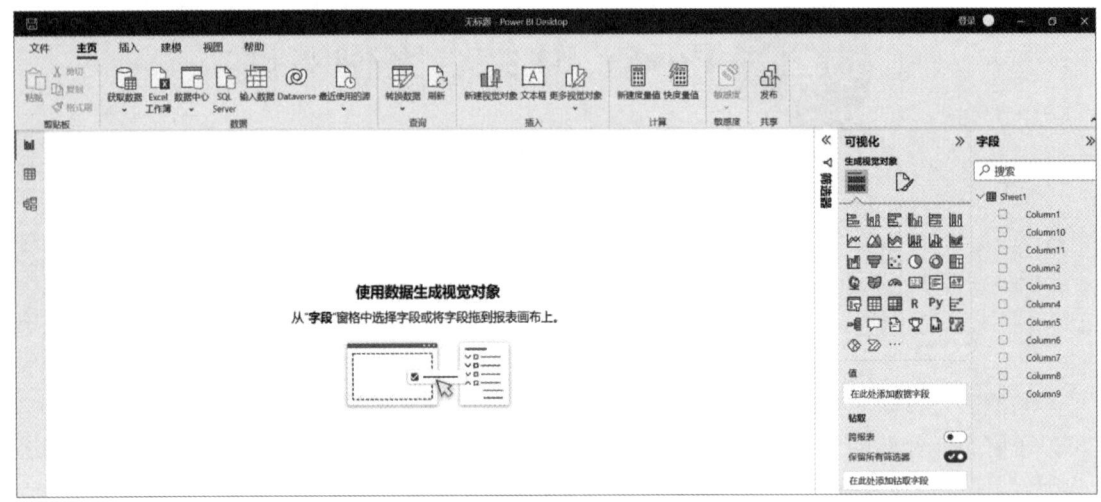

图 8-2 "BY 公司利润表"数据加载完成

(3)保存文件为"BY 公司利润表分析.pbix"。

二、数据清洗

具体操作步骤如下:

(1)执行"主页"—"转换数据"命令,打开 Power Query 编辑器,如图 8-3 所示。

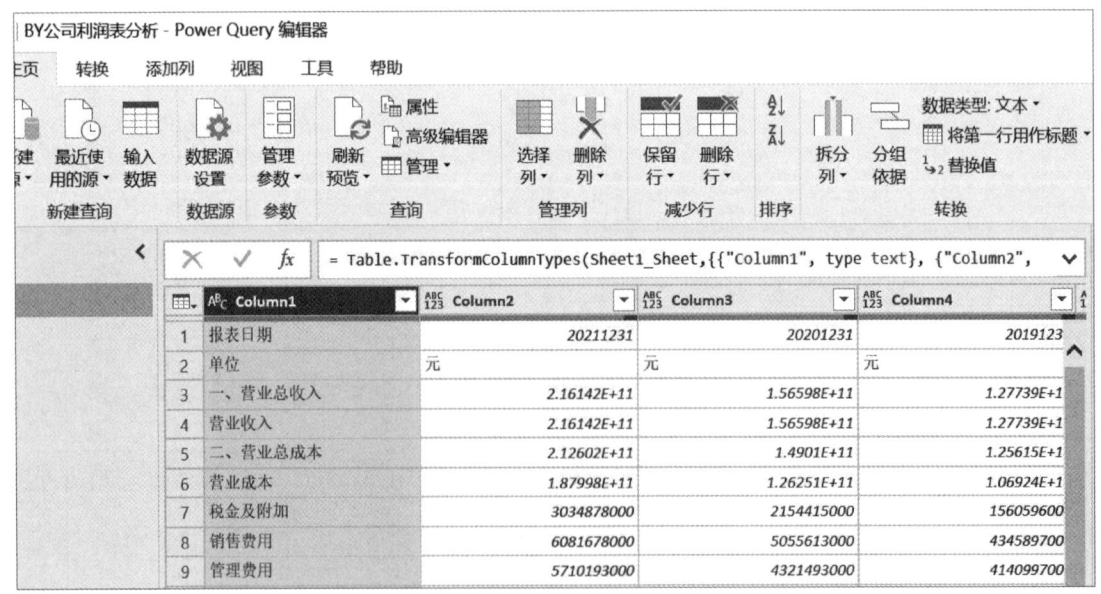

图 8-3 "BY 公司利润表分析"—"Power Query 编辑器"窗口

(2)执行"转换"—"将第一行用作标题"命令,如图 8-4 所示。

(3) 将第一列"报告日期"名称修改为"项目",如图 8-5 所示。

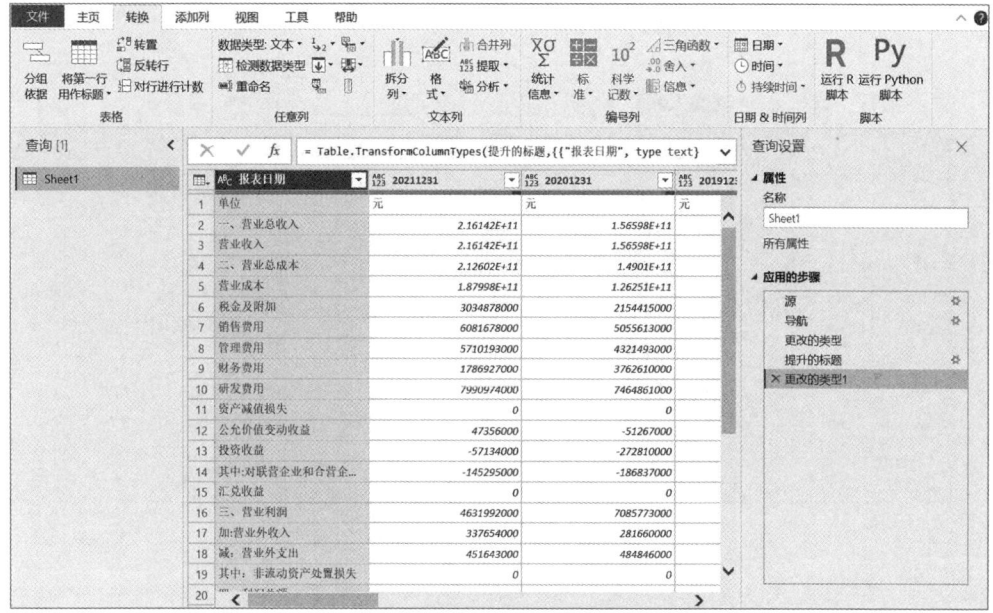

图 8-4 "将第一行用作标题"窗口

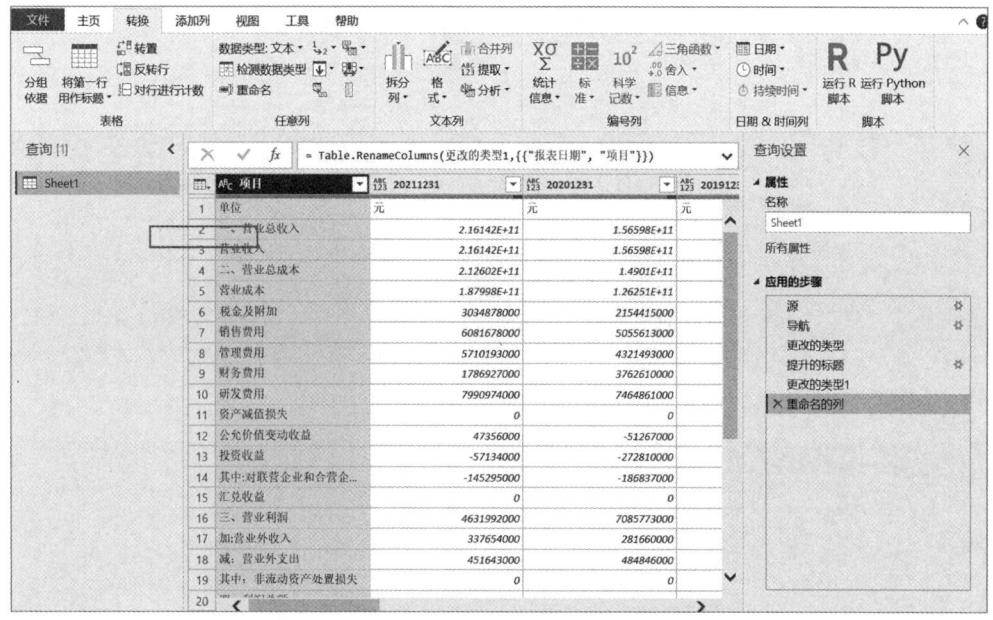

图 8-5 "报告日期"名称修改为"项目"窗口

(4) 删除"第一行",如图 8-6 所示。
(5) 按住"Shift"键,同时选中"20211231"和"20121231"两列,执行"转换"—"替换值"命令,将 null 替换为"0",如图 8-7 所示。
(6) 选中"项目"列,执行"逆透视列"—"逆透视其他列"命令,如图 8-8 所示。

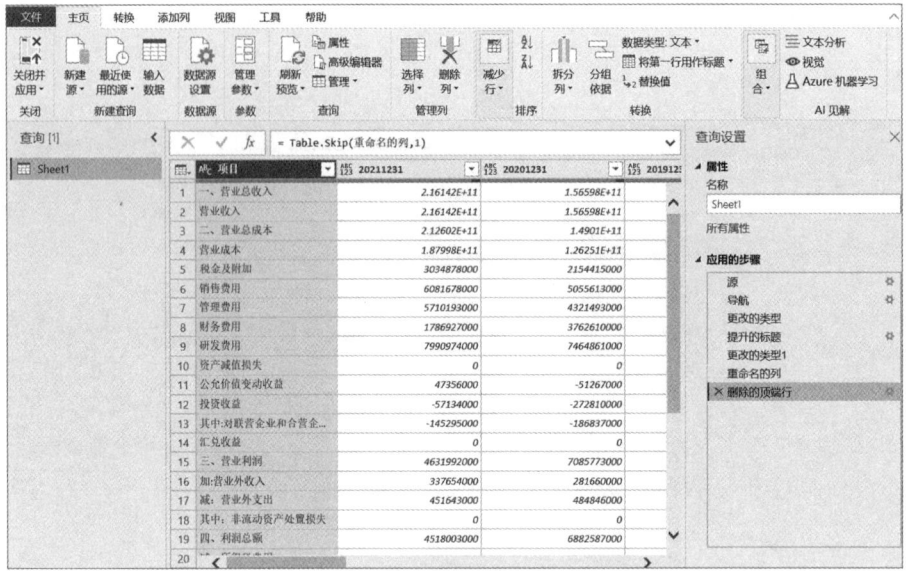

图 8-6 删除"第一行"窗口

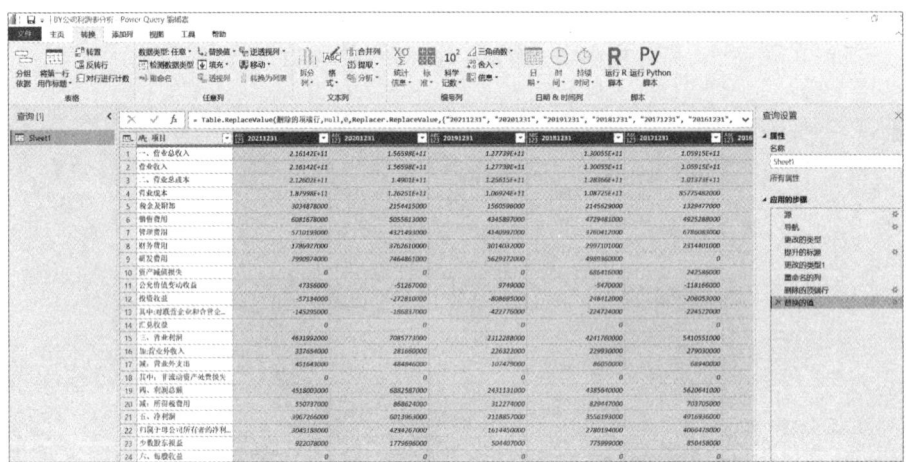

图 8-7 将 null 替换为"0"

图 8-8 逆透视其他列

(7) 选中“属性”列,修改其数据类型为“日期”。执行“添加列”—“日期”—“年”命令,添加列“年”,如图 8-9 所示。

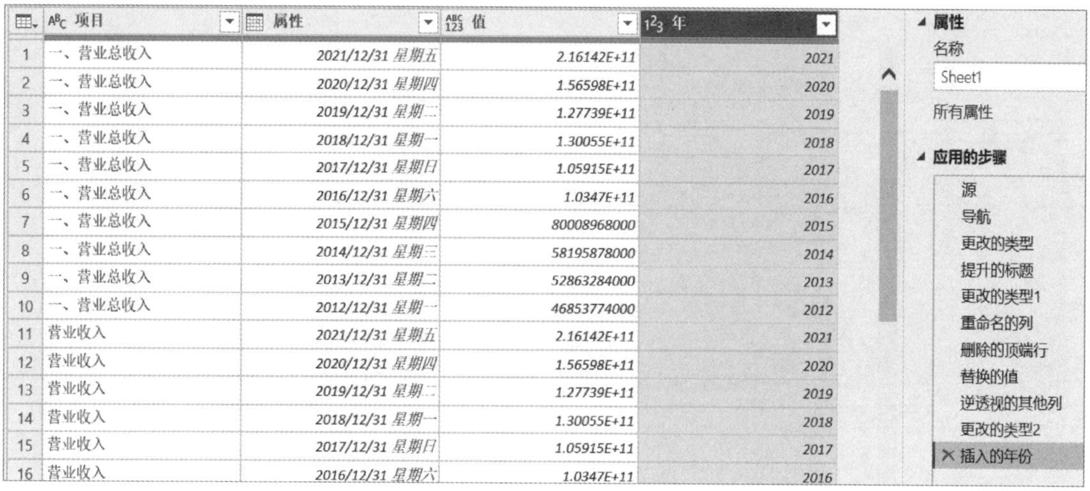

	项目	属性	值	年
1	一、营业总收入	2021/12/31 星期五	2.16142E+11	2021
2	一、营业总收入	2020/12/31 星期四	1.56598E+11	2020
3	一、营业总收入	2019/12/31 星期二	1.27739E+11	2019
4	一、营业总收入	2018/12/31 星期一	1.30055E+11	2018
5	一、营业总收入	2017/12/31 星期日	1.05915E+11	2017
6	一、营业总收入	2016/12/31 星期六	1.0347E+11	2016
7	一、营业总收入	2015/12/31 星期四	80008968000	2015
8	一、营业总收入	2014/12/31 星期三	58195878000	2014
9	一、营业总收入	2013/12/31 星期二	52863284000	2013
10	一、营业总收入	2012/12/31 星期一	46853774000	2012
11	营业收入	2021/12/31 星期五	2.16142E+11	2021
12	营业收入	2020/12/31 星期四	1.56598E+11	2020
13	营业收入	2019/12/31 星期二	1.27739E+11	2019
14	营业收入	2018/12/31 星期一	1.30055E+11	2018
15	营业收入	2017/12/31 星期日	1.05915E+11	2017
16	营业收入	2016/12/31 星期六	1.0347E+11	2016

图 8-9 添加列“年”

(8) 选中“值”列,修改其数据类型为“整数”,并修改列名称为“金额”,如图 8-10 所示。

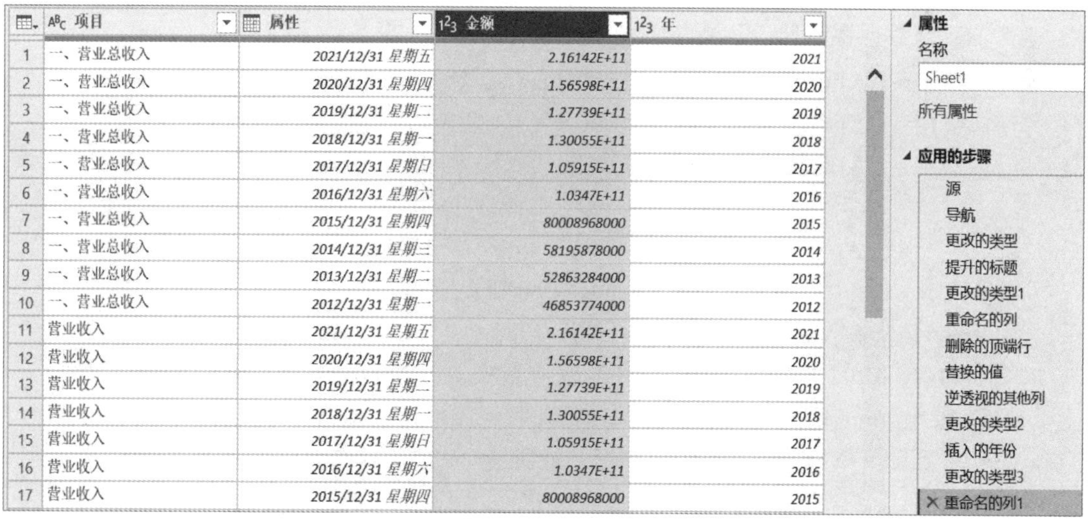

	项目	属性	金额	年
1	一、营业总收入	2021/12/31 星期五	2.16142E+11	2021
2	一、营业总收入	2020/12/31 星期四	1.56598E+11	2020
3	一、营业总收入	2019/12/31 星期二	1.27739E+11	2019
4	一、营业总收入	2018/12/31 星期一	1.30055E+11	2018
5	一、营业总收入	2017/12/31 星期日	1.05915E+11	2017
6	一、营业总收入	2016/12/31 星期六	1.0347E+11	2016
7	一、营业总收入	2015/12/31 星期四	80008968000	2015
8	一、营业总收入	2014/12/31 星期三	58195878000	2014
9	一、营业总收入	2013/12/31 星期二	52863284000	2013
10	一、营业总收入	2012/12/31 星期一	46853774000	2012
11	营业收入	2021/12/31 星期五	2.16142E+11	2021
12	营业收入	2020/12/31 星期四	1.56598E+11	2020
13	营业收入	2019/12/31 星期二	1.27739E+11	2019
14	营业收入	2018/12/31 星期一	1.30055E+11	2018
15	营业收入	2017/12/31 星期日	1.05915E+11	2017
16	营业收入	2016/12/31 星期六	1.0347E+11	2016
17	营业收入	2015/12/31 星期四	80008968000	2015

图 8-10 修改“值”列

(9) 将“Sheet1”的表名重命名为“利润表”,如图 8-11 所示。

(10) 执行“关闭并应用”命令。

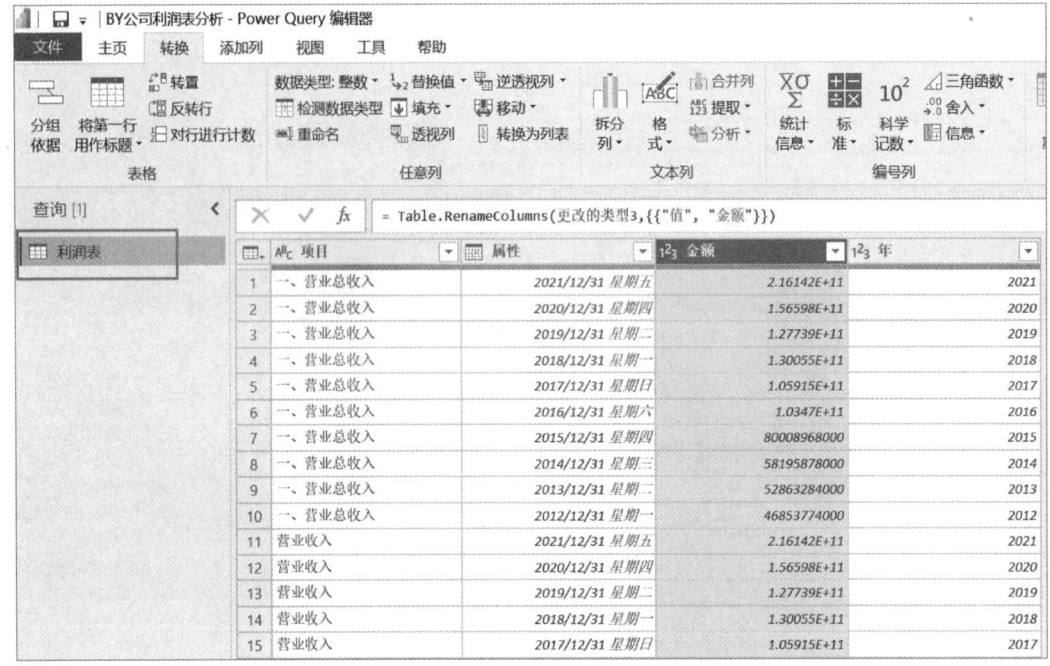

图 8-11 "Sheet1"的表名重命名为"利润表"

三、数据建模

具体操作步骤如下：

(1) 点击【数据视图】按钮，新建下列度量值：

管理费用=CALCULATE(SUM('利润表'[金额]),'利润表'[项目]="管理费用")
销售费用=CALCULATE(SUM('利润表'[金额]),'利润表'[项目]="销售费用")
财务费用=CALCULATE(SUM('利润表'[金额]),'利润表'[项目]="财务费用")

营业收入=CALCULATE(SUM('利润表'[金额]),'利润表'[项目]="一、营业总收入")
营业成本=CALCULATE(SUM('利润表'[金额]),'利润表'[项目]="二、营业总成本")
毛利润=[营业收入]-[营业成本]
净利润=CALCULATE(SUM('利润表'[金额]),'利润表'[项目]="五、净利润")
毛利率=round(DIVIDE([毛利润],[营业收入]),4)
净利率=ROUND(DIVIDE([净利润],[营业收入]),4)

管理费用率=ROUND(DIVIDE([管理费用],[营业收入]),4)
销售费用率=ROUND(DIVIDE([销售费用],[营业收入]),4)
财务费用率=ROUND(DIVIDE([财务费用],[营业收入]),4)

(2) 建立度量值后，修改"管理费用率""销售费用率""财务费用率""毛利率""净利率"格式为百分比，如图 8-12 所示。

项目八　Power BI 综合案例实训

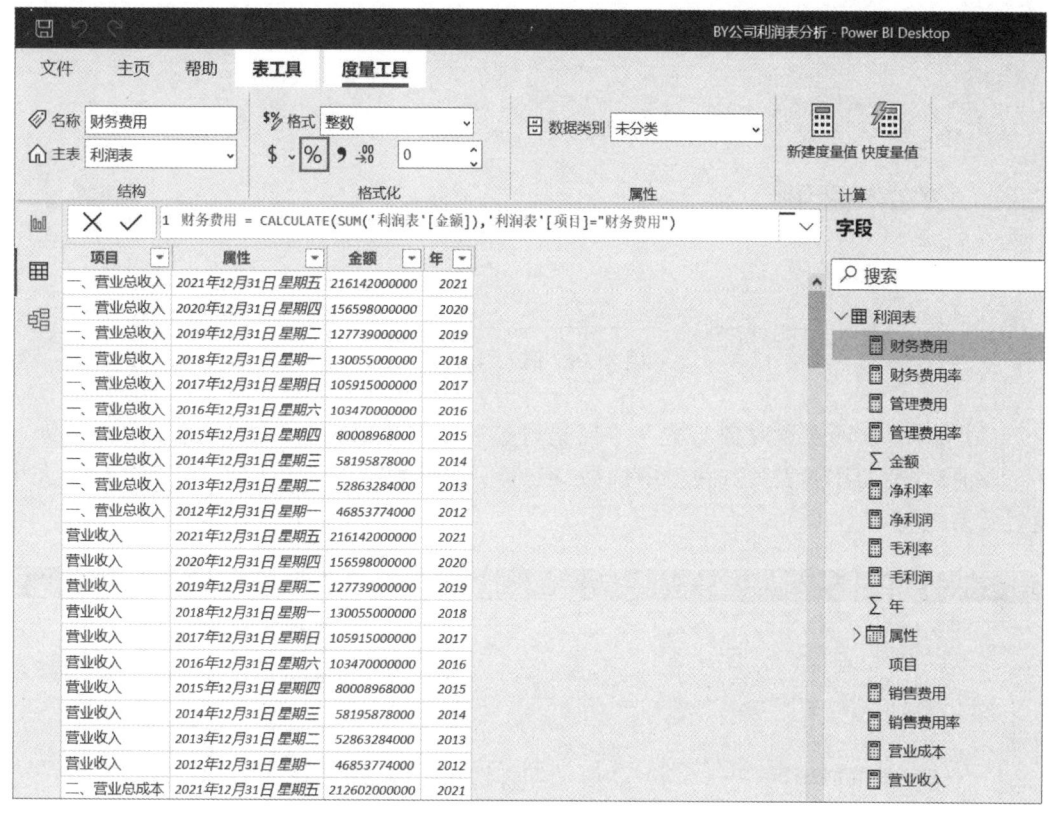

图 8-12　建立度量值

四、数据可视化

具体操作步骤如下：

（1）执行"插入"—"文本框"命令，在文本框中输入"BY 公司利润表分析"，调整字体大小为"20""粗体""居中"，如图 8-13 所示。

图 8-13　插入"文本框"

（2）在"可视化"窗格中点击【切片器】按钮，勾选"字段"窗格中"利润表"中的字段"年"，选择切片器类型为"列表"，如图 8-14 所示。

159

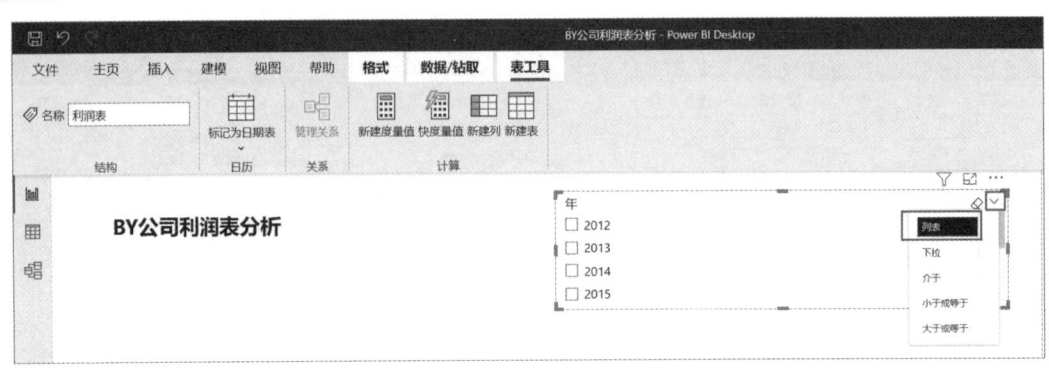

图 8-14 插入"切片器"

（3）执行"设置视觉对象格式"—"视觉对象"—"切片器设置"命令，将方向调整为"水平"；取消选择"切片器表头"；在值中选择"粗体"，线条宽度为"2"。调整切片器位置、大小，设置效果如图 8-15 所示。

图 8-15 切片器设置效果

（4）在"可视化"窗格中点击【环形图】按钮，在"字段"中选择"销售费用""管理费用""财务费用"，如图 8-16 所示。

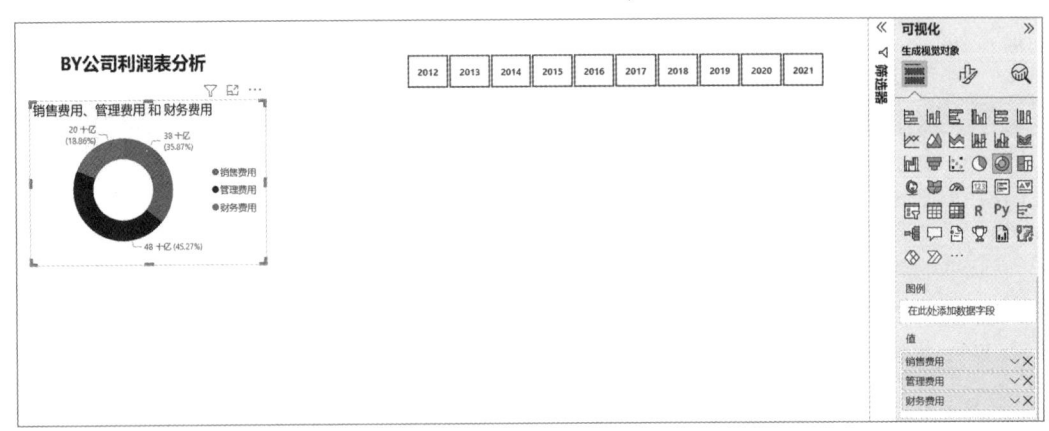

图 8-16 插入"环形图"

（5）执行"设置视觉对象格式"—"常规"命令，在"标题"中设置标题为"期间费用分析"，方向为"居中"；在"效果"中打开"视觉对象边框"。设置效果如图 8-17 所示。

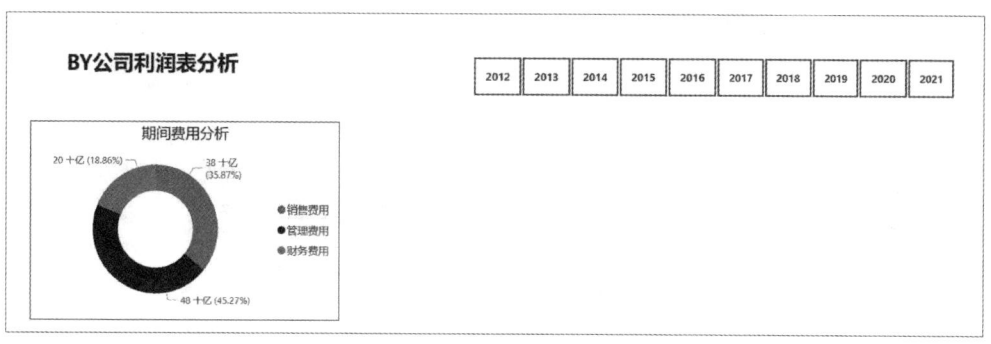

图 8-17　环形图设置效果

（6）插入三个"卡片图"，分别在卡片图中选择"字段"中的"销售费用率""管理费用率""财务费用率"，如图 8-18 所示。

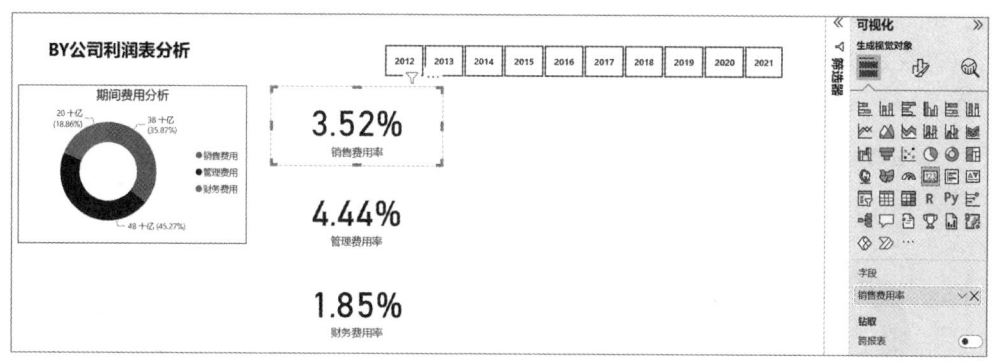

图 8-18　插入"卡片图"

（7）分别设置三个卡片图的格式。执行"设置视觉对象格式"—"视觉对象"—"标准值"命令，设置字体大小为"30"，在"效果"中打开"视觉对象边框"，调整卡片的大小、位置，设置效果如图 8-19 所示。

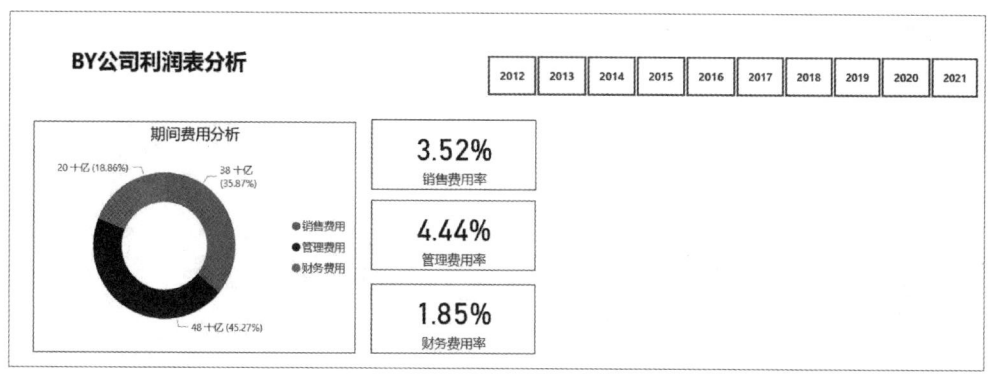

图 8-19　卡片图设置效果

（8）在"可视化"窗格点击【簇状柱形图】按钮，在"字段"窗格中选择"年""毛利润""净利润"，如图 8-20 所示。

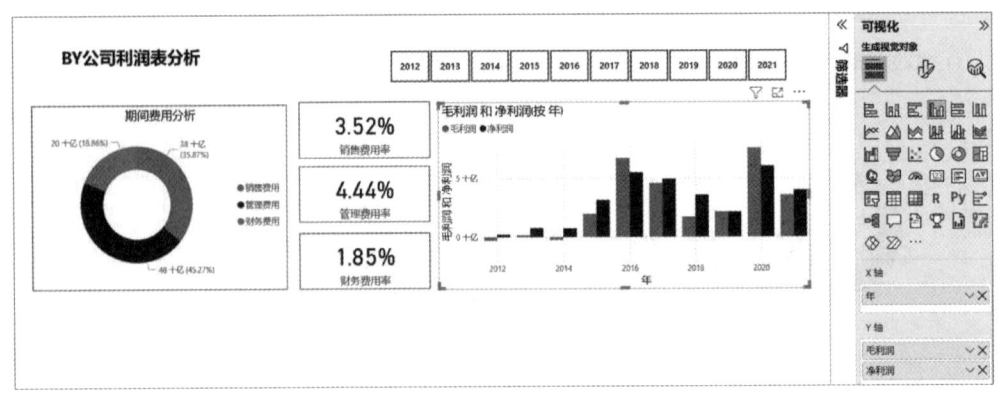

图 8-20　插入"簇状柱形图"

（9）执行"设置视觉对象格式"—"常规"命令，在"标题"中设置标题为"毛利润和净利润趋势分析"，方向为"居中"；在"效果"中打开"视觉对象边框"；在"视觉对象"中打开"数据标签"，设置效果如图 8-21 所示。

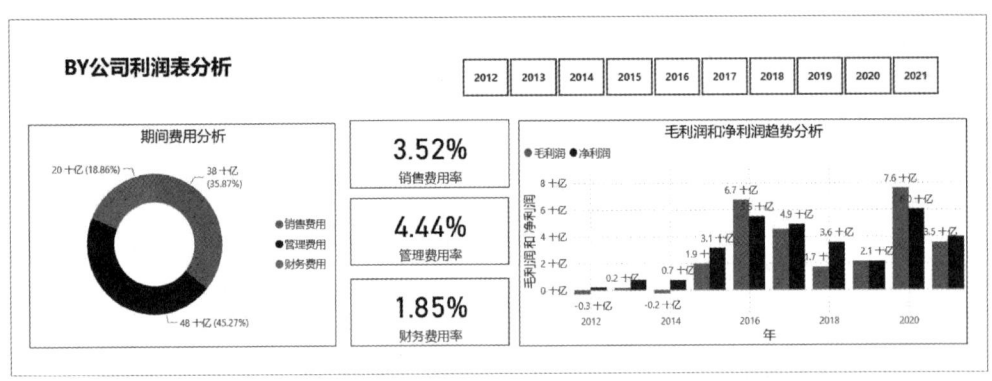

图 8-21　簇状柱形图设置效果

（10）在"可视化"窗格中点击【折线图】按钮，在"字段"窗格中选择"年""营业收入""营业成本"，如图 8-22 所示。

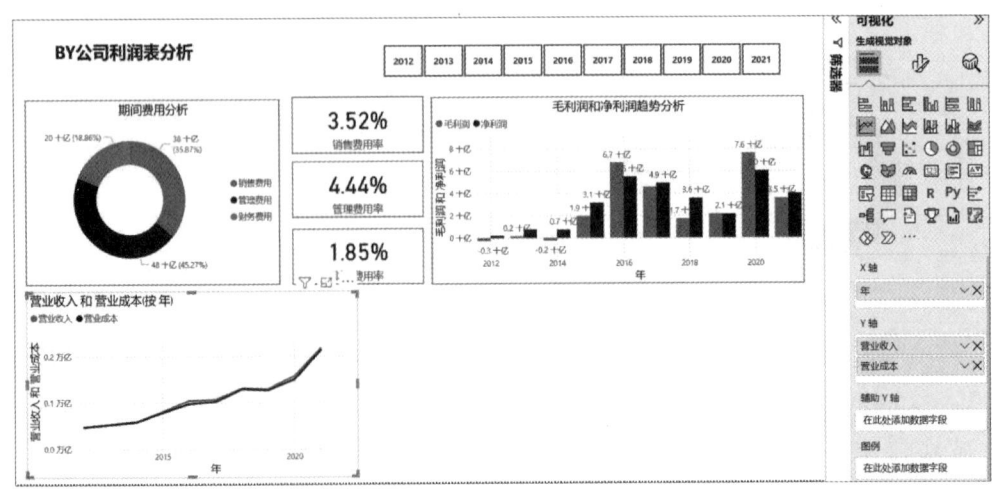

图 8-22　插入"折线图"

(11)执行"设置视觉对象格式"—"常规"命令,在"标题"中设置标题为"营业收入和营业成本趋势分析",方向为"居中";在"效果"中打开"视觉对象边框";在"视觉对象"中打开"数据标签""标记",设置效果如图 8-23 所示。

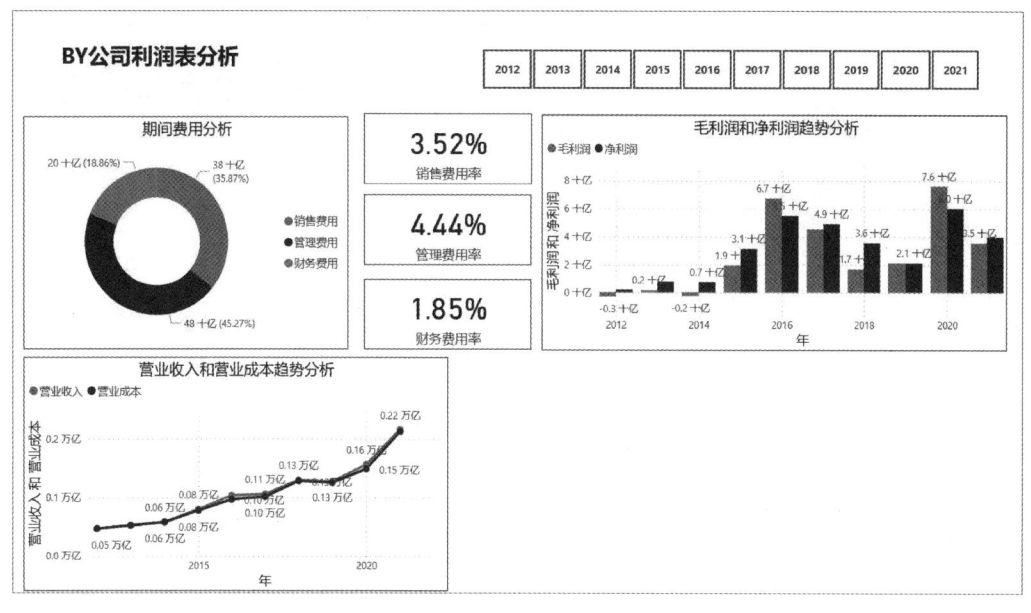

图 8-23 折线图设置效果

(12)在"可视化"窗格中点击【折线和簇状柱形图】按钮,在"字段"窗格中选择"年""毛利率""净利率",如图 8-24 所示。

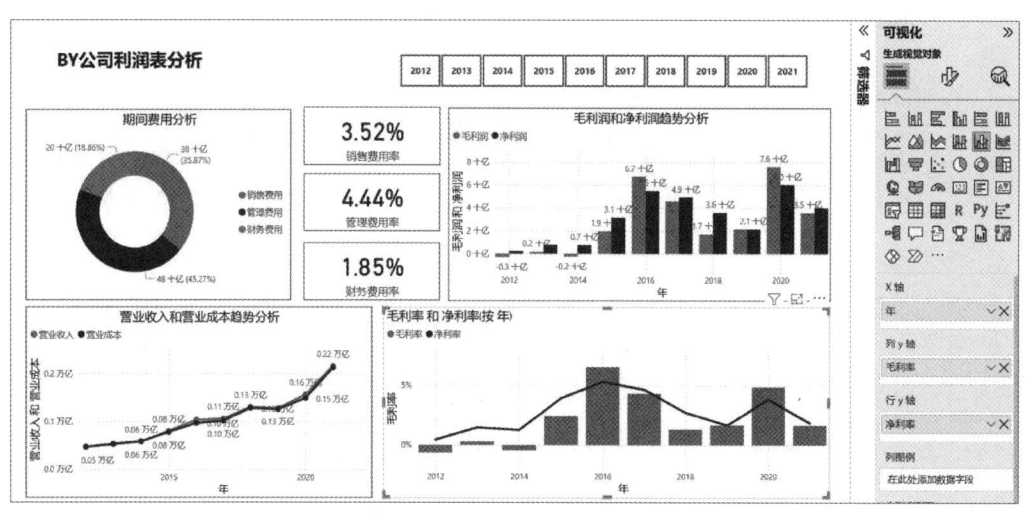

图 8-24 插入折线和簇状柱形图

(13)执行"设置视觉对象格式"—"常规"命令,在"标题"中设置标题为"毛利率和净利率分析",方向为"居中";在"效果"中打开"视觉对象边框";在"视觉对象"中打开"数据标签""标记",设置效果如图 8-25 所示。

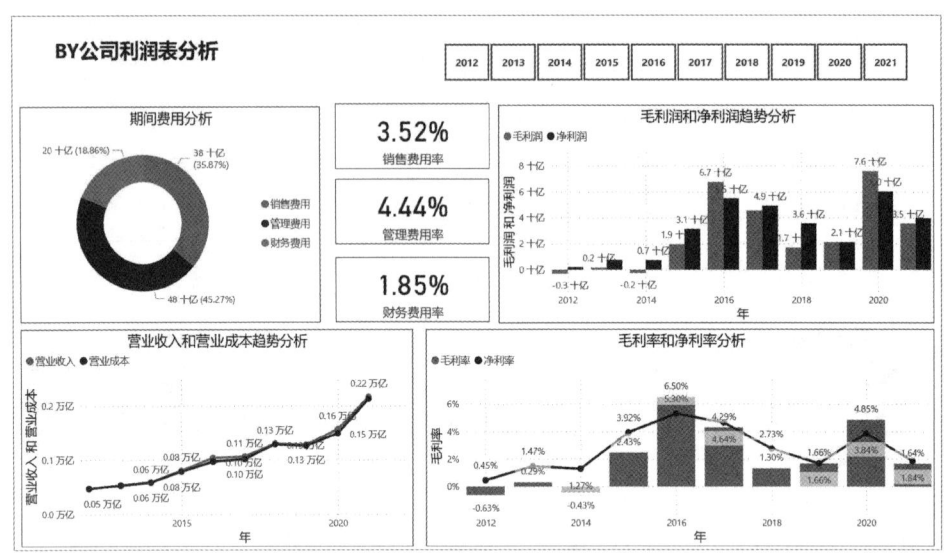

图 8-25　折线和簇状柱形图设置效果

任务二　零售业经营销售大数据分析

一、导入数据

具体操作步骤如下：

（1）打开"2022 年商品销售汇总.xlsx"，如果 8-26 所示。

图 8-26　导入"2022 年商品销售汇总.xlsx"

（2）继续导入"2022年销售预算.xlsx""区域划分.xlsx"，导入完成后的界面如图8-27所示。

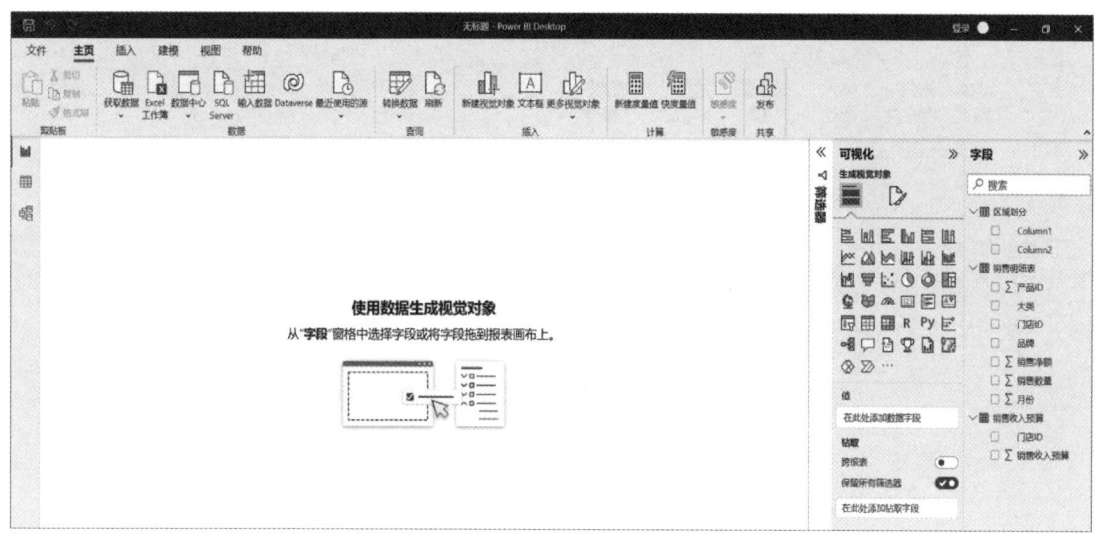

图8-27　数据导入后的界面

（3）保存文件为"NT公司销售分析.pbix"。

二、数据清洗

具体操作步骤如下：

（1）执行"主页"—"转换数据"命令，打开"NT公司销售分析-Power Query编辑器"窗口，如图8-28所示。

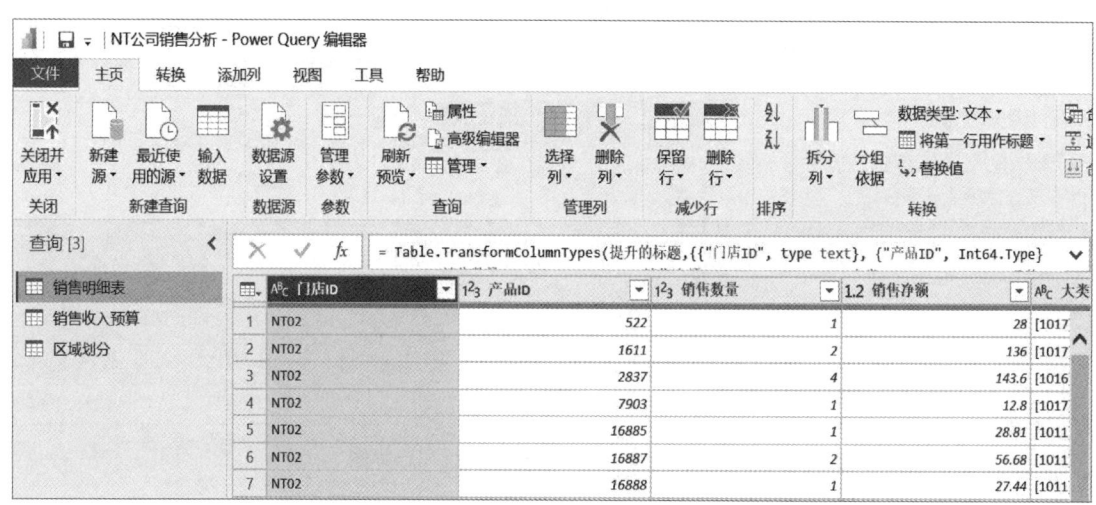

图8-28　"NT公司销售分析-Power Query编辑器"窗口

（2）选择"销售收入预算"查询，执行"删除行"—"删除空行"命令，如图8-29所示。

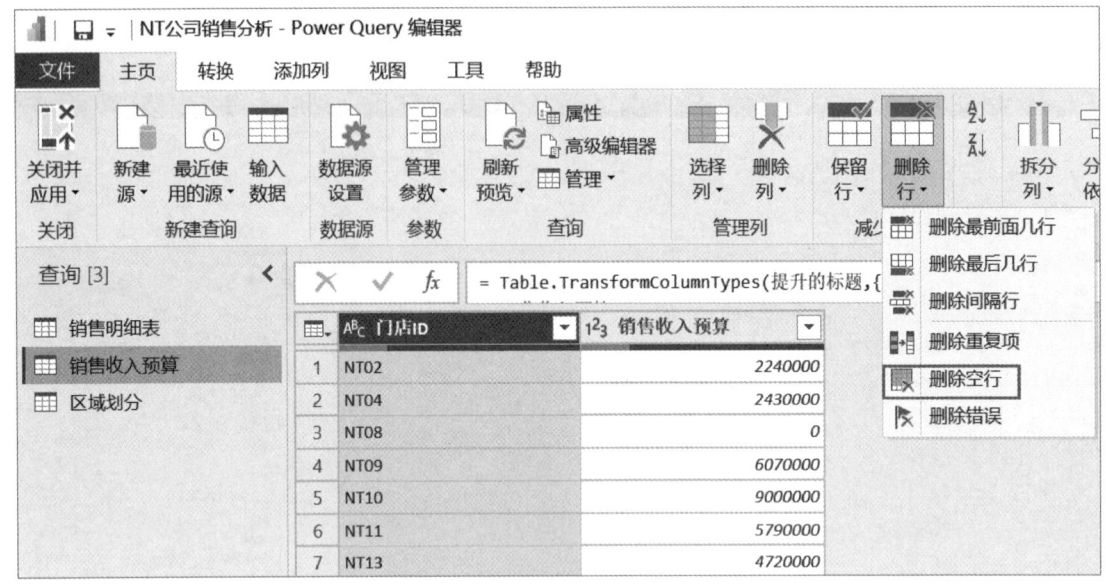

图8-29 "销售收入预算"删除空行

(3)选择"区域划分"查询,执行"转换"—"将第一行用作标题"命令,如图8-30所示。

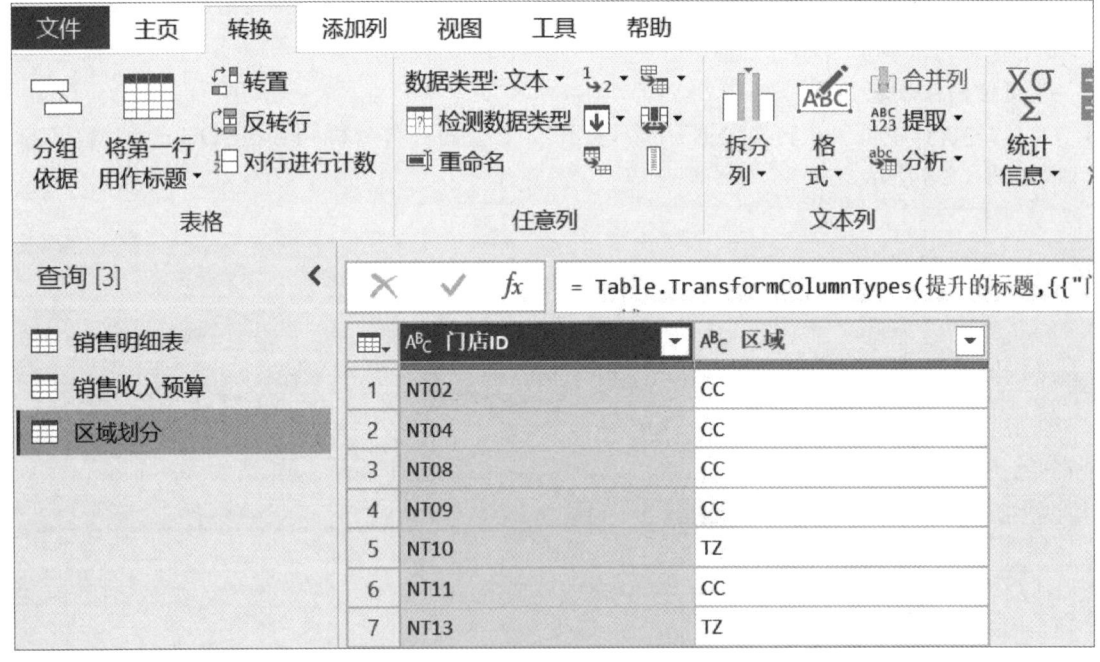

图8-30 "区域划分"将第一行用作标题

(4)选择"销售明细表"查询,选择"大类"列,执行"转换"—"提取"—"分隔符之后的文本"命令,如图8-31所示。

(5)在弹出的对话框中输入分隔符"]",如图8-32所示。

项目八　Power BI 综合案例实训

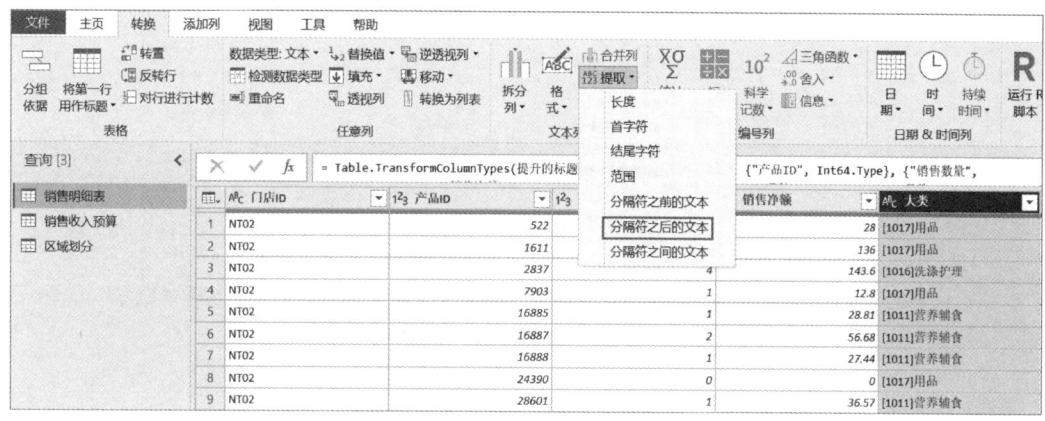

图 8-31　"销售明细表"提取文本

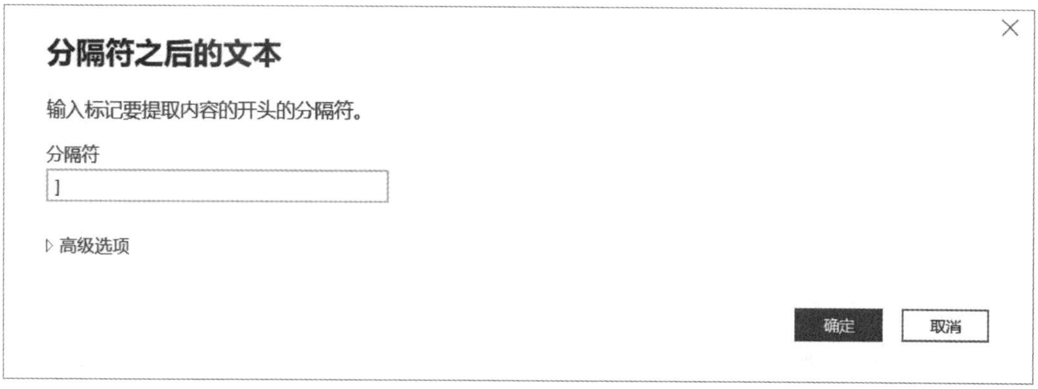

图 8-32　设置分隔符

（6）点击【确定】按钮后，修改"大类"列名为"产品大类"，如图 8-33 所示。

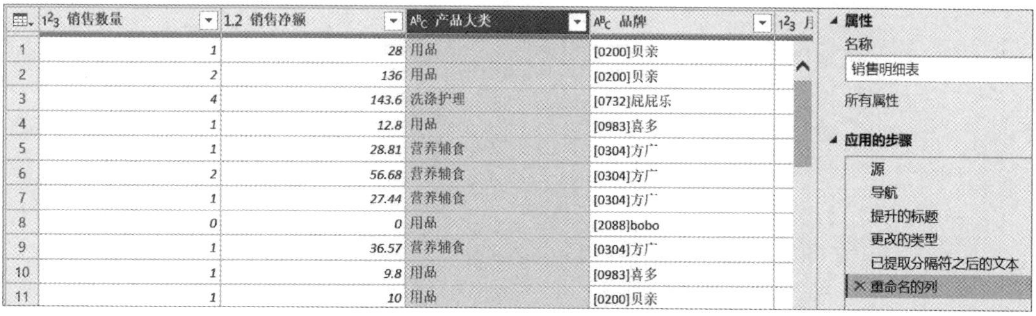

图 8-33　修改列名为"产品大类"

（7）选择"品牌"列，执行"转换"—"提取"—"分隔符之后的文本"命令，在弹出的对话框中输入"]"，点击【确定】按钮，修改"品牌"列名为"产品品牌"，如图 8-34 所示。

（8）选择"销售收入预算"查询，执行"主页"—"合并查询"—"将查询合并为新查询"命令，如图 8-35 所示。

167

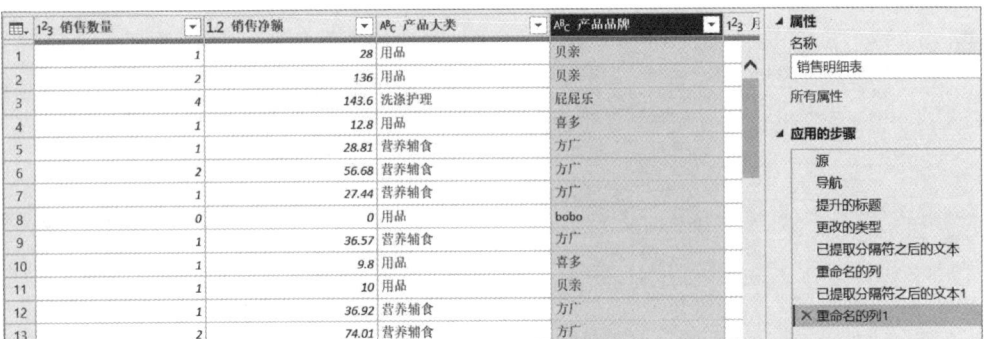

图 8-34 "品牌"列处理

图 8-35 "合并查询"窗口

（9）在弹出的"合并"对话框中，进行设置，如图 8-36 所示。

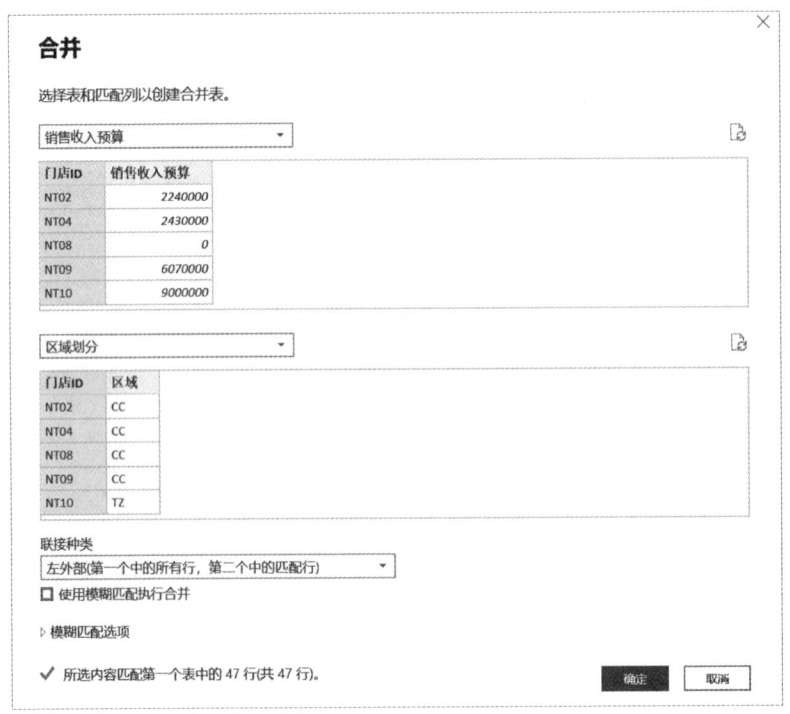

图 8-36 "合并"查询设置

(10) 点击【确定】按钮,在新查询"合并1"中,展开"区域划分"列,勾选"区域"复选框,如图 8-37 所示。

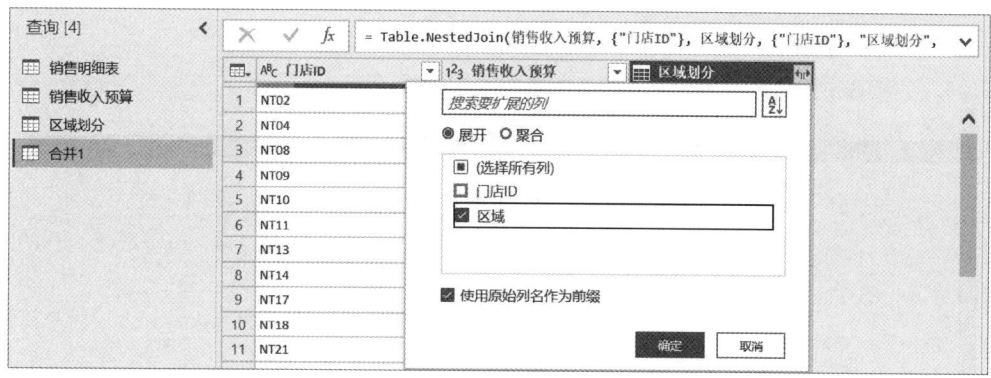

图 8-37 展开"区域划分"列

(11) 点击【确定】按钮,将"区域划分.区域"重命名为"区域"。将查询"合并1"重命名为"收入预算与区域划分",如图 8-38 所示。

图 8-38 查询"合并1"重命名

(12) 分别右击查询"销售收入预算""区域划分",在弹出的下拉列表中取消选择"启用加载",如图 8-39 所示。

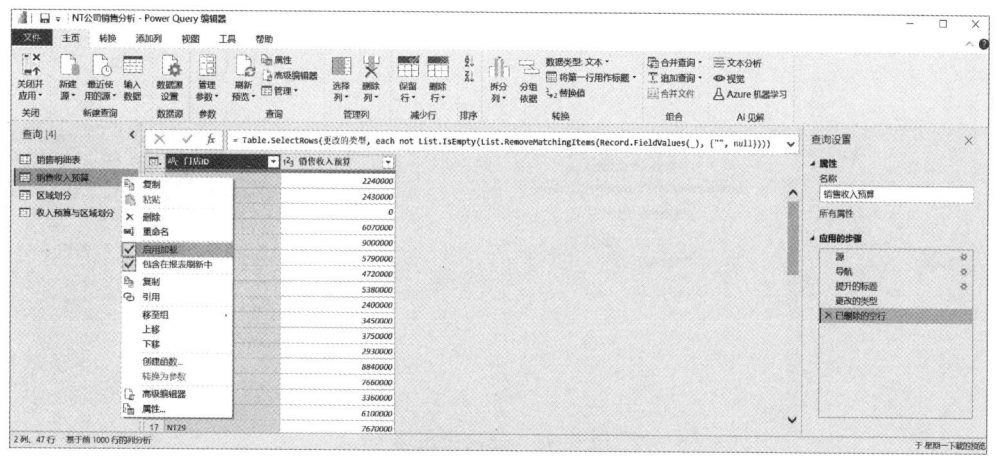

图 8-39 取消选择"启用加载"

（13）点击【关闭并应用】按钮，返回"NT 公司销售分析－Power BI Desktop"界面。

三、数据建模

具体操作步骤如下：

（1）在"模型视图"下，建立关系模型，如图 8-40 所示。

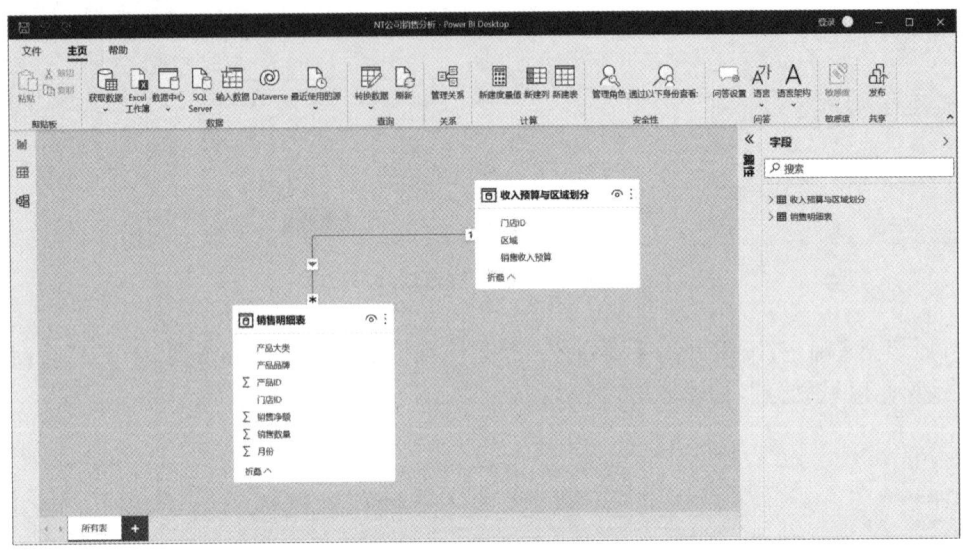

图 8-40　建立关系模型

（2）返回"报表视图"。在"字段"窗格中选择"销售明细表"，执行"建模"—"新建度量值"命令，如图 8-41 所示。建立下列度量值：

销售金额＝SUM('销售明细表'[销售净额])

销售预算＝SUM('收入预算与区域划分'[销售收入预算])

销售预算完成率＝DIVIDE([销售金额],[销售预算])

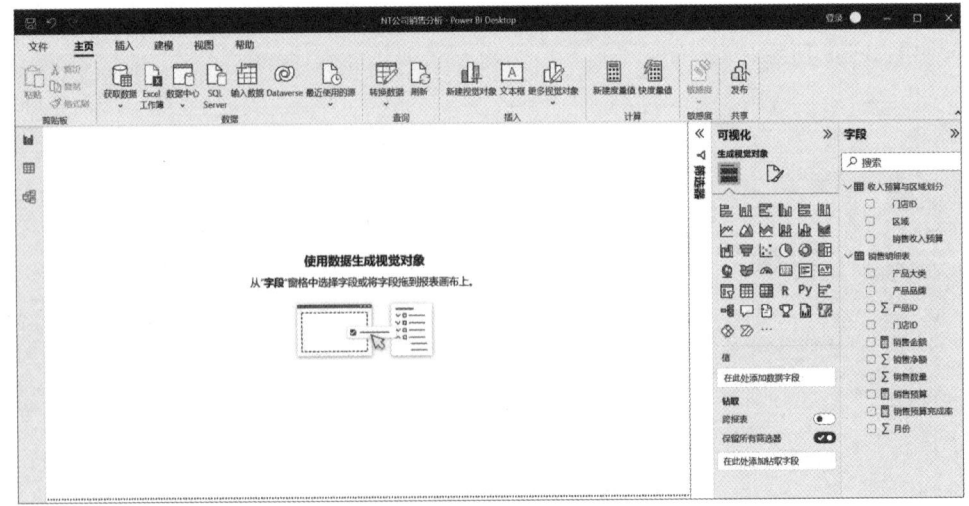

图 8-41　建立度量值

(3) 将"销售预算完成率"的格式设置为百分比%。

四、数据可视化

具体操作步骤如下：

(1) 执行"插入"—"文本框"命令，在文本框中输入"NT公司销售分析"，调整字体大小为"28""粗体""居中"，如图8-42所示。

图 8-42　插入标题"NT公司销售分析"

(2) 单击"可视化"窗格中的【切片器】按钮，勾选"字段"窗格中"销售明细表"下的"月份"复选框，选择切片器类型为"下拉"，如图8-43所示。

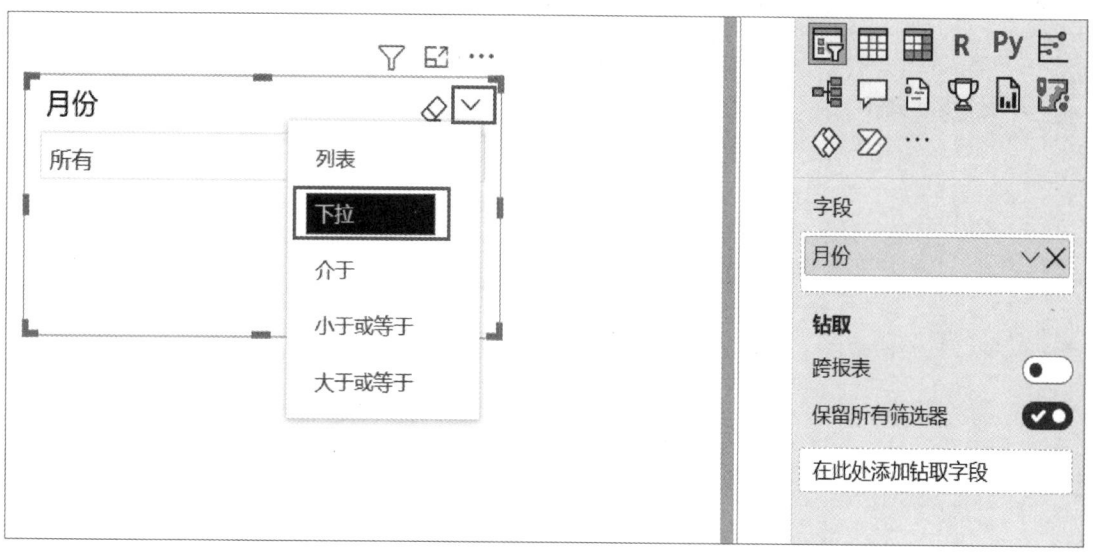

图 8-43　插入切片器"月份"

（3）执行"设置视觉对象格式"—"常规"—"效果"命令，打开"视觉对象边框"，如图8-44所示。

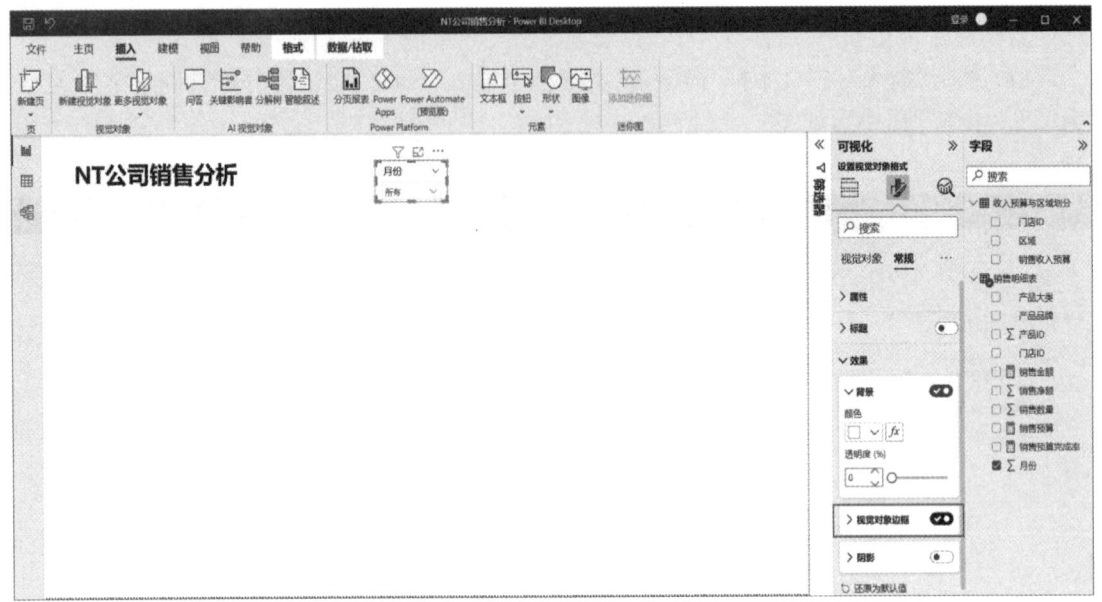

图8-44　打开月份"视觉对象边框"

（4）以同样的方式，插入"区域""门店ID"的切片器，如图8-45所示。

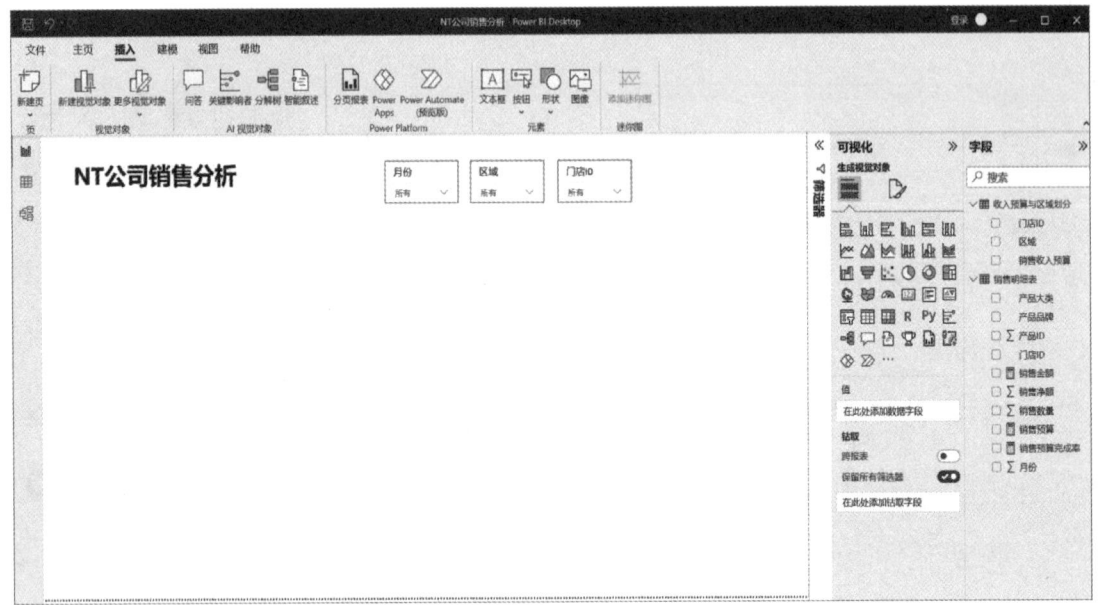

图8-45　插入切片器"区域""门店ID"

（5）在"可视化"窗格中选择"卡片图"，勾选度量值"销售金额"，如图8-46所示。

项目八　Power BI 综合案例实训

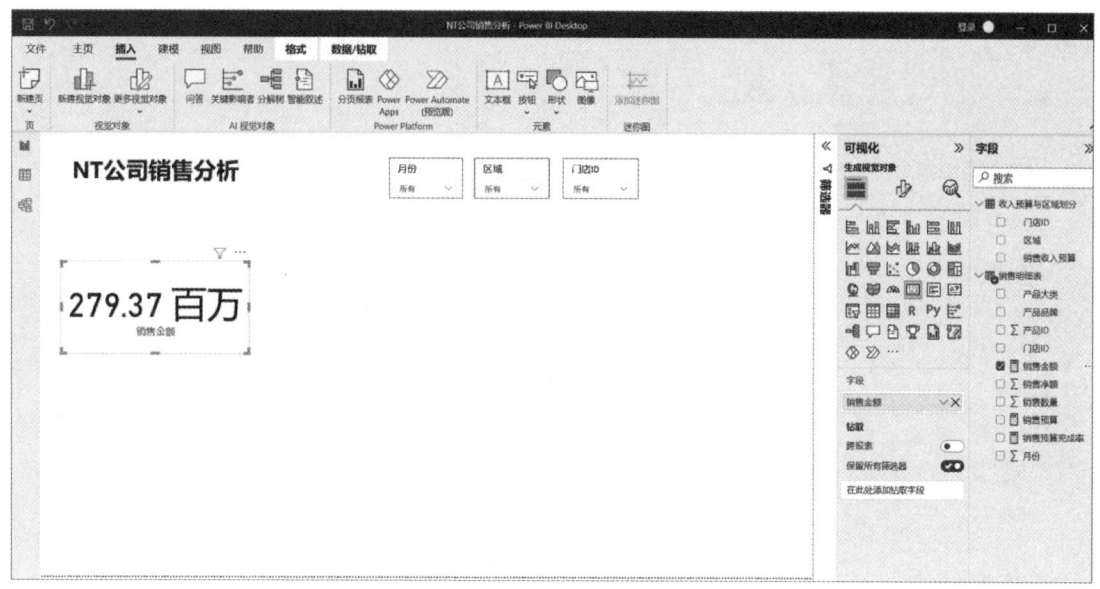

图 8-46　插入销售金额"卡片图"

（6）调整卡片图格式。执行"设置视觉对象格式"—"视觉对象"命令，设置标注值中字体大小为"20"，设置类别标签中字体大小为"11"；在"效果"中打开"视觉对象边框"，如图 8-47 所示。

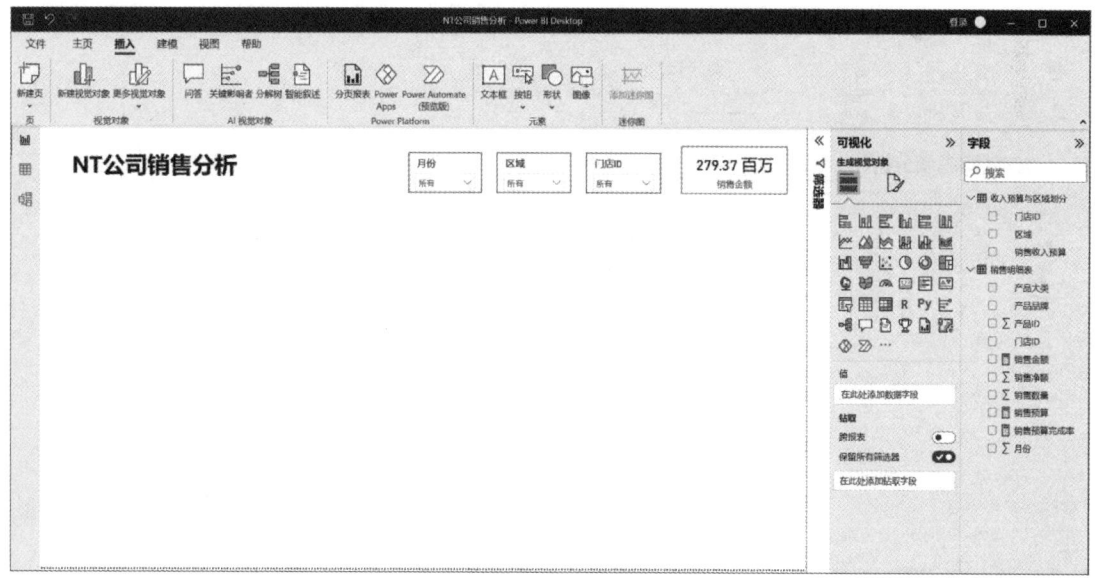

图 8-47　设置卡片图格式

（7）在"可视化"窗格中点击【折线图】按钮，勾选"月份""销售金额"复选框，如图 8-48 所示。

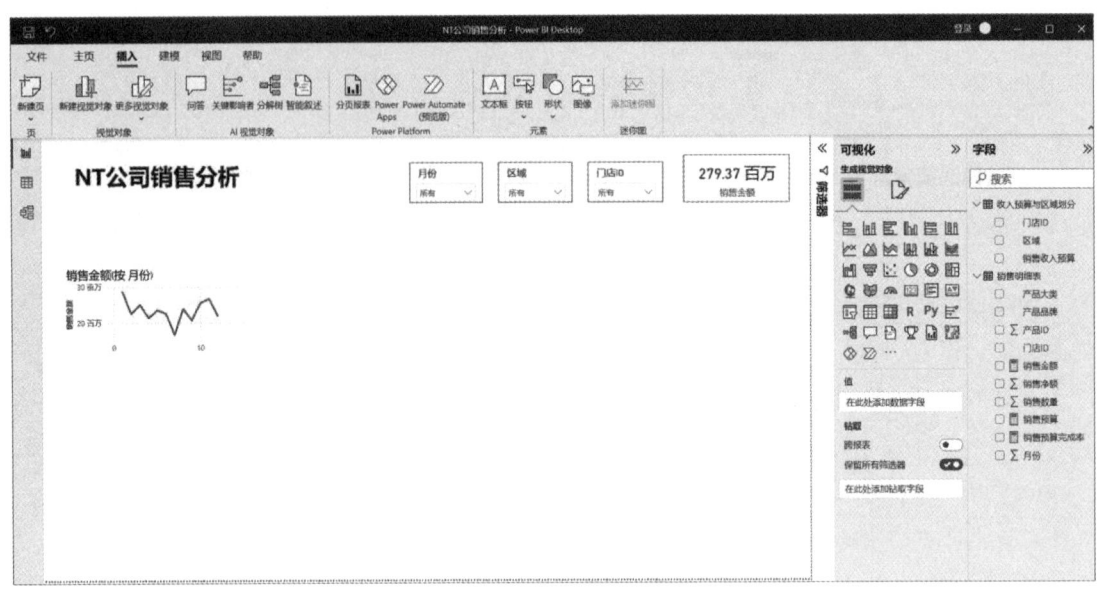

图 8-48　插入折线图

（8）调整折线图格式。执行"设置视觉对象格式"—"视觉对象"命令，打开"标记""数据标签"；在"常规"中设置标题为"趋势分析"，方向为"居中"；在"效果"中打开"视觉对象边框"，如图 8-49 所示。

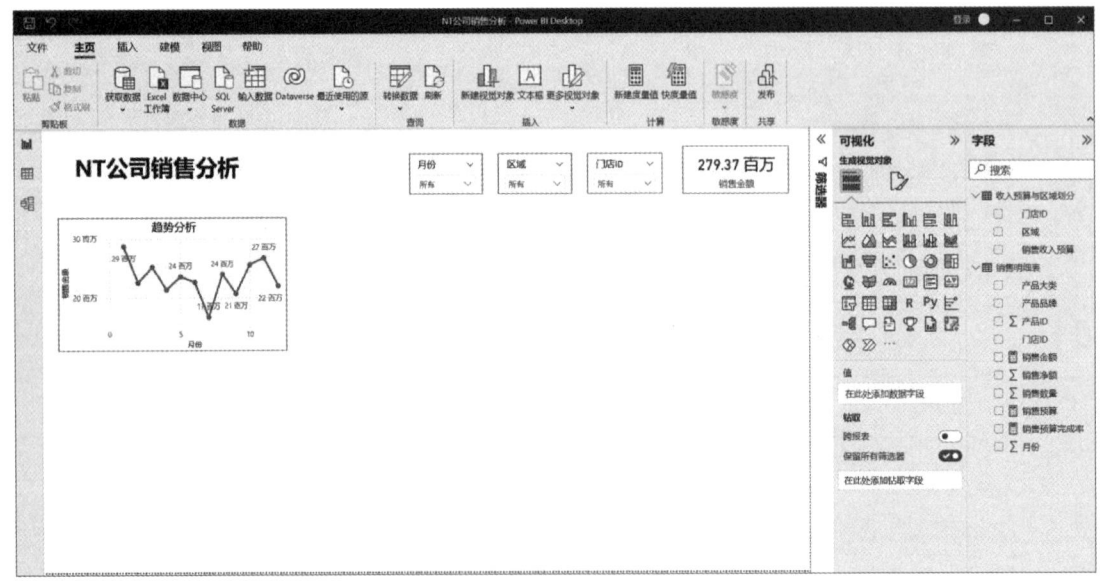

图 8-49　调整折线图格式

（9）在"可视化"窗格中点击【饼图】按钮，勾选"区域""销售金额"复选框，如图 8-50 所示。

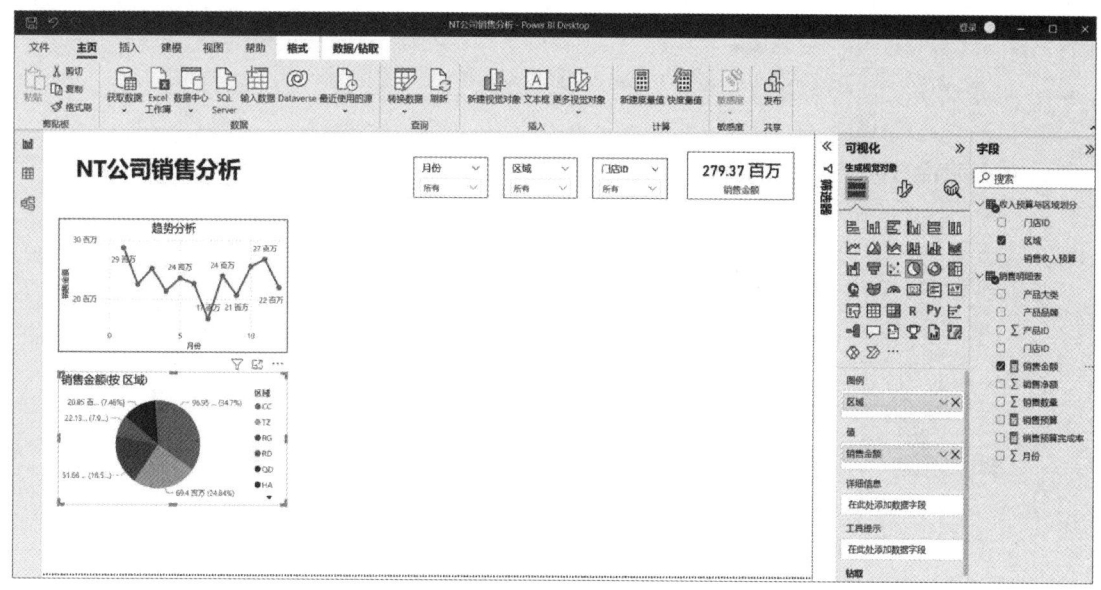

图 8-50　插入饼图

（10）调整饼图格式。执行"设置视觉对象格式"—"视觉对象"—"详细信息标签"命令，设置标签内容为"总百分比"；在"常规"中设置标题为"区域分析"，方向为"居中"，在"效果"中打开"视觉对象边框"，如图 8-51 所示。

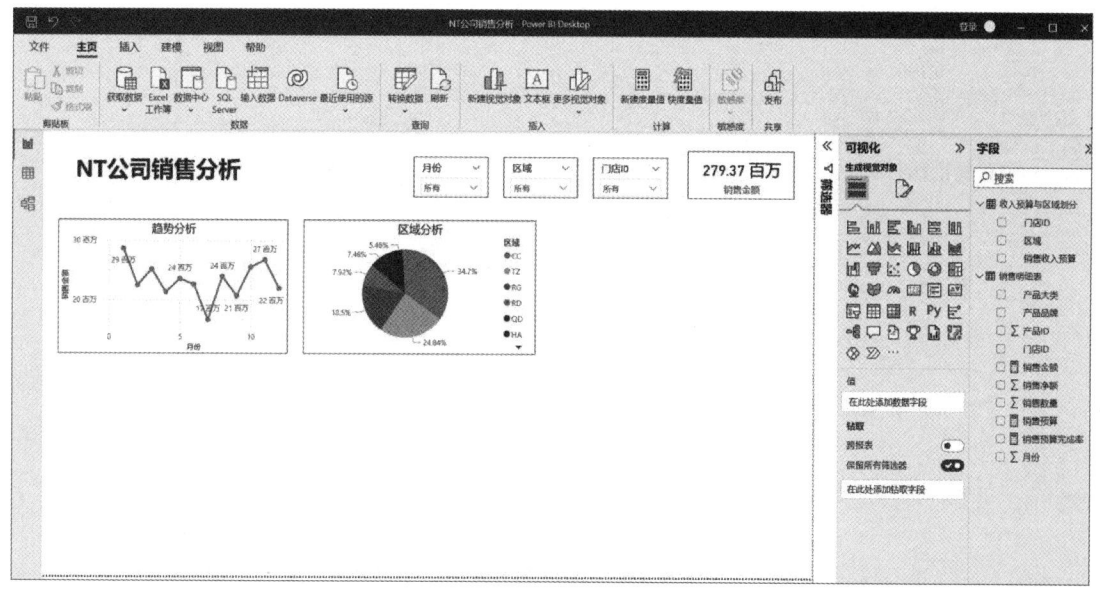

图 8-51　调整饼图格式

（11）在"可视化"窗格中点击【簇状条形图】按钮，勾选"产品品牌""销售金额"复选框，如图 8-52 所示。

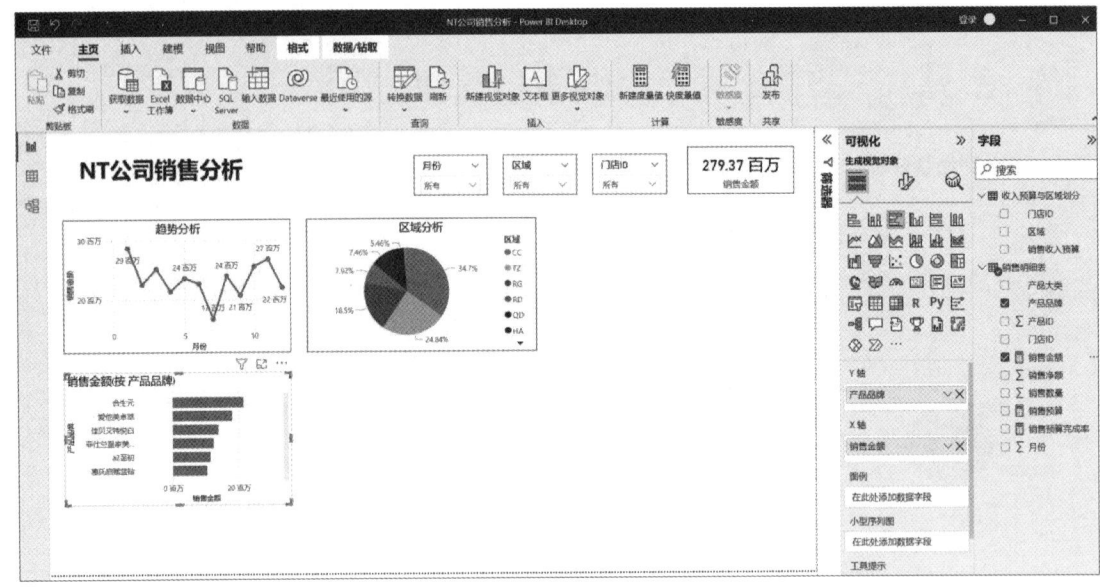

图 8-52 插入"簇状条形图"

(12) 调整簇状条形图格式。执行"设置视觉对象格式"—"视觉对象"—"Y 轴"命令,点击"切换轴位置",打开"数据标签";在"常规"中设置标题为"产品品牌分析",方向为"居中",在"效果"中打开"视觉对象边框",如图 8-53 所示。

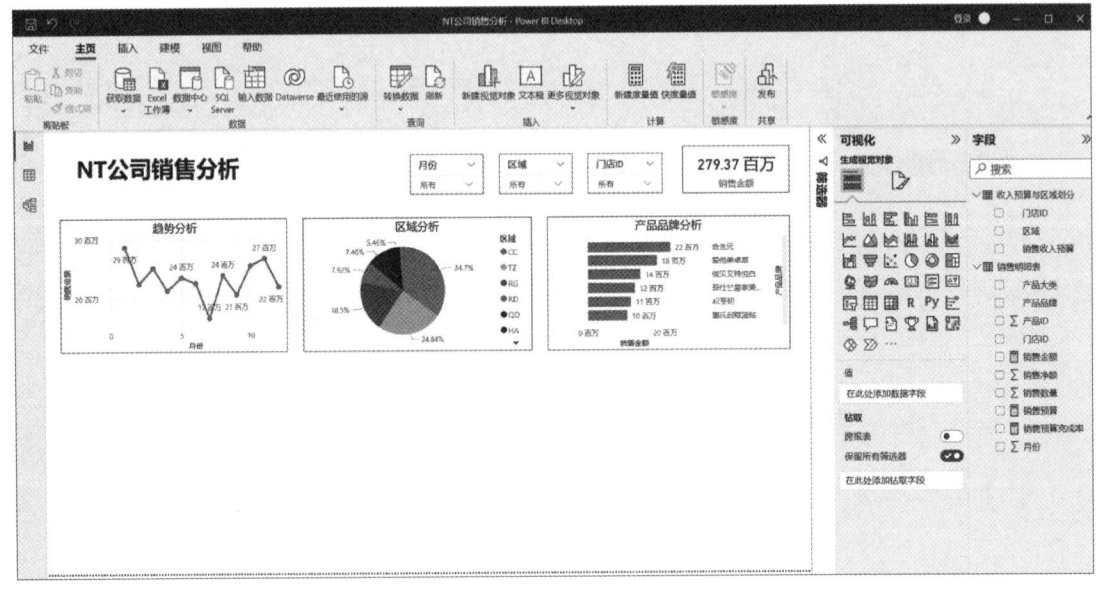

图 8-53 调整簇状条形图格式

(13) 在"可视化"窗格中点击【簇状柱形图】按钮,勾选"产品大类""销售金额"复选框,如图 8-54 所示。

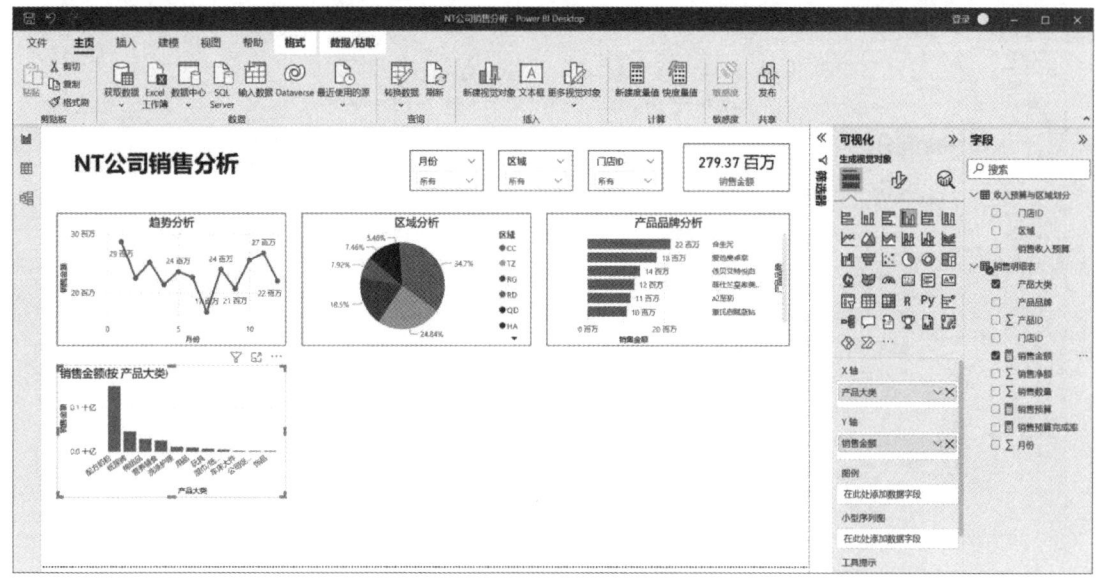

图 8-54 插入"簇状柱形图"

（14）调整簇状柱形图格式。执行"设置视觉对象格式"—"视觉对象"命令，打开"数据标签"；在"常规"中设置标题为"产品大类分析"，方向为"居中"，在"效果"中打开"视觉对象边框"，如图 8-55 所示。

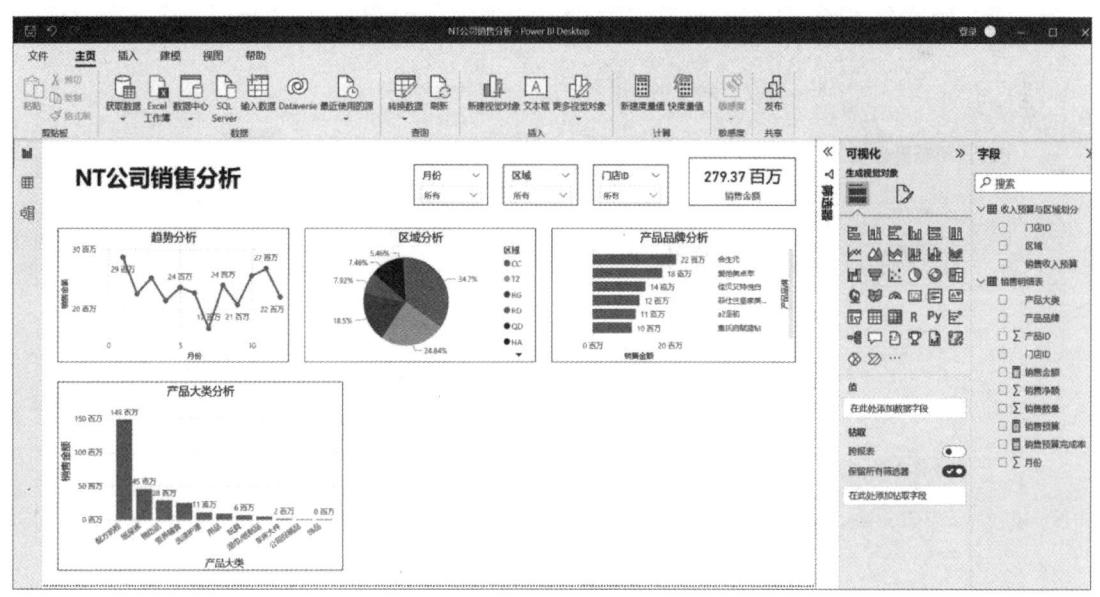

图 8-55 调整簇状柱形图格式

（15）在"可视化"窗格中点击【折线和簇状柱形图】按钮，勾选"收入预算与区域划分"中的"门店 ID"复选框、度量值中的"销售金额""销售预算完成率"复选框，如图 8-56 所示。

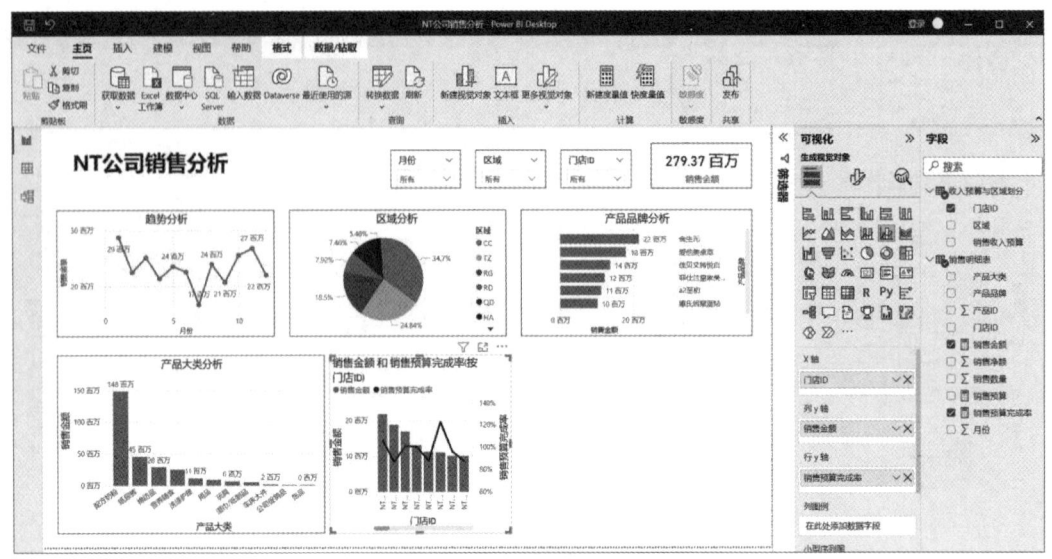

图 8-56 插入"折线和簇状柱形图"

（16）调整折线和簇状柱形图格式。执行"设置视觉对象格式"—"视觉对象"命令，在"X 轴"中将字体大小调整为"8"，打开"标记""销售预算完成率"的"数据标签"；在"常规"中设置标题为"销售预算完成率分析"，方向为"居中"；在"效果"中打开"视觉对象边框"，如图 8-57 所示。

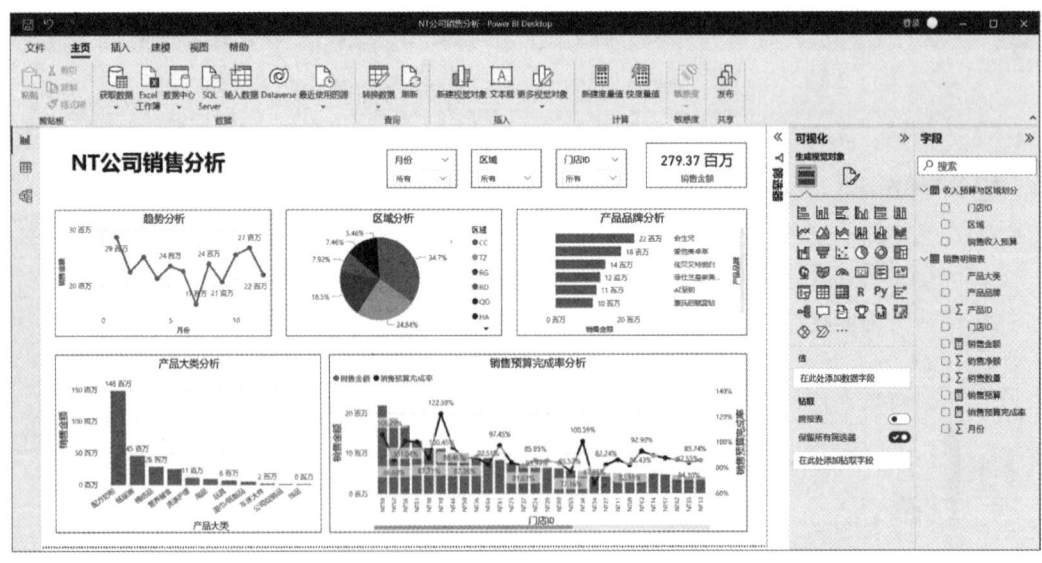

图 8-57 调整折线和簇状柱形图格式

财务机器人 UiPath 篇

项目九 财务机器人 UiPath 基础

任务一　UiPath 介绍

一、初识 RPA

在 20 世纪 50 年代,"计算机科学之父"图灵发表的《计算机器与智能》一文中提出"机器能思考吗"的问题,揭示了人类对智能机器的预想。1952 年,图灵编写了一个国际象棋程序。可是,当时没有一台计算机有足够的运算能力去执行这个程序,他就模仿计算机,每走一步要用半小时。他与一位同事下了一盘,结果程序输了。后来,美国新墨西哥州洛斯阿拉莫斯国家实验室的研究员根据图灵的理论,在 MANIAC 上设计出世界上第一个电脑程式的象棋。随着人工智能的发展,一款超级计算机"深蓝"由计算机科学家许峰雄开发,1997 年,"深蓝"在国际象棋的世纪大战中打败了当时的世界冠军加里·卡斯帕罗夫。

如今,我们每个人的生活都被人工智能所影响,包括洗衣机智慧洗涤功能、汽车自动驾驶功能、超市自助结算系统、机器人送菜送外卖、美颜相机自动美颜功能、快递分拣机器人、银行机器人大堂经理、银行使用 OCR 对银行支票进行分类识别审核、ATM 机等。

而会计行业也正在经历着前所未有的变革,2017 年 5 月中旬,朋友圈被一款叫"德勤财务机器人"的 H5 动画刷屏,这是财务机器人第一次正式出现在公众的视野中,5 月下旬,普华永道也推出属于自己的财务机器人解决方案。相比较德勤的财务机器人更多地针对财务领域,普华永道将自己的机器人解决方案扩展到其他的领域,包含人力资源、供应链以及信息技术。6 月初,安永也马不停蹄地推出了智能机器人。安永称,"机器人流程自动化(RPA)是向业务流程捆绑和外包变革迈进的又一步。在过去几十年中,我们已经看到各种技术进步对业务产生了巨大影响,而业务流程自动化 RPA 将成为下一步,它的应用将极大减少人为从事基于某些标准、大批量活动的需求。"RPA 的实现分为流程分析及机器人匹配、供应商选择及签约、实施支持等内容。当年 6 月下旬,毕马威为国际四大会计师事务所中,最后一家明确提供机器人流程自动化服务。至此,以德勤、普华永道、安永、毕马威为代表的国际四大会计师事务所已经相继上市财务机器人以及财务机器人解决方案,一场对于传统财务行业的变革正在进行中,一个"机器人流程自动化"的时代正悄悄来临!

(一) RPA 的概念

RPA(Robotic Process Automation,机器人流程自动化),其本质是一种复制人类行为的软件,本身并不智慧。RPA 是一种流程自动化软件工具,它通过模拟人类与计算机的交互过程,来完成大批量、重复性、有明确规则的操作,从而帮助人们提高工作效率和正确率。

RPA并非机械性实物机器人,而是各种技术组合的虚拟概念,是在计算机上运行的软件机器人,主要用于事务性活动和标准化流程,同时它可以处理结构化和部分半结构化数据。

(二) RPA 的功能与特点

RPA 可以通过模拟人类与计算机的交互过程,实现在各种应用程序上进行鼠标点击、键盘录入、读取信息等自动化操作,例如:

(1) 跨系统的数据搬运,包括系统的登录,模拟人操作电脑点击、复制、录入相关数据。

(2) 自动处理文件,包括文件复制、移动、自动备份等。

(3) 结构化数据自动处理。

(4) Excel 自动化、邮件自动化。

(5) 链接数据库。

(6) OCR 识别。

RPA 作为一款能够将人工操作自动化的机器人软件,其作用是替代人工在用户界面下完成重复性、标准化程度高、规则明确、大批量的日常事务操作,具有以下几项显著的特点。

1. 一种自动化程序处理技术

RPA 并非具有实物形态的物理机器人,而是安装在计算机上控制其他应用系统的软件机器人,通过用户界面或脚本语言实现对重复的人工任务的自动化处理。

2. 基于明确规则操作

RPA 主要替代人工完成大量重复、标准化、机械性的工作,它的使用必须基于清晰明确的流程规则,每一步的设定做法,都需要给机器人准确的数字触发指令。而对流程不清晰、规则不明确、创新性强、需要根据相关工作经验做出判断的工作,RPA 则无法实现。

3. 外挂形式部署、非侵入

RPA 是在桌面系统上模拟人工操作,实现"虚拟"系统集成,遵循现有的安全和数据标准,与人工操作完全相同的方式访问当前系统,不会改变企业现有的信息系统,不会出现破坏。

4. 拓展性强

RPA 不受行业、企业、业务限制,应用能力强。RPA 的适用性遍及许多行业,如银行和金融服务、保险、医疗保健、制造业、电信、旅游和物流等;而在财务行业,人工操作存在工作效率低、错误率高和人工成本高的三大短板,财务领域中许多业务都具有规则性强、大量重复的特点,RPA 可以代替人工的操作,完成大量基础工作,优化流程,提高业务处理效率和质量,降低运营成本。

(三) RPA 的适用业务规则

RPA 适用于重复性高、规则明确的程序业务,例如:通过 RPA 批量发送邮件,通过人工明确清晰的业务规则,使得 RPA 可以高效准确地执行业务,减少人力支出和沟通成本,提高相应的工作效率和工作质量。

(四) RPA 的应用价值

根据 RPA 的技术特点和功能,RPA 的应用价值主要体现在提高效率、降低成本,改善财务管理体系模式和人机交互接口等方面。

1. 提升效率、降低成本

如今,RPA 技术日趋成熟,对于企业而言,RPA 项目开发周期短、投入少、上手容易。相比人工而言，RPA 能够更好地胜任重复性高、细节繁琐的业务流程工作，可以有效降低企业成本，提高效率。

2. 改善财务管理体系模式

RPA 项目流程的实施需要指定明确的业务流程规则。企业在什么业务、什么场景下使用 RPA 项目，要使用业务流程管理工具，将原本依赖人工操作的环节进行简化，减少流程各个步骤之间的冗余操作和等待时间，帮助企业提高业务流程的执行效率。企业在经营过程中可以使用 RPA 技术，将业务到报销、采购到付款、销售到收款、合同管理等业务与财务数据全流程协同，实现业财一体化。

3. 人机交互接口

RPA 是通过模拟人工操作，来实现人与计算机的交互。企业在运营过程中，商业流程也在日益更新，商业流程的变化与信息化系统更新周期不匹配，使得在业务流程运行中产生信息不对称的问题。而 RPA 作为非侵入式的自动化操作系统，可以在不改变原有信息系统的基础上，建立人与信息系统之间、信息系统与信息系统之间沟通的桥梁。

二、UiPath 的概述

UiPath 总部位于罗马尼亚布加勒斯特，是一家帮助客户实现业务流程自动化的 RPA 供应商。该公司旨在消除重复和乏味的任务，让人们从事更具创造性和更鼓舞人心的活动。

UiPath 由 Daniel Dines 创立，其软件被广泛用于自动化业务流程。UiPath 的主要客户包括电信和媒体、医疗保健、零售和消费以及制造业。

（一）UiPath 软件介绍

UiPath 是一家帮助客户实现自动化业务流程的 RPA 技术供应商，用于实现企业日常工作的自动化，是 RPA 领域最受欢迎的软件之一。通过使用 UiPath 自动化软件，可以配置软件机器人来模仿在计算机系统用户界面上的人工操作。UiPath 官网如图 9-1 所示，官网网址：https://www.uipath.com.cn/。

图 9-1　UiPath 平台官网

其 RPA 平台由三部分组成。

1. 用于设计流程的 UiPath Studio

UiPath Studio 是 UiPath 软件中负责机器人流程设计和开发的环境，用于编辑指挥机器人自动工作的控制流程。UiPath Studio 是低代码开发环境，提供一种图形化界面来帮助用户完成机器人工作流程的编辑和开发，操作界面非常友好，用户可以非常方便地设计出各种机器人自动化流程。

2. 用于将 UiPath Studio 中设计的任务自动化的 UiPath Robot

在 UiPath Studio 中设计好的机器人自动化流程由 UiPath Robot 来运行，Robot 也就是我们常说的机器人了，也称虚拟劳动力。Robot 运行流程的方式有两种：①全自动运行，不需要人工参与，也称无人值守运行方式；②由人工参与控制流程的运行。

3. 用于运行和管理流程的 UiPath Orchestrator

UiPath Orchestrator 是机器人的管理者，用于集中调度、管理和监控所有机器人。

UiPath 的功能主要来自它的三个组件，就三者的关系而言，Robot 是最基础的单元，Studio 负责规划流程，Orchestrator 负责管理和监控，三者共同组成完整的 RPA 平台。

三、UiPath 界面介绍

（一）UiPath 主页界面

首次打开 UiPath Studio 时，可以看到主页界面菜单栏中包含软件的一些基础设置，例如，打开、开始、工具、模板、设置和帮助。界面中间为常用项"打开"和"新建项目"。此外，UiPath 还提供一些流程模板，"从模板新建中"选择，如图 9-2 所示。

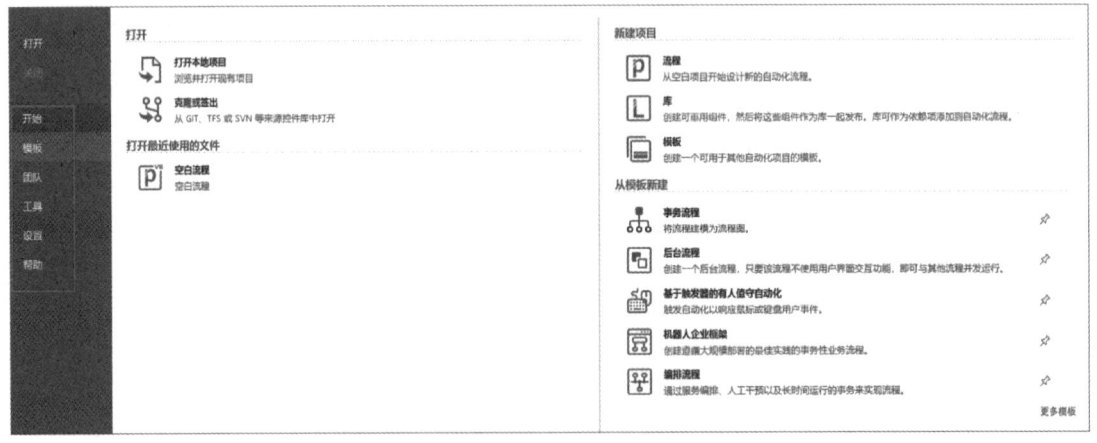

图 9-2 主页界面

在"开始"菜单中，可以通过本地链接打开本地 UiPath 项目，也可以直接打开最近开发的项目，或是通过新建流程开始新的项目创建，如图 9-3 所示。

主页界面的"工具"菜单中，包括"应用程序"和"UiPath 拓展程序"，其中，"UiPath 扩展程序"用于将自动化能力拓展到网页浏览器、Java 应用程序、Silverlight 应用程序、Citrix 等，如图 9-4 所示。

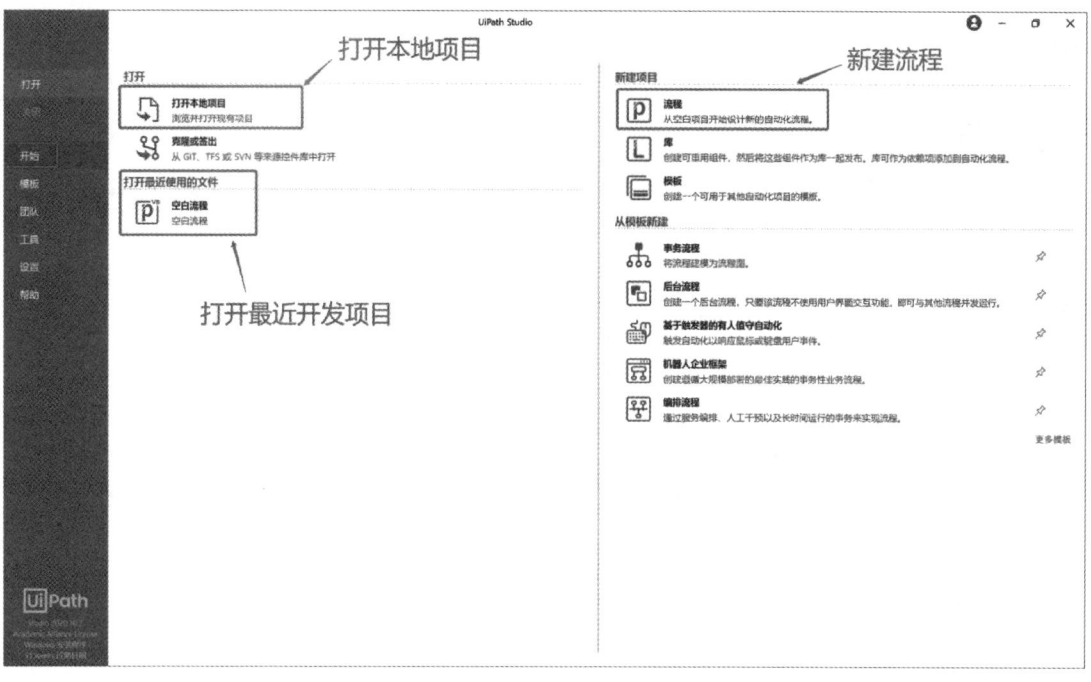

图 9-3　主页界面-开始

图 9-4　主页界面-工具

在"设置"菜单栏中,如图 9-5 所示,包括常规、设计、位置、管理源、许可证和配置文件及团队等模块,模块的作用如下:

(1) 常规。修改 UiPath Studio 界面语言、主体颜色等。

(2) 设计。保存并发布、执行、设计样式等配置。

(3) 位置。更改项目位置。

(4) 管理源。配置项目包来源。

(5) 许可证和配置文件。更改本地许可证,查看或更改配置文件。

(6) 团队。来源控件插件。

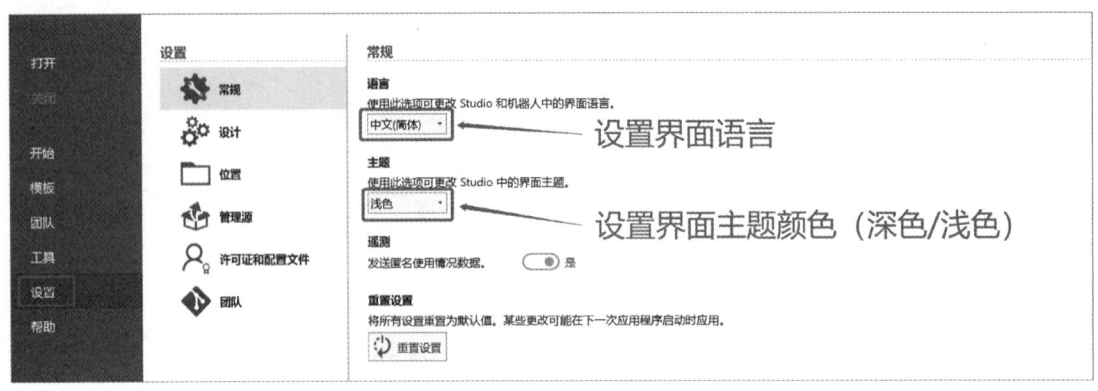

图 9-5　主页界面-设置

在"帮助"菜单栏中,提供"产品文档""社区论坛""帮助中心""发行说明"等项目,如图 9-6 所示。若在使用 UiPath 过程中存在疑问,可进入"产品文档"或"社区论坛"查阅相关资料。

图 9-6　主页界面-帮助

(二) UiPath 设计界面菜单栏功能

设计面板位于用户界面的顶部,由【主页】【设计】和【调试】三个选项卡组成,如图 9-7 所示。

图 9-7　设计界面菜单栏功能

(1) 管理程序包。用于安装和更新程序包。

(2) 应用程序/网页录制器。用于在屏幕上捕获用户的动作并将其转换为序列。

(3) 表格数据提取。用于抓取浏览器、应用程序或文档界面上的结构化数据。

(4) 用户界面探测器。用户界面探测器是一个高级工具,可以为特定用户界面元素创建一个自定义选取器,帮助我们用变量去替代选择器时,查看修改后的元素是否是有效,查找元素与元素间的不同点与相同点。

(5) 导出到 Excel。将当前流程中使用的活动导出至 Excel。

(6) 发布。发布当前流程,以供使用。

在 UiPath 界面当中,其他主要界面还包括新建、项目、活动和工作流设计区。

1. 新建

新建用于创建新的序列、流程图、状态机、全局处理程序,如图 9-8 所示。

(1) 序列。最小类型的项目,适用于线性过程,可作为状态机或流程图的一部分。

(2) 流程图。适用于更复杂的业务逻辑,能够通过多个分支逻辑运算符更加多样地集成决策和连接活动。

(3) 状态机。适用于大型项目。

(4) 全局处理程序。一种工作流类型,用于在遇到执行错误时确定项目的行为。

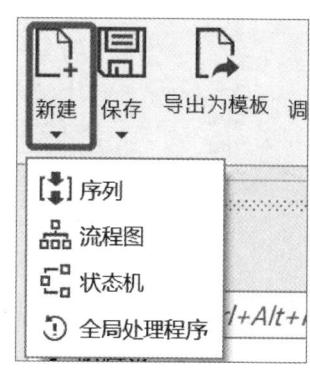

图 9-8 设计界面菜单栏—新建

2. 项目

设计界面的左边选择项目栏,如图 9-9 所示。其中,"依赖项"指的是官方或者他人制作的封装好的组件,是脚本开发和运行中所必备的。每个 UiPath 项目都默认需要以下四个依赖项,等号的左侧为包名,右侧为版本号:

UiPath.Excel.Activities=2.9.5

UiPath.Mail.Activities=1.9.5

UiPath.System.Activities=20.10.4

UiPath.UIAutomation.Activities=20.10.9

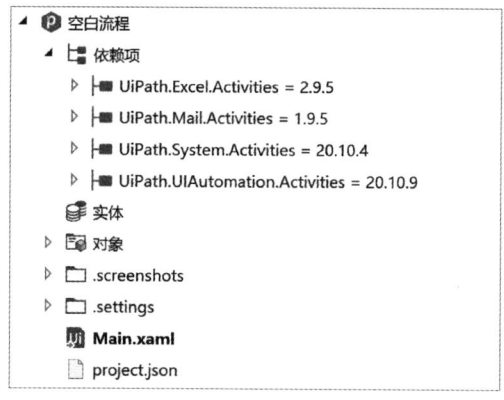

图 9-9 设计界面菜单栏—项目

> **提示**
>
> 当依赖项缺失时,依赖项将会加载为红色,这时我们可以选中该依赖项,单击鼠标右键进行恢复。

3. 活动

UiPath 中的活动提供了不同应用程序所需的各种自动化操作。将其拖放到工作区中，并对其进行配置，使其能够根据每个活动的需求工作，如图 9-10 所示。

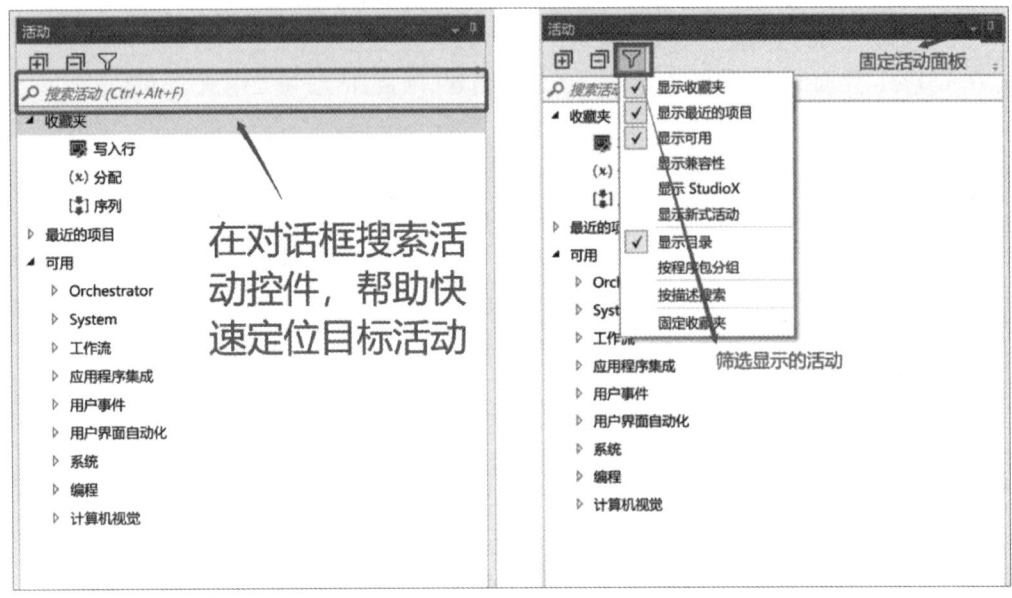

图 9-10　设计界面菜单栏—活动

4. 工作流设计区

工作流区域主要用于设计活动，如图 9-11 所示，将活动拖拽到工作流板块后，在界面的右边会出现活动属性，如图 9-12 所示，我们可以在活动属性面板进行设置。

图 9-11　设计界面菜单栏—工作流

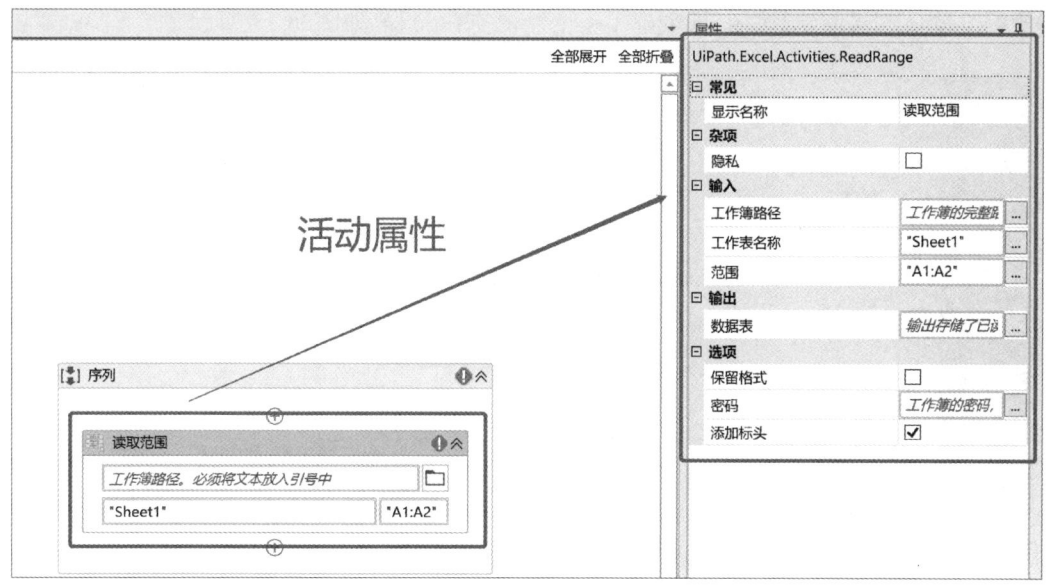

图 9-12 设计界面菜单栏—活动属性

(三) UiPath 调试界面菜单栏功能

调试界面菜单栏,如图 9-13 所示,包括调试文件、断点、慢步骤、执行历史记录、高亮显示元素、日志活动、继续处理意外、画中画及打开日志等功能。

图 9-13 调试界面菜单栏

（1）调试文件。调试流程文件。
（2）断点。用于对可能触发执行问题的活动有意暂停调试流程。
（3）慢步骤。在调试过程中更仔细地查看任何活动。启用了此操作时,调试过程中将高亮显示各项活动。
（4）执行历史记录。查看执行的历史记录。
（5）高亮显示元素。高亮显示,被选中的元素在流程执行过程中会有红色标识。
（6）日志活动。日志记录,当其被开启时,会详细记录每一个活动。
（7）继续处理意外。此调试功能默认禁用。
（8）画中画。在计算机上的单独会话中执行和调试流程或库。
（9）打开日志。打开本地存储的日志。

四、UiPath 项目的新建与打开

(一) 新建项目

新建项目时,打开 UiPath 软件,点击"开始"菜单栏,选择"流程"选项,填写流程名称,设

定流程位置,点击【创建】按钮,即创建了一个新的空白流程,如图 9-14 所示。

图 9-14　新建空白流程图

(二) 打开项目

打开项目时,打开 UiPath 软件,点击"开始"菜单栏,选择"打开本地项目"选项,选择流程文件存储路径,点击流程软件,再点击【打开】按钮,即打开本地的流程,如图 9-15 所示。

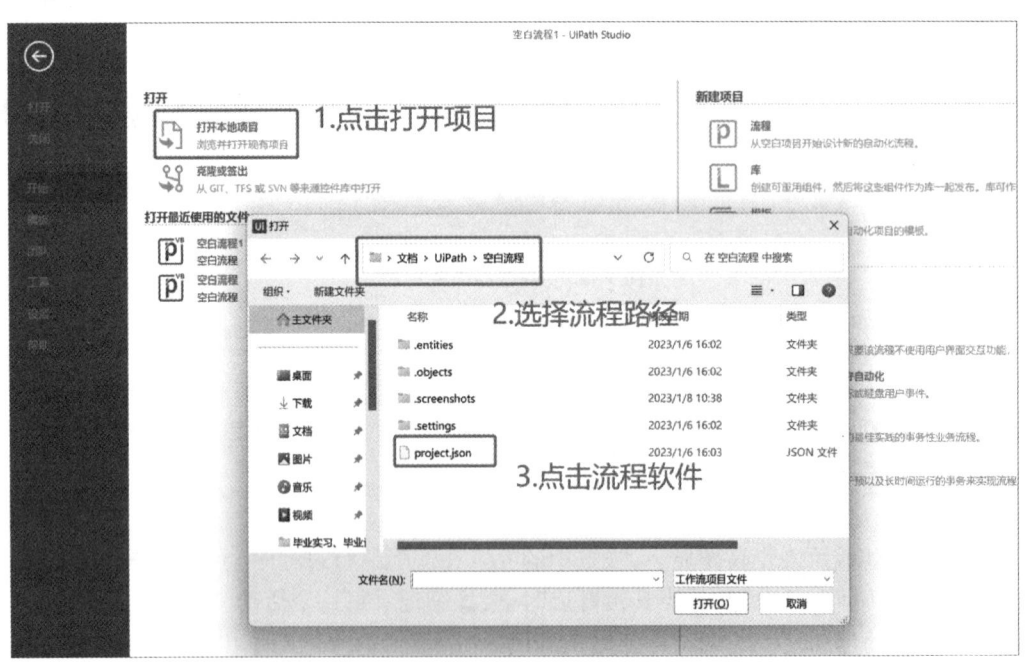

图 9-15　打开流程图

【案例 9-1】　在 UiPath 软件中新建一个新的流程,叫"这是我的第一个 RPA 机器人",存储在默认路径。

具体操作如下:

打开 UiPath 软件,在"开始"菜单栏下,选择新建项目中的"流程",在空白流程的名称中输入"这是我的第一个RPA机器人",点击【创建】按钮完成业务,如图9-16所示。

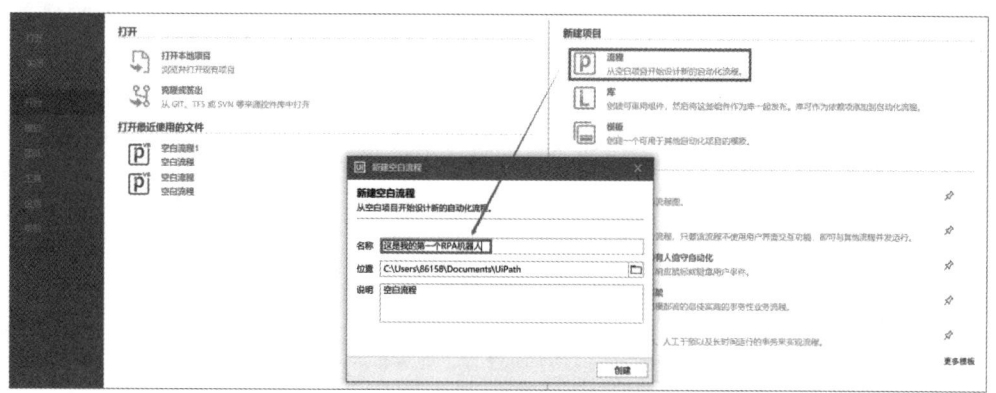

图9-16 新建空白流程

【案例9-2】 在【案例9-1】的新建流程中,设计一个新的机器人流程,编写"你好,财务机器人"的运行消息。

具体操作步骤如下:

(1)单击主页面的"打开主工作流",单击左侧的"活动"面板,在搜索框内输入序列,拖拽【System】—【Activities】—【Statements】类别下的【序列】至主页面的"+"处,该步骤表示在主工作流中添加序列,如图9-17、图9-18所示。

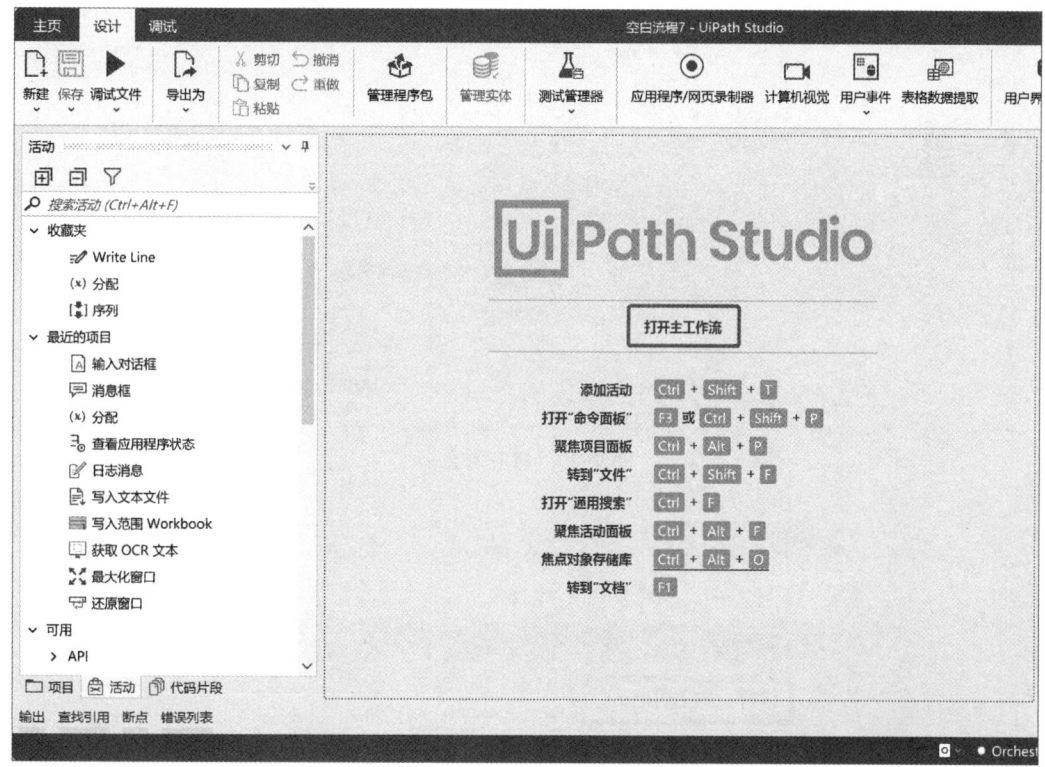

图9-17 打开主工作流

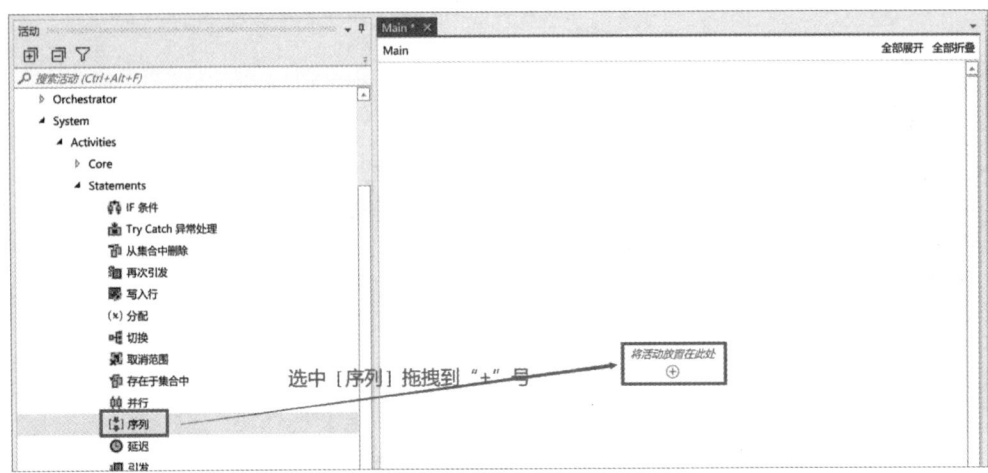

图 9-18　新增序列

（2）在搜索框内输入消息框，拖拽【系统】—【对话框】类别下的【消息框】活动至序列中的"+"处，添加【消息框】活动，设置该活动内容为"你好，财务机器人"，如图 9-19、图 9-20 所示（【消息框】活动的文本是字符串，必须放在英文状态下的引号内）。

图 9-19　打开消息框

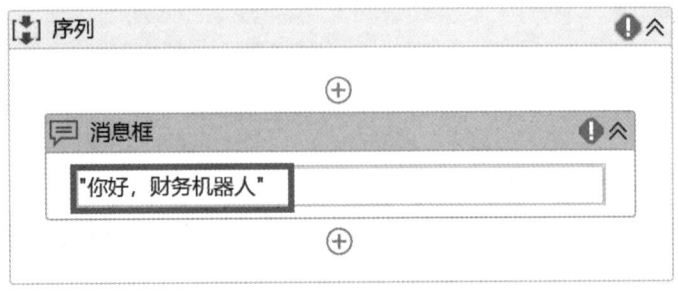

图 9-20　输入"你好，财务机器人"

(3)单击设计面板的【调试文件】按钮,运行 RPA 机器人,如图 9-21 所示;另一种方法,单击调试面板的【调试文件】按钮,如图 9-22 所示。

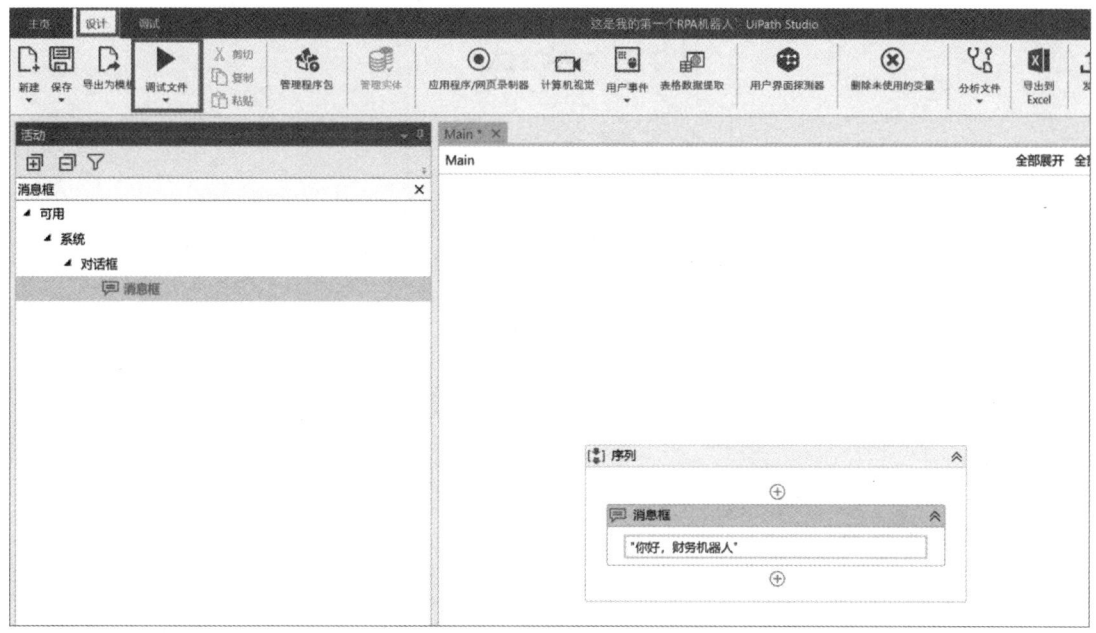

图 9-21　点击【调试文件】方法一

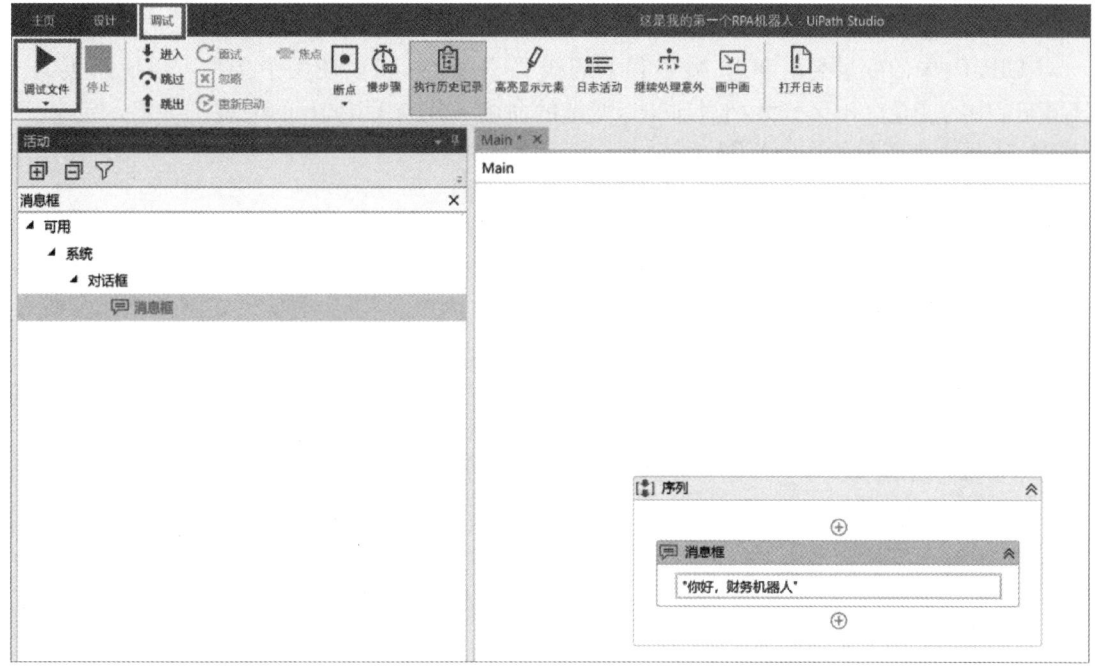

图 9-22　点击【调试文件】方法二

运行结果,如图 9-23 所示。

图 9-23 【案例 9-2】运行结果

任务二 UiPath 变量

一、变量的认知

（一）变量的概念

变量是特定的内存单元块或是内存块的名称，用于存储数据，只要一个数据能被反复使用的，都要保存在变量中。变量在 RPA 中扮演重要的数据传递角色，是 RPA 编程不可或缺的一部分。

（二）变量的命名

UiPath 中的变量名由字母、数字和下划线（"_"）组成，可以使用中文也可以使用英文。UiPath 中的变量名不区分大小写，同时，变量的命名不能与 UiPath 的关键字冲突。定义变量时，还要注意变量的作用范围。

> **提示**
>
> 变量命名应特别注意以下几个方面：
> - 不能包括空格和特殊符号。例如，"x m""x﹡m""x♯"这些命名都是不符合规范的。
> - 可以包含数字，但不能以数字开头。例如，可以使用"name1"，不可以使用"1name"。
> - 在一个脚本文件中，变量名称不能重复，否则会引起错误的结果。
> - 为了使得变量更加有意义，便于阅读代码的人理解，变量的命名就不应是模棱两可的，应当尽可能地使命名的名称具有含义，例如存储人的姓名，就可以命名为 Name。

二、变量的类型

变量的值支持多种数据类型，包括通用值、文本、数字、数据表、时间和日期、UiElement 以及任何 .NET 变量类型。使用变量前应先根据所存储数据的特点为变量选择合适的数据类型。数据类型决定了数据在内存中的存放方式和内存大小，决定了数据的取值范围和可对数据执行的操作。常见变量类型及含义，如表 9-1 所示。

表 9-1　　　　　　　　　　　　　变量类型表

变量类型	含义	示例
String	字符串数据类型，用于存储任意类型的文本信息，比如文本、数字或其他字符串（UiPath 中的所有字符串必须放在英文状态下的引号内）。	"你好,同学"
Boolean	布尔型，输出 True 或 False，用于判断做出决策	True,False
Int32	用于存储整数类型	1,99
DataTime	时间类型，用于存储有关任何日期和时间的信息	01/01/2023 12:00:00
Array of [T]	Array 数组变量是一种用于存储同一类型的多个值的变量。在 UiPath 中可以创建由数字、字符串、布尔值等组成的数组。通过添加数组项的索引号，可以访问它们的值并将其写入到文本文件中	{"营业收入","营业成本"},{100,200,300,400}
DataTable	可充当数据库，用于存储二维数据结构的 DataTable 数据，具有行和列的属性	—
Double	表示精度更好的数字，可以是整数，也可以是小数	31.141 592 6
List	列表，用于存储列表，一系列元素的集合，元素可以是字符串、整数等各种类型	{{"key1","name1"},{"key2","name2"},......}

三、变量的创建与删除

（一）变量的创建

在 UiPath 中，变量的创建有以下 3 种方法：

1. 从"变量"面板创建

在【设计器】选项卡上单击【变量】按钮，展开"变量"面板，单击【创建变量】按钮，即可增加一个变量行，输入变量名称、选择变量名称、设置范围、设置默认值后即完成创建，如图 9-24 所示。

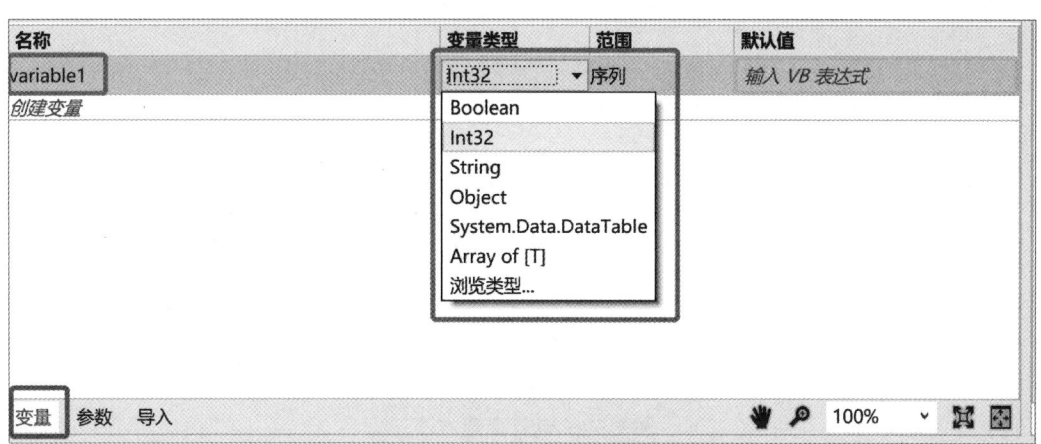

图 9-24　创建变量方法一

2. 从活动主体的"属性"面板中创建

在任意一个活动"属性"面板中的"输出"位置，单击鼠标右键显示菜单，选择"创建变量"

选项,或者按快捷键"Ctrl+K",在该框中出现"设置变量"的提醒后,输入变量名称,如图 9-25所示。

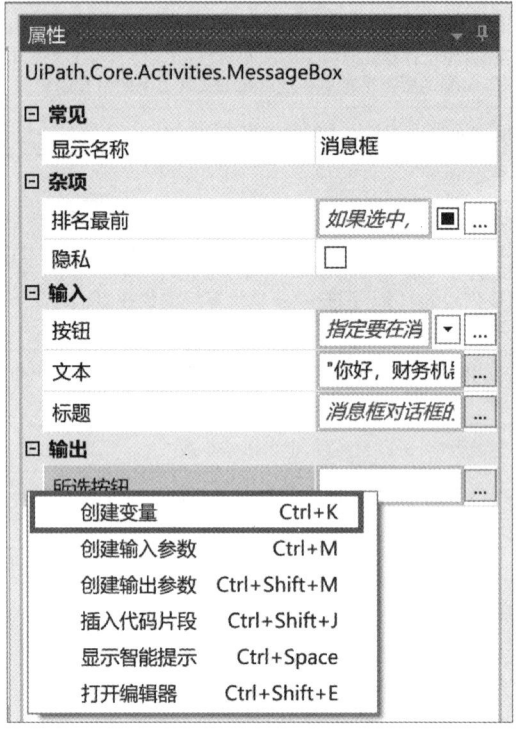

图 9-25　创建变量方法二

3. 直接在活动主题中创建

在活动中单击鼠标右键可以编辑的字段,并在打开的菜单中选择"创建变量"选项,或者按快捷键"Ctrl+K",如图 9-26 所示;输入变量名,按"Enter"键创建变量。创建好的变量也可在变量面板中查看和编辑。

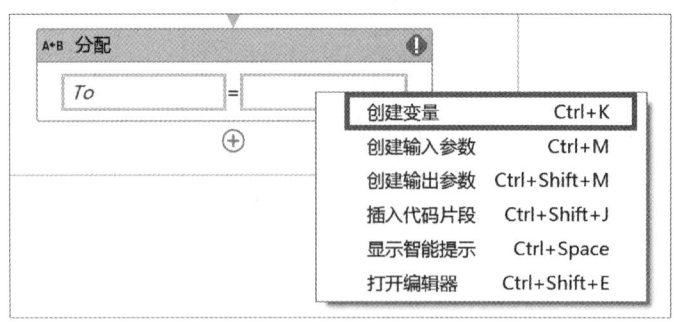

图 9-26　创建变量方法三

(二) 删除变量

若要删除变量,在"变量"面板中,选中该变量,单击鼠标右键选择"删除",或者选中该变量并按"Delete"键删除该变量,如图 9-27 所示。

项目九 财务机器人 UiPath 基础

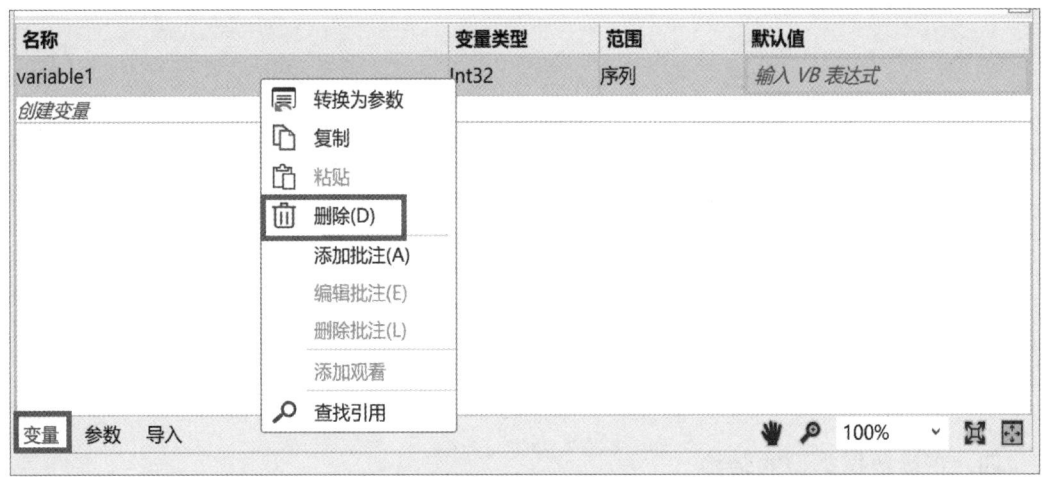

图 9-27 删除变量

【案例 9-3】 请在 UiPath 中创建变量 Table，其数据类型为"String"，值为"2022 年利润表"，并输出该变量。

具体操作步骤如下：

（1）在序列中添加【编程】—【调试】类别下的【日志消息】活动，日志级别选择"info"，在消息处按快捷键"Ctrl+K"创建变量 Table，如图 9-28 所示。

图 9-28 设置【日志消息】活动

（2）单击【日志消息】活动，打开变量面板，修改 Table 的变量类型为"String"，默认值为"2022 年利润表"（UiPath 中的所有字符串必须放在英文状态下的引号内），如图 9-29 所示。

名称	变量类型	范围	默认值
Table	String	序列	"2022年利润表"
创建变量			

图 9-29 设置变量

运行结果,如图 9-30 所示。

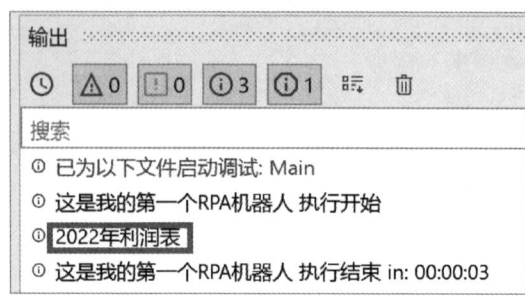

图 9-30 【案例 9-3】运行结果

四、变量数据类型的转换

在 UiPath 软件运行中,有的变量类型无法进行使用,例如字符串"String"的变量就无法进行计算,如果需要进行计算,就需要将"String"字符串类型改成"Int32"类型或者"Double"类型,因此变量类型之间转换是 UiPath 使用中重要的一环。UiPath 软件中变量的转换分为隐式转换和显式转换。

隐式转换是系统的默认转换方式,即不需要特别说明就可在各种情况下进行。

显式转换(强制转换)是一种强制性的转换方式,显式转换使用类型转换关键字。

常见的变量数据转换方法,如表 9-2 所示。

表 9-2　　　　　　　　　　常见的变量数据转换方法

目标数据类型	转换类型
转换成 Int32 类型	CInt()或 Integer.Parse()
转换成浮点数值类型	CDbl()或 Double.Parse()
转换成时间类型	datetime.parse()
转换成 String 类型	ToString
换行符	vbcrlf

【案例 9-4】 2022 年 8 月,甲公司 A 材料期初成本为 200 000 元,本期新购进了 A 材料 5 000 000 元,投入生产使用的 A 材料为 300 000 元,要求通过 UiPath 软件的【分配】—【日志活动】活动计算 A 材料月末成本,变量类型如表 9-3 所示。

表 9-3　　　　　　　　　　【案例 9-4】变量类型

名称	变量类型	范围	默认值
A 材料期初成本	String	序列	
本期增加额	String	序列	
本期减少额	String	序列	

具体操作步骤如下:

(1)在序列中添加 3 个【System】—【Activities】—【Statements】类别下的【分配】活动,

在该活动内按快捷键"Ctrl+K",输入变量名为"销售收入",令A材料期初成本="200000"、本期增加额="5000000"、本期减少额="300000",如图9-31所示。

(2)添加【编程】—【调试】类别下的【日志消息】活动,"日志级别"为"Info",消息内输入A材料期末成本计算公式,由于前面创建的变量类型为"String"类型,因此使用函数Integer.parse()将"String"变量类型转换为"Int32"变量类型。【日志消息】活动的消息输入为"Integer.parse(A材料期初成本)+Integer.parse(本期增加额)－Integer.parse(本期减少额)",如图9-32所示。

运行结果,如图9-33所示。

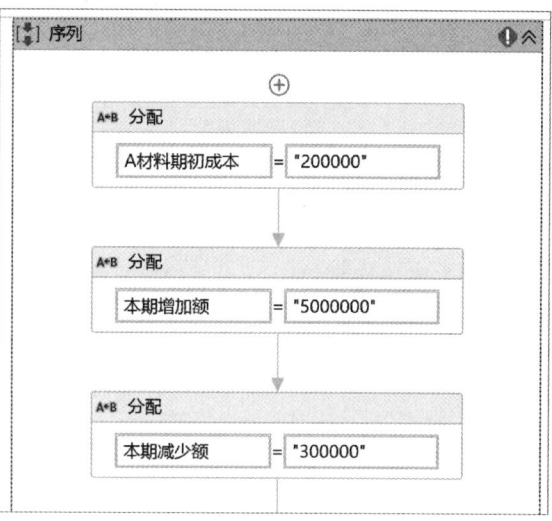

图9-31 添加【分配】活动

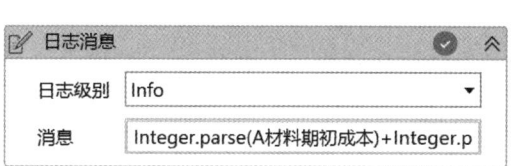

图9-32 设置【日志消息】

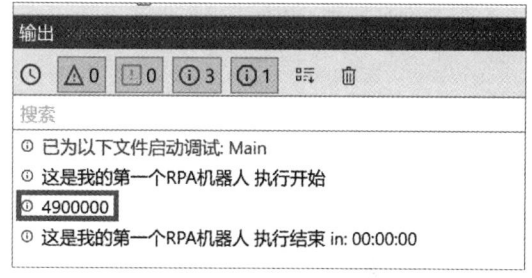

图9-33 【案例9-4】运行结果

五、变量数据的运算符

变量数据在RPA运行过程中往往会遇到运算要求,而运算符是用于执行某种运算的符号。UiPath中的运算符大致可以分为5种类型,即算术运算符、连接运算符、关系运算符、赋值运算符和逻辑运算符。

(一)算术运算符

整数或浮点数常见的运算有算术运算(加减乘除)、比较运算(大于、小于、等于、不等于),注意算术运算符只有变量类型是"Int32"和"Double"才可以使用。算术运算符的主要类型,如表9-4所示。

表9-4　　　　　　　　　　　　算术运算符

符号	具体含义	假设a=9,b=2	运算结果
＋	加法运算	a+b	11
－	减法运算	b	7
*	乘法运算	a*b	18

(续表)

符号	具体含义	假设 a=9,b=2	运算结果
/	除法运算,返回的是浮点结果	a/b	4.5
\	除法运算,取整,返回的是整数结果	a\b	4
^	幂运算	a^b	81
MOD	取余数	a MOD b	1

(二) 连接运算符

字符串变量常用连接运算符,连接运算符的作用就是将两个字符串合并为一个字符串。Uipath 中的连接运算符,如表 9-5 所示。

表 9-5　　　　　　　　　　连接运算符

符号	具体含义	假设 a="连接",b="运算符"	运算结果
& 或 +	字符串连接	a+b 或 a&b	"连接运算符"

> **注意**
> "+"表示算数运算符还是连接运算符,主要看变量类型,如果是"Int32"和"Double"类型,那"+"就是算数运算符;如果变量类型为字符串,则是连接运算符。

(三) 关系运算符

关系运算符,也称比较运算符,其比较的结果是一个逻辑值(True 或 False)。UiPath 中的常见关系运算符,如表 9-6 所示,注意与算数运算符进行区分。

表 9-6　　　　　　　　　　关系运算符

符号	具体含义	假设 a=9,b=2	运算结果
=	等于	a=b	False
<	小于	a<b	False
>	大于	a>b	True
<=	小于等于	a<=b	False
>=	大于等于	a>=b	True
<>	不相等	a<>b	True

(四) 赋值运算符

UiPath 中的赋值运算符是"=",该运算符把赋值号右边表达式的计算结果赋给左边的变量,如表 9-7 所示。

表 9-7　　　　　　　　　　赋值运算符

符号	具体含义	举例	运算结果
=	赋值	a=10	变量 a 赋值为 10

(五) 逻辑运算符

在 RPA 机器人判断条件的时候,时常会遇到将多个关系表达式连接起来组成一个新的复杂逻辑表达式,针对 UiPath 的情况,运行的逻辑结果也由"True"和"False"进行表达,如表 9-8 所示。

表 9-8　　　　　　　　　　　　　逻辑运算符

符号	具体含义	假设 a=9,b=2	运算结果
And	并且	a>10 And b<3	False
Or	或者	a>10 Or b<3	True
Not	相反	Not a>5	False

(六) UiPath 运算符的优先级

UiPath 运算符的优先级从高到低顺序如下：算术运算符(连接运算符)、关系运算符、逻辑运算符、赋值运算符。

具体来说,各常见运算符的优先级从高到低顺序如下：＊和/、Mod、＋和－、&、关系运算符(所有关系运算符级别相同)、Not、And、Or、＝(赋值运算符)。

任务三　UiPath 常用活动

一、活动的认知

活动是流程自动化的基石,是构成自动化程序的最小模块。在 UiPath 中,活动的复杂性各不相同,用户可以根据需求对活动进行相应的设置。

在 UiPath Studio 中,活动代表着操作的机器人,每个活动都会执行某个操作,当活动结合在一起时,就变成了一个流程。每个活动都能在主设计器面板的活动面板中找到,可以搜索某个特定的活动并在项目中使用它。

二、工作流类型

UiPath 项目提供四种类型的项目：序列、流程图、状态机、全局处理程序。这四种类型的项目在处理不同类型的流程时各有不同,序列和流程图主要用于简单的自动化,状态机用于处理复杂的业务流程。在此,我们重点介绍序列和流程图两种项目。

(一) 序列

序列是最小类型的项目,是一组逻辑步骤,每个步骤代表一个操作或一项工作。序列用于线性的、连续发生的流程,即一个接一个地发生的流程,按照顺序执行。该活动既可以作为独立的自动化项目,也可作为流程图或状态机的一部分,帮助特定活动进行分组,如图 9-34 所示。

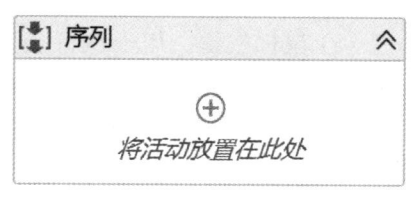

图 9-34　序列

(二) 流程图

流程图通常用于业务流程,提供决策制定功能,可用于小型和大型项目。流程图提供多个分支逻辑运算符来制定决策,能够帮助我们自动执行简单操作流程图,既可用作独立的自动化项目,也可包含在更广泛的程序中,如图 9-35 所示。

图 9-35　流程

三、常用活动

(一) 单击

"单击"活动是单击指定的用户界面元素。该活动在【可用】—【用户界面自动化】—【元素】—【鼠标】类别下,如图 9-36 所示。

图 9-36　单击

"单击"活动的属性有以下几种,如图 9-37 所示。

(1) 出错时继续。在当前活动失败的情况下,继续执行剩余的活动。

(2) 在此之前延迟。活动开始执行任何操作之前的延迟时间,默认时间为 200 毫秒。

(3) 在此之后延迟。执行活动之后的延迟时间,默认时间为 300 毫秒。

(4) 单击类型。指定模拟点击事件时所使用的鼠标点击类型(单击、双击、向上滚动、向下滚动)。系统默认选择单击。

(5) 鼠标按键。用于执行点击操作的鼠标键(左键、右键和中键)。系统默认选择鼠标左键。

(6) 修饰键。用于添加修饰键。可用的选项如下:Alt、Ctrl、Shift、Win。

(7) 发送窗口消息。勾选后单击可在后台工作,默认情况下,该复选框为未选中状态。

(8) 如果禁用则更改。如果选中,即使禁用指定的用户界面元素,系统也仍会执行模拟点击操作。

(9) 模拟单击。勾选后单击可在后台工作。

图 9-37　"单击"属性

"单击"活动属性中"发送窗口消息"与"模拟单击"的区别,如表9-9所示。

表9-9　　　　"单击"活动属性中"发送窗口消息"与"模拟单击"的区别

项目	发送窗口消息	模拟单击	不勾选二者
含义	通过向目标程序发送一条特定消息的方式执行点击	通过使用目标应用程序点击	通过硬件驱动程序执行点击
后台运行	可以后台运行	可以后台运行	不能后台运行
速度	——	最快	最慢
兼容性	兼容大多数桌面应用程序	——	兼容所有桌面应用程序

注意

使用"单击"活动时,建议勾选"模拟单击"或"发送窗口消息",避免调试时鼠标移位导致报错,但二者只能勾选其中一项。

(二)设置文本

"设置文本"活动是指能够将字符串写入指定用户界面元素的"文本"属性。可以通过"设置文本"活动,在指明的区域输入相应的字符串变量。该活动在【可用】—【用户界面自动化】—【元素】—【控件】类别下,如图9-38所示。

图9-38　设置文本

(三)输入信息

"输入信息"活动是向用户界面元素发送击键,支持特殊按键,且可以从下拉列表中选择。输入信息与设置文本不一样的,就是输入信息可以在右边"+"处选择模拟人工进行的键盘活动,例如"Enter""Esc""F1"等按键,如图9-39所示。该活动在【可用】—【用户界面自动化】—【元素】—【键盘】类别下,输入信息活动的属性如图9-40所示。

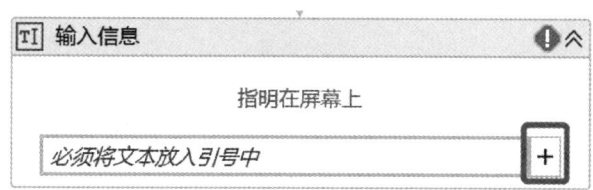

图9-39　输入信息

(1)文本。待写入指定用户界面元素的文本,支持特殊按键,且可以从活动下拉列表中选择。

(2)发送窗口消息。勾选后单据可在后台工作,默认情况下该复选框为未选中状态。

图9-40　"输入信息"属性

（3）在末尾取消选定。在文本输入后添加完整事件，以触发某些界面响应。

（4）如果禁用则更改。如果选中，即使禁用指定的用户界面元素，系统也仍会执行键入操作。

（5）模拟键入。勾选后单击可在后台工作。

（6）激活。选择该复选框时，系统会将指定用户界面元素置于前台，并在写入文本前将其激活。系统默认勾选。

（7）空字段。选中该复选框时，系统会在写入文本前清除用户界面元素中所有之前存在的内容。

（8）键之间延迟。两次击键之间的延迟时间。默认时间为 10 毫秒，最大值为 1 000 毫秒。

（9）键入前单击。勾选该复选框时，在写入文本之前单击指定用户界面元素。

【案例 9-5】 请使用谷歌浏览器打开百度网页，在搜索栏中输入"中华人民共和国教育部政府门户网站"。分别通过"设置文本"和"输入信息"两种方法完成。

具体操作步骤如下：

方法一，设置文本。

（1）在谷歌浏览器中打开百度网页，在序列中添加【元素】—【控件】类别下的【设置文本】活动，点击该活动的"指明在屏幕上"拾取百度网页的搜索框，并设置输入内容为"中华人民共和国教育部政府门户网站"，如图 9-41 所示。

（2）添加【元素】—【鼠标】类别下的【单击】活动，点击该活动的"指明在屏幕"上拾取百度一下图标，如图 9-42 所示。

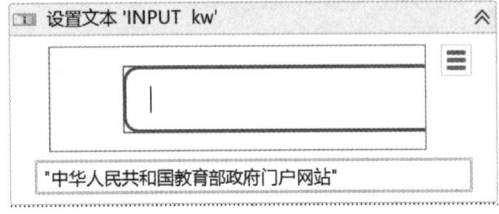

图 9-41 【设置文本】活动

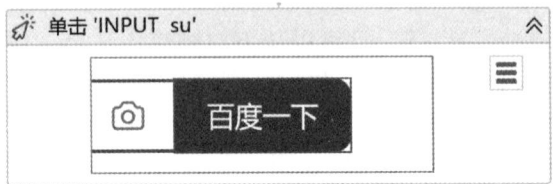

图 9-42 设置【单击】活动

运行结果，如图 9-43 所示。

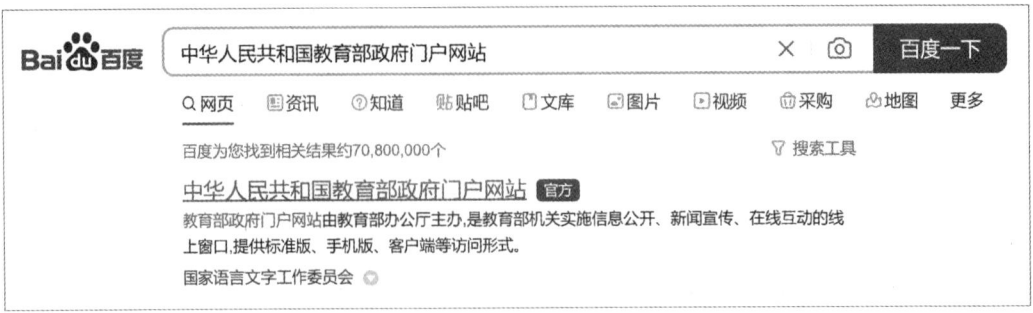

图 9-43 【案例 9-5】运行结果方法一

方法二，输入信息。

在谷歌浏览器中打开百度网页，在序列中添加【元素】—【键盘】类别下的【输入信息】活动，点击该活动的"指明在屏幕"上拾取百度网页的搜索框。设置输入内容为"中华人民共和国教育部政府门户网站"，点击该活动的"+"，选择"enter"，如图9-44所示。

运行结果和方法一运行结果一致。

（四）日志消息

"日志消息"活动是在指定的级别写入指定的诊断消息，我们可以在设计界面的输出面板上看到运行结果。该活动在【可用】—【编程】—【调试】类别下，日志级别分为Fatal、Error、Warn、Info以及Trace五个级别，如图9-45所示。

（五）分配

"分配"活动是将任何值分配给变量或参数，常用于循环语句给变量重新赋值令机器人进入下一次循环条件判断。该活动在【可用】—【System】—【Activities】—【Statements】类别下，如图9-46所示。

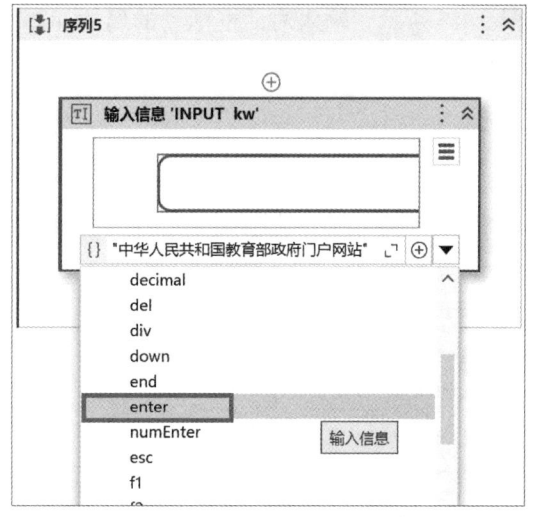

图 9-44　设置【输入信息】

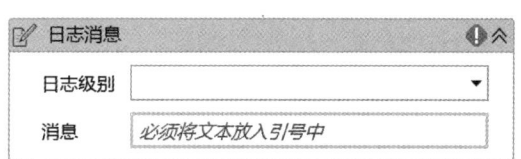

图 9-45　日志消息

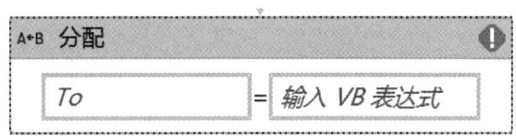

图 9-46　分配

（六）消息框

"消息框"活动是显示一个具有给定文本的消息框，其中包含各种按钮选项。该活动在【可用】—【系统】—【对话框】类别下，如图9-47所示。消息框活动的属性，如图9-48所示。

（1）文本。输出的消息框的结果。如果文本为文字，需要在英文引号之内输入。

（2）标题。消息框的标题。

（七）输入对话框

"输入对话框"活动显示的是一个对话框，通过其中的标签消息和输入字段提示用户。该活动在【可用】—【系统】—【对话框】类别下，如

图 9-47　消息框

图 9-48　"消息框"属性

图 9-49 所示。输入对话框活动的属性如图 9-50 所示。

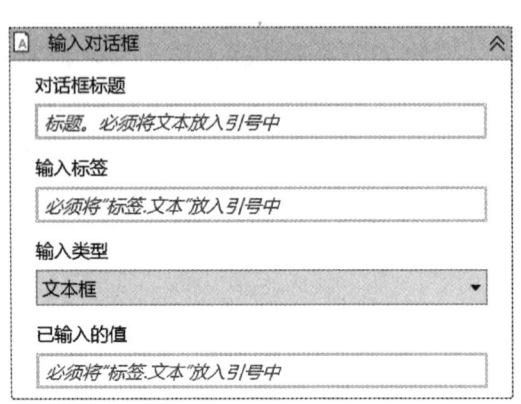

图 9-49 输入对话框

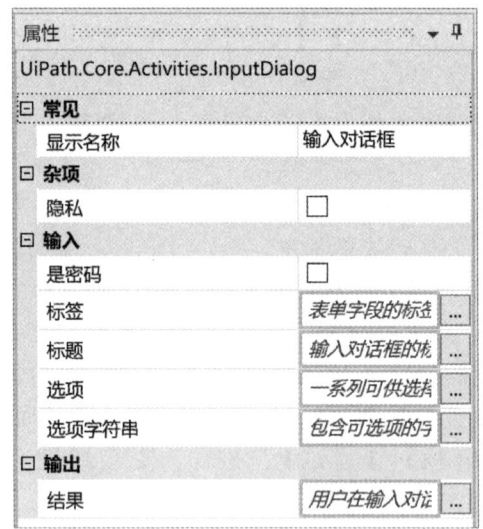

图 9-50 "输入对话框"属性

（1）标签。表单字段的标签。

（2）标题。输入对话框的标题。

（3）选项。一系列可供选择的选项。该字段仅支持字符串数组变量，例如：｛"项目 1"，"项目 2"，"项目 3"｝。

（4）选项字符串。包含可供选择的选项的字符串，该字段仅支持字符串变量。

（5）结果。用户在输入对话框中插入的值。

【案例 9-6】 通过 UiPath 软件，设置一个对话框，输入 A 公司 2022 年利润总额为 20 000 000 元，并通过消息框输出。

具体操作步骤如下：

（1）在序列中添加【系统】—【对话框】类别下的【输入对话框】活动，设置该活动的对话框标题为"利润总额"，输入标签为"请输入 2022 年 A 公司的利润总额"，输入类型选择文本框，并在已输入值处创建变量"a"（变量"a"的类型设为"Double"），如图 9-51 所示。

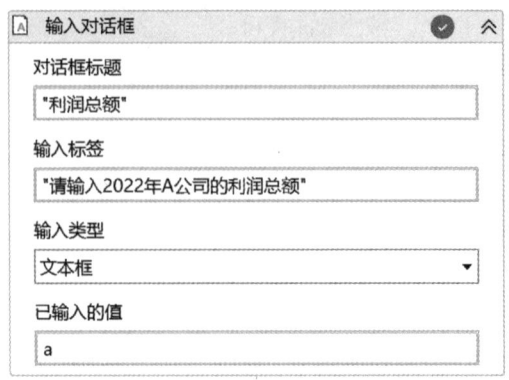

图 9-51 设置【输入对话框】

(2) 在搜索框内输入消息框,拖曳【系统】—【对话框】类别下的【消息框】活动至序列内,该步表示添加【消息框】活动,设置该活动内容为"2022 年 A 公司的利润总额为"＋a. ToString＋"元",如图 9-52 所示。

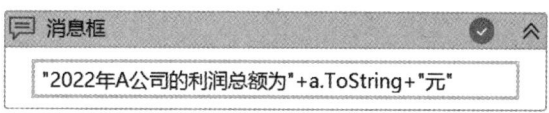

图 9-52 设置【消息框】

运行结果,如图 9-53 所示。

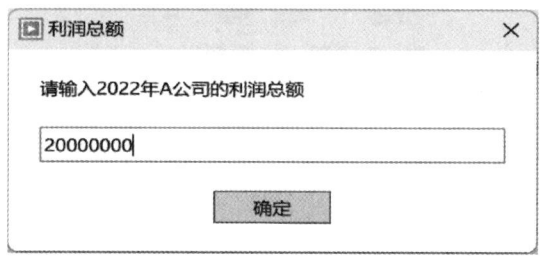

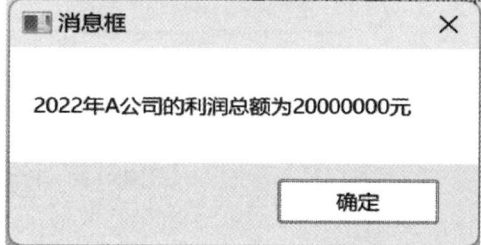

图 9-53 【案例 9-6】运行结果

(八) 获取文本

获取文本活动是从指定用户界面元素提取文本值,如图 9-54 所示。该活动在【可用】—【用户界面自动化】—【元素】—【控件】类别下,获取文本属性图如图 9-55 所示。

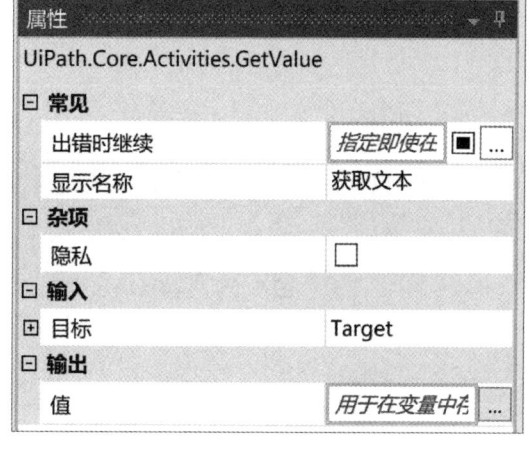

图 9-54 获取文本

图 9-55 "获取文本"属性

(1) 出错时继续。在当前活动失败的情况下,仍继续执行剩余的活动。

(2) 值。用于将指定用户界面元素中的文本存储在变量中。该字段中创建的变量为通用值类型。

【案例 9-7】 请通过 UiPath 抓取百度网页的第一个热搜,并通过消息框输出。

具体操作步骤如下:

(1) 在序列中添加【元素】—【控件】—【获取文本】活动,点击该活动的"指明在屏幕"上拾取百度网页的第一个热搜图标,输出变量,设为 a,如图 9-56、图 9-57 所示。

图 9-56　拾取百度界面第一个热搜

（2）在搜索框内输入消息框，拖曳【系统】—【对话框】类别下的【消息框】活动至序列内，表示添加【消息框】活动，设置该活动内容为变量"a"，如图 9-58 所示。

运行结果，如图 9-59 所示。

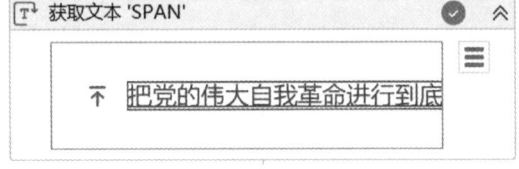

图 9-57　【获取文本】

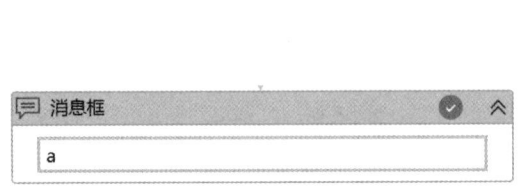

图 9-58　设置【消息框】

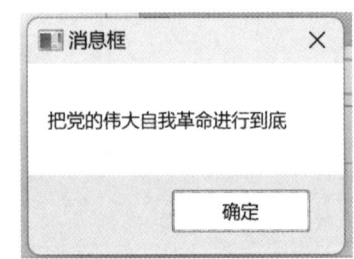

图 9-59　【案例 9-7】运行结果

任务四　条件分支活动

分支活动是 UiPath 中的重要活动，基础活动有 IF 条件、流程决策、切换和流程切换，主要用来帮助企业进行不同条件下的不同决策实施程序的设计。

一、IF 条件

IF 条件是 UiPath 的分支活动，该活动位于【可用】—【System】—【Activities】—【Statements】类别下。IF 条件中分为"Condition""Then""Else"三个部分，该活动会先判断"Condition"中的条件是否符合，如果符合，输出结果为"True"，则执行"Then"执行框中的程序；若不符合，输出结果为"False"，则执行"Else"执行框中的程序，如图9-60所示。

图 9-60　IF 条件

IF条件适用于企业需要处理决策意见的场景下，根据不同的条件，执行不同的程序。IF条件可以在序列和流程图中使用。

【案例 9-8】 S公司销售一批手套，为了加大销量，S公司承诺，每副手套10元，若订单量达到500件及500件以上，将给予总价八五折的优惠，若小于500件，则不给予优惠。通过【输入对话框】【IF条件】【消息框】活动，设计一个RPA机器人，能够计算不同的订单量，输出相应的销售商品的价格。

具体操作步骤如下：

(1) 在序列中添加【系统】—【对话框】类别下的【输入对话框】活动，设置该活动的对话框标题为"手套订单"，输入标签为"请问手套下单量"，输入类型选择文本框，并在已输入值处创建变量"a"（变量"a"的类型设为"Int32"），如图9-61所示。

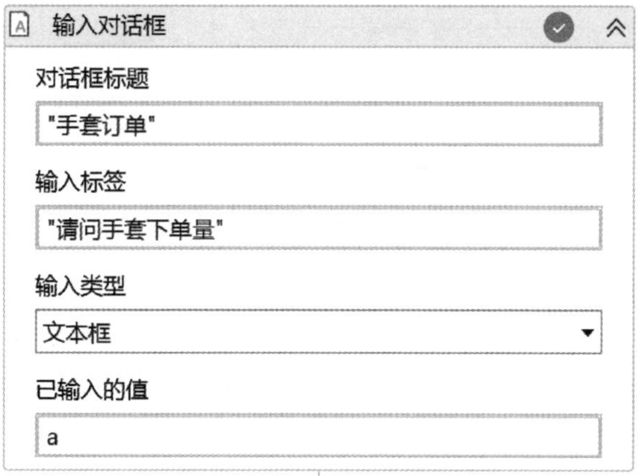

图 9-61　设置【输入对话框】

(2) 设置【IF条件】活动的判断条件为 a＜500；在"Then"执行语句内添加【可用】—【System】—【Activities】—【Statements】—【分配活动】，创建变量"b"，类型为"Double"，"Then"执行框下填写"a＊10"；最后在"Else"执行语句内添加【分配】活动，执行框填写"a＊

10 * 0.85",如图 9-62 所示。

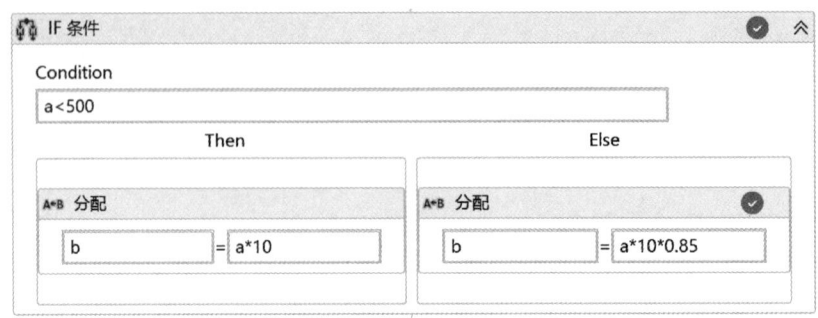

图 9-62　设置【IF 条件】

(3) 在【消息框】活动中输入""该批手套订单总价为"＋b.ToString＋"元"",【消息框】属性标题中输入"订单价值",如图 9-63 所示。

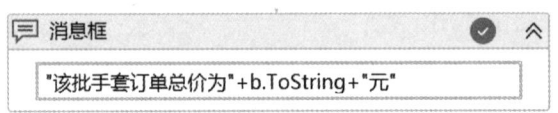

图 9-63　设置【消息框】

假设订单量为 520 件,运行结果,如图 9-64 所示。

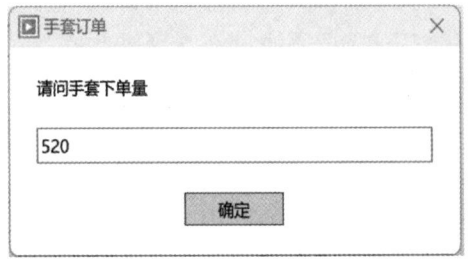 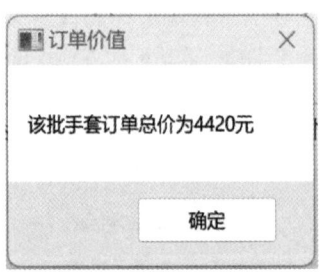

图 9-64　【案例 9-8】运行结果

二、流程决策

"流程决策"活动是当满足流程决策指定条件时,执行两个分支之一的活动。默认情况下,分支的名称为"True"和"False",该名称可以在"属性"面板中修改。"流程决策"活动位于【可用】—【工作流】—【流程图】类别下。

流程决策可以用于处理一些决策性质的事件,相当于 IF 条件活动。但是流程决策只能在流程图中使用,不能单独添加在序列内。

【案例 9-9】　S 公司销售一批手套,为了加大销量,S 公司承诺,每副手套 10 元,若订单量达到 500 件及 500 件以上,将给予总价的八五折优惠,若小于 500 件,则不给予优惠。通过【输入对话框】【流程决策】【消息框】活动,设计一个 RPA 机器人,能够计算不同的订单量,输出相应的销售商品的价格。

具体操作如下:

【输入框】和【消息框】的内容同【案例 9-8】一样,如图 9-65 所示。

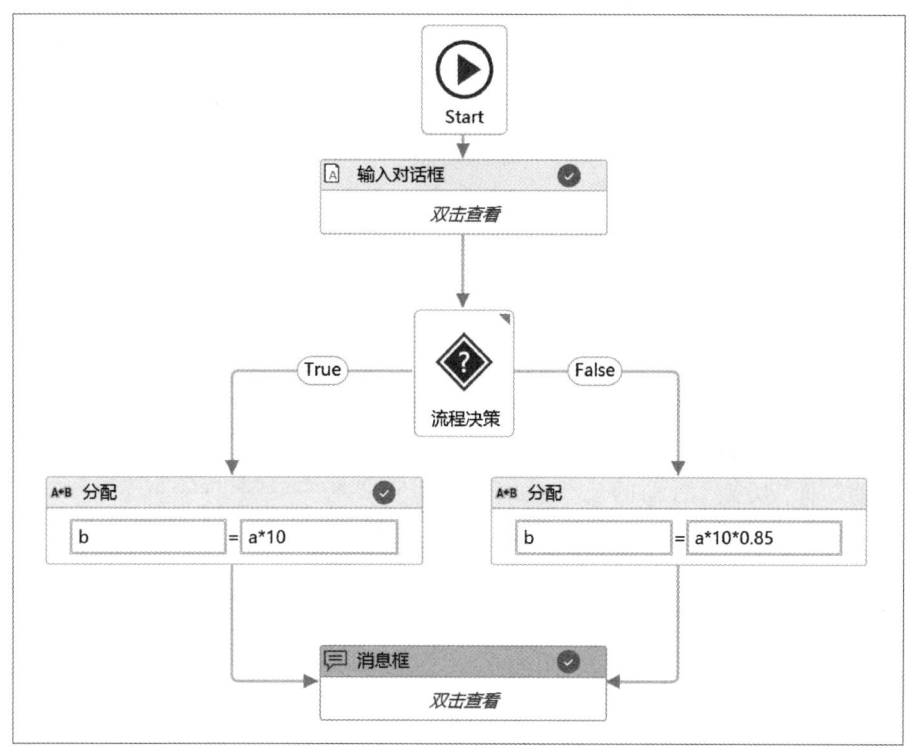

图 9-65　整体流程活动

假设订单量为 360 件,运行结果,如图 9-66 所示。

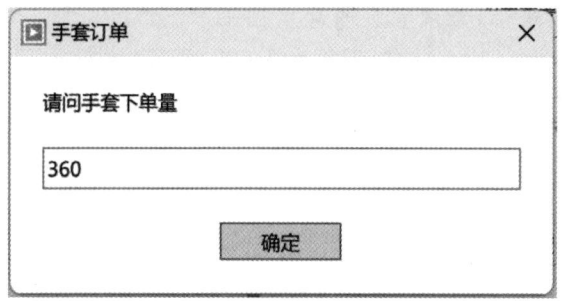 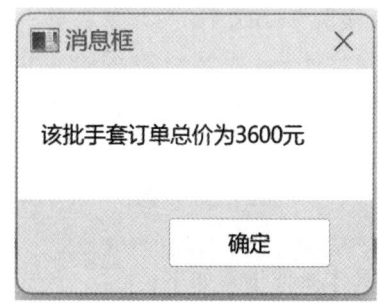

图 9-66　【案例 9-9】运行结果

三、切换

"切换"活动也是分支结构活动之一,该活动由 Expression、Default 和 Case 3 个部分组成。其中,"Expression"用于编写条件表达式;"Case"用于符合某一种情况要执行的一个或一组活动;"Default"用于包含在所有情况都不满足时才执行的默认活动。该活动位于【可用】—【System】—【Activities】—【Statements】类别下,如图 9-67 所示。

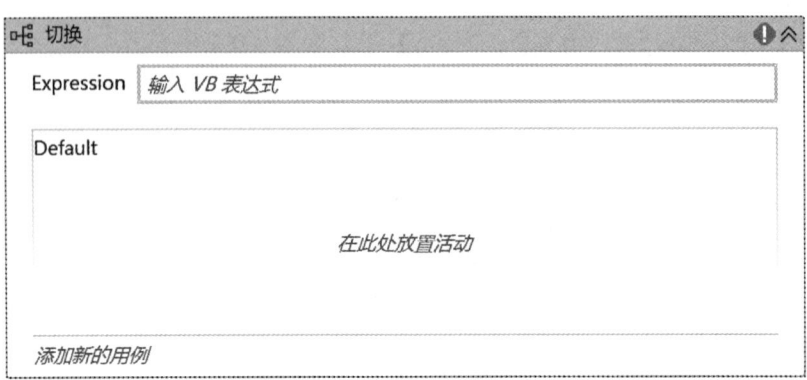

图 9-67　切换

"切换"是多条件分支活动,针对 3 个条件及 3 个条件以上的情况,我们需要选用"切换"活动。而"切换"活动的属性,如图 9-68 所示。

（1）TypeArgument。用于选择可在"表达式"属性中添加的语句类型。系统默认选择"Int32",我们可以根据自己的需要进行语句类型的更改。

（2）表达式。执行某个"case"值时所要遵循的语句。默认情况下,该字段支持的变量类型为"Tnt32"。如要更改类型,可在"TypeArgument"下拉列表中选择其他选项。

图 9-68　"切换"属性

【案例 9-10】　小明想要去听一场演唱会,该演唱会的地点在北京、上海、广州,不同的地点票价不一,北京场的门票为 1 500 元,上海场的门票为 1 600 元,广州场的门票为 1 300 元。请设计一个 RPA 机器人程序,为小明选择演唱会观看地点,在选择好演唱会地点后,会弹出【消息框】显示票价让小明进行确认。

具体操作步骤如下：

（1）在序列中添加【系统】—【对话框】类别下的【输入对话框】活动,设置该活动的对话框标题为"演唱会",输入标签为"请选择你观看演唱会的城市",输入类型选择"多选",输入选项为"北京;上海;广州"（中间使用英文分号隔开）;并在已输入值处创建变量"a"（变量"a"的类型设为"String"）,如图 9-69 所示。

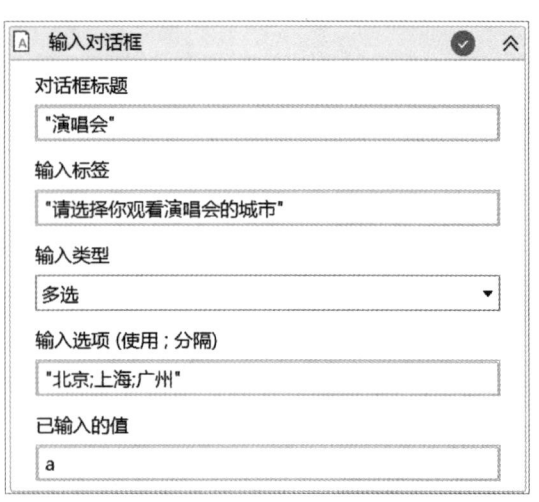

图 9-69　设置【输入对话框】

(2)在序列中添加【可用】—【System】—【Activities】—【Statements】—【切换】,"Expression"输入"a",将属性中"a"的语句类型改为"String",在"Default"下面添加3个"Case",不同的"Case"执行不同的【消息框】活动,显示相应场次的演唱会门票价格,如图9-70所示。

图 9-70　设置【切换】活动

假设选择上海场演唱会,运行结果,如图9-71所示。

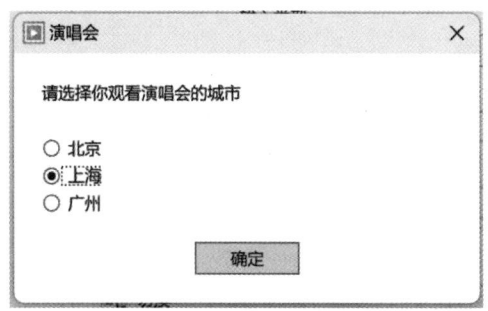 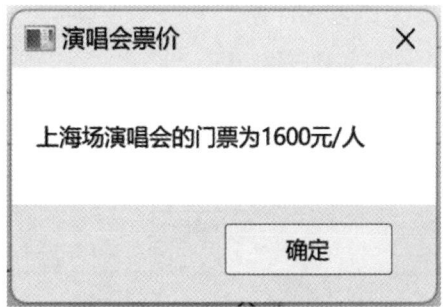

图 9-71　【案例 9-10】运行结果

四、流程切换

"流程切换"是用在流程图中的活动,作用和"决策"活动类似,用于3个或3个以上的条件决策业务。"流程切换"活动位于【可用】—【工作流】—【流程图】类别下。

【案例 9-11】 小明想要去听一场演唱会,该演唱会的地点在北京、上海、广州,不同的地点票价不一,北京场的门票为1 500元,上海场的门票为1 600元,广州场的门票为1 300元。请设计一个RPA机器人程序,为小明选择演唱会观看地点,小明选择好演唱会地点后,会弹出消息框显示票价让小明进行确认。使用流程图进行设计RPA程序。

具体操作如下:

【输入对话框】和【消息框】内容同【案例 9-10】一样,如图 9-72 所示。

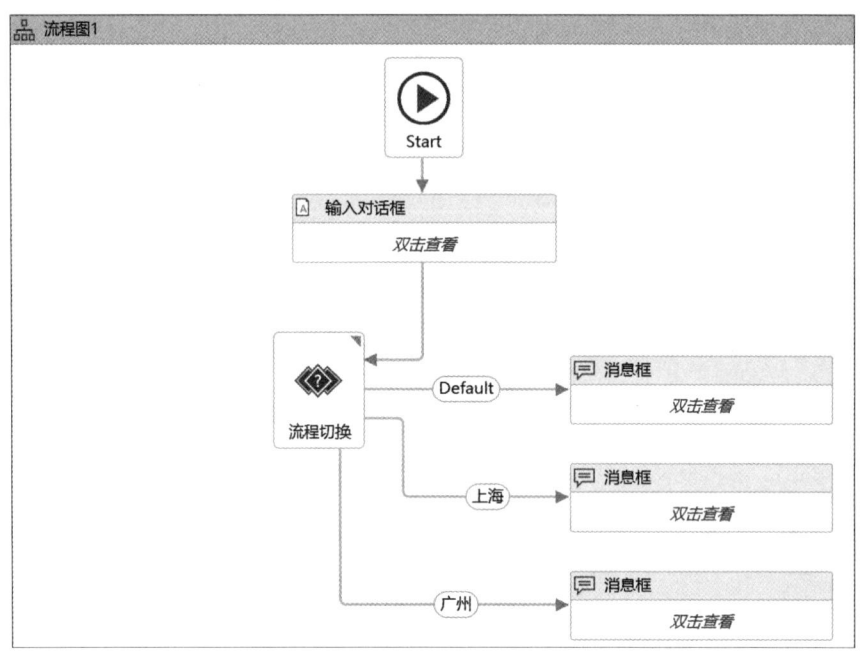

图 9-72 整体流程活动

假设选择北京场演唱会,运行结果,如图 9-73 所示。

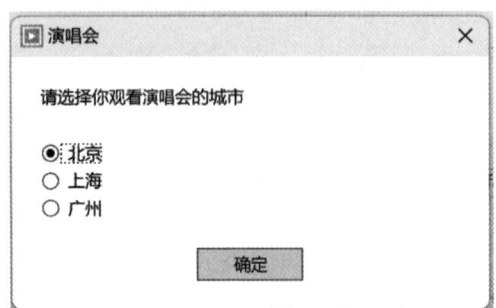
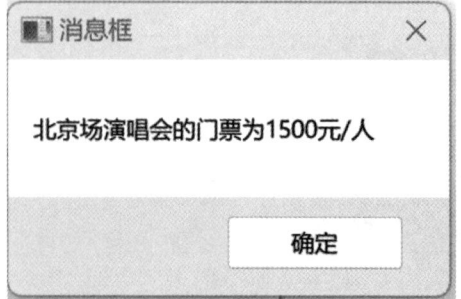

图 9-73 【案例 9-11】运行结果

任务五　条件循环活动

条件循环是 UiPath 中的重要活动，基础活动有先条件循环、后条件循环、遍历循环和循环中断，主要用来帮助企业进行循环条件下的数据采集。

一、先条件循环

"先条件循环"活动是 UiPath 的条件循环活动之一。当流程中需要满足某种条件就重复执行某件事务时，就可以使用"先条件循环"活动，如图 9-74 所示。

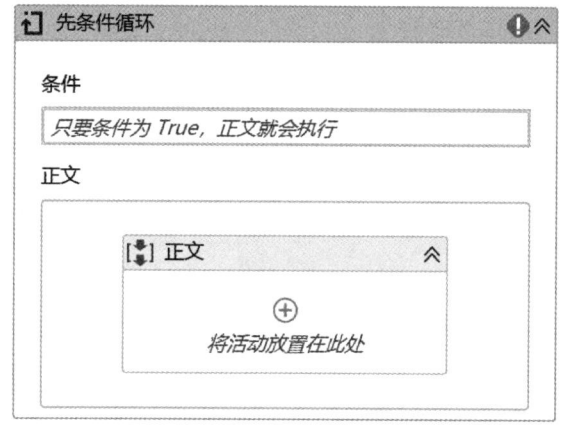

图 9-74　先条件循环

先条件循环有两个部分，分别为条件和正文。在执行这个活动时，流程会先判断条件是否为"True"，如果为"True"则会执行正文内容；如果为"False"，则退出循环活动。如果条件一致成立，则循环反复。

【案例 9-12】　李明购买了一款 10 000 元的定投产品，期限为 20 年，年利率为 3.5%，每年复利一次。设计一个 RPA 机器人，计算该款定投产品每年年末的本利和，并通过【日志消息】进行输出。变量类型如表 9-10 所示。

表 9-10　　　　　　　　　　　【案例 9-12】变量类型

变量名称	变量类型	范围	默认值
存款年限	Int32	序列	1
本利和	Double	序列	
本金	Double	序列	10 000

具体操作步骤如下：

（1）添加【System】—【Activities】—【Statements】类别下的【序列】活动，在【序列】中添加【工作流】—【控件】类别下的【先条件循环】活动。在"变量"面板中创建变量"存款年限"，变量类型为"Int32",范围为"序列",默认值为"1"。由于本示例中定投产品的存款年限为20年,因此设置【先条件循环】的条件为"存款年限<=20",如图9-75所示。

(2) 在【先条件循环】的"正文"中添加【System】—【Activities】—【Statements】类别下的【分配】活动。在"变量"面板中创建变量"本利和"和"本金",变量类型均为"Double",范围为"序列",其中本金的默认值设置为"10000"。设置【分配】活动,令"本利和=本金*(1+0.035)",如图9-76所示。

(3) 添加【编程】—【调试】类别下的【日志消息】,设置【日志消息】级别为"Info",消息为""第"+存款年限.ToString+"年年末的本利和为:"+本利和.ToString+"元"",即可输出上一步【分配】活动计算出的本利和,如图9-77所示。

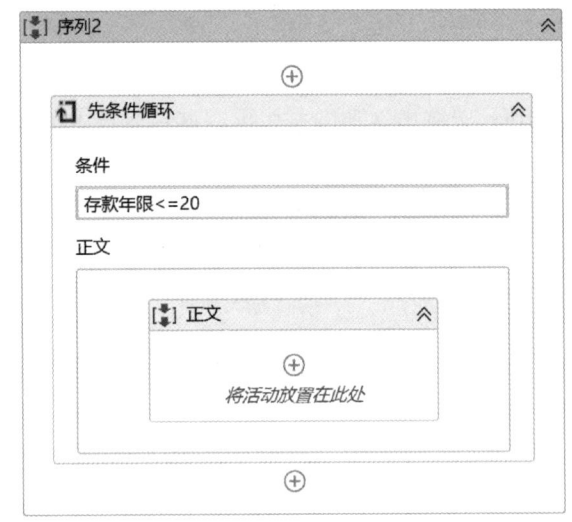

图 9-75 设置【先条件循环】

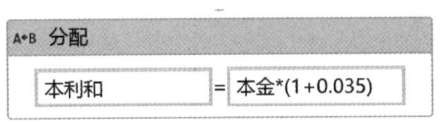

图 9-76 设置【分配】活动

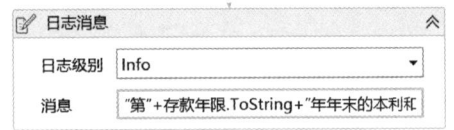

图 9-77 设置【日志消息】活动

(4) 由于本示例为复利计算,因此每一年年末的本利和即为下一年年初的本金。添加【System】—【Activities】—【Statements】类别下的【分配】活动,使"本金=本利和",如图9-78所示。

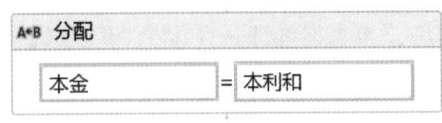

图 9-78 设置【分配】活动

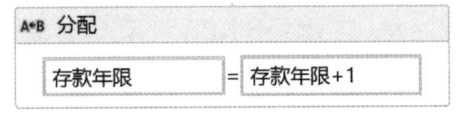

图 9-79 设置【分配】活动

(5) 为控制"先条件循环"活动能进入下一年的本利和计算,添加【System】—【Activities】—【Statements】类别下的【分配】活动,令"存款年限=存款年限+1",如图9-79所示。

运行结果,如图9-80所示。

二、后条件循环

"后条件循环"也是条件循环的一种,与"先条件循环"不同的是,"后循环条件"先执行语句,然后再判断条件是否为"True",如果为"True"则会执行正文内容;如果为"False",则退

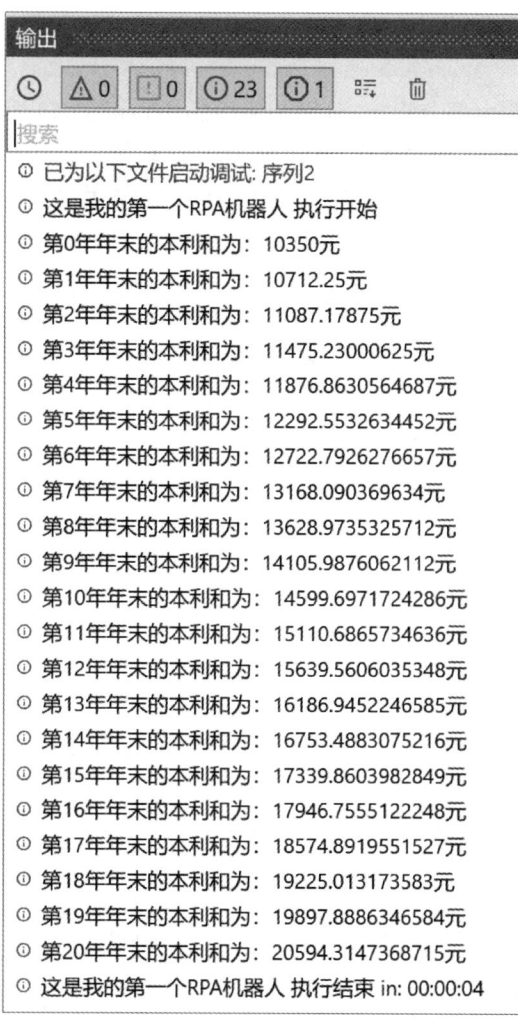

图 9-80 【案例 9-12】运行结果

出循环活动。

相比"先条件循环","后条件循环"至少会先执行一次循环体的流程,如图 9-81 所示。

图 9-81 后条件循环

三、遍历循环

"遍历循环"活动由两个部分组成,分别为遍历循环和正文,该活动将会遍历"item"中的每个元素,将每个元素都执行相同操作,从第一个元素循环到集合中最后一个元素。作为企业,当需要对某个集合中每个元素执行相同操作的时候,就可以使用遍历循环的活动,如图9-82所示。

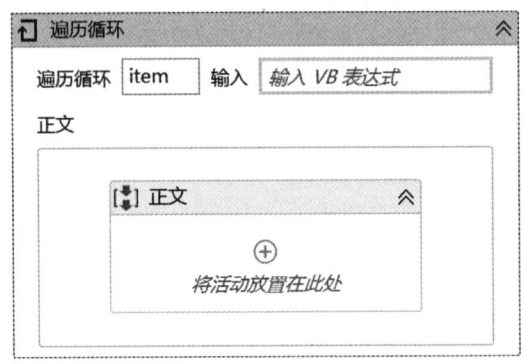

图 9-82　遍历循环

【案例 9-13】　李明购买了一款 10 000 元的定投产品,期限为 20 年,年利率为 3.5%,每年复利一次。通过【遍历循环】活动设计一个 RPA 机器人,计算该款定投产品每年年末的本利和,并通过【日志消息】进行输出,变量类型如表 9-11 所示。

表 9-11　　　　　　　　　　　【案例 9-13】变量类型

变量名称	变量类型	范围	默认值
存款年限	Int32	序列	1
本利和	Double	序列	
本金	Double	序列	10 000

具体操作步骤如下:

(1) 添加【System】—【Activities】—【Statements】类别下的【序列】活动,在【序列】中添加【System】—【Activities】—【Statements】类别下的【分配】活动。在"变量"面板中创建变量"存款年限",变量类型为"Int32",范围为"序列"。由于产品的存款年限为 20 年,因此设置【分配】活动,令存款年限={1,2,3,4,5,6,7,8,9,10,11,12,13,14,15,16,17,18,19,20},如图 9-83 所示。

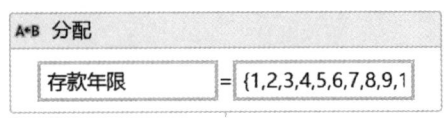

图 9-83　设置【分配】活动

(2) 在【分配】活动后添加【工作流】—【控件】类别下的【遍历循环】活动,由于此【遍历循环】活动所要循环的变量"存款年限"为"Int32"类型,在【遍历循环】的属性界面设置"TypeArgument"为"Int32",值为变量"存款年限"。每一次循环,"item"都会依次引用数组"存款年限"中的元素,如图 9-84 所示。

图 9-84　设置【遍历循环】活动

（3）添加【System】—【Activities】—【Statements】类别下的【分配】活动。在变量面板中创建变量"本利和"和"本金"，变量类型均为"Double"，范围为"序列"，其中本金的默认值设置为"10000"。设置【分配】活动，令"本利和 = 本金 * (1 + 0.035)"，如图 9-85 所示。

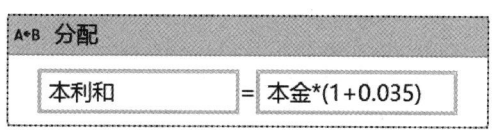

图 9-85　设置【分配】活动

（4）添加【编程】—【调试】类别下的【日志消息】，设置【日志消息】级别为"Info"，消息为""第"+item.ToString+"年年末的本利和为"+本利和.ToString+"元""（引号要在英文状态下），即可输出上一步【分配】活动计算出的本利和，如图 9-86 所示。

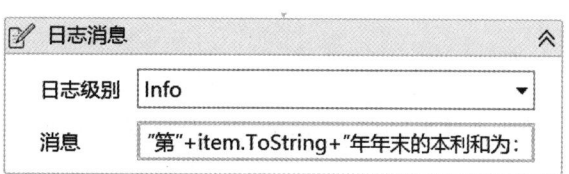

图 9-86　设置【日志消息】活动

（5）由于本示例为复利计算，因此每一年年末的本利和即为下一年年初的本金。添加【System】—【Activities】—【Statements】类别下的【分配】活动，令"本金 = 本利和"，如图 9-87 所示。

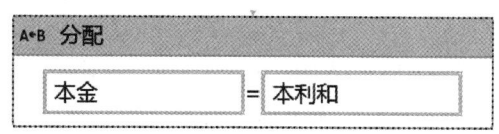

图 9-87　设置【分配】活动

运行结果，如图 9-88 所示。

图 9-88 【案例 9-13】运行结果

四、循环中断

"中断"活动只能使用于上述循环体,表示活动所在位置退出循环活动,如图 9-89 所示。

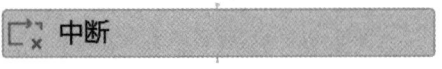

图 9-89 中断

"继续"也是一种"中断"活动,与"中断"活动不同的是,"继续"活动只是中断当次循环,整个循环并不会结束,如图 9-90 所示。

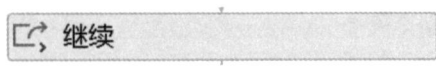

图 9-90 继续

项目十　财务机器人 Excel 应用

任务一　Excel 基本活动

UiPath 作为微软公司的合作伙伴，直观、简易、融通的 RPA 平台能够让非专业人员在没有大量软件编程知识的前提下，快速、高效地为企业日常工作中重要的 Excel 操作实现自动化，从而提高工作效率、改善工作体验，节约人工成本。

一、Excel 操作自动化的认知

UiPath 可以模拟人的操作从 Excel 上读取行、列、表格数据、写入工作簿数据和公式等。UiPath 中操作 Excel 的活动主要有两个部分，分别是在【应用程序集成】—【Excel】类别下的活动和在【系统】—【文件】—【工作簿】类别下的活动。

（一）【应用程序集成】—【Excel】类别

第一部分的 Excel 应用活动需要在【应用程序集成】—【Excel】—【表格】—【Excel 应用程序范围】下进行，如图 10-1 所示，不能单独使用。而 Excel 路径统一都在"Excel 应用程序范围"活动中进行设置，如图 10-2 所示。这个活动是为其他 Excel 活动提供应用程序基础。当该活动结束的时候，会关闭已经打开的 Excel 文件。如果不存在指定文件，则会在项目所在文件夹中新建一个指定文件名称的 Excel 文件。

【Excel 应用程序范围】的属性，如图 10-3 所示。

（1）密码。工作簿的密码，如果工作簿在访问时受密码保护，则在此进行设置，输入对应的密码。

（2）工作簿路径。工作簿的完整路径，如果

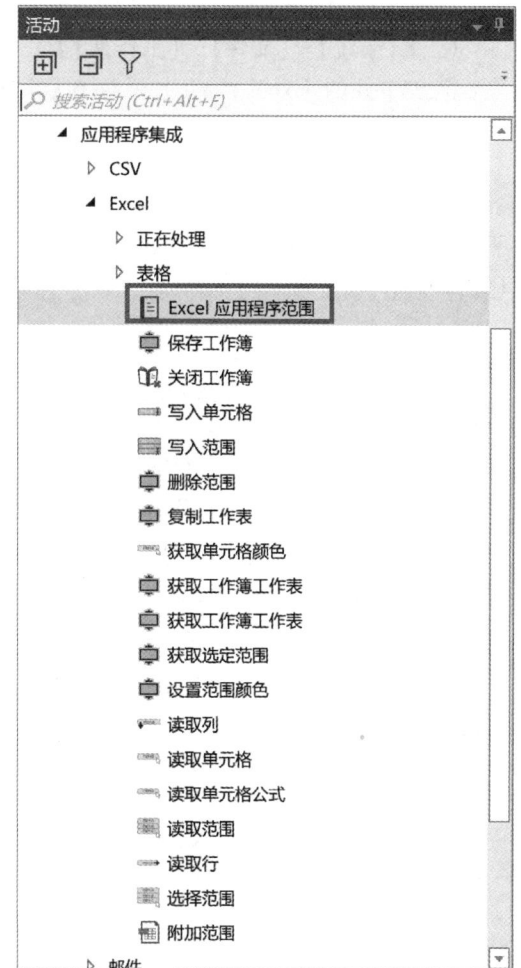

图 10-1　UiPath 中 Excel 应用活动图部分一

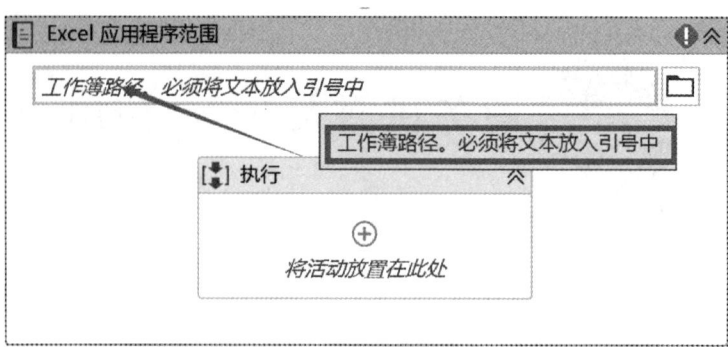

图 10-2　Excel 应用程序范围活动

工作簿路径没有文件扩展名,则会引发错误。

(3) 编辑密码。要编辑工作簿所需的密码,如果有需要时在此进行设置。

(4) 工作簿。如果在该属性中提供了类型为"Workbook Application"的变量,则工作簿数据将保存在相应的变量中,即使此活动结束,该变量中的数据仍然可以使用。

(二)【系统】—【文件】—【工作簿】类别

第二部分的 Excel 活动主要存在【系统】—【文件】—【工作簿】类别中。这个部分的 Excel 活动都需要对每个活动设置相应的工作路径,如图 10-4 所示。

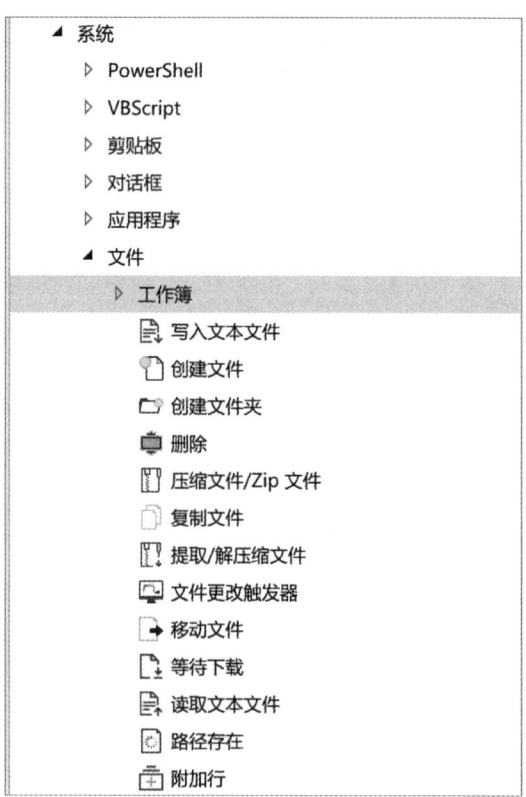

图 10-3　Excel 应用程序范围活动属性　　　　图 10-4　UiPath 中 Excel 应用活动图部分二

二、Excel 表格基础活动

（一）读取范围

【读取范围】活动在【应用程序集成】—【Excel】类别和【系统】—【文件】—【工作簿】类别均存在，区别就在于是否在此活动中设置工作簿路径，如图 10-5、图 10-6 所示。

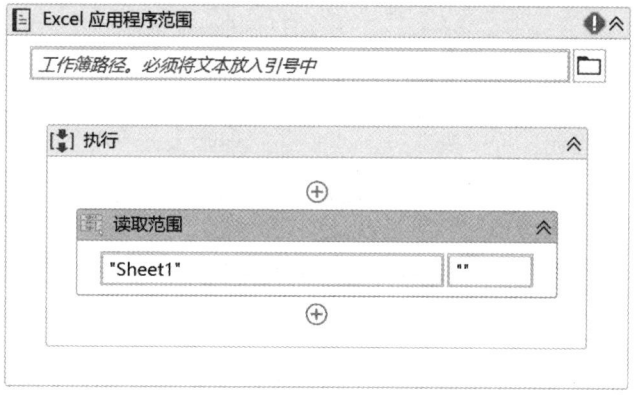

图 10-5 【应用程序集成】—【Excel】—【读取范围】

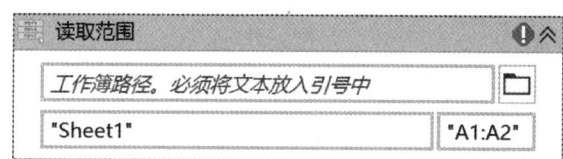

图 10-6 【系统】—【文件】—【工作簿】—【读取范围】

【读取范围】活动的属性，如图 10-7 所示。

（1）工作表名称。工作簿中的工作表名称，默认值为"Sheet1"，该字段仅支持字符串或者字符串变量。

（2）范围。指定待读取的单元格范围，如果未指定范围，则读取整个电子表格，如果将范围指定为一个单元格，则从该单元格开始读取整个电子表格。

（3）数据表。输出存储了已读数据的数据表对象。

（4）使用筛选器。如果选中，则该活动不会读取指定范围中已筛除的内容，默认未选中。

（5）保留格式。保留单元格（货币、日期等）中显示的格式，将逐个读取该单元格

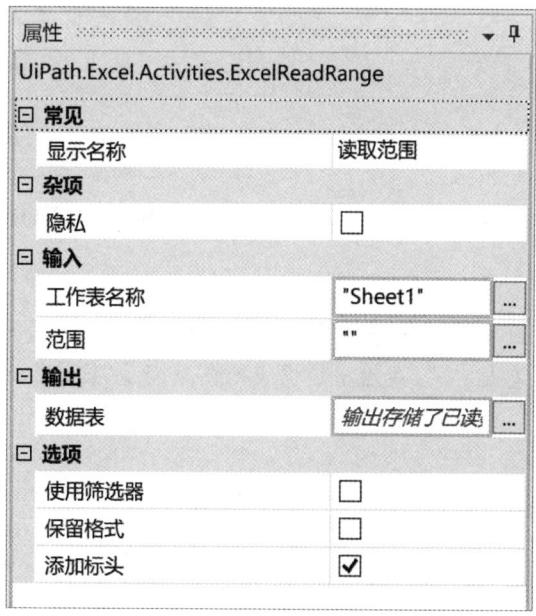

图 10-7 读取范围属性

范围,且其性能不如批量读取。默认为非选中状态。

(6) 添加标头。是否应将该范围中的首行视为列标头定义,如果不勾选,数据表中返回的列名称将为空。默认为选中状态。

【案例 10-1】 已知 Excel 表格"12 月费用清单",如图 10-8 所示,设计一个机器人读取 12 月费用合计金额。运用【Excel 应用程序范围】【读取范围】【消息框】活动进行设计。

	A	B	C	D	E	F	G	H
1		综合管理部门	销售部门	财务部门	仓储部门	生产一车间	生产二车间	合计
2	办公费用	7600	7800	7800	7654	7324	7543	45721
3	水电费	1900	2000	2100	2200	1500	1600	11300
4	折旧摊销	3000	2000	1200	5000	8000	8000	27200
5	差旅费	26799	39000	47888	25688	45632	45650	230657
6	修理费	2000	2100	2200	1500	1600	1700	11100
7	合计	41299	52900	61188	42042	64056	64493	325978

图 10-8 "12 月费用清单"

具体操作步骤如下:

(1) 在序列中添加【应用程序集成】—【Excel】类别下的【Excel 应用程序范围】活动。为该活动设置工作簿路径,单击【浏览】按钮,选择"案例 10-1.xlsx"文件,如图 10-9 所示(注意:需将"案例 10-1.xlsx"保存在自定义的路径下)。

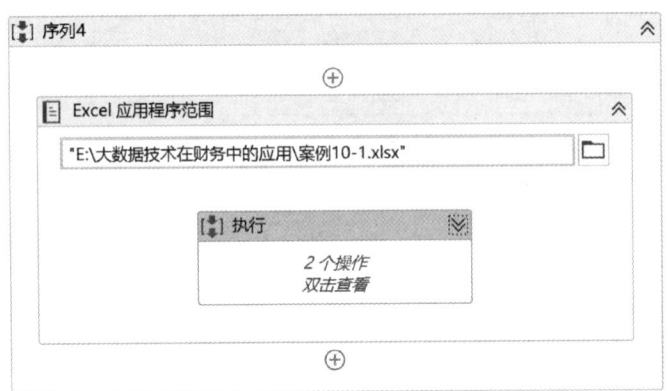

图 10-9 打开【Excel 应用程序范围】

(2) 在【Excel 应用程序范围】活动下的执行序列中,添加【应用程序集成】—【Excel】类别下的【读取范围】活动。打开该活动的"属性"面板,设置工作表名称为"12 月费用清单",范围为"",在输出数据表处创建变量"Data",变量类型为"DataTable",变量"Data"用于存储"12 月费用清单"表中所有的数据,如图 10-10、图 10-11 所示。

图 10-10 【读取范围】活动

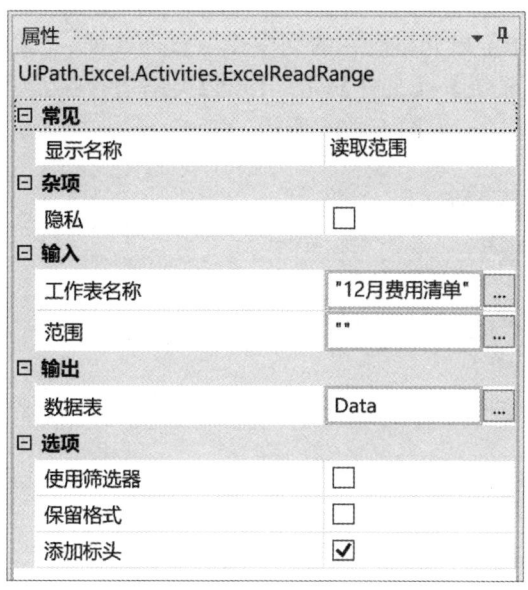

图 10-11 设置【读取范围】属性

(3) 添加【系统】—【对话框】类别下的【消息框】活动,变量位置的确认如图 10-12 所示。设置文本为""12月费用合计为"+Data(5)(7).tostring+"元"",用于输出12月费用的合计数,如图 10-13 所示。

	A	B	C	D	E	F	G	H	I
1		综合管理部门	销售部门	财务部门	仓储部门	生产一车间	生产二车间	合计	
2	办公费用	7600	7800	7800	7654	7324	7543	45721	0
3	水电费	1900	2000	2100	2200	1500	1600	11300	1
4	折旧摊销	3000	2000	1200	5000	8000	8000	27200	2
5	差旅费	26799	39000	47888	25688	45632	45650	230657	3
6	修理费	2000	2100	2200	1500	1600	1700	11100	4
7	合计	41299	52900	61188	42042	64056	64493	325978	5
8	0	1	2	3	4	5	6	7	
9									

图 10-12 Data 变量位置确认

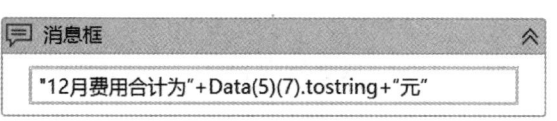

图 10-13 【消息框】设置文本

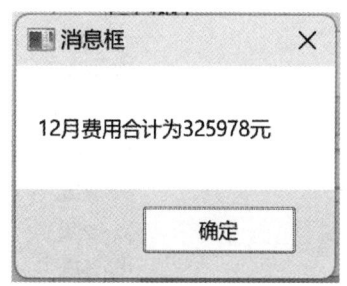

图 10-14 【案例 10-1】运行结果

运行结果,如图 10-14 所示。

(二)读取列

"读取列"活动是从指定单元格所在的列中读取整列数据。"读取列"活动在【应用程序集成】—【Excel】类别和【系统】—【文件】—【工作簿】类别均存在,区别就在于是否在此活动中设置工作簿路径,如图 10-15、图 10-16 所示。

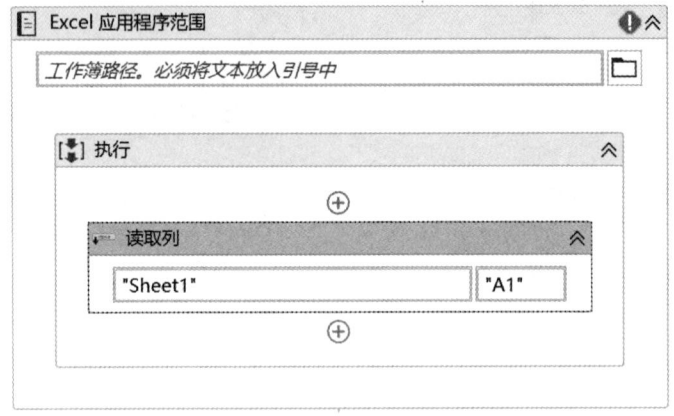

图 10-15 【应用程序集成】—【Excel】—【读取列】

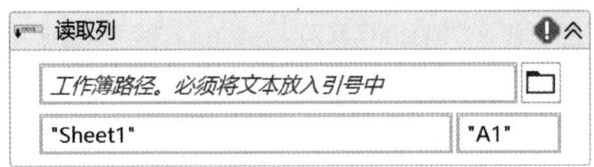

图 10-16 【系统】—【文件】—【工作簿】—【读取列】

【读取列】活动的属性,如图 10-17 所示。

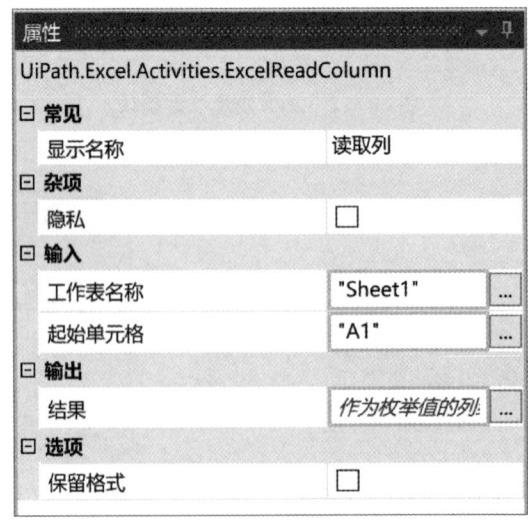

图 10-17 【读取列】属性

(1) 工作表名称。工作簿中的工作表名称,默认值为"Sheet1",该字段仅支持字符串或者字符串变量。

(2) 起始单元格。指定待读取的列范围,如果未指定范围,则读取第一列 A1,如果将范围指定为一个单元格,则从该单元格开始读取整列。

(3) 结果。输出存储了已读数据的列对象。

(4) 保留格式。保留单元格(货币、日期等)中显示的格式,将逐个读取该单元格范围,其性能不如批量读取。默认为非选中状态。

【案例 10-1 拓展】 已知 Excel 表格"12 月费用清单",如图 10-18 所示。设计一个 RPA 机器人读取 12 月费用合计金额。运用【Excel 应用程序范围】【读取列】【消息框】活动进行设计。

	A	B	C	D	E	F	G	H
1		综合管理部门	销售部门	财务部门	仓储部门	生产一车间	生产二车间	合计
2	办公费用	7600	7800	7800	7654	7324	7543	45721
3	水电费	1900	2000	2100	2200	1500	1600	11300
4	折旧摊销	3000	2000	1200	5000	8000	8000	27200
5	差旅费	26799	39000	47888	25688	45632	45650	230657
6	修理费	2000	2100	2200	1500	1600	1700	11100
7	合计	41299	52900	61188	42042	64056	64493	325978

图 10-18 "12 月费用清单"

具体操作步骤如下:

本案例操作流程,如图 10-19 所示。

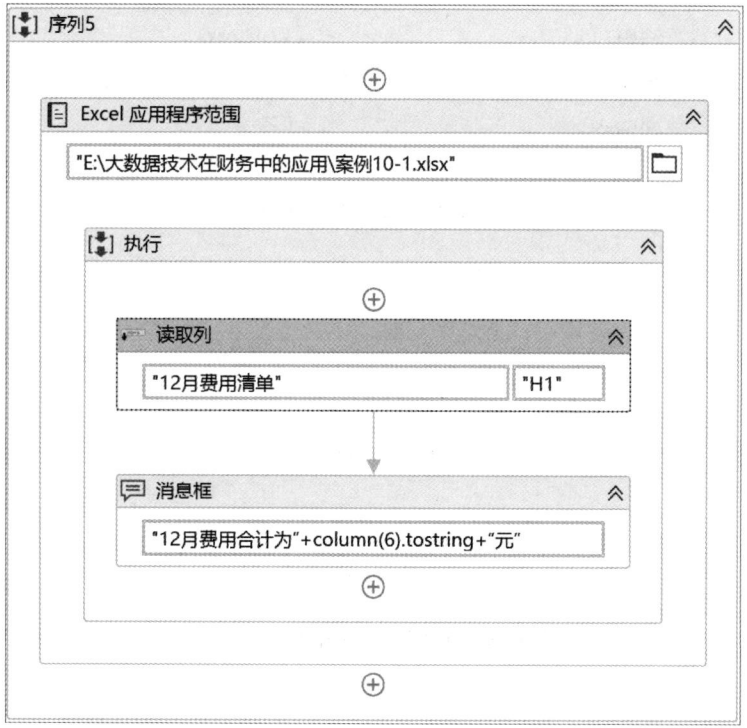

图 10-19 【案例 10-1 拓展】操作流程

(1) 在序列中添加【应用程序集成】—【Excel】类别下的【Excel 应用程序范围】活动。为该活动设置工作簿路径,单击【浏览】按钮,选择"案例 10-1.xlsx"文件(注意:需将"案例 10-1.xlsx"保存在自定义的路径下)。

(2) 在【Excel 应用程序范围】活动下的执行序列中添加【应用程序集成】—【Excel】类别下的【读取列】活动。打开该活动的"属性"面板,如图 10-20 所示,设置工作表名称为"12月费用清单",范围为"H1",在输出数据表处创建变量"column",变量类型为"IEnumerable<Object>",该变量"column"用于存储"12月费用清单"表中 H 列数据。

(3) 添加【系统】—【对话框】类别下的【消息框】活动,设置文本为"12月费用合计为"+column(6).tostring+"元"",用于输出 12 月费用的合计数,设置输出结果为"column"。

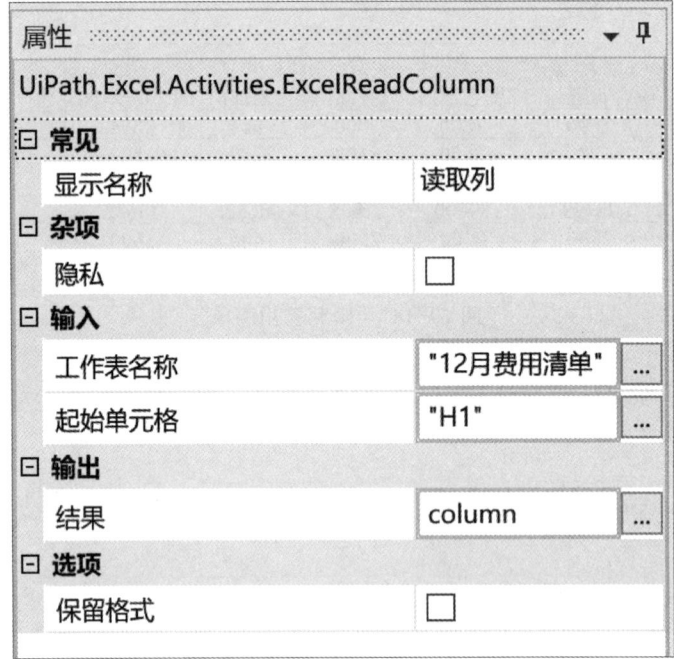

图 10-20 消息框属性设置

运行结果,如图 10-21 所示。

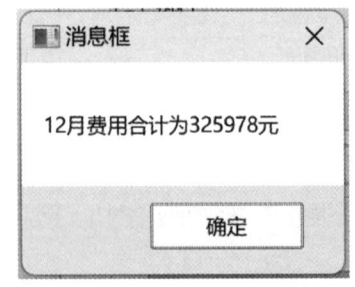

图 10-21 【案例 10-1 拓展】运行结果

(三)读取行

"读取行"活动是从指定单元格所在的列中读取整行数据。"读取行"活动在【应用程序集成】—【Excel】类别和【系统】—【文件】—【工作簿】类别均存在,区别就在于是否在此活动中设置工作簿路径,如图 10-22、图 10-23 所示。

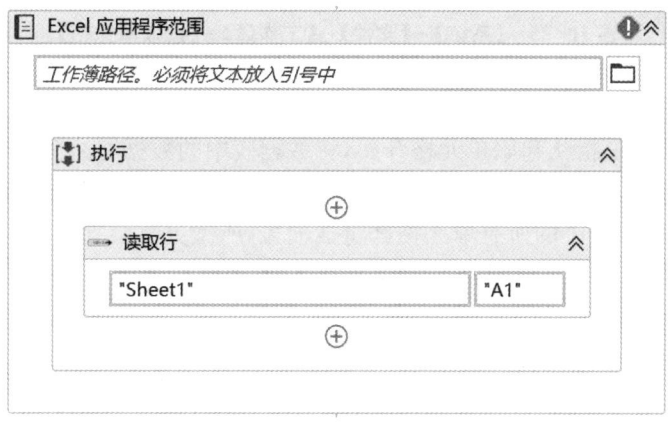

图 10-22 【应用程序集成】—【Excel】—【读取行】

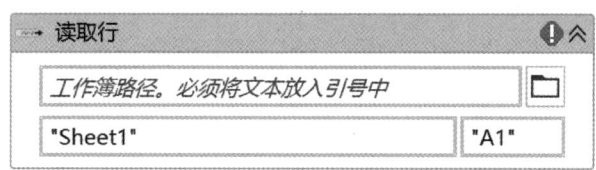

图 10-23 【系统】—【文件】—【工作簿】—【读取行】

(四)读取单元格

"读取单元格"活动是指读取 Excel 单元格的值,并可将读出的数据存储在变量中。"读取单元格"活动在【应用程序集成】—【Excel】类别和【系统】—【文件】—【工作簿】类别均存在,区别就在于是否在此活动中设置工作簿路径,如图 10-24、图 10-25 所示。

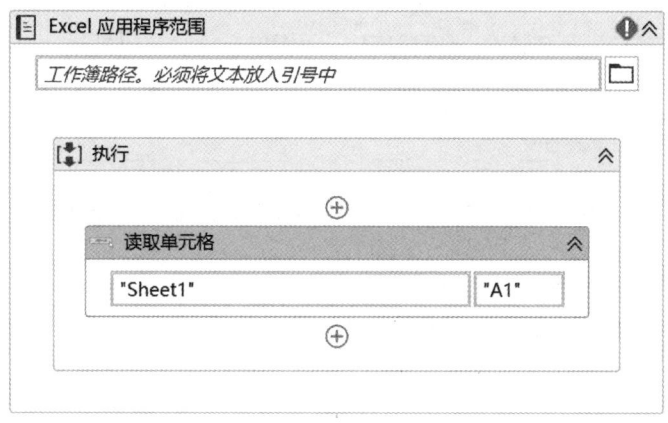

图 10-24 【应用程序集成】—【Excel】—【读取单元格】

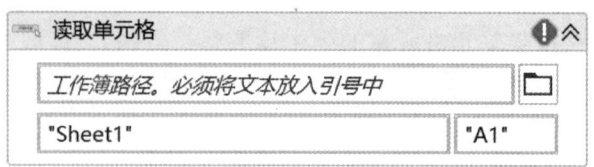

图 10-25 【系统】—【文件】—【工作簿】—【读取单元格】

(五) 写入范围

"写入范围"活动是指从起始单元格开始,将数据表中的数据写入到电子表格中,如果未指定起始单元格,则从 A1 单元格开始写入。如果工作表不存在,则使用"工作表名称"新建一个工作表,数据表范围中的所有单元格都将被覆盖,所做更改会立即保存。"写入范围"活动在【应用程序集成】—【Excel】类别和【系统】—【文件】—【工作簿】类别均存在,如图 10-26、图 10-27 所示。

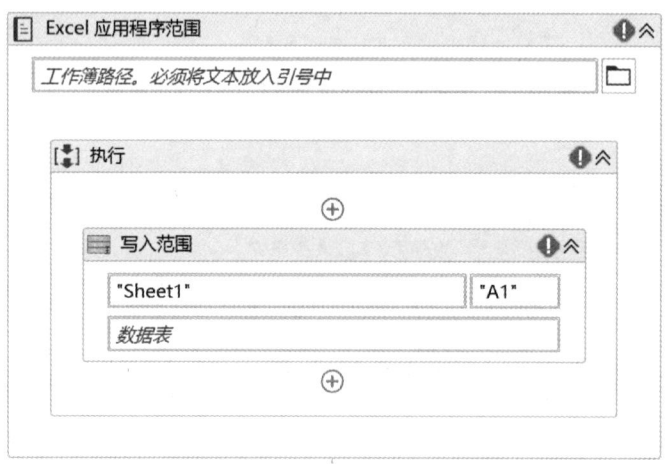

图 10-26 【应用程序集成】—【Excel】—【写入范围】

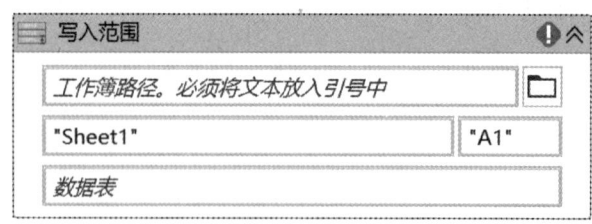

图 10-27 【系统】—【文件】—【工作簿】—【写入范围】

【写入范围】活动的属性,如图 10-28 所示。

(1) 工作表名称。工作簿中的工作表名称,默认值为"Sheet1",该字段仅支持字符串或者字符串变量。

(2) 起始单元格。指定待写入的范围,如果未指定范围,则从第一给单元格 A1 开始写入全部范围,如果将范围指定为一个单元格,则从该单元格开始写入范围。

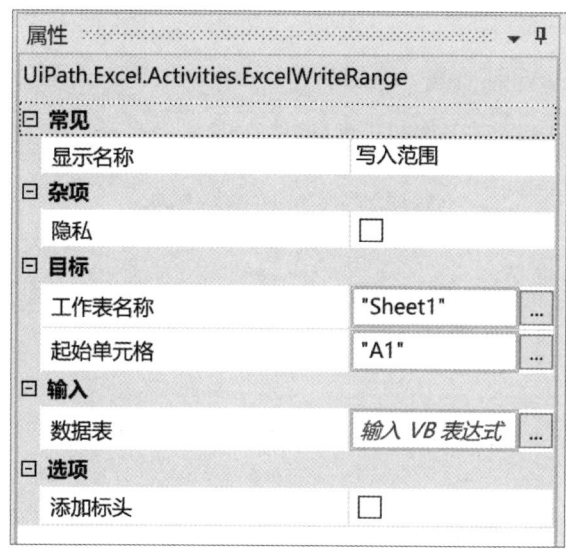

图 10-28 【写入范围】属性

（3）数据表。数据表中保存即将要写入 Excel 中的数据。

（4）添加标头。如果选中，则将列标题行写入工作表的指定范围。默认为不选中状态。

【案例 10-2】 Excel 表格"12 月费用清单"，如图 10-29 所示，预计来年 1 月的费用和 12 月一致。设计一个 RPA 机器人将"12 月费用清单"中的数据写入同一个 Excel 的另一个表格"预计 1 月费用清单"中，运用【Excel 应用程序范围】【读取范围】【写入范围】活动进行设计。

	A	B	C	D	E	F	G	H
1		综合管理部门	销售部门	财务部门	仓储部门	生产一车间	生产二车间	合计
2	办公费用	7600	7800	7800	7654	7324	7543	45721
3	水电费	1900	2000	2100	2200	1500	1600	11300
4	折旧摊销	3000	2000	1200	5000	8000	8000	27200
5	差旅费	26799	39000	47888	25688	45632	45650	230657
6	修理费	2000	2100	2200	1500	1600	1700	11100
7	合计	41299	52900	61188	42042	64056	64493	325978

图 10-29 "12 月费用清单"

具体操作步骤如下：

（1）在序列中添加【应用程序集成】—【Excel】类别下的【Excel 应用程序范围】活动。为该活动设置工作簿路径，单击【浏览】按钮，选择"案例 10-2.xlsx"文件，如图 10-30 所示（注意：需将"案例 10-2.xlsx"保存在自定义的路径下）。

（2）在【Excel 应用程序范围】活动下的执行序列中添加【应用程序集成】—【Excel】类别下的【读取范围】活动。打开该活动的"属性"面板，设置工作表名称为"12 月费用清单"，起始单元格为"A1:H7"，在输出数据表处创建变量"Data"，变量类型为"DataTable"，该变量用于存储"12 月费用清单"中单元格 A1 到 H7 范围的数据，如图 10-31、图 10-32 所示。

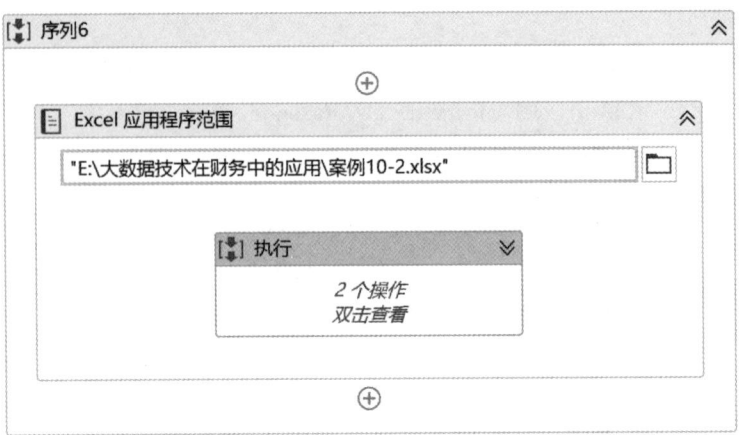

图 10-30　打开【Excel 应用程序范围】

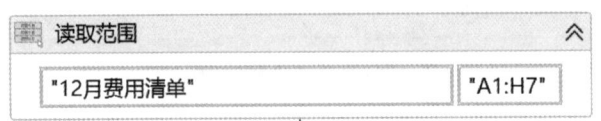

图 10-31　【读取范围】活动设置文本及范围

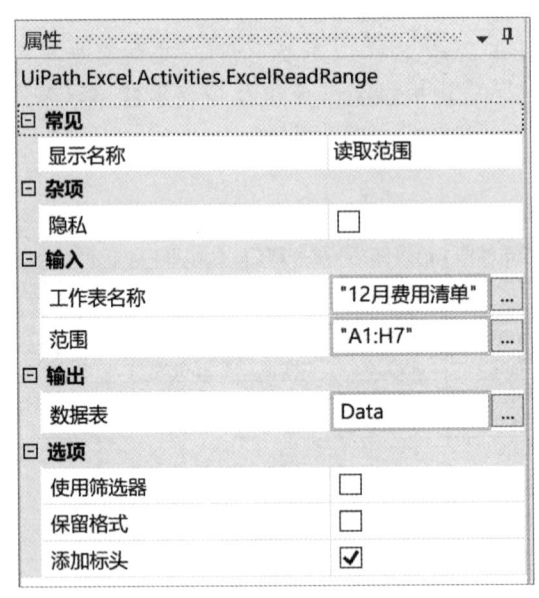

图 10-32　【读取范围】属性设置

（3）添加【应用程序集成】—【Excel】类别下的【写入范围】活动，设置工作表名称为"预计1月费用清单"，起始单元格为"A1"，输入数据表为"Data"，勾选"添加标头"复选框，将存储在变量"Data"中的数据写入表格"预计1月费用清单"中，如图10-33、图10-34所示（注意："预计1月费用清单"表不存在，通过【写入范围】活动下，机器人会自动在"案例10-2.xlsx"内创建该工作表，命名为"预计1月费用清单"）。

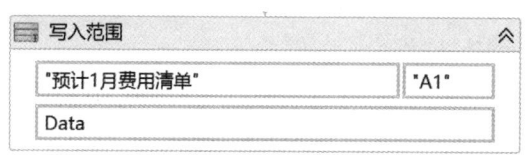

图 10-33 写入范围活动设置文本及范围

（属性面板图示）

图 10-34 写入范围属性设置

运行结果，如图 10-35 所示。

	A	B	C	D	E	F	G	H
1	Column1	综合管理部门	销售部门	财务部门	仓储部门	生产一车间	生产二车间	合计
2	办公费用	7600	7800	7800	7654	7324	7543	45721
3	水电费	1900	2000	2100	2200	1500	1600	11300
4	折旧摊销	3000	2000	1200	5000	8000	8000	27200
5	差旅费	26799	39000	47888	25688	45632	45650	230657
6	修理费	2000	2100	2200	1500	1600	1700	11100
7	合计	41299	52900	61188	42042	64056	64493	325978
8								
9								
10								

12月费用清单 | 预计1月费用清单

图 10-35 【案例 10-2】运行结果

（六）写入单元格

"写入单元格"活动是指将值或公式写入指定的单元格或范围。如果操作的工作表不存在，则系统自动创建该工作表；如果对应单元格内有值，则被覆盖。"写入单元格"活动在【应用程序集成】—【Excel】类别和【系统】—【文件】—【工作簿】类别均存在，如图 10-36、图 10-37 所示。

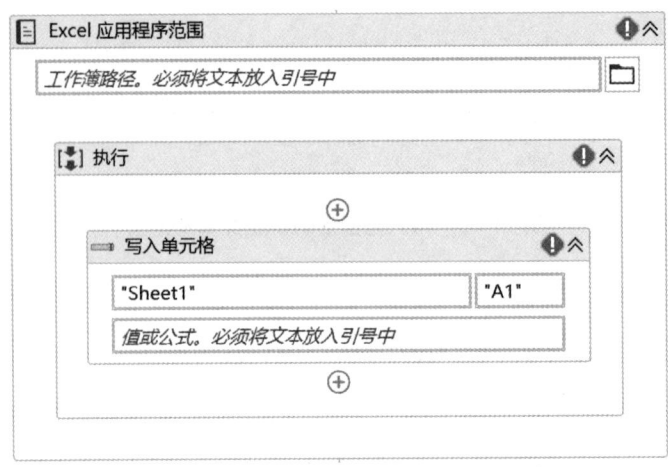

图 10-36 【应用程序集成】—【Excel】—【写入单元格】

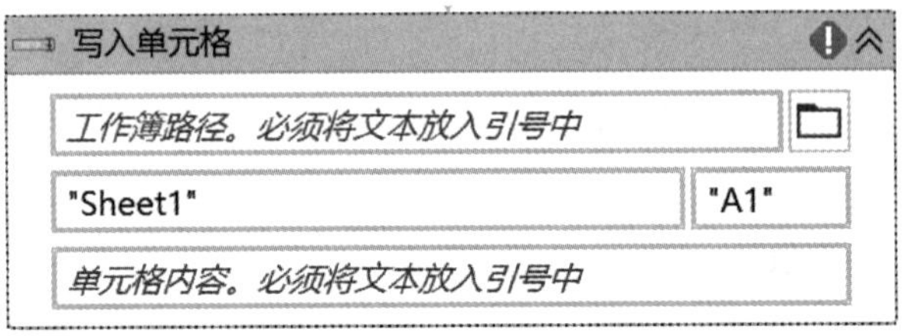

图 10-37 【系统】—【文件】—【工作簿】—【写入单元格】

【写入单元格】活动的属性,如图 10-38 所示。

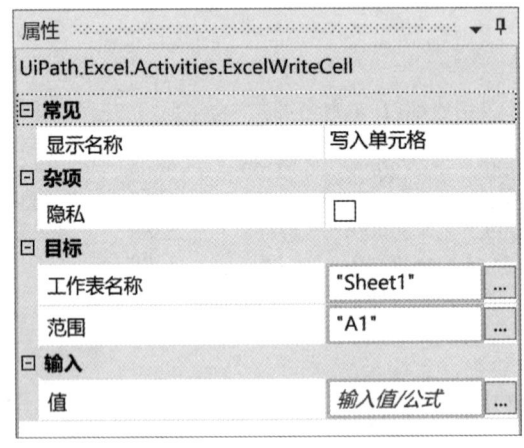

图 10-38 【写入单元格】属性

(1) 工作表名称。要写入数据的工作表名。
(2) 范围。要写入的单元格或范围。
(3) 值。要写入单元格或范围的值或公式。

【案例 10-3】 已知 Excel 表格"12 月费用清单"。设计一个 RPA 机器人在"12 月费用清单"表格中 B8 的位置添加计算综合管理部门 12 月费用支出占比。

项目十 财务机器人 Excel 应用

	A	B	C	D	E	F	G	H
1		综合管理部门	销售部门	财务部门	仓储部门	生产一车间	生产二车间	合计
2	办公费用	7600	7800	7800	7654	7324	7543	45721
3	水电费	1900	2000	2100	2200	1500	1600	11300
4	折旧摊销	3000	2000	1200	5000	8000	8000	27200
5	差旅费	26799	39000	47888	25688	45632	45650	230657
6	修理费	2000	2100	2200	1500	1600	1700	11100
7	合计	41299	52900	61188	42042	64056	64493	325978
8								

图 10-39 "12 月费用清单"

具体操作如下：

在【Excel 应用程序范围】活动下的执行序列中添加【应用程序集成】—【Excel】类别下的【写入单元格】活动，设置工作表名称为"12 月费用清单"，范围为"B8"，输入值为"=B7/H7"，即计算综合管理部门 12 月费用支出占比，如图 10-40 所示。

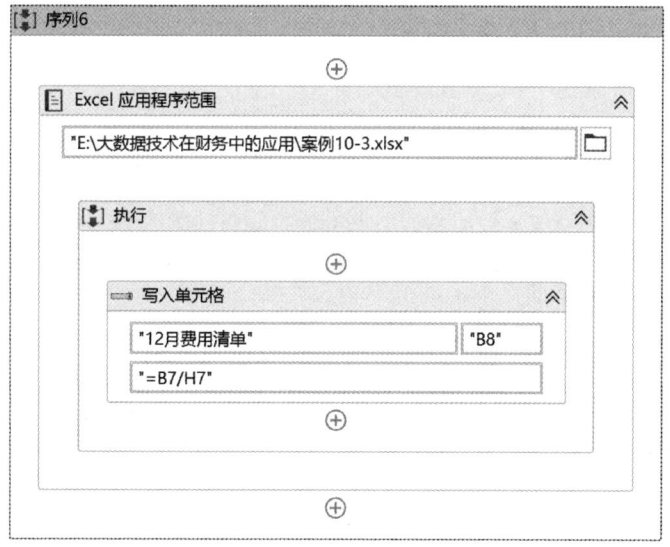

图 10-40 【案例 10-3】操作流程

运行结果，如图 10-41 所示。

	A	B	C	D	E	F	G	H
1		综合管理部门	销售部门	财务部门	仓储部门	生产一车间	生产二车间	合计
2	办公费用	7600	7800	7800	7654	7324	7543	45721
3	水电费	1900	2000	2100	2200	1500	1600	11300
4	折旧摊销	3000	2000	1200	5000	8000	8000	27200
5	差旅费	26799	39000	47888	25688	45632	45650	230657
6	修理费	2000	2100	2200	1500	1600	1700	11100
7	合计	41299	52900	61188	42042	64056	64493	325978
8		0.126692599						

图 10-41 【案例 10-3】运行结果

三、正在处理类活动

【应用程序集成】—【Excel】—【正在处理】类别下有 8 个过程活动，包括【删除重复范围】【复制范围】【执行宏】【插入/删除列】【插入/删除行】【查找范围】【自动填充范围】和【调用应用程序视觉化 Basic】功能，如图 10-42 所示。

正在处理类活动的具体功能，如表 10-1 所示。

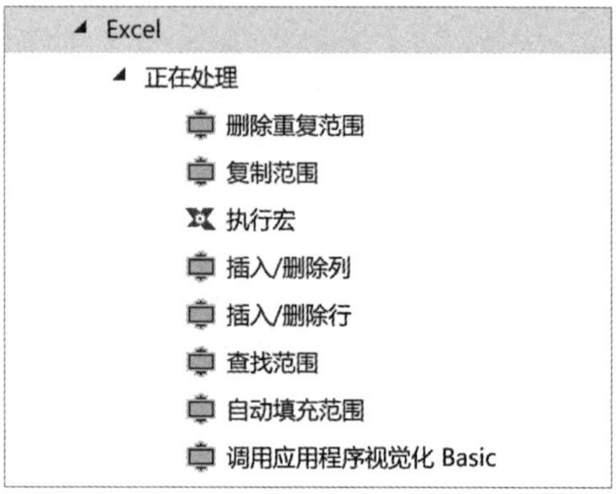

图 10-42　正在处理类活动

表 10-1　　正在处理类活动功能

活动	功能
删除重复范围	删除指定范围内所有行
复制范围	复制指定范围，包括值、公式、表格式和单元格式，并将复制内容粘贴到指定表格中
执行宏	工作簿需要一个启用宏的工作簿，更改将立即保存，只能在 Excel 应用程序范围中使用
插入/删除列	添加或删除某个位置指定数量的列
插入/删除行	添加或删除某个位置指定数量的行
查找范围	在指定范围内搜索具有特定值的单元格坐标，并将其作为字符串变量返回
自动填充范围	使用源范围中定义的公式规则，并根据最终范围对其进行调整，模拟 Excel 中的自动填充功能
调用应用程序视觉化 Basic	调用应用程序视觉化 Basic 控件的主要功能是从包含 VBA 代码的外部文件调用宏，并对 Excel 文件运行宏

【案例 10-4】 Excel 表格“期末成绩总评表”，如图 10-43 所示；“期末英语成绩表”，如图 10-44 所示。需要将英语成绩也添加到“期末成绩总评表”中，总评表各种的科目顺序应为：语文、数学、英语、物理。设计一个 RPA 机器人，对“期末成绩总评表”进行完善。

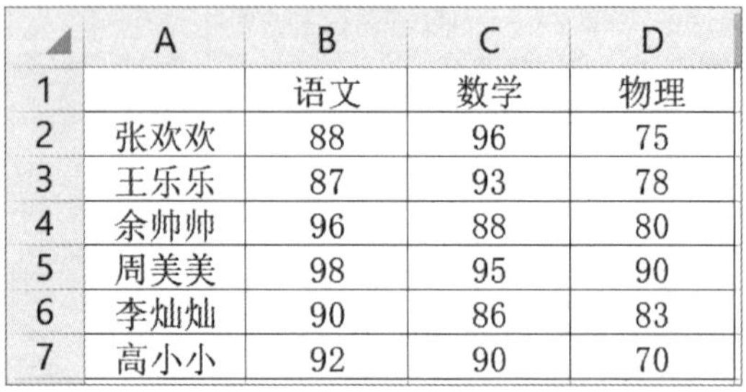

	A	B	C	D
1		语文	数学	物理
2	张欢欢	88	96	75
3	王乐乐	87	93	78
4	余帅帅	96	88	80
5	周美美	98	95	90
6	李灿灿	90	86	83
7	高小小	92	90	70

图 10-43　“期末成绩总评表”

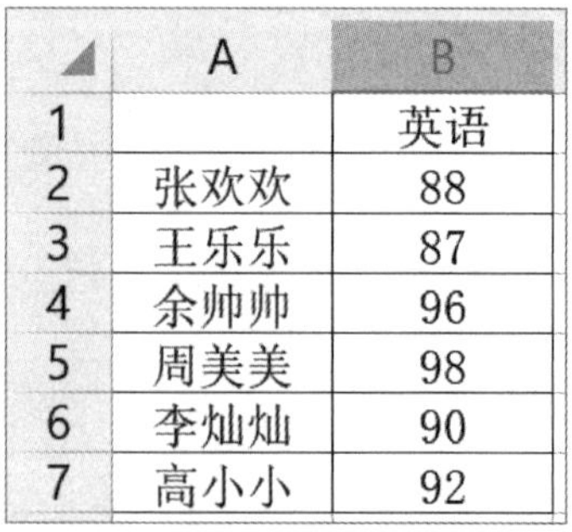

	A	B
1		英语
2	张欢欢	88
3	王乐乐	87
4	余帅帅	96
5	周美美	98
6	李灿灿	90
7	高小小	92

图 10-44　“期末英语成绩表”

具体操作步骤如下：

(1) 在序列中添加【应用程序集成】—【Excel】类别下的【Excel 应用程序范围】活动。为该活动设置工作簿路径，单击【浏览】按钮，选择“案例 10-4. xlsx”文件，如图 10-45 所示(注意：需将“案例 10—4. xlsx”保存在自定义的路径下)。

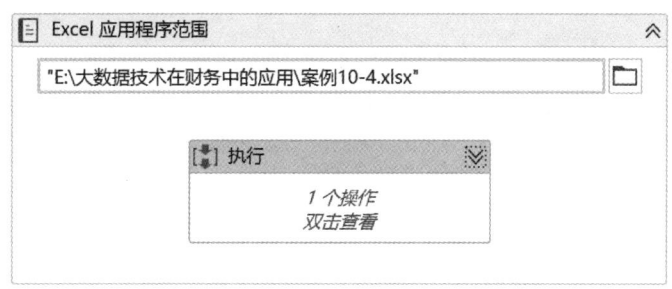

图 10-45 打开【Excel 应用程序范围】

(2) 在【Excel 应用程序范围】活动下的执行序列中添加【应用程序集成】—【Excel】类别下的【插入/删除列】活动,如图 10-46 所示。打开该活动的属性面板,设置目标位置为"4",无列为"1",输入工作表名称为"期末成绩总评表",更改模式为"Add",表示将"期末成绩总评表"中第 4 列插入列,即新增这一列,如图 10-47 所示。

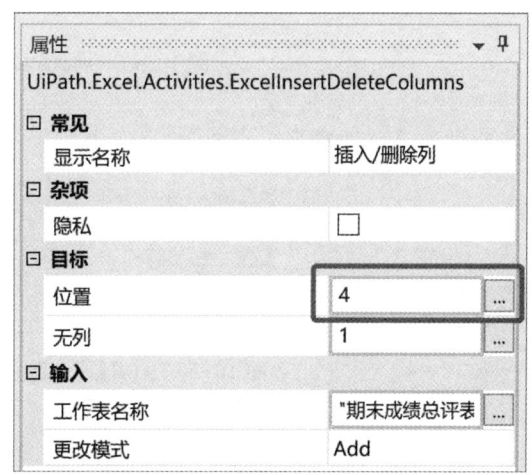

图 10-46 打开【插入/删除列】　　图 10-47 设置【插入/删除列】属性

(3) 在【Excel 应用程序范围】活动下的执行序列中添加【应用程序集成】—【Excel】类别下的【读取范围】活动。打开该活动的属性面板,设置工作表名称为"期末英语成绩表",范围为"B1:B7",在输出数据表处创建变量为英语成绩,变量类型为"DataTable",该变量英语成绩用于存储"期末英语成绩表"中所有的成绩数据,如图 10-48、图 10-49 所示。

图 10-48 打开【读取范围】设置文本及范围

(4) 添加【应用程序集成】—【Excel】类别下的【写入范围】活动,设置工作表名称为"期末成绩总评表",范围为"D1:D7",输入数据表为"英语成绩",勾选"添加标头"复选框,将存储

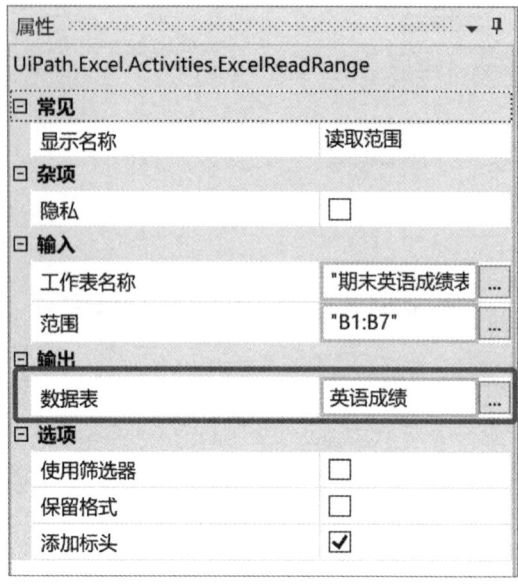

图 10-49　设置【读取范围】属性

在变量英语成绩中的数据写入表格"期末成绩总评表"中，如图 10-50、图 10-51 所示。

图 10-50　打开【写入范围】设置文本及范围

图 10-51　设置【写入范围】属性

运行结果,如图10-52所示。

	A	B	C	D	E
1		语文	数学	英语	物理
2	张欢欢	88	96	88	75
3	王乐乐	87	93	87	78
4	余帅帅	96	88	96	80
5	周美美	98	95	98	90
6	李灿灿	90	86	90	83
7	高小小	92	90	92	70

图10-52 【案例10-4】运行结果

任务二 数据表活动

一、认识数据表

数据表(Data Table)是 UiPath 中的一种变量类型,这种变量类型可以存储各种具有行列、表格性质的数据,在数据中以行列索引对每个数据进行标识。简单来说,数据表是 Excel 工作表的内在表现形式。

在数据表中,行与列的索引都是从 0 开始,即数据表的第一行内容(不含标题行)索引为"0",第一列索引为"0";若数据表第一行内容为列标题,则索引 0 从第二行开始,如图10-53所示。

	A	B	C	D	E	F	G	H
1		语文	数学	英语	物理	列标题	行索引	
2	张欢欢	88	96	88	75		0	
3	王乐乐	87	93	87	78		1	
4	余帅帅	96	88	96	80		2	
5	周美美	98	95	98	90		3	
6	李灿灿	90	86	90	83		4	
7	高小小	92	90	92	70		5	
8	列索引							
9	0	1	2	3	4		行索引5,列索引4	

图10-53 行、列索引

假设数据表变量命名为 Data,读取该数据表的内容可用以下几种方法:

方法一:Data(i)(j)代表数据表中的第 i 行第 j 列。

方法二:使用【对于每一个行】活动对每一行的数据访问。

方法三:Data.row(i).item("列标题"),如图10-53所示。Data.row(1).item("语文")代表第1行的语文列。

二、数据表常用活动

数据表常用活动位于【编程】—【数据表】下，主要包括【删除数据列】【删除数据行】【删除重复行】【合并数据表】【对于每一个行】【排序数据表】【构建数据表】【查找数据表】【添加数据列】【添加数据行】【清除数据表】【生成数据表】【筛选数据表】【联接数据表】【获取行项目】【输出数据表】，如图10-54所示。这16个数据表常用活动贯穿在整个数据表活动中，在日常企业工作中，可以通过以上活动帮助操作人员对数据进行删除、筛选、合并、添加、联接等操作。

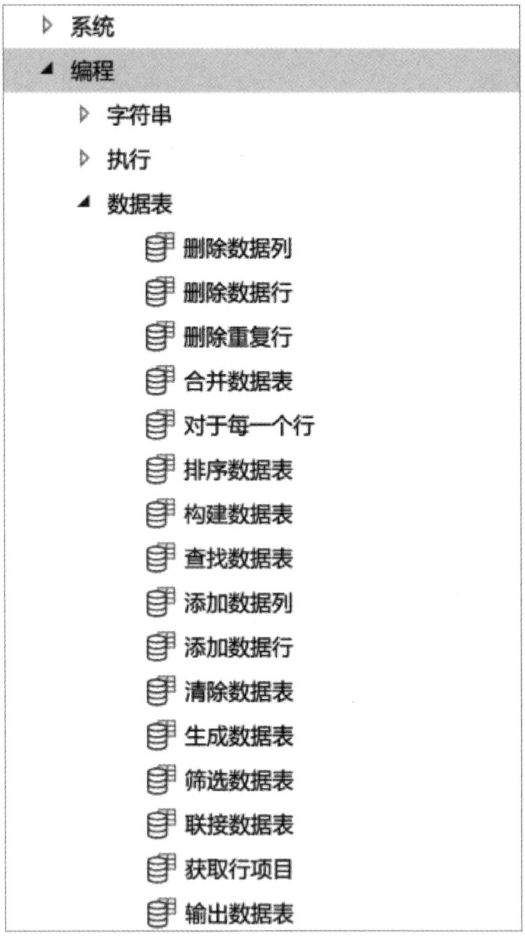

（一）对于每一个行

"对于每一个行"活动就遍历数据表中的每一行，输出结果是行的内容，不只是一个元素，有几行就有几个元素。例如："row(0)"代表的是遍历0列的每一行的数据，该活动下的"row"无需定义，输入框中的输入"DataTable"类型的变量，如图10-55所示。

【案例10-5】 已知Excel表格"期末成绩总评表"。设计一个RPA机器人，通过【日志消息】输出每个人的语文、数学、英语、物理成绩。

图 10-54 数据表常用活动

图 10-55 对于每一个行

具体操作步骤如下：

（1）在【系统】—【文件】—【工作簿】类别下的【读取范围】活动。设置文件路径，打开该活动的"属性"面板，设置工作表名称为"期末成绩总评标"，范围为"A1:E7"，在输出数据表处创建变量为"期末成绩总评表"，变量类型为"DataTable"，该变量期末成绩总评表用于存储"期末成绩总评表"中所有的数据，如图10-56、图10-57所示。

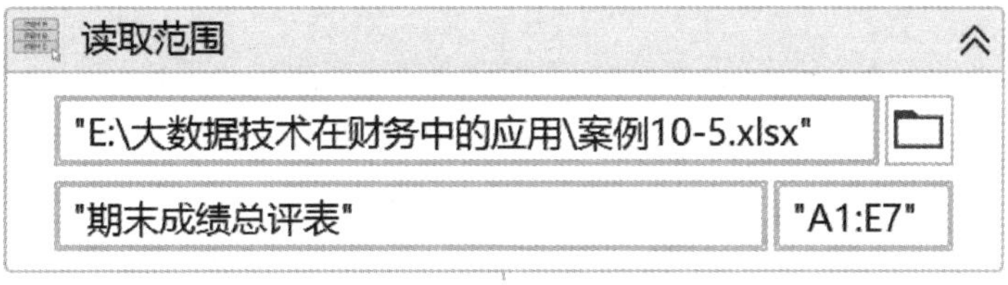

图10-56　设置【读取范围】的路径、表格名称及范围

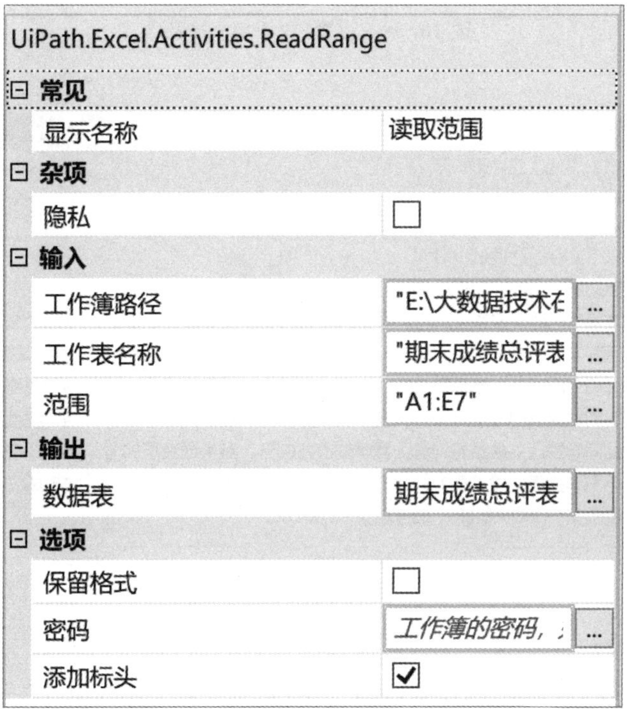

图10-57　设置【读取范围】的属性

（2）添加【编程】—【数据表】类别下的【对于每一个行】活动，输入数据表为"期末成绩总评表"，此处表示令机器人遍历期末成绩总评表中的每一行数据。

（3）在正文序列中中添加【日志消息】活动，日志级别为Info，日志消息为"row(0).ToString＋"同学的语文成绩是"＋row(1).ToString＋"分,数学成绩是"＋row(2).ToString＋"分,英语成绩是"＋row(3).ToString＋"分,物理成绩是"＋row(4).ToString＋"分""，如图10-58所示。

运行结果，如图10-59所示。

图 10-58　设置【对于每一个行】

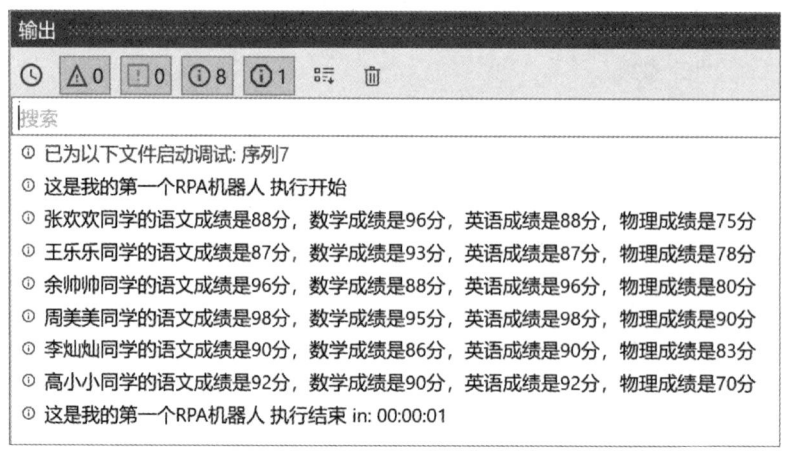

图 10-59　【案例 10-5】运行结果

(二) 排序数据表

"排序数据表"活动是根据指定列的值,按照升序或者降序对整个"DataTable"变量数据进行排序,如图 10-60 所示。

图 10-60　排序数据表

"排列数据表"活动的属性,如图 10-61 所示。

(1) 显示名称。指该活动的显示名称,可以进行修改,但并不影响活动本身的用途。

(2) 列。指要排序的列的变量。该字段仅支持"DataColumn"变量。在该属性字段中设置变量将禁用其他两个属性。

（3）名称。要排列的列的名称。该字段仅支持字符串"String"变量。在该属性字段中设置变量将会禁用其他两个属性。

（4）索引。要排列的列的索引。该字段仅支持"Int32"变量。在该属性字段中设置变量将禁用其他两个属性。

（5）顺序。指表格的排序顺序。"Ascending"表示升序，第一个值是最低值，而"Descending"表示降序，第一个值是最高值。

（6）隐私。将其选中后则不记录产生的变量和参数值。系统默认是非选中状态，一般不需要进行设置。

（7）输入—数据表。要排序的"DataTable"变量。该字段仅支持"DataTable"变量。

（8）输出—数据表。排序后输出的"DataTable"变量。若使用与输入字段中现有变量相同的变量，则系统会根据此次更改覆盖该变量。

图 10-61 【排序数据表】属性

【案例10-6】 已知Excel表格"期末成绩总评表"，如图10-62所示。设计一个机器人RPA对"期末成绩总评表"内的总分进行降序排列，将降序结果写到新的Excel表格"期末成绩排名"。

	A	B	C	D	E	F
1		语文	数学	英语	物理	总分
2	张欢欢	88	96	88	75	347
3	王乐乐	87	93	87	78	345
4	余帅帅	96	88	96	80	360
5	周美美	98	95	98	90	381
6	李灿灿	90	86	90	83	349
7	高小小	92	90	92	70	344

图 10-62 "期末成绩总评表"

具体操作步骤如下：

（1）在序列中添加【应用程序集成】—【Excel】类别下的【Excel应用程序范围】活动，设置工作簿路径，如图10-63所示。

（2）在执行序列中添加【应用程序集成】—【Excel】类别下的【读取范围】活动，设置工作表名称为"期末成绩总评标"，范围为"A1:F7"，在该活动"属性"面板的输出数据表处创建变量为"期末成绩总评表"，变量类型为"DataTable"，如图10-64、图10-65所示。

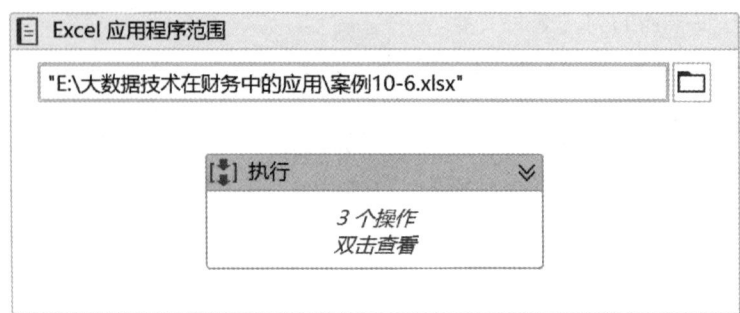

图 10-63　打开【Excel 应用程序范围】

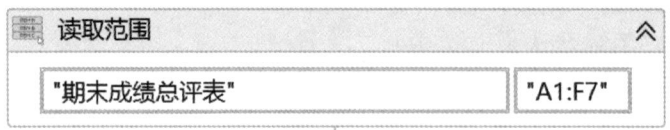

图 10-64　设置【读取范围】工作表及范围

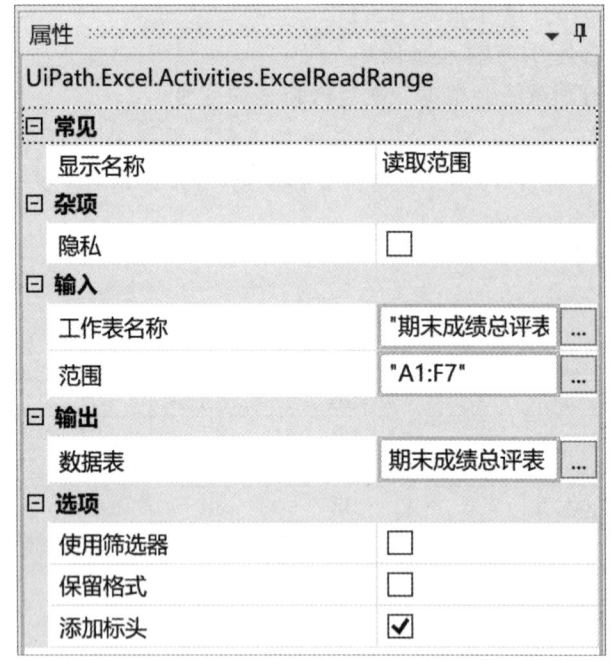

图 10-65　设置【读取范围】属性

（3）添加【编程】—【数据表】类别下的【排序数据表】活动,打开该活动的属性面板,输入索引为5,顺序选择 Descending,设置输入数据表为期末成绩总评表,输出数据表处创建变量为期末成绩总评表_1,变量类型为 DataTable。该活动表示对"期末成绩汇总表"第 5 列（即总分）进行降序排列,降序排列后的数据存储在变量"期末成绩汇总表_1"中,如图 10-66、图 10-67 所示。

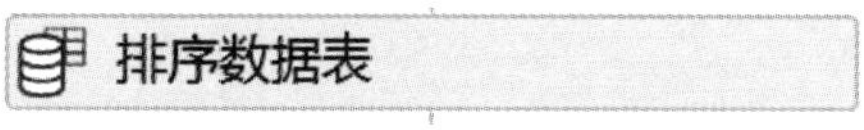

项目十 财务机器人 Excel 应用

图 10-66 添加【排序数据表】

图 10-67 设置【排序数据表】属性

（4）添加【应用程序集成】—【Excel】类别下的【写入范围】活动，打开该活动的属性面板，设置工作表名称为"期末成绩排名"，起始单元格为"A1"，输入数据表为"期末成绩总评表_1"，勾选"添加标头"复选框。这一步表示将降序排列后的数据写入工作表"期末成绩排名"中，从 A1 单元格开始写，如图 10-68 所示。

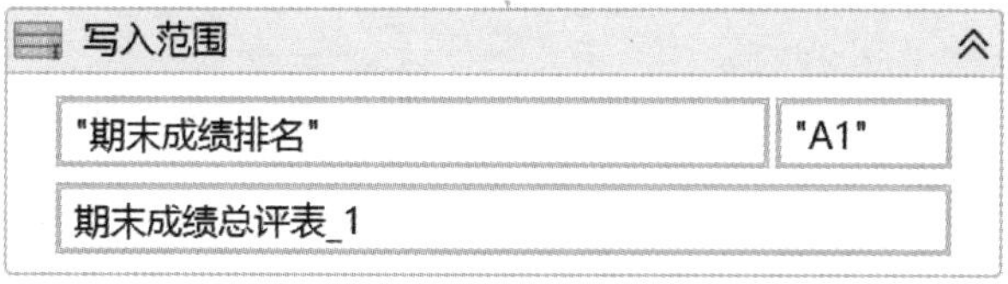

图 10-68 设置【写入范围】工作表及范围

运行结果，如图 10-69 所示。

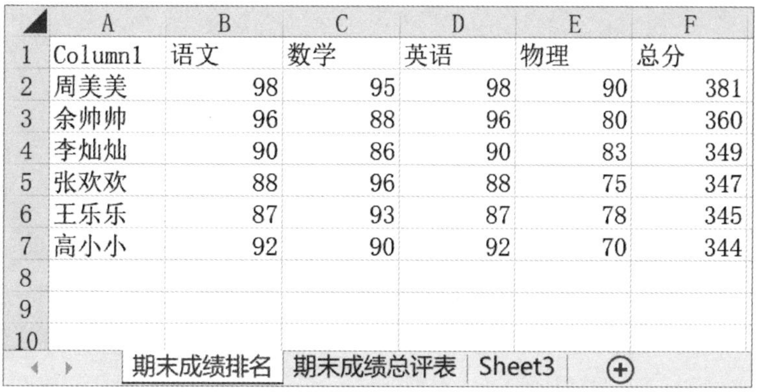

	A	B	C	D	E	F
1	Column1	语文	数学	英语	物理	总分
2	周美美	98	95	98	90	381
3	余帅帅	96	88	96	80	360
4	李灿灿	90	86	90	83	349
5	张欢欢	88	96	88	75	347
6	王乐乐	87	93	87	78	345
7	高小小	92	90	92	70	344

图 10-69 【案例 10-6】运行结果

（三）构建数据表

"构建数据表"是根据指定架构创建数据表，如图 10-70 所示。此处创建数据表允许自

245

定义行列数以及每列数据类型、值等，创建的数据表以变量的形式存储于系统内部，不会展示在人机交互界面，如果写入 Excel 工作簿，则需要使用【写入范围】【附加范围】等活动来实现。

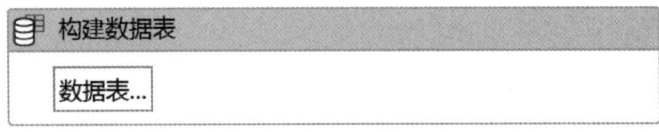

图 10-70　构建数据表

在活动主体中单击【数据表】按钮即可打开【构建数据表】窗口，用于自定义要创建的表格，如图 10-71、图 10-72 所示。

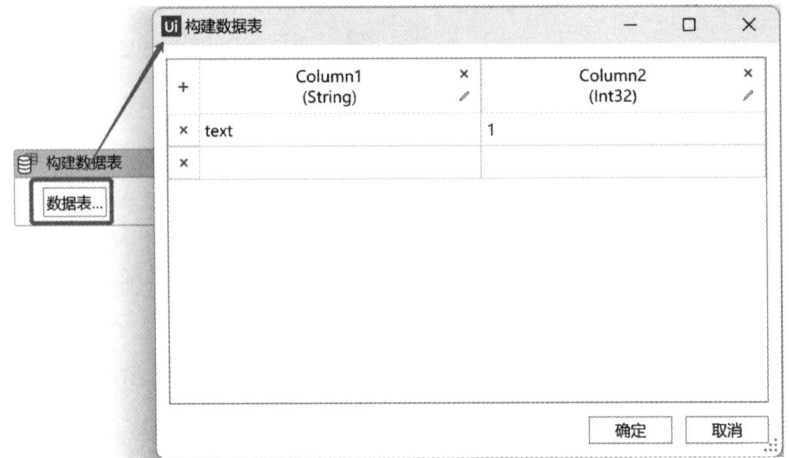

图 10-71　构建数据表设定

图 10-72　【构建数据表】—【编辑列】

（四）添加数据行、添加数据列、删除数据行、删除数据列

添加数据行、添加数据列、删除数据行、删除数据列是将数据行或列添加或删除指定的数据表格中，具体添加删除的信息在属性表中进行设定。

（五）筛选数据表

"筛选数据表"活动用于在【筛选器向导】窗口中指定条件来筛选"DataTable"变量。此活动可以根据在该向导中指定的逻辑条件保留或删除行或列。活动主体包含【筛选器向导】按钮，便于随时访问向导并自定义设置，如图 10-73 所示。

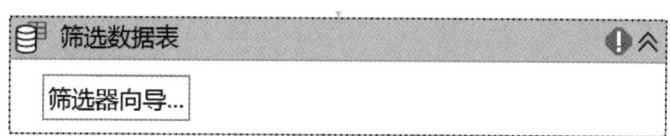

图 10-73　筛选数据表

"筛选数据表"活动的属性，如图 10-74 所示。

图 10-74　【筛选数据表】属性

（1）输入—数据表。要筛选的"DataTable"变量。该字段仅支持"DataTable"变量。

（2）输出—数据表。最终筛选出的"DataTable"变量。若使用与"输入"字段中相同的变量，则系统会覆盖初始变量，但添加新变量不会影响初始变量。该字段仅支持"DataTable"变量。

（3）筛选器行模式。指定通过保留或删除目标行来筛选表格。

（4）选择列模式。指定通过保留或删除目标列来筛选表格。

"筛选数据表"活动中筛选器向导的内容，如图 10-75 所示。

（1）筛选行。用于按"行"筛选"DataTable"。

（2）And/Or。指定条件之间要使用的逻辑连词。系统仅在设置多个条件时才会显示

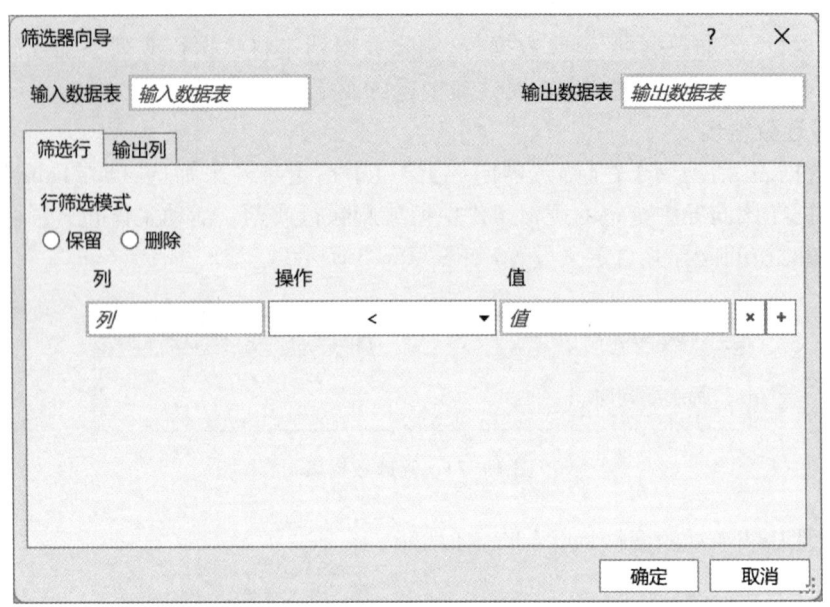

图 10-75 筛选器向导

该按钮。默认情况下,当添加新条件时,该按钮会显示为"And"。单击按钮可将其值更改为"Or"。

(3) 添加/删除条件。单击【+】按钮可在条件中另添一行,而单击【×】按钮则会删除行。

(4) 列。在数据表中保留或删除的列。

(5) 操作。"列"和"值"之间要满足的逻辑条件。

(6) 值。使用"运算"和"列"检查的值。

【案例 10-7】 已知 Excel 表格"期末成绩总评表",如图 10-76 所示。设计一个机器人 RPA 筛选出"余帅帅"的各项成绩,将筛选结果写到新的表格"余帅帅总评成绩"中。

	A	B	C	D	E	F
1	姓名	语文	数学	英语	物理	总分
2	张欢欢	88	96	88	75	347
3	王乐乐	87	93	87	78	345
4	余帅帅	96	88	96	80	360
5	周美美	98	95	98	90	381
6	李灿灿	90	86	90	83	349
7	高小小	92	90	92	70	344

图 10-76 "期末成绩总评表"

具体操作步骤如下:

(1) 在序列中添加【应用程序集成】—【Excel】类别下的【Excel 应用程序范围】活动,设置工作簿路径为"案例 10-7.xlsx",该路径为自定义的路径,如图 10-77 所示。

项目十 财务机器人 Excel 应用

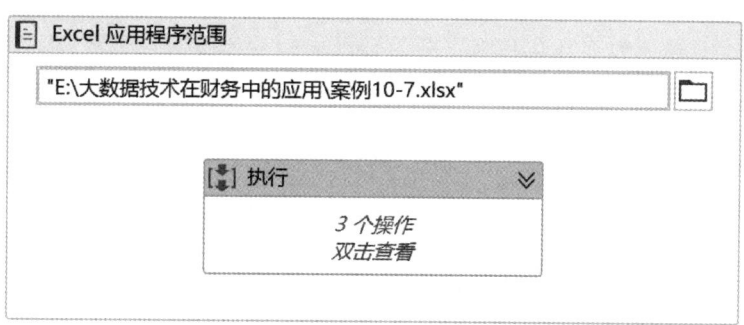

图 10-77 打开【Excel 应用程序范围】

（2）在执行序列中添加【应用程序集成】—【Excel】类别下的【读取范围】活动，设置工作表名称为"期末成绩总评表"，范围为"A：F"，在该活动属性面板的输出数据表处创建变量为"期末成绩总评表"，变量类型为"DataTable"，该变量用于存储"期末成绩总评表"中 A 列到 F 列的数据，如图 10-78、图 10-79 所示。

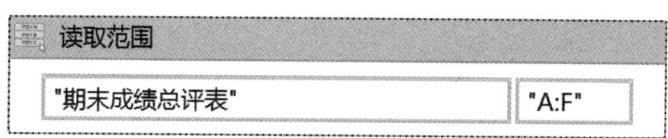

图 10-78 设置【读取范围】工作表及范围

图 10-79 设置【读取范围】属性

（3）添加【编程】—【数据表】类别下的【筛选数据表】活动，单击【筛选器向导】按钮，输入

249

数据表为"期末成绩总评表",输出数据表处创建变量为"余帅帅总评成绩",变量类型为"DataTable"。在行筛选模式处将规则定为保留姓名为余帅帅的行数据,将筛选后的数据表存储在变量"余帅帅总评成绩",如图10-80、图10-81所示。

图10-80 打开【筛选数据表】

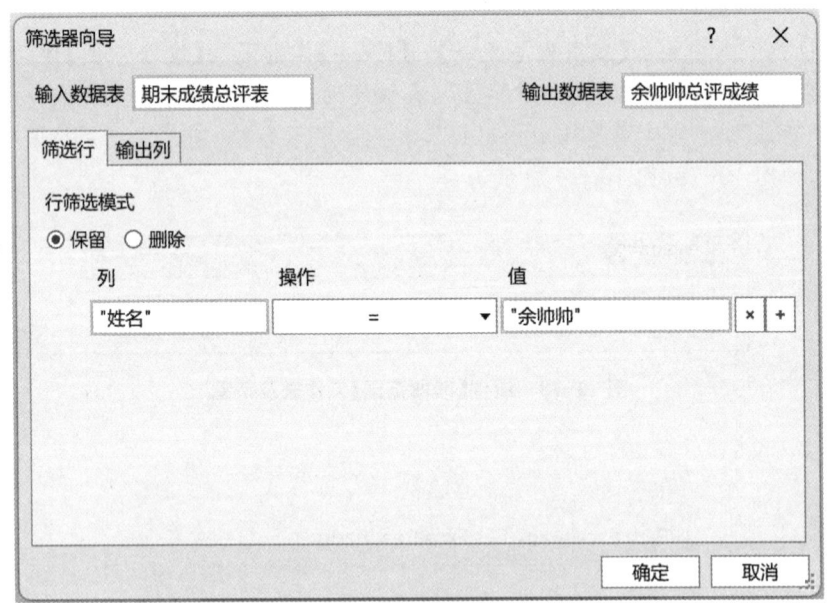

图10-81 设置【筛选器向导】

(4)添加【应用程序集成】—【Excel】类别下的【写入范围】活动,打开该活动的"属性"面板,设置工作表名称为"余帅帅总评成绩",起始单元格为"A1",输入数据表为"余帅帅总评成绩",勾选"添加标头"复选框,表示将存储在变量"余帅帅总评成绩"中的数据表写入"余帅帅总评成绩"中,从A1单元格开始写入,如图10-82所示。

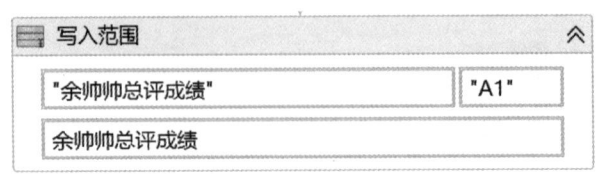

图10-82 设置【写入范围】属性

运行结果,如图10-83所示。

	A	B	C	D	E	F
1	姓名	语文	数学	英语	物理	总分
2	余帅帅	96	88	96	80	360

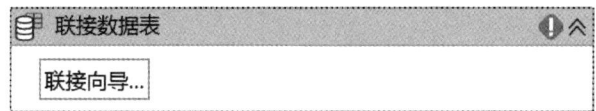

图 10-83　【案例 10-7】运行结果

(六) 联接数据表

“联接数据表”活动是将两个数据表格中的数据通过相应的联接规则进行联接，通过点击【联接向导】设置联接方式，如图 10-84 所示。

图 10-84　联接数据表

【联接向导】窗口中，如图 10-85 所示，联接类型有 Inner、Left 和 Full 三种。

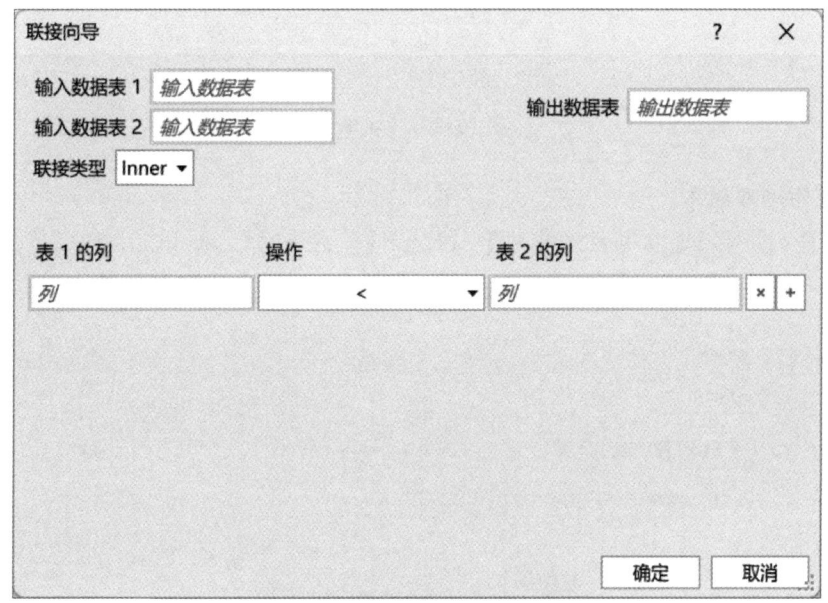

图 10-85　【联接数据表】—【联接向导】

(1) Inner。保留“数据表 1”和“数据表 2”中所有满足“联接”规则的行，所有不符合规则的行均会从生成的表中删除。

(2) Left。保留“数据表 1”中的所有行以及“数据表 2”中仅满足“联接”规则的值。对于在“数据表 2”中不存在匹配项的“数据表 1”的行，将“null”值插入相应列中。

(3) Full。保留“数据表 1”和“数据表 2”中的所有行，不考虑是否满足“联接”条件。将“null”值插入两张表中不存在匹配项的行。

【案例 10-8】　已知 Excel 表格“期末成绩总评表”和“名单”，如图 10-86、图 10-87 所示。设计一个机器人 RPA 可以用姓名联接，将期末成绩信息和名单信息汇总到一个新的表格"汇总表"中。

	A	B	C	D	E	F
1	姓名	语文	数学	英语	物理	总分
2	张欢欢	88	96	88	75	347
3	王乐乐	87	93	87	78	345
4	余帅帅	96	88	96	80	360
5	周美美	98	95	98	90	381
6	李灿灿	90	86	90	83	349
7	高小小	92	90	92	70	344

图 10-86 "期末成绩总评表"

	A	B
1	姓名	性别
2	张欢欢	男
3	王乐乐	女
4	余帅帅	男
5	周美美	女
6	李灿灿	男
7	高小小	女

图 10-87 "名单"

具体操作步骤如下：

(1) 在序列中添加【应用程序集成】—【Excel】类别下的【Excel 应用程序范围】活动，设置工作簿路径为"案例 10-8"，该路径为自定义的路径，如图 10-88 所示。

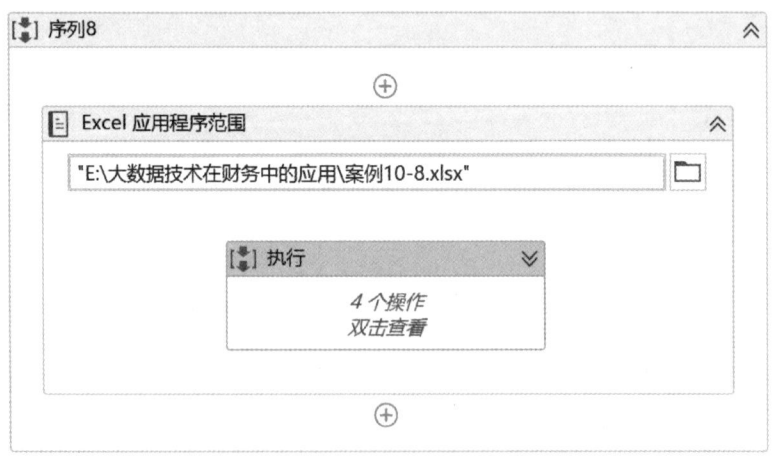

图 10-88 打开【Excel 应用程序范围】

(2) 在执行序列中添加【应用程序集成】—【Excel】类别下的 2 个【读取范围】活动，设置工作表名称为"期末成绩总评表"和"名单"，范围均为""，在该活动属性面板的输出数据表处创建变量为"DT_1"和"DT_2"，变量类型为"DataTable"，该变量用于两个数据表的所有数据,如图10-89所示。

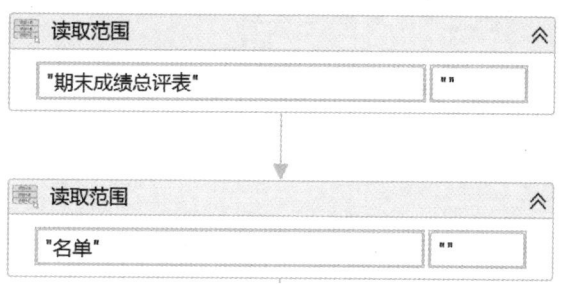

图10-89 打开读取范围

(3) 添加【编程】—【数据表】类别下的【联接数据表】活动,单击【联接向导】按钮,如图10-90所示,输入数据表1为"DT_1",输入数据表2为"DT_2",输出数据表处创建变量为"DT_3",变量类型为"DataTable",该变量用于存储合并后的数据。选择联接方式为"Inner",联接规则为将期末成绩总评表的姓名(第一列,列数0)和名单中姓名(第一列,列数0)核对,通过共有的值来合并两张表格的行,不满足联接规则的,系统会将"null"值插入两张表中不存在匹配项的行,如图10-91所示。

图10-90 打开【联接数据表】

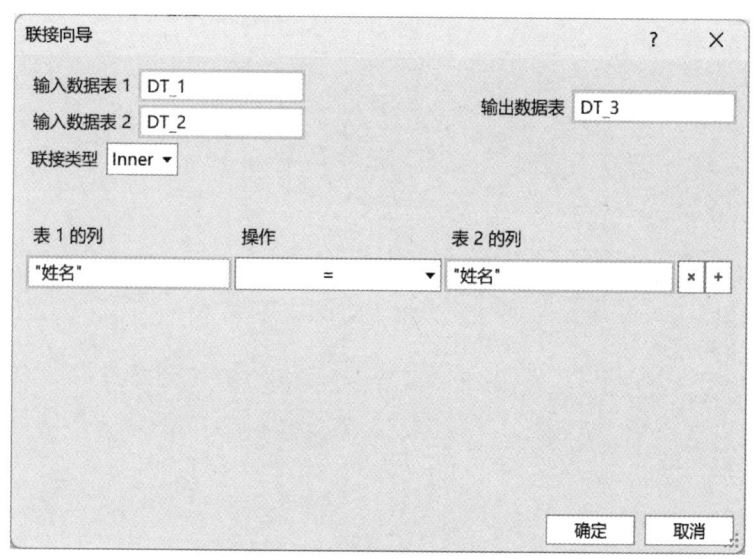

图10-91 设置【联接向导】

(4) 添加【应用程序集成】—【Excel】类别下的【写入范围】活动,打开该活动的"属性"面板,设置工作表名称为"汇总表",起始单元格为"A1",输入数据表为"DT_3",勾选"添加标头"复选框,这一步表示将两个工作表合并后的数据写入工作表"汇总表"中,从 A1 单元格开始写,如图 10-92 所示。

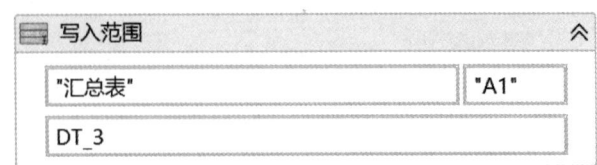

图 10-92　设置【写入范围】

运行结果,如图 10-93 所示。

	A	B	C	D	E	F	G	H	I
1	姓名	语文	数学	英语	物理	总分	Column1	姓名_1	性别
2	张欢欢	88	96	88	75	347		张欢欢	男
3	王乐乐	87	93	87	78	345		王乐乐	女
4	余帅帅	96	88	96	80	360		余帅帅	男
5	周美美	98	95	98	90	381		周美美	女
6	李灿灿	90	86	90	83	349		李灿灿	男
7	高小小	92	90	92	70	344		高小小	女

图 10-93　【案例 10-8】运行结果

项目十一 财务机器人 Web 应用

任务一 Web 基本操作

RPA 机器人可以对 Web 应用自动化,能够识别 Web 中的元素并执行一系列的操作(例如,单击、输入信息、获取文本、抓取数据等)。有了 RPA 机器人,可以帮助我们执行各种 Web 应用业务。

在应用 Web 自动化前我们需要对 UiPath 和浏览器进行设置,以常用的谷歌 Chrome 浏览器为例。首先,打开 UiPath,选择左边"工具"菜单栏,在 UiPath 拓展程序中选择"Chrome"选项,在弹出设置扩展程序的对话框中点击【确定】按钮,开始安装谷歌 Chrome 浏览器的扩展程序,如图 11-1 所示。

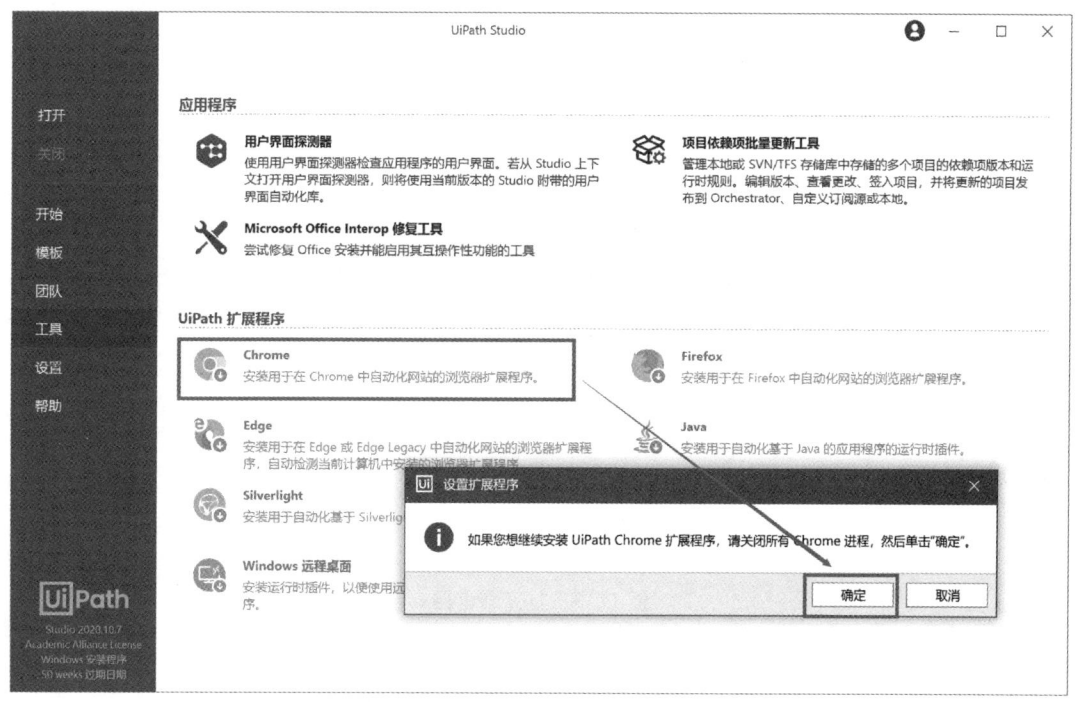

图 11-1 UiPath 中对谷歌 Chrome 浏览器的拓展设置

打开谷歌浏览器的"设置"选项,单击【拓展程序】,启动 UiPath Web Automation,则"UiPath Web Automation"右下角呈现打开状态,完成谷歌浏览器对 UiPath 的拓展程序设定,如图 11-2 所示。

图 11-2　设置谷歌 Chrome 浏览器的拓展程序

完成以上操作之后,我们就可以通过拓展程序的帮助来完成 Web 自动化的相关操作任务。

一、初识操作浏览器基本活动

我们在日常进行 Web 活动的时候,会使用【打开浏览器】【附加浏览器】【关闭选项卡】【最大化窗口】【最小化窗口】等基本功能。

(一)打开浏览器

"打开浏览器"是指在指定的"URL"中打开浏览器并在其中执行多项活动的容器,是位于【用户界面自动化】—【浏览器】类别下的活动,如图 11-3 所示。

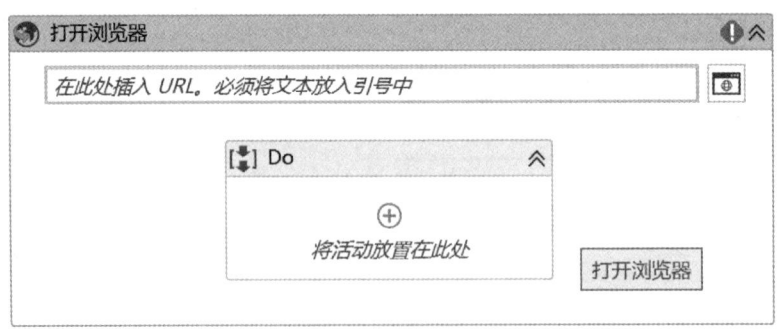

图 11-3　打开浏览器

"打开浏览器"的属性,如图 11-4 所示。

(1)出错时继续。指定即使在当前活动失败的情况下,仍继续执行剩余的活动,仅支持 "Boolean"形式(True、False)。

(2)URL。要在指定浏览器中打开的网址。

(3)浏览器类型。选择要使用的浏览器类型。可用的选项包括 IE、Firefox、Chrome、

项目十一 财务机器人 Web 应用

图 11-4 打开浏览器属性

Edge 和 Custom。程序在没有设定的情况下，默认选择"IE 浏览器"，如果需要选择其他浏览器，则需要在下拉菜单中进行选择。

（4）用户界面浏览器。活动结果为用户界面浏览器对象。存储所有与浏览器会话的相关信息，仅支持浏览器变量。

（二）附加浏览器

"附加浏览器"是能够附加到已打开浏览器并在其中执行多项操作的容器。使用网页录制器时，也会自动生成该活动。该活动位于【用户界面自动化】—【浏览器】类别下，如图 11-5 所示。

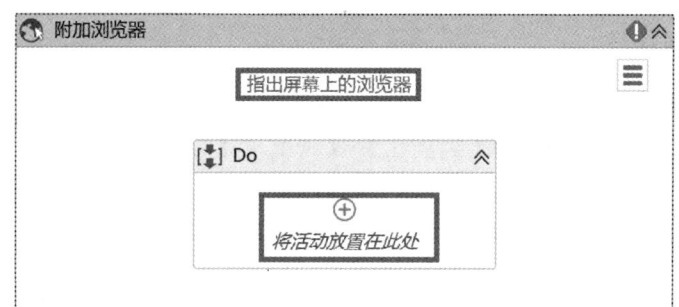

图 11-5 附加浏览器

在"附加浏览器"的活动中,"指出屏幕上的浏览器"是指明要附加的浏览器界面;"Do"是指添加要在新浏览器页面中进行操作的活动。

(三)关闭选项卡

"关闭选项卡"主要用于关闭浏览器界面,是位于【用户界面自动化】—【浏览器】类别下的活动,如图 11-6 所示。我们可以在"关闭选项卡"的"属性"面板输入需要关闭的浏览器则可进行相关操作。

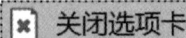

图 11-6 关闭选项卡

(四)窗口类别活动

在 UiPath 中,窗口类别活动有【显示窗口】【最大化窗口】【最小化窗口】【移动窗口】【获取活动窗口】【还原窗口】【隐藏窗口】7 项活动,如图 11-7 所示。我们可以根据自身需要选择相应的窗口活动,在操作的时候我们可以在窗口类活动属性面板中输入相应的窗口,进行显示、最大化、最小化等相应的窗口活动,如图 11-8 所示。

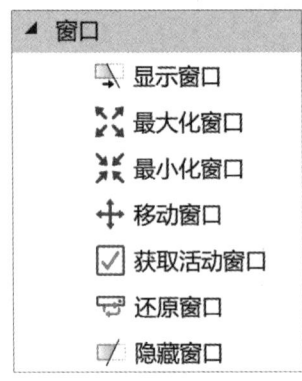

图 11-7 窗口类别活动

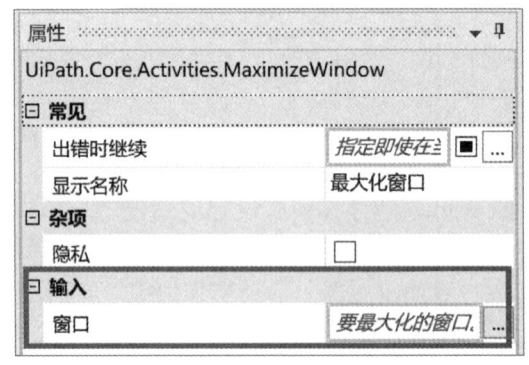

图 11-8 窗口类活动属性面板

【案例 11-1】 安装用于在 Chrome 中自动化网站的浏览器扩展程序。设计一个 RPA 机器人执行以下步骤:

(1)在上海证券交易所网页查看最新一期上海证券交易所要。
(2)关闭上海证券交易所网页,网址:http://www.sse.com.cn/。

具体操作步骤如下:

(1)在序列中添加【用户界面自动化】—【浏览器】类别下的【打开浏览器】活动,输入"URL"为"http://www.sse.com.cn/",打开该活动的"属性"面板,修改浏览器类型为"Chrome",输出用户浏览器添加变量为"上海证券交易所网页",如图 11-9、图 11-10 所示(注意:输入的"URL"必须是字符串格式,因此该网址必须放在英文状态下的引号内)。

(2)在 Do 序列中添加【用户界面自动化】—【窗口】类别下的【最大化窗口】活动,该步骤表示令机器人最大化"上海证券交易所"网页窗口。

项目十一　财务机器人 Web 应用

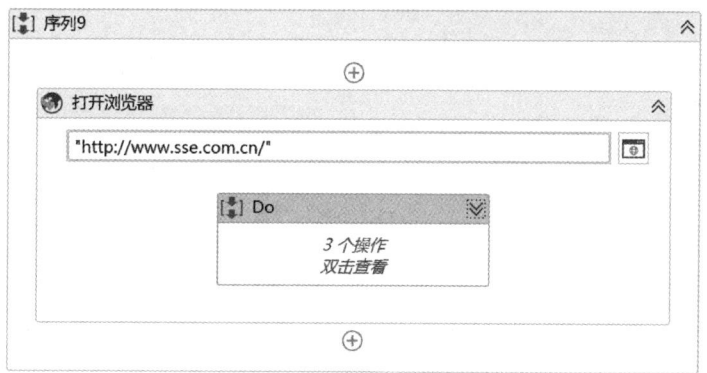

图 11-9　设置打开浏览器

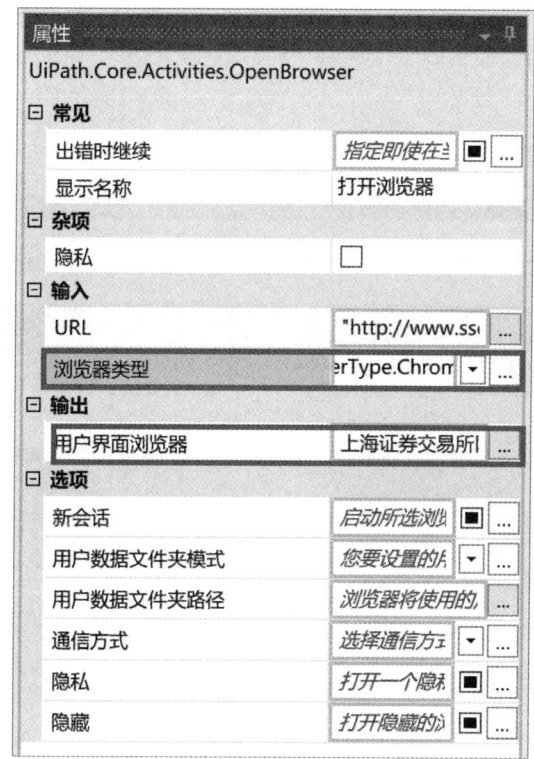

图 11-10　设置打开浏览器属性

（3）添加【元素】—【鼠标】类别下的【单击】活动，单击【指出浏览器中的元素】拾取最新一期上海证券交易所要闻元素，该步骤表示令机器人在上海证券交易所打开最新一期上海证券交易所要闻。

（4）添加【用户界面自动化】—【浏览器】类别下的【关闭选项卡】活动，打开该活动属性面板，输入浏览器变量为"上海证券交易所网页"，该步骤表示令机器人关闭上海证券交易所网页，如图 11-11、图 11-12 所示。

259

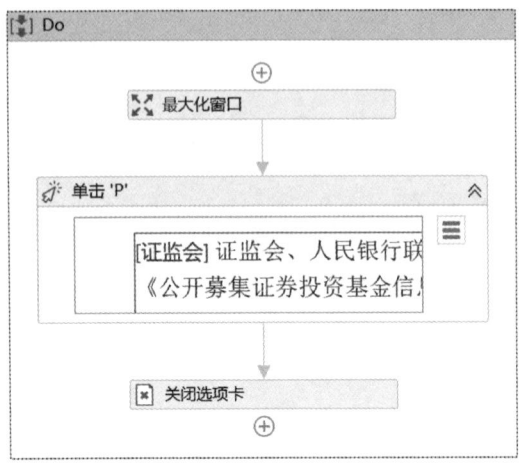

图 11-11 Do 窗口内活动设置

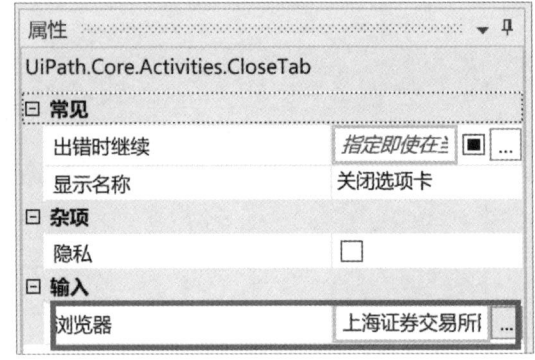

图 11-12 【关闭选项卡】属性设置

运行结果,如图 11-13 所示。

图 11-13 【案例 11-1】运行结果

二、录制器

录制器是 UiPath 的重要组成部分之一,不仅可以录制 Web 应用程序的流程,还可以录制桌面应用程序的流程,通过此功能可以轻松地在屏幕上捕获用户的动作并将其转换成序列,从而可以帮助我们在自动化业务流程中节省大量时间,如图 11-14 所示。虽然录制器功能简单直接,但并非所有情况都适用。例如,重复循环操作,并且操作的内容每次都有变化,我们需要借助循环解决这样的问题,录制是没有办法创建循环的。同样,录制也无法创建

【IF条件】【流程决策】等判断语句,如果尝试在录制器模式下单击鼠标右键,将会直接结束录制模式,这些都是录制器功能的局限性。

图 11-14　网页录制器

任务二　Web 数据抓取功能

一、表格数据提取

"表格数据提取"功能是 UiPath 的重要组成部分,使用"表格数据提取"可以将浏览器、应用程序或文档中的结构化数据信息提取到数据库、csv 文件和 Excel 电子表格中。该功能可以丰富获取数据的渠道,但不适用对零散数据的获取。

使用数据抓取功能前,先打开浏览器、应用程序或文档,并导航至想要从中提取数据的位置,单击 UiPath【设计】功能区中的【表格数据提取】按钮,启动数据抓取向导,逐步按照向导操作就可以成功抓取到所需数据,如图 11-15 所示。下面将通过两个案例分别讲解通过"表格数据抓取"功能抓取网页标题和链接、抓取表格的操作。

图 11-15　表格数据提取

【案例 11-2】　使用【表格数据提取】功能,抓取"财政部会计资格评价中心"中的政策公告下的考试公告的最新文件和链接。网址为:http://kzp.mof.gov.cn/list.jsp? class_id=01_03_02。

具体操作步骤如下:

(1) 单击 UiPath【设计】功能区中的【表格数据提取】按钮,点击"表格数据提取"对话框中的【添加新列】按钮,如图 11-16 所示。

(2) 将光标放在需要拾取信息的网页数据上,单击进行【提取 text】或【提取 URL】的选择,这里我们进行两次添加新列的操作,一次进行【提取 text】,一次进行【提取 URL】,提取完成后均要

图 11-16　"表格数据提取"对话框

在对话框中点击【确认】按钮。在完成两列的信息提取之后,点击【保存并关闭】按钮,如图 11-17、图 11-18 所示。

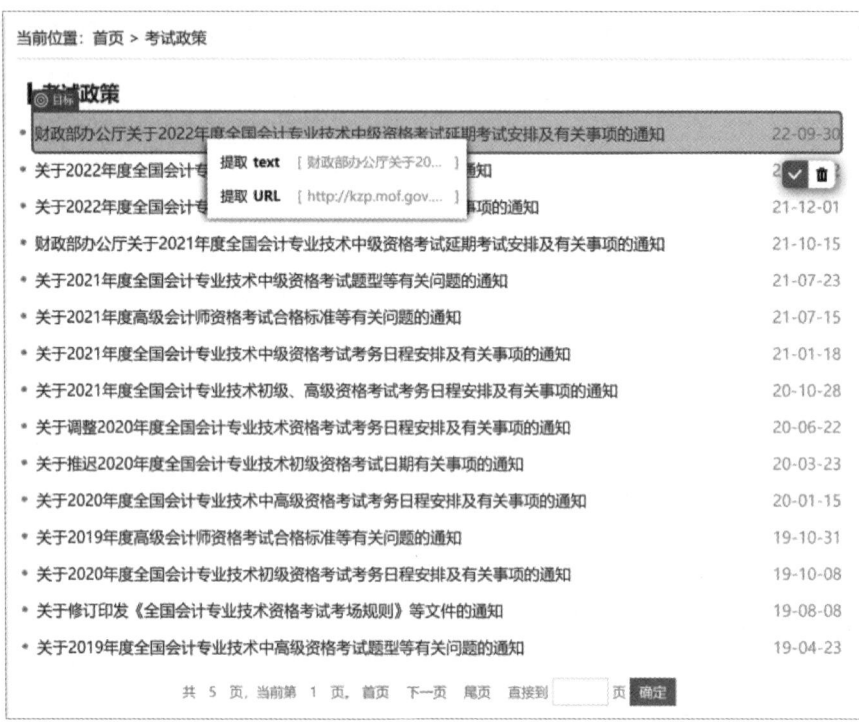

图 11-17 【添加新列】—选择【提取 text】或提取【URL】

图 11-18 【表格数据提取】—【保存并关闭】

(3) 回到 UiPath 界面，系统自动生成活动，并将提取到的表格数据存储在变量 "ExtractDataTable"中，变量形式为"DataTable"，如图 11-19 所示。

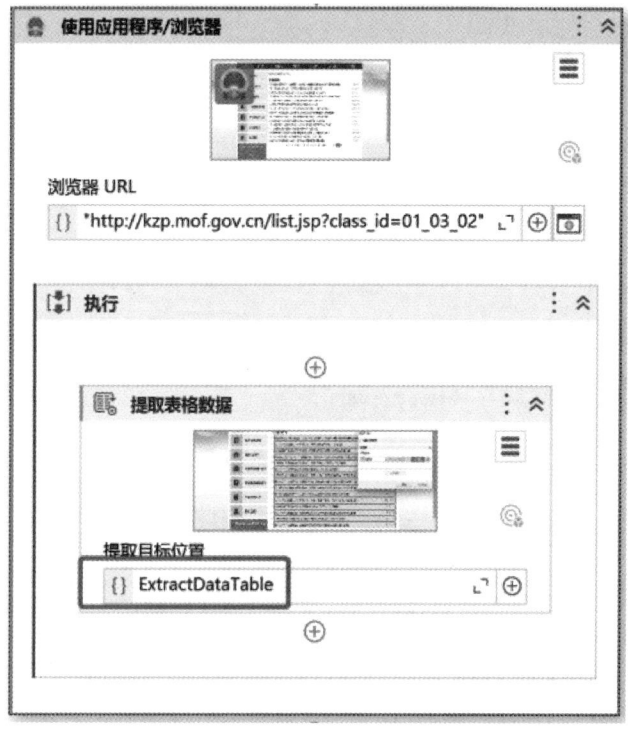

图 11-19 【提取表格数据】—【生成活动】

(4) 在序列中添加【系统】—【文件】—【工作簿】—【写入范围】活动，输入 Excel 文件路径，设置写入表格为 "sheet6"（此处可以根据情况选择表格名称），填入变量为"ExtractDataTable"，如图 11-20 所示。

运行结果，如图 11-21 所示。

图 11-20 设置【写入范围】活动

	A	B C D E F G H
1	财政部办公厅关于2022年度全国会计专业技术中级资格考试延期考试安排及有关事项的通知	http://kzp.mof.gov.cn/content.jsp?infoid=1851&class_id=01_03_02
2	关于2022年度全国会计专业技术中级资格考试后续相关工作的通知	http://kzp.mof.gov.cn/content.jsp?infoid=1845&class_id=01_03_02
3	关于2022年度全国会计专业技术中级资格考试考务日程安排及有关事项的通知	http://kzp.mof.gov.cn/content.jsp?infoid=1786&class_id=01_03_02
4	财政部办公厅关于2021年度全国会计专业技术中级资格考试延期考试安排及有关事项的通知	http://kzp.mof.gov.cn/content.jsp?infoid=1771&class_id=01_03_02
5	关于2021年度全国会计专业技术中级资格考试试题等有关问题的通知	http://kzp.mof.gov.cn/content.jsp?infoid=1760&class_id=01_03_02
6	关于2021年度高级会计师资格考试合格标准等有关问题的通知	http://kzp.mof.gov.cn/content.jsp?infoid=1758&class_id=01_03_02
7	关于2021年度全国会计专业技术中级资格考试考务日程安排及有关事项的通知	http://kzp.mof.gov.cn/content.jsp?infoid=1708&class_id=01_03_02
8	关于2021年度全国会计专业技术初级、高级资格考试考务日程安排及有关事项的通知	http://kzp.mof.gov.cn/content.jsp?infoid=1673&class_id=01_03_02
9	关于调整2020年度全国会计专业技术资格考试考务日程安排及有关事项的通知	http://kzp.mof.gov.cn/content.jsp?infoid=1629&class_id=01_03_02
10	关于推迟2020年度全国会计专业技术初级资格考试日期有关事项的通知	http://kzp.mof.gov.cn/content.jsp?infoid=1592&class_id=01_03_02
11	关于2020年度全国会计专业技术中高级资格考试考务日程安排及有关事项的通知	http://kzp.mof.gov.cn/content.jsp?infoid=1577&class_id=01_03_02
12	关于2019年度高级会计师资格考试合格标准等有关问题的通知	http://kzp.mof.gov.cn/content.jsp?infoid=1547&class_id=01_03_02
13	关于2020年度全国会计专业技术初级资格考试考务日程安排及有关事项的通知	http://kzp.mof.gov.cn/content.jsp?infoid=1536&class_id=01_03_02
14	关于修订印发《全国会计专业技术资格考试考场规则》等文件的通知	http://kzp.mof.gov.cn/content.jsp?infoid=1514&class_id=01_03_02
15	关于2019年度全国会计专业技术中高级资格考试试题等有关问题的通知	http://kzp.mof.gov.cn/content.jsp?infoid=1474&class_id=01_03_02

图 11-21 【案例 11-2】运行结果

【案例11-3】 设计一个RPA机器人,将网页导航至新浪财经网中国石化的资产负债表界面,使用【表格数据提取】功能抓取2022年的资产负债表,并写入Excel表格中。网址:http://vip.stock.finance.sina.com.cn/corp/go.php/vFD_BalanceSheet/stockid/600028/ctrl/part/displaytype/4.phtml。

具体操作步骤如下:

(1) 单击UiPath"设计"功能区中的【表格数据提取】按钮,点击"表格数据提取"对话框中的【添加新列】按钮。

(2) 将光标放在需要拾取信息的网页数据上,选择表头"报表日期",弹出"您是否想要提取表格中的所有列"对话框,单击【是】按钮,如图11-22、图11-23所示。

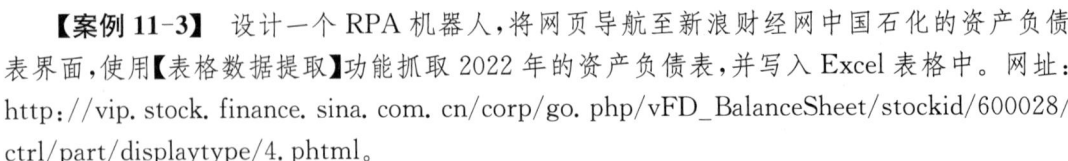

图11-22 提取数据

图11-23 提取所有列

(3) 回到UiPath界面,系统自动生成活动,并将提取到的表格数据存储在变量"ExtractDataTable"中,变量形式为"DataTable",如图11-24所示。

(4) 在序列中添加【系统】—【文件】—【工作簿】—【写入范围】活动,输入Excel文件路径,设置写入表格为"sheet7"(此处可以根据情况选择表格名称),写入内容填入变量为"ExtractDataTable",如图11-25所示。

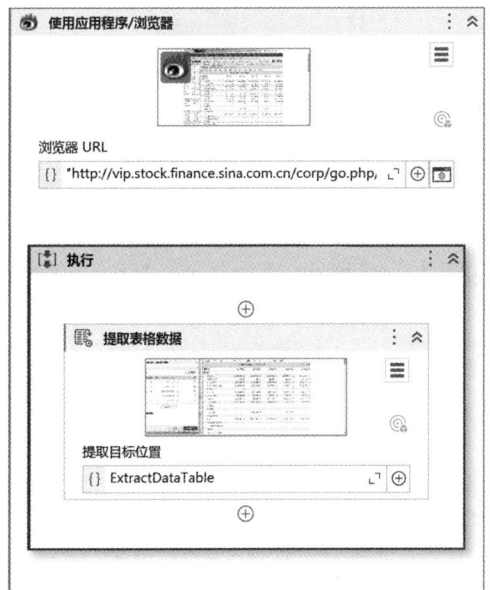

图 11-24 【提取表格数据】—【生成活动】

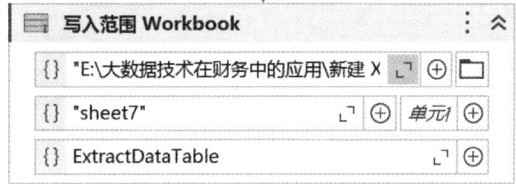

图 11-25 设置【写入范围】活动

运行结果,如图 11-26 所示。

	A	B	C	D	E	F	G
1	报表日期	2023-03-31	2022-12-31	2022-09-30	2022-06-30	2022-03-31	
2	流动资产	流动资产	流动资产	流动资产	流动资产	流动资产	
3	货币资金	17,558,20	14,505,20	21,672,80	23,393,70	18,732,000.00	
4	交易性金融	200.00	200.00	--	101,300.0	101,200.0	100,000.00
5	衍生金融	1,533,80	1,933,500	4,376,800	4,038,900	3,535,400.00	
6	应收票据及	7,012,200	4,636,400	6,579,600	6,371,700	7,641,700.00	
7	应收票据	--	--	--	--	--	
8	应收账款	7,012,200	4,636,400	6,579,600	6,371,700	7,641,700.00	
9	应收款项融	390,800.0	350,700.0	566,000.0	588,900.0	762,100.00	
10	预付款项	1,066,200	795,600.0	1,216,200	1,301,100	1,401,000.00	
11	其他应收款	2,519,400	2,700,900	3,008,600	4,464,600	4,627,700.00	
12	应收利息	--	--	--	--	--	
13	应收股利	--	--	--	--	--	
14	其他应收款	--	2,700,900	--	4,464,600	--	
15	买入返售金	--	--	--	--	--	
16	存货	25,407,70	24,424,10	28,271,90	28,503,20	28,986,000.00	
17	划分为持有	--	--	--	--	--	
18	一年内到期	--	--	--	--	--	
19	待摊费用	--	--	--	--	--	
20	待处理流动	--	--	--	--	--	
21	其他流动资	2,988,400	2,967,400	1,946,300	1,880,000	2,200,600.00	
22	流动资产合	58,476,90	52,314,00	67,739,50	70,643,30	67,986,500.00	
23	非流动资产	非流动资产	非流动资产	非流动资产	非流动资产	非流动资产	
24	发放贷款及	--	--	--	--	--	
25	可供出售金	--	--	--	--	--	
26	持有至到期	--	--	--	--	--	
27	长期应收款	--	--	--	--	--	
28	长期股权投	23,617,80	23,394,10	22,088,80	21,934,70	21,171,200.00	
29	投资性房地	--	--	--	--	--	
30	在建工程(	19,384,00	19,604,50	17,999,00	16,905,60	15,640,000.00	
31	在建工程	--	--	--	--	--	
32	工程物资	--	--	--	--	--	
33	固定资产	63,100,10	63,075,80	60,297,70	59,931,60	59,840,400.00	

图 11-26 【案例 11-3】运行结果

二、屏幕抓取

"屏幕抓取"功能是使用全文、原生或 OCR 方法从指定用户界面元素或文档中提取数据的方法。该功能是【用户界面自动化】—【文本】—【屏幕抓取】类别下的"获取全文本"活动和"获取可见文本"活动及【用户界面自动化】—【OCR】—【屏幕抓取】类别下的"获取 OCR 文本"活动的综合。其中,"获取全文"是指使用全文提取数据,"获取可见文本"是指使用原生提取数据,"获取 OCR"是指使用 OCR 提取数据,如图 11-27 所示。

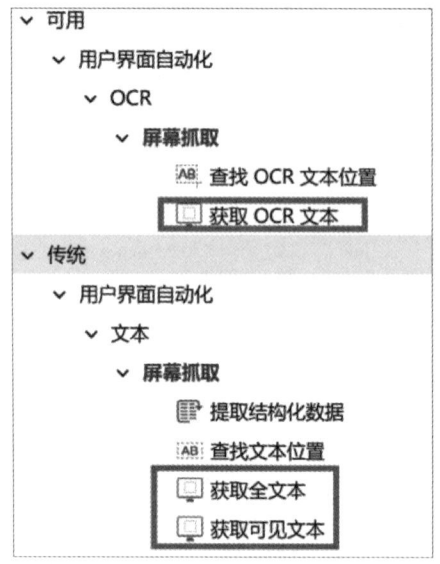

图 11-27　屏幕抓取活动

【案例 11-4】　设计一个 RPA 机器人,将网页导航到中国人大网中"中华人民共和国会计法"介绍界面,使用【屏幕抓取】功能抓取《中华人民共和国会计法》,并创建一个文本文档将抓取的数据写入该文档。网址:http://www.npc.gov.cn/npc/c30834/201711/b0743587142d470bbb692705ed1570a5.shtml。

具体操作步骤如下:

(1)在序列中添加【用户界面自动化】—【浏览器】类别下的【打开浏览器】活动,输入 URL 为 "http://www.npc.gov.cn/npc/c30834/201711/b0743587142d470bbb692705ed1570a5.shtml",打开该活动的"属性"面板,修改浏览器类型为"Chrome",如图 11-28 所示。

图 11-28　设置【打开浏览器】

(2) 将网页导航至个税"中华人民共和国会计法"介绍界面,添加【获取全文本】,选择需要抓取的区域。该活动下会自动创建变量"Div",用于存储抓取的数据,如图 11-29 所示。

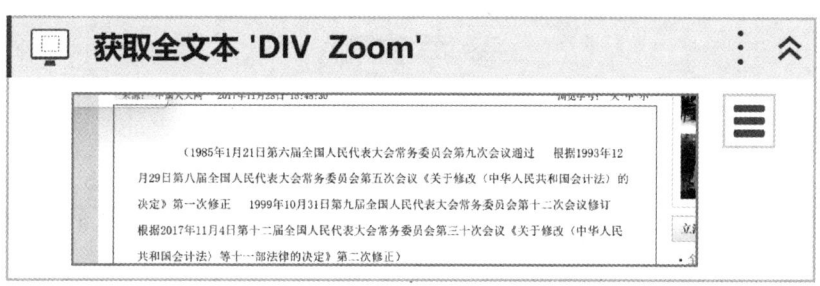

图 11-29　设置获取全文文本活动

(3) 在"屏幕抓取"序列下添加【系统】—【文件】类别下的【写入文本文件】活动,输入文本为变量"Div",写入文件名为"中华人民共和国会计法.txt"。该步骤表示令机器人将屏幕抓取到的文本写入至文本文件中,存储路径为相对路径。

运行结果,如图 11-30 所示。

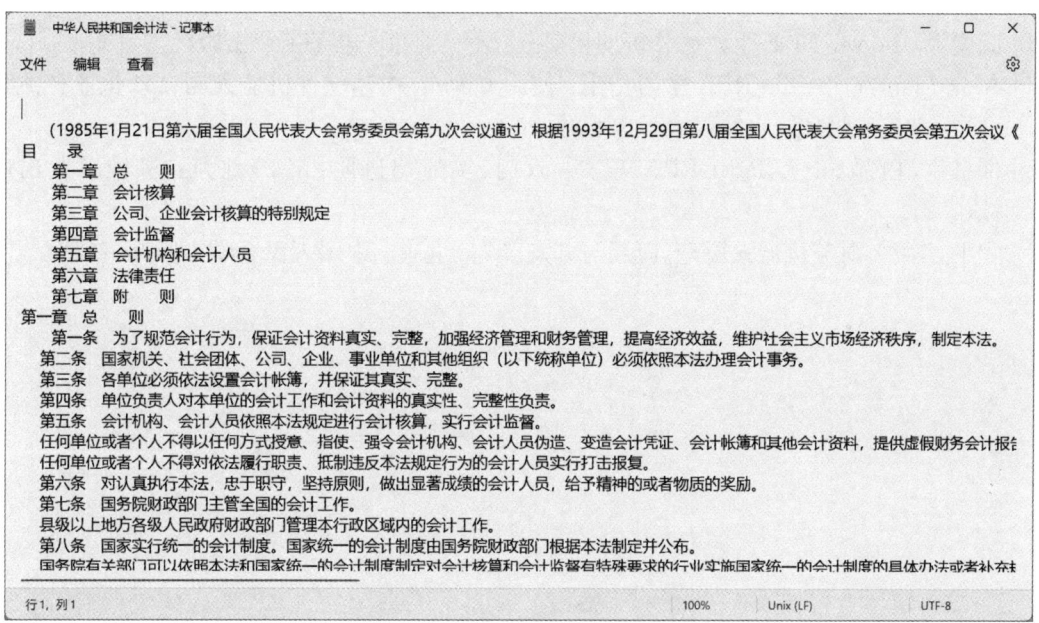

图 11-30　【案例 11-4】运行结果

参考文献

[1] 凤凰高新教育. Excel 数据可视化之美：商业图表绘制指南[M]. 北京：北京大学出版社,2021.

[2] 李锐. Excel 数据分析[M]. 北京：人民邮电出版社,2021.

[3] 高万萍,唐自君,王德俊. 计算机应用基础实训指导(Windows 10,Office 2016)[M]. 北京：清华大学出版社,2019.

[4] 汪刚. 财务大数据分析与可视化：基于 PowerBI 案例应用[M]. 北京：人民邮电出版社,2021.

[5] 牛永芹,钭志斌,喻竹,等. 智能数据分析基础与应用(Power BI 版)[M]. 上海：高等教育出版社,2020.

[6] 武俊敏. Power BI 商业数据分析项目实战[M]. 北京：电子工业出版社,2019.

[7] Alok Mani Tripathi. RPA 学习指南：使用 UiPath 构建软件机器人与自动化业务流程[M]. 北京：北京航空航天大学出版社,2020.

[8] 邵京京,白晶茹. UiPath RPA 开发：入门、实战与进阶[M]. 北京：机械工业出版社,2021.

[9] 程平. RPA 财务机器人原理、应用与开发[M]. 北京：中国人民大学出版社,2022.